Sandra Menk | Vanessa Schnorr | Christian Schrapper
»Woher die Freiheit bei all dem Zwange?«

Koblenzer Schriften zur Pädagogik

Herausgegeben von
Nicole Hoffmann I Norbert Neumann I Christian Schrapper

Sandra Menk | Vanessa Schnorr |
Christian Schrapper

»Woher die Freiheit bei all dem Zwange?«

Langzeitstudie zu (Aus-)Wirkungen geschlossener Unterbringung in der Jugendhilfe

Redaktion: Silke Pies

Die Autorinnen / der Autor

Sandra Menk, Jg. 1974, Dr. phil., Landesjugendamt Rheinland-Pfalz, Referatsleitung im Referat für Hilfen zur Erziehung und Allgemeiner Sozialer Dienst, Landeskinderschutzgesetz, Bundesinitiative Frühe Hilfen, Wirtschaftliche Jugendhilfe.

Vanessa Schnorr, Jg. 1978, Dr. phil., Fachbereichsleiterung zweier Jugendhilfeeinrichtungen (Evangelischer Jugendhof Martin Luther King; Evangelische Erziehungshilfe Veldenz) der Rheinischen Gesellschaft für Innere Mission und Hilfswerk GmbH. Ihre Arbeitsschwerpunkte sind u.a. Tagesgruppen und stationäre Heimerziehung.

Christian Schrapper, Jg. 1952, Soz. Arb. (grad.), Dipl.-Päd., Dr. phil., seit 1998 Professor für Pädagogik mit dem Schwerpunkt Sozialpädagogik an der Universität Koblenz-Landau, Campus Koblenz.

Bibliografische Information der Deutschen Nationalbibliothek

Die Deutsche Nationalbibliothek verzeichnet diese Publikation in der Deutschen Nationalbibliografie; detaillierte bibliografische Daten sind im Internet über http://dnb.d-nb.de abrufbar.

© 2013 Beltz Juventa · Weinheim und Basel
www.beltz.de · www.juventa.de
Satz: text plus form, Dresden
Druck und Bindung: Beltz Druckpartner GmbH & Co. KG, Hemsbach
Printed in Germany

ISBN 978-3-7799-2284-1

Inhalt

Kapitel 1
Woher die Freiheit bei all dem Zwange?

Interviewerin: „Wie lange bist Du jetzt schon hier?"

Karsten: „Ich glaub' zweieinhalb Monate oder so."

I: „Zweieinhalb Monate. Und warum bist Du hierher gekommen?"

K: „Ja, weil ich bin schon in ziemlich viel Heimen gewesen und da hab' ich zu Hause immer Scheiße gebaut und bin jeden Tag irgendwie in die Stadt gefahren und hab' da Sachen geklaut oder irgendwie hab' ich Autos kaputt gemacht und irgend so'n Schrott. (.) Tja, und dann äh, bin ich <u>hierhin</u> gekommen."

I: „Denkst Du, dass es für Dich gut war hier hierher (in das KRIZ) zu kommen oder hätte es in 'nem anderen Heim auch gereicht?"

K: „Jaah, war erst mal besser, dass ich hierher gekommen bin. Weil sonst hätt' ich nämlich nich' da mit dem Scheiß' aufgehört. Jetzt mach' ich dat ja nich' mehr."

I: „In der Zeit, in der Du hier bist, bist Du schon mal abgehauen von hier?"

K: „Nä."

I: „(.)Keine Lust?"

K: „Ja, ich wollt ja erst, den ersten Tag wo ich hier bin, wollt ich abhauen. Da hab' ich aber eingesehen, dass hier erstens die Türen nicht aufgingen, ja und dass das ein' Sicheres is'."

I: „Mmh."

K: „Sonst muss ich wieder ganz von vorne anfangen, mit den Punkten."

I: „Ach so."

K: „Da hab' ich mir gedacht, wenn ich alleine raus darf, dann darf ich zu meiner Mutter fahren(.) ((leise)) ja. + (5 Sekunden Pause) Jetzt darf ich zu meiner Mutter fahren, jede zwei Wochen, (.) ja."

I: „Was willst Du gerne machen, wenn jetzt die zwei, drei Monate abgelaufen sind und es heißt: Alles klar, Karsten, die Tür geht auf?"

K: „Dann würd' ich irgendwie gern' wieder nach Hause kommen."

I: „Zu Deiner Mutter?"

K: „Ja."

I: „Und dann willst immer alles machen, was Deine Mama sagt."

K: „Ja äh, eben nich' <u>alles</u> (.) nur dat, wat die zu mir zu sagen <u>hat</u>."

I: „Und das willst Du dann auch machen?"

K: „Ja, äh, wenn sie sagt ich soll das oder das machen, dann mach' ich dat auch."

I: „Aha."

K: „Also alles lass' ich mir natürlich nich' sagen, sondern äh nur manches."

In dieser kurzen Sequenz aus einem Interview mit dem 14-jährigen Karsten, er lebt seit gut zwei Monaten im Kriseninterventionszentrum der *Jugendhilfe Schloss Dilborn*, werden zentrale Fragen deutlich, denen sich jede *Erziehungsmaßnahme* stellen muss, die so massiv in das Leben eine jungen Menschen eingreift, wie es eine *geschlossene Unterbringung* tut:

- Was bedeutet die Melange aus „Scheiß gebaut" und „in ziemlich vielen Heimen gewesen" als Hinweis auf die eigene Lebens- und Jugendhilfegeschichte für die Selbsterklärungen und Weltbilder eines jungen Menschen, der *geschlossen untergebracht* wird?
- Wie erleben und verarbeiten junge Menschen die pädagogische Intervention einer geschlossenen Unterbringung?
- Welche Ideen und Perspektiven entwickeln junge Menschen für „die Zeit danach"?
- Wie erfolgreich sind sie mit solchen Ideen und rechtfertigt dies die Zumutungen einer geschlossenen Unterbringung?

Solche Fragen nach den Erfahrungen, Wirkungen und Folgen einer pädagogischen Maximalintervention wie „geschlossener Unterbringung" in einer Jugendhilfeeinrichtung waren es, die das Projekt zur Langzeitevaluation des Kriseninterventionszentrums der Jugendhilfe Schloss Dilborn (= LAKRIZ) bearbeiten sollte (zur Konzeption des Kriseninterventionszentrums siehe 2.3). Entstanden sind Projekt und Evaluation im Kontext der immerwährenden Debatten um Kritik und Rechtfertigung geschlossener Unterbringung, hier konkret in Nordrhein-Westfalen (siehe ausführlich Henkel/Schnapka/Schrapper 2002).

An die grundsätzliche Bedeutung dieser Fragen für jede moderne Pädagogik soll der angelehnte Titel, den wir für den Bericht über dieses Forschungsprojekt gewählt haben, erinnern. Die Originalversion der Titelfrage lautet: „Wie kultiviere ich die Freiheit bei dem Zwange?" gestellt von dem wohl bekanntesten Philosophen der deutschen Aufklärung, Immanuel Kant, in seinen Vorlesungen „Über Pädagogik" und publiziert im Jahre 1803 – so alt und doch immer wieder hoch aktuell: „Eines der größten Probleme der Erziehung ist, wie man die Unterwerfung unter den gesetzlichen Zwang mit der Fähigkeit, sich seiner Freiheit zu bedienen, vereinigen könne." (Kant 2000, 711) Wie sehr diese Einschätzung auch heute noch zutrifft, das wird hoffentlich in den hier präsentierten Befunden deutlich.

Im Mittelpunkt dieses Forschungsprojektes der Universität Koblenz standen daher auch die „geschlossen untergebrachten" jungen Menschen, nicht Konzeption oder Organisation einer Einrichtung mit geschlossener Unterbringung. Zwei zentrale Aspekte waren es, die untersucht werden sollen: Zum einen die Wahrnehmungen und Deutungen einer pädagogischen Intervention durch die jungen Menschen selbst und wie sich diese im Abstand ggf. verändern. Zum anderen, welche mittelfristigen Wirkungen diese Intervention im weiteren Leben dieser jungen Menschen zeigen.

Das Kriseninterventionszentrum hat im Sommer 2003 seine Arbeit begonnen. Dies war auch der Beginn des Forschungsprojekts. Ab Ende 2003 bis Februar 2006 wurden insgesamt mit 24 Mädchen und Jungen Interviews geführt. Über mindestens drei Jahre ist dazu der Lebensweg von diesen Jugendlichen begleitet worden. Sie sind zu Beginn und gegen Ende ihrer Zeit im Kriseninterventionszentrum (im Folgenden: KRIZ) befragt worden, und danach jährlich, solange dies möglich war, längstens bis zum Sommer 2008, also bis zu fünf Jahre nach der Entlassung aus dem KRIZ.

Gesprochen haben sie dabei über ihre jeweilige Situation und ihre Pläne für die Zukunft und rückblickend über ihre Erfahrungen und Bewertungen in der Zeit im KRIZ. Die Eltern, zumeist die Mütter, die zuständigen Sozialarbeiter[1] der einweisenden Jugendämter und die für ihrer Betreuung besonders zuständigen Fachkräfte des KRIZ wurden jeweils kurz nach der Entlassung aus dem KRIZ interviewt (siehe dazu auch (Kapitel 5).

Im letzten Jahr der Untersuchung (2009), zu einem Zeitpunkt als die Erhebung der face-to-face Interviews bereits abgeschlossen war, haben wir dann alle 49 jungen Menschen, die in den Jahren 2003–2006 insgesamt im KRIZ untergebracht waren, nach ihrer aktuelle Lebenssituation befragt und nach den klassischen Kriterien der Lebensbewährung (soziale Integration, Erwerbstätigkeit und Straffälligkeit) bewertet. Eine so langfristige begleitende Untersuchung der Folgen pädagogischer Interventionen hat es bisher in Deutschland nicht gegeben.[2]

Das multiperspektivische Forschungsdesign, das neben den Interviews mit den Beteiligten und der telefonischen Nachbefragung im Jahr 2009 (qualitativer Teil der Studie) noch durch einen quantitativen Teil (Aktenana-

---

1 Aus Gründen der Lesbarkeit wird auf die Nennung der weiblichen Form in diesem Buch verzichtet und nur die männliche Form verwendet. Selbstverständlich ist auch immer die weibliche Form gemeint.
2 Vgl. die erst vor kurzem veröffentlichten Befunde aus der Nachfolgeuntersuchung der Ende der 1950er Jahre von Liselotte Pongratz und Hans Odo Hübener untersuchten Hamburger FE-Zöglingen in: Gipser/Zillmer 2011.

lyse und Erhebung von EVAS-Bögen[3]) ergänzt wird, macht die Evaluations-studie so vielfältig, über deren Befunde hier zusammenfassend berichtet werden soll.

Insgesamt wurden 129 leitfadengestützte Interviews geführt, allein 67 davon mit den jungen Menschen. Die Fülle des empirischen Materials erlaubte, dass gleich mehrere Studierende die Interviewtranskripte für Diplomarbeiten zu unterschiedlichen Themenbereichen nutzten. Einige der transkribierten Interviews wurden in Seminaren bearbeitet. Die Studierenden konnten ihre Fähigkeiten im Bereich „Forschung und Forschungsmethoden" durch die Beschäftigung mit dem Material erweitern.

Die beiden Mitarbeiterinnen des Forschungsprojekts, die über den gesamten Forschungszeitraum alle Interviews mit den beteiligten Personen durchgeführt und ausgewertet haben und für das Projekt verantwortlich waren, nutzten das Material für ihre Dissertationen. Die mit der langen Laufzeit einhergehenden Chancen und Risiken von Evaluationsstudien, aber auch ethische Fragen und Auswirkungen solcher Forschungsansätze werden im dritten Kapitel thematisiert. Langzeitstudien sind rar, unsere Erfahrungen können für vergleichbare Projekte Hinweise geben.

Eine Übersicht über den gesamten Forschungsprozess gibt folgendes Schaubild (Abb. 1), das an einem Zeitstrahl deutlich macht, wann welche Interviews geführt und Daten erhoben wurden.

Das Buch führt mit dem zweiten Kapitel „Freiheitsentziehende Maßnahmen in der Jugendhilfe" theoretisch in das Thema ein. Hierzu wird auch ein Überblick über den derzeitigen Stand der Forschung gegeben, sowie die Konzeption des Kriseninterventionszentrums vorgestellt.

Das dritte Kapitel stellt Anlage und Durchführung der Evaluationsstudie LAKRIZ vor.

Im Zentrum des vierten Kapitels stehen die jungen Menschen. Die Darstellung der Forschungsergebnisse folgt der inneren Logik des Ablaufs im KRIZ: Die Zeit vor, während und nach dem KRIZ wird jeweils beleuchtet.

Nach der Unterbringung der jungen Menschen im KRIZ wurden Interviews mit deren Eltern, den unterbringenden Jugendämtern und den Betreuern im KRIZ geführt. Die Ergebnisse dieser Gespräche werden in Kapitel 5 dargestellt. Nach den Einschätzungen zum bisherigen und zukünftigen Leben der jungen Menschen und zum Erfolg der Hilfe befragt, wird in diesem Kapitel deutlich, welche Ideen und Annahmen die Erwachsenen haben

---

3 Instrumentarium auf der Basis von Selbstevaluation, um eine institutionsübergreifende Qualitätssicherung für die bundesweit teilnehmenden Einrichtungen zu ermöglichen. Initiator ist das Institut für Kinder- und Jugendhilfe in Mainz (IKJ); vgl. dazu IKJ 1999; Menk 2004.

und in welchen Bezügen diese zu den Ideen und Vorstellungen der jungen Menschen stehen.

Abb. 1: Überblick über den Forschungsprozess

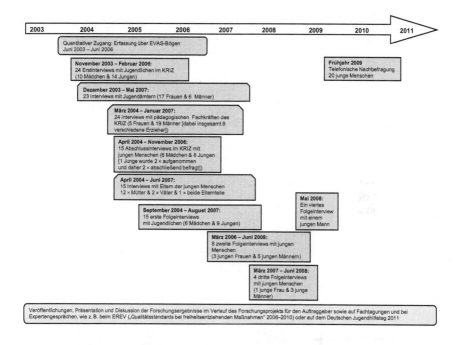

Fragestellungen und zentrale Ergebnisse der beiden entstandenen Dissertationen werden im sechsten Kapitel erläutert. In beiden Forschungsarbeiten stehen wiederum die jungen Menschen und ihre (Selbst-)Bildungsprozesse im Mittelpunkt. Interviews einzelner Heranwachsender und der beteiligten Erwachsenen wurden analysiert; die Ergebnisse des empirischen Materials ergänzen die Befunde des Forschungsprojekts.

Eine Zusammenfassung zentraler Befunde der Langzeitstudie LAKRIZ erfolgt im siebten Kapitel. Die Formulierung von zusammenfassenden Thesen bildet die Grundlage dieser Darstellung.

In regelmäßig stattfindenden Treffen wurden die Ergebnisse des Forschungsprozesses dem Auftraggeber mitgeteilt. Im abschließenden Kapitel acht stellt der langjährige Leiter des KRIZ, H.J. Kersting, vor, welche Wirkungen die Forschungsergebnisse und die Rückmeldungen auf die Arbeit im KRIZ hatten und wie sich seine Einrichtung in den letzten Jahren weiterentwickelt hat.

Noch einmal zurück zu Karsten, dem 14-jährigen Jungen. Über ihn wissen wir zum Zeitpunkt des ersten Interviews Folgendes:

Karsten wurde im März 1990 geboren und ist der älteste Sohn von Frau Becker. Er und sein Bruder stammen aus erster Ehe. Warum und wie diese Ehe auseinander ging, wissen wir nicht. Die zwei jüngeren Schwestern stammen aus dem Zusammenleben mit dem aktuellen Lebensgefährten, von dem sich Frau Becker aber ebenfalls getrennt hat. Sieben Jahre nach Karstens Geburt (1997) stellt sie beim zuständigen Jugendamt einen Antrag auf Hilfen zur Erziehung. Kurze Zeit später wird Karsten in einer Außenwohngruppe untergebracht. Über die Zeit dort weiß man wenig, bis auf die Tatsache, dass er zur Krisenintervention kurzzeitig in die Kinder- und Jugendpsychiatrie eingewiesen wird. Fünf Monate wohnt er hier, und wird Ende Januar 1998 in einer heilpädagogischen Innenwohngruppe untergebracht, in der er fast fünf Jahre bleibt. In den Akten ist zu finden, dass es bei Besuchen zu Hause immer wieder zu konfliktreichen Situationen kommt und auch längere Aufenthalte zu Hause stets zu Eskalationen führen.

Im November 2002, Karsten ist 12,5 Jahre alt, eskaliert Karstens Situation zunehmend: Aus der Hauptschule werden häufiger körperliche Übergriffe auf Mitschüler gemeldet. Dazu wird aktenkundig, dass Karsten mehrere Ladendiebstähle begeht. Er entzieht sich immer öfter der Einrichtung. Ende 2002 schließlich droht Karsten der Einrichtung damit, Feuer zu legen. Am selben Tag wird er durch die Polizei einem Aufnahmeheim zugeführt. Bereits einen Tag später entweicht er aus der dortigen Einrichtung. Im Februar 2003 wird Karsten auf eine Intensivgruppe vorbereitet. Zwei Monate später wird er durch den psychosozialen Notdienst erneut in einer Kinder- und Jugendpsychiatrie untergebracht. Einen Monat später, im März 2003, wird Karsten in einer Schutzstelle aufgenommen. Zum neuen Schuljahr soll er nicht mehr die Hauptschule, sondern eine Sonderschule für Erziehungshilfe besuchen. In der Schutzstelle wird Karsten nur einen Monat bleiben, um dann wieder in die Intensivgruppe zurückzukehren. Noch im selben Monat kommt es hier zu einem Angriff auf einen Betreuer, diesmal mit einem Taschenmesser. Neun Tage später sprüht er mit einem Deodorant einem Betreuer in die Augen, um anschließend mit der Spraydose, die er mit davor gehaltenem Feuerzeug als Flammenwerfer benutzt, auf den Erzieher „los zu gehen". In seiner Akte ist erstaunlicherweise erst einen Monat später (August 2003) der nächste Eintrag zu finden. Dort heißt es: erneute Krisenunterbringung in einer psychiatrischen Klinik. Nach fünf Tagen wird er dort entlassen und erneut in der Schutzstelle untergebracht. Dort ist Karsten sofort abgängig und kehrt zu seiner Mutter zurück. Er verhält sich dort seinen Geschwistern gegenüber körperlich aggressiv. Vermerkt ist dazu: „Karsten sticht mit dem Brotmesser in den Handrücken seines Bruders und bedroht anschließend seine Mutter."

Ende November 2003, über ein Jahr später, wird Karsten dann im Kriseninterventionszentrum geschlossen untergebracht. Nach einigen Wochen darf er bereits über das Wochenende nach Hause zu seiner Mutter zurück. Im April 2004 wird Karsten aus dem KRIZ entlassen und in einer Fünf-Tagesgruppe derselben Einrichtung untergebracht. Auch hier darf er weiterhin jedes Wochenende bei seiner Mutter verbringen.

Eine beeindruckende und erschreckende Karriere zugleich. Wir wissen nichts über Karstens erste sieben Jahre, nur dass der Vater die Mutter mit zwei kleinen Kindern verlässt und dass sie es schwer hatte, für die Brüder zu sorgen. Sie ist körperlich behindert und Karsten als der Älteste muss früh einspringen an „Vaters Stelle", davon berichten in späteren Interviews die Sozialarbeiterin des Jugendamtes und der Bezugserzieher ausführlich. Im Gespräch mit der Mutter wird diese Botschaft von ihr mehr inszeniert, als ausgesprochen, indem sie immer wieder über sich selbst spricht.

Aber was macht Karsten daraus? Er sucht Sicherheit und Orientierung in der Jugendhilfe und will gleichzeitig den privilegierten Platz an der Seite der Mutter auf keinen Fall aufgeben:

K: „Ja, ich wollt ja erst, den ersten Tag wo ich hier bin, wollt ich abhauen. Da hab' ich aber eingesehen, dass hier erstens die Türen nicht aufgingen, ja und dass das ein Sicheres is'."
I: „Mmh."
K: „Sonst muss ich wieder ganz von vorne anfangen, mit den Punkten."
I: „Ach so."
K: „Da hab' ich mir gedacht, wenn ich alleine raus darf, dann darf ich zu meiner Mutter fahren(.) ((leise)) ja. + (5 Sekunden Pause) Jetzt darf ich zu meiner Mutter fahren, jede zwei Wochen, (.) ja."

Im KRIZ scheint er nach viel Unverständnis und Rausschmiss, Auflehnung und Widerstand endlich einen Ort gefunden zu haben, an dem zugelassen werden kann, dass Karsten in zwei Welten lebt – der starke, aber völlig überforderte Mann zu Hause und das ganz normale Gruppenmitglied im Heim. Hierzu passt auch die Interviewszene: Karsten sitzt auf dem Schrank und klettert runter, als er von sich reden kann.

Beeindruckend auch seine Versuche, sich und seine Familie in Ordnung zu finden:

K: „Ja, ich räume gerne auf. Äh, also ich kann gut aufräumen, dann räum' ich immer zu Hause auf."
I: „Du räumst gerne auf? ((ungläubig))"
K: „Ja!"
I: „Echt? @(.)@"

K: „Ja gut, hier sieht's zwar immer 'n bisschen unordentlich aus, aber ich räum' gerne auf, da räum' ich immer zu Hause auf, wenn ich irgendwie fertig bin oder so."

Vor allem aber besteht Karsten darauf, im KRIZ etwas „gelernt" zu haben:

K: „Jaah, war erst mal besser, dass ich hierher gekommen bin. Weil sonst hätt' ich nämlich nich' da mit dem Scheiß' aufgehört. Jetzt mach' ich dat ja nich' mehr."

Noch deutlicher wird es, wenn Karsten erzählt, wofür er sich diese Mühe gegeben hat:

K: „Ja die (seine Mutter) hat gesagt, ich soll zur <u>Schule gehen</u>, aber hab' ich, die nich' ernst genommen."
I: „Aha. (.) Und das würdest Du jetzt nicht mehr machen?"
K: „Nö, wenn die sagen würde zu mir, ich soll zur Schule gehen, dann würd' ich zur Schule gehen. (…) So einfach geht das."
I: „Also Du willst jetzt immer alles machen, was deine Mama sagt."
K: „Ja äh, eben nich' <u>alles</u> (.) dat wär', so dass, so so wat die zu mir zu sagen <u>hat</u>."
I: „Das willst Du dann auch machen."
K: „Ja, äh, wenn sie sagt ich soll das oder das machen, dann mach' ich dat auch."

Karsten musste lernen, in einer Familienwelt zu überleben, die ihn völlig verunsichert und überfordert, wahrscheinlich auch sehr früh tief verletzt hat. Aber in dieser Welt hat Karsten eine Position, die, wenn er sie ausfüllen kann, viel Anerkennung verspricht. Er ist eben Mutters „Großer". Sieben Jahre hat die Jugendhilfe ihn in dieser Situation nicht gesehen und alleine gelassen, die nächsten (fast) sieben Jahre versucht, es besser zu machen als die Mutter und hat es dabei – zumindest aus seiner Sicht – sehr viel schlechter gemacht. Erst im KRIZ gelingen erste Berührungen seiner beiden Welten – dazu trägt auch der geschlossene Rahmen bei, denn für Karsten bedeuten die geschlossenen Türen und das Punktesystem vor allem einen berechenbaren Wechsel zwischen ‚in der Gruppe' und ‚bei Mutter' sein:

K: „Sonst muss ich wieder ganz von vorne anfangen, mit den Punkten."
I: „Ach so."
K: „Da hab' ich mir gedacht, wenn ich alleine raus darf, dann darf ich zu meiner Mutter fahren(.) ((leise)) ja. + (5) Jetzt darf ich zu meiner Mutter fahren, jede zwei Wochen, (.) ja."

Solange die Jugendhilfe versucht hat, in Konkurrenz zur Familie die Ambivalenz „zu tilgen", musste sich Karsten dagegen immer verzweifelter zur Wehr setzen, sollte ihm doch das einzige genommen werden, das in seinem Leben zählte: der besondere Platz an Mamas Seite.

Wie ging es mit Karsten weiter?

Fast zwei Jahre bleibt Karsten in der Außenwohngruppe. Im Oktober 2005, Karsten ist jetzt 15,7 Jahre alt, greift er dort eine Erzieherin an. Er wird in eine Clearinggruppe verlegt. Es folgen drei Wochen Jugendarrest bevor er im Februar 2006 bei einer Erziehungsfamilie untergebracht wird. Dort lebt er bis zu seinem 18. Lebensjahr.

Er besucht ab Sommer 2006 eine Berufsschule. Aufgrund eines Autodiebstahls in der Clearinggruppe wird er im Herbst 2006 zu 100 Sozialleistungsstunden verurteilt. Weitere 100 Sozialleistungsstunden muss er wegen einer geklauten Schachtel Zigaretten ableisten.

Karsten kann im Sommer 2007 seinen Schulabschluss nicht machen, da er zu viele Fehlstunden hat. Er geht nach den Sommerferien wieder in diese Schule, plant aber im Herbst einen Wechsel.

Die Besuche bei seiner Mutter werden deutlich seltener, sie eskalieren immer wieder und im Sommer 2007 kommt es zum Verbot von Besuchen.

Im Dezember 2007 wurde das letzte Interview mit Karsten in der Wohnung der Pflegeeltern geführt. Im Frühling 2008 – Karsten ist volljährig – plant er einen Umzug in die eigene Wohnung, ganz in der Nähe der Pflegefamilie, die er in den vergangenen zwei Jahren als unterstützend erlebt hat. In seinem letzten Interview mit uns erzählt er, dass seine Mutter zu oft Spielchen mit ihm gespielt habe.

Ob für Karsten das KRIZ ein Wendepunkt war, die Eskalation von Verletzung und Gewalt zu unterbrechen und ob er seinen ‚Lebensweg' in positive Bahnen lenken konnte, ist auch vier Jahre später kaum zu beurteilen.

Danksagung

In diesem Forschungsprojekt waren viele Menschen unterstützend tätig, denen wir an dieser Stelle nochmals herzlich dafür danken.

Zuallererst und besonders gilt unser Dank den jungen Menschen, die sich bereit erklärt haben, uns für Interviewgespräche zur Verfügung zu stehen. Sie haben uns viele Male, oftmals in Situationen, die keinesfalls einfach für sie waren, über ihr Leben berichtet und Einblicke in ihre Träume, Ängste oder Erfolge gewährt. Es gehört viel Mut und Offenheit dazu, fremden Menschen aus dem eigenen Leben zu erzählen. Vielen Dank für diese Einblicke.

Wir danken den Eltern der Jugendlichen, die sich die Zeit genommen haben, uns ihre Erfahrungen und Erinnerungen zu berichten. Auch ihnen ist es nicht immer leicht gefallen, über das Zusammenleben mit und dem Getrenntsein von ihren Kindern zu erzählen.

Unser Dank gilt in besonderer Weise dem Kriseninterventionszentrum und dem damaligen Leiter von Schloss Dilborn, Axel Pulm, der diese Langzeitstudie initiiert hat. Dem Leiter des KRIZ, Hans-Jürgen Kersting, und Ottilie Schöttner, der Erziehungsleitung, danken wir, dass sie uns gestattet haben, Einblicke in ihre Arbeit des KRIZ zu nehmen und dass sie immer wieder für unsere Fragen zur Verfügung standen. Gleiches gilt für die Betreuer im KRIZ, die uns die betreuenden Jugendlichen oftmals von einer „ganz anderen Seite" geschildert haben. Sie standen – einige von ihnen mehrfach – geduldig für die Interviews zur Verfügung, trotz stressiger Dienste.

Insbesondere wäre das Transkribieren der 129 Interviews nicht möglich gewesen, wenn nicht zahlreiche Menschen dabei geholfen hätten, aus Tonmitschnitten schriftliche Texte zu machen. Wir danken Kathrin Böhnke, Nora Daum, Bianca Heyne, Nora Kaul, Sabine Kolassa, Jennifer Lonter, Nancy Lotz, Nina Ruckhaber, Marc Schnug, Anke Sorg, Valeska Staubus und Felizitas Wilhelm. Allein die 67 Interviews mit den jungen Menschen belaufen sich auf 4 143 Minuten oder 69,05 Stunden und 2 346 Seiten, die 62 Interviews mit den Erwachsenen bedeuten weitere 3 782 Minuten, oder 63 Stunden und 2 170 Seiten.

Im Laufe der Jahre sind im Rahmen der Langzeituntersuchung fünf Diplomarbeiten entstanden. Vanessa Schneider (2004) hat sich mit der geschlossenen Unterbringung im Urteil der Fallbeteiligten beschäftigt.

Sandra Menk (2005) untersuchte die Beziehungsgestaltung der pädagogischen Fachkräfte im Kontext der Krisenintervention.

Regina Hannich (2008) dokumentierte Lebensverläufe junger Menschen nach der geschlossenen Unterbringung im Spannungsfeld von subjektiven Mustern und gesellschaftlichen Anforderungen.

Stephanie Wilhelm (2008) erarbeitete eine vergleichende Studie zu Merkmalen und Gestaltungsmöglichkeiten von pädagogischen Beziehungen aus Sicht der Professionellen.

Nadine Pavel (2008) beschäftigte sich mit der Frage, wie Eltern die geschlossene Unterbringung erleben und bewerten.

Unser besonderer Dank gilt schließlich Silke Pies. Sie hat in der Vorbereitung und Entwicklung der Forschungskonzeption des Projektes mitgearbeitet und 8 Jahre später die mühevolle Endredaktion der vielen Teilstücke zu einem lesbaren Bericht bearbeitet.

Koblenz, im März 2013

Kapitel 2
Freiheitsentziehende Maßnahmen in der Jugendhilfe

2.1 Zum Verhältnis von Erziehung und Zwang[4]

In elf Thesen soll eine Antwort auf die grundsätzliche Frage versucht werden, was als Erziehung verstanden werden kann, liegt hier doch ein zentraler Bezugspunkt der unendlichen Diskussion über Erziehung und „Zwangskontexte", also auch für die Beschäftigung mit dem Problem, ob Freiheitsentziehung im Rahmen geschlossener Unterbringung überhaupt Bedingung und Rahmung für Erziehung sein kann. Der Antwort auf die Frage, was unter Erziehung zu verstehen ist und ob sie unter der Voraussetzung von Freiheitsentziehung gelingen kann, kommt entscheidende Bedeutung zu. Kann diese Fragen nicht mit einem Ja beantworten werden, wäre der Debatte der Boden entzogen. Zwar könnte „Freiheitsentziehung" anderen Zwecken durchaus erfolgreich dienen, aber nicht als Voraussetzung oder Bedingung von Erziehung, denn so eine Begründung ihrer Befürworter: Nur wer anwesend sei, könne auch erzogen werden.

Auf einer ausreichend distanzierenden Abstraktionsebene soll diese Frage eher akademisch-theoretisch geklärt werden: Was ist zu bedenken, wenn wir uns grundsätzlich mit Erziehung in Zwangskontexten beschäftigen? Praktische Diskussionen und Erfahrungen sind an anderer Stelle ausführlich nachzulesen (vgl. z.B. Henkel/Schnapka/Schrapper 2002; Schrapper 2003a).

Zuerst ist zu bedenken, dass „freiheitsentziehende Maßnahmen" kein pädagogischer Terminus ist, sondern ein juristischer. Unter pädagogischen Gesichtspunkten kann von Zwang und Strafe oder von Bindung und Konsequenz oder auch von Kontrolle und Schutz geredet werden; zu fragen ist dabei jeweils, welche Bedeutung durch solche Kennzeichnungen oder Zuschreibungen den Erziehungsprozessen beigegeben werden soll.

Weiter ist zu bedenken, dass die Diskussion und Kontroverse um die freiheitsentziehenden Maßnahmen in der Jugendhilfe historisch wie aktuell aus mindestens *drei Quellen* gespeist wird: Zum einen aus den bereits ange-

---

4 Überarbeitete Fassung eines Vortrags von Christian Schrapper (2004).

sprochenen normativ-rechtlichen Aspekten, also beispielsweise die Frage, was professionelle Pädagogen im Rahmen der Jugendhilfe dürfen und müssen. Wie immer wird damit ein Teil, aber eben auch nur *ein* Teil des Rahmens abgesteckt, der pädagogisches Handeln im Kontext öffentlicher Erziehung prägt. Zum anderen aus einem psychologischen Diskurs, in dem vor allem unter der Fragestellung, was wir überhaupt davon verstehen, welche Erfahrungen und Entwicklungen Kinder und Jugendliche geprägt haben, die in geschlossenen Settings erzogen werden soll, was sie an Störungen und Defiziten aufzuweisen haben, die pädagogisches Handeln herausfordern. Und drittens aus einem von den beiden vorgenannten kaum abzugrenzenden, aber auch sich nicht darin erschöpfenden pädagogischen Diskurs, der sich eher um die Frage rankt, was Erwachsene mit diesen „schwierigen" Kindern und Jugendlichen konkret tun, um sie in unsere Gesellschaft einzuführen und anzupassen ebenso wie ihnen Förderung und Entwicklung ihrer ganz eigenen Potenziale zu eröffnen.

Im Folgenden werden zehn Thesen zum Thema „Erziehung im Zwangskontext" aus erziehungswissenschaftlicher Perspektive vorgestellt.

These 1: Erziehung findet immer auch in Zwangskontexten statt – und gleichzeitig sind diese ihr größtes Problem.
Bezugspunkte für die Einstiegsthese liefert die pädagogische Tradition der letzten zweihundert Jahre, also etwa seit der europäischen Aufklärung am Ende des 18. Jahrhunderts. Vor dieser Zeit hatte man sich um Zwangskontexte nicht ganz so viele Gedanken gemacht, da man Kinder anders verstand: als kleine Erwachsene, in denen alles schon angelegt sei und die „nur" zu wachsen hätten, oder als leere Gefäße, die es mit dem Richtigen zu füllen galt.[5]

Aber spätestens mit der Aufklärung entdeckt sich der Mensch als ebenso vernunftbegabt wie zur Vernunft verdammt. Der bewussten und zielgerichteten Erziehung der Kinder kam damit eine wesentliche Rolle zu, durch sie sollten gleichzeitig die Talente der Vernunft geweckt und die Verführung der Triebe gebändigt werden. Erziehung versprach darüber hinaus auch bei Abweichung und Verfehlung eine effektivere Strafe als körperliche Verstümmelung oder gar Tötung. Normenverdeutlichung wird zu einer zentralen Funktion moderner Erziehung – Selbst-Bildung ermöglichen zur anderen. „Erst durch Erziehung wird der Mensch zum Menschen", so das vollmundige Motto und Versprechen der Aufklärungspädagogik, das trotz aller Kritik

---

5   Siehe zu den historischen Bezügen insgesamt mit zahlreichen weiteren Quellen und Hinweisen: Kuhlmann/Schrapper 2001; zu den allgemeinpädagogischen Bezügen siehe z. B. anschaulich die Geschichte der Pädagogik von Blankertz 1982.

und Enttäuschung bis heute ausstrahlt. Eine so existenzielle und überlebensnotwendige Menschen-Bildung kann allerdings kaum der Beliebigkeit freiwilliger Anstrengungen überlassen werden, sie muss mindestens zur Bürgerpflicht erhoben und – falls erforderlich – auch zwangsweise verordnet, also gegebenenfalls auch mit Zwang durchgesetzt werden. Dieses Janusgesicht moderner Pädagogik prägt vor allem die Konzepte und Arbeitsfelder, die mit der Grenzsicherung und den Grenzgängern beschäftigt sind, wie Detlev Peukert (2004) quellenreich für die Fürsorgeerziehung und Sozialpädagogik nachweisen konnte.

Aber schon vor der äußeren Erzwingung pädagogischer Beeinflussung kann das pädagogische Verhältnis „an sich" bereits als ein Zwangsverhältnis begriffen werden, beruht es doch zentral auf der Ungleichheit von Lehrer und Zögling. Die Vernunft des Zöglings soll zur Freiheit befähigt werden, aber in seiner Gegenwart ist er noch oft zu unvernünftig, diese Segnungen der Erziehung zu begreifen und geduldig an seiner Bildung (mit-)zuarbeiten. Seit Rousseau und Pestalozzi, über Schleiermacher, die deutsche Klassik und die Reformpädagogen bis in die Gegenwart haben sich Pädagogen praktisch und Erziehungswissenschaftler theoretisch bemüht, diese Widersprüche und Dilemmata des „pädagogischen Bezugs" in Begriffen fassbar und in Methoden gestaltbar zu machen. Die Spannung zwischen Freiheit und Zwang ist dabei immer wieder ein, wenn nicht das zentrale Thema. Von welchen Annahmen dieses Spannungsverhältnis geprägt ist, soll in den weiteren Thesen diskutiert werden.

These 2: Das Kind muss nicht erst zum Menschen werden, Mädchen und Jungen sind von Geburt an vollwertige Menschen – und doch muss ihre „Menschwerdung" durch Erziehung ermöglicht werden.
Ausgangspunkt für die Überlegungen, was Erziehung sein kann und was Zwang als Bedingung oder Gegenpol von Erziehung bedeutet, ist die Frage, wie wir Kinder und Menschen verstehen. Das Menschenbild der Moderne hat vielfältige Auswirkungen für das hier diskutierte Problem, zum Beispiel auch, ob Kinder als Träger von Grundrechten gesehen werden. Für unsere Vorstellung vom Menschen ist entscheidend, dass dieser nicht erst langsam und an irgendeinem Punkt in der Zukunft ein fertiger Mensch wird, sondern spätestens von Geburt an, für viele bereits mit der Zeugung, ein vollwertiger Mensch ist. Gleichzeitig ist schon seit der Antike bekannt, aber auch aus den Erkenntnissen der modernen Evolutionsbiologie immer wieder zu lernen, dass der Mensch erst durch Erziehung und Selbstbildung sich zum Menschen machen muss.

Eine große Spannung liegt darin, auf der einen Seite junge Menschen grundsätzlich als vollwertig zu begreifen, auch als vollwertig in der Fähigkeit, sich in Beziehung zu setzen und sich für oder gegen etwas zu entscheiden, und auf der anderen Seite zu sehen und zu akzeptieren, dass junge Menschen beispielsweise die Fähigkeit, sich zu entscheiden, erst entwickeln – oder besser: sich erarbeiten müssen. Diese Spannung beschäftigt ebenfalls die moderne Erziehungswissenschaft seit Rousseau, vor allen Dingen die Fragen, wie die Fähigkeiten entwickelt werden, sich entscheiden und verantworten zu können, was man tut. Was trägt intentionale Erziehung dazu bei und was muss als Prozess der Selbstbildung oder als Sozialisation verstanden werden? Prozesse also, die „passieren", die man im besten Fall unterstützen oder ermöglichen, aber auf keinen Fall erzwingen kann? Als was aber kann dann Erziehung verstanden werden?

These 3: Mit Erziehung bezeichnen wir solche Prozesse, mittels derer die ältere Generation die jüngere dazu befähigen will, aus freien Stücken das zu tun, was sie von ihnen erwarten – oder auch nicht.
Ob (moralische) Erziehung gelungen ist, wird gerne daran geprüft, wie Menschen sog. moralische Dilemmata zu lösen versuchen.[6] Meist geht es in diesen Dilemmata darum, die eigenen unmittelbaren Interessen gegen übergeordnete moralische Verpflichtungen abzuwägen: Lust gegen Treue oder Vergnügen gegen Verpflichtung etc. Von der Bereitschaft und Fähigkeit der Menschen, solche „moralischen Dilemmata" nicht immer nur zum unmittelbaren eigenen Gewinn hin, sondern auch zur Seite der gemeinschaftlichen Unterstützung oder gesellschaftlichen Solidarität hin aufzulösen, hängt viel für den sozialen Zusammenhang und die Zukunft unseres Zusammenlebens ab.

Interessant zur Klärung der Frage, welche Aufgaben Menschen in ihrer Entwicklung zu bewältigen haben und was Erziehung dazu beitragen kann oder muss, ist auch der Blick in die menschliche Gattungsgeschichte. In Fernsehen und Zeitschriften werden populärwissenschaftlich solche Themen der Genese der menschlichen Art immer wieder gerne aufbereitet. Zusammenfassend wird deutlich, dass unsere Vorfahren, die sich im Evolutionsprozess durchgesetzt haben, vier Dinge im Laufe ihrer Entwicklung lernen mussten, die durchaus im Widerspruch zueinander stehen:

Erstens, wie überlebensnotwendig es ist, vorgegebene Regeln und Gewissheiten zu respektieren, um in einer sozialen Gruppe Anerkennung, Zugehörigkeit und Schutz für sich zu erfahren.

Zweitens sind solche Regeln und Gewissheiten aber immer wieder kritisch zu hinterfragen und zu begründen; entscheidend war, dass Menschen

---

6   In Pestalozzis Brief über seinen Aufenthalt in Stans von 1799, dem ersten Konzept einer modernen sittlichen Erziehung, soll sich diese daran erweisen, dass die Kinder bereit sind, trotz eigner Not auch noch etwa zwanzig Kinder aus einem abgebrannten Nachbardorf aufzunehmen und ihre knappen Lebensmittel mit ihnen zu teilen.

sich eben nicht nur aus Angst oder Zwang an Regeln und Normen halten, sondern aus einer sich entwickelnden Einsichtsfähigkeit in ihre produktive soziale Funktion.

Ein Drittes kommt hinzu: Wir säßen heute noch „auf den Bäumen" oder lägen auf dem berühmten Bärenfell, wenn Menschen nicht auch immer wieder die Fähigkeit entwickelt hätten, kreativ-pragmatisch diese sozialen Regeln und Normen zu missachten – Regeln zu überschreiten, also etwas anders und neu zu tun, etwas, das die Generationen zuvor noch für undenkbar und unvorstellbar gehalten haben. Unserer Bilder und Vorstellungen davon, was zum Beispiel in den Beziehungen der Geschlechter zueinander oder im Umgang mit Autoritäten „konform" ist, haben sich allein in der Zeitspanne der letzten drei Generationen, also etwa seit Anfang der dreißiger Jahre des 20. Jahrhunderts, erheblich verändert. Sie brauchen nur an Ihre Jugendzeit zurückdenken und daran, was damals für richtig gehalten wurde. Wenn Sie das mit den eigenen Kindern oder den Jugendlichen von heute vergleichen, wird deutlich, was ich meine. Ohne diese Fähigkeit, Regeln auch zu missachten, ist menschliche Entwicklung – weder die Entwicklung des Einzelnen noch die Entwicklung der gesamten Spezies – nur schwer vorstellbar.

Viertens und letztens muss es der Gattung wie dem Individuum Mensch in seiner Entwicklung immer wieder gelingen, diese aus Abweichungen und Grenzüberschreitungen neu gewonnenen Einsichten und Handlungsalternativen zu integrieren, also wiederum in den gültigen Regel-Kanon einzubauen. Gelingt dies dauerhaft nicht, entsteht zum Beispiel das, was wir Doppelmoral nennen.

Erziehung als „Schule des Lebens" sieht sich theoretisch wie praktisch immer wieder einem Dilemma gegenüber: Es gibt keine einfachen Antworten auf die Frage, was in Zukunft richtig und falsch sein wird, was Geltung behält und was als überholt gelten muss, sondern bestenfalls eine dialektische Annäherung. Auch diese Ungewissheiten prägen die Entwicklung der Erziehungswissenschaften seit zweihundert Jahren, modern in der Rede vom „Technologiedefizit", also der Unfähigkeit, anzugeben, mit welchen Mitteln die Erziehungswissenschaften genau welche Zielen zu erreichen vermag (vgl. dazu auch Luhmann/Schorr 1982).

These 4: Erziehung als menschliche Tätigkeit meint die absichtsvolle und zielgerichtete Anregung, Ermöglichung und – falls erforderlich – Erzwingung der Aneignung von Wissen und Haltungen, Fähigkeiten und Fertigkeiten zum „selbstreflexiven" Gebrauch der „Zöglinge"; das unterscheidet sie von Dressur.

Am Ende entscheiden eben doch die „Zöglinge" selbst, was sie mit dem machen, was Erzieherinnen und Lehrer ihnen durch Erziehung an Aneignung von Wissen und Haltungen oder von Fähigkeiten und Fertigkeiten ermöglichen wollten. Und erst in dieser selbstreflexiven oder selbstbezüglichen Entscheidung, wie ein Mensch mit dem umgeht, was ein Erzieher oder Lehrer vermittelt hat, erweist sich, ob das, was wir mit der Erziehung erreichen wollten, sich auch tatsächlich im Leben realisieren kann: Die jeweils nachwachsende Generation für eine ungewisse Zukunft auszurüsten.

Damit wird wieder Notwendigkeit von Erziehung und Bildung deutlich, denn schon biologisch aber auch sozial ist der Mensch nur unzureichend mit angeborenen Instinkten ausgestattet, die das schlichte Überleben ermöglichen können. Menschen sind körperliche und soziale „Frühgeburten" und darauf angewiesen, von der Eltern-Generation versorgt zu werden und lernen zu können, was sie zum Überleben brauchen.

These 5: Kinder sind darauf angewiesen, sich aneignen zu können, was sie zum Über-Leben brauchen.
Dies ist die pädagogische Formulierung dessen, was die Psychologie zum Beispiel als die Entwicklungsaufgaben vorstellt, die ein Mensch im Laufe seines Lebens zu bearbeiten hat. Kinder müssen sich beispielsweise Antworten auf folgende Fragen aneignen: Wie funktioniert die Welt der Dinge und Menschen um mich herum? Wie komme ich schnell und sicher zu dem, was ich brauche? Wie finde ich Zugehörigkeit und sichere gleichzeitig meine Unabhängigkeit?

Wichtig ist an dieser Stelle, den Blick darauf zu lenken, dass aus pädagogischer Perspektive interessieren muss, was sich Menschen wie angeeignet haben – in Prozessen intentionaler absichtsvoller Erziehung, aber auch in Prozessen der Selbstbildung und Sozialisation, um sich diese Überlebensfragen beantworten zu können (vgl. dazu aktuell Elschenbroich 2002). Und hier macht es einen entscheidenden Unterschied, ob ein Kind in einer „gesunden" Spannung von Zuwendung, Liebe und Versorgung einerseits und herausfordernder Konfrontation und zu verarbeitender Enttäuschung andererseits groß werden kann – oder ob die Enttäuschung jedes Mal so existenzbedrohend, weil gewalttätig, überwältigend oder beschämend sind, dass das „ganze Leben" auf dem Spiel steht (vgl. Ader 2002). Dies macht einen entscheidenden Unterschied, welche Strategien Kinder entwickeln können, um mit den Spannungen umzugehen, mit denen Erwachsene sie konfrontieren, denn:

These 6: Erziehung, elterliche ebenso wie professionelle, findet immer in der Spannung von anregender Unterstützung und korrigierender Begrenzung zu den Selbstbildungsbemühungen der Kinder statt.
Bezugspunkt für beide skizzierten Spannungspole sind die Selbstbildungsbemühungen der Kinder, also die Entwicklung und die Ermöglichung ihrer Urteils- und Entscheidungsfähigkeit, zum Beispiel das moralische Dilemma von Vergnügen und Verpflichtung zu erkennen und zu gestalten, auch mit

24

der Folge, dass nicht alle um einen herum mit der jeweiligen Lösung einverstanden oder gar zufrieden sind.

Für die Diskussion um Konzeption und Praxis einer pädagogischen Arbeit mit Kindern und jungen Menschen, die als besonders schwierig gelten, wird entscheidend, wie solche „Schwierigkeiten" verstanden werden:

These 7: Pädagogisch können kritische, gefährliche oder belastende Handlungen und Haltungen von Kindern über ihre Funktion verstanden werden.
Pädagogen können sich nicht zuerst für die Frage interessieren, wie defizitär, also abweichend von einer Norm, ein Verhalten oder eine Einstellung ist, auch nicht, ob in Verhalten oder Einstellungen „pathogene Persönlichkeitsstrukturen" deutlich werden. Um solche Fragen beantworten zu können, müsste die Pädagogik über gesichertes und anerkanntes Wissen verfügen, was als „richtiges" Ergebnis ihrer Erziehungsanstrengungen gelten kann. Trotz aller normativen Aufladung der Pädagogik bleibt es ein Streit „objektiv" nicht zu entscheidender Auffassungen, z.B. wie viel Disziplin oder wie viel Nachsicht „guter" Erziehung gut tun. Andere Disziplinen sind da „besser" aufgestellt, können sich auf solche anerkannten Wissensbestände z.B. gesunder oder altergemäßer Entwicklung von Kindern beziehen. Daher ist an dieser Stelle beispielsweise auch eine gute Kooperation mit Kinderpsychiatern oder Psychologen wichtig. Von diesen müssen sich Pädagogen darüber etwas sagen lassen, ob Kinder aufgrund von Krankheiten und Beeinträchtigungen, die ihre biologische und psychische Struktur beeinträchtigen, nicht in der Lage sind, beispielsweise andere Strategien im Überlebenskampf zu entwickeln.

Pädagogen können Handlungen – wie stehlen, wegzulaufen, aggressiv und gewalttätig agieren, sich entziehen oder lügen – zuerst so erklären, dass deutlich wird, welche positive Funktion sie in der Überlebensidee und im dazugehörigen Handlungsrepertoire eines (jungen) Menschen haben. Dabei wird es wichtig, zu erfahren, dass es für ein Kind beispielsweise überlebensnotwendig war, sich schnell alles Greifbare anzueignen und nicht höflich abzuwarten, bis der andere ihm etwas zuteilt, oder nicht abzuwarten, bis das Gegenüber ausgeredet hat, sondern zuerst zuzuschlagen, weil das Kind nie sicher sein konnte, eine „zweite Chance" zu bekommen.

Entscheidend ist daher in der Diskussion um eine pädagogische „Diagnostik" – wenn dieser Begriff verwendet werden soll – daraus keinen Abklatsch psychologischer Diagnostik zu machen. Von (sozial-)pädagogischer Diagnostik zu sprechen, macht nur Sinn, wenn dabei etwas genuin Pädagogisches durchblickt und verstanden wird. In einer pädagogischen Diagnostik ist daher vor allem die Frage in den Mittelpunkt zu stellen, was von den Funktionen und dem Eigen-Sinn verstanden werden kann, den eine bestimmte Handlung oder eine bestimmte Handlungsstrategie sowie konkrete

Haltungen und Einstellungen in der Lebens- und Bildungsgeschichte eines Kindes gehabt haben und haben.[7] Andererseits bleibt unübersehbar, dass solche Überlebenshandlungen und Haltungen an anderen Orten und zu anderen Zeiten nicht mehr funktional und sinnvoll sind. Aber sie wären von den Kindern nicht entwickelt worden, wenn sie nicht zu einer bestimmten Zeit und an einem bestimmten Ort funktional und sinnvoll gewesen wären. Solche Widersprüche, Spannungen und Brüche in der Lebens- und Lerngeschichte eines Menschen zu verstehen, ist der eigenständige Zugang, die spezifische Leistung einer (sozial-)pädagogischen Diagnostik.

Aber so einfach ist es nicht. In der sozialpädagogischen Profession wird durchaus kontrovers über die Fragen von Erkennen, Verstehen und Durchblicken, also über Diagnostik gesprochen.[8] Gerade in den sozialpädagogischen Handlungsfeldern der Jugendhilfe müssen professionelle Einschätzungen gefunden und Urteile über Gefährdungen oder Entwicklungspotenziale getroffen werden, die sich nicht nur auf die Selbstauskünfte und Selbstdeutungen der Kinder und Eltern stützen können (vgl. Müller 2001; Schrapper 2003b). Differenzierte Wahrnehmungen, detaillierte Informationen und eigenständige Bewertungen der pädagogischen Profis sind unverzichtbar.

Aber die pädagogischen Professionen müssen aufpassen, sich nicht zu „Diagnostikern" zweiter Klasse degradieren zu lassen, die für den Alltag in Familienhilfe und Heimgruppe pragmatisch „klein backen", was andere – vor allem Mediziner und Psychologen – vorgedacht und vorgestellt haben. Es ist darauf zu bestehen, dass es einen Unterschied zwischen Behandlung und Heilung auf der einen und Erziehung und Bildung auf der anderen Seite macht. Pädagogische Prozesse können letztlich nur an den positiven Selbsterklärungsideen und Selbstbildungskräften der Kinder ansetzen, nicht an ihren Störungen und Defiziten. Aber noch einmal, um nicht missverstanden zu werden, gerade Sozialpädagogen müssen um diese Un-Normalität von Verhältnissen und Verhalten wissen, also zum Beispiel Vorstellungen über normale kindliche Entwicklung oder sozial angemessene Formen der Konfliktbearbeitung haben. Vor allem aber müssen sie ihre Vorstellungen von Normalität explizieren und reflektieren.

---

7 Siehe dazu als Überblick den Sammelband von Heiner 2004; Themenhefte im Archiv für Wissenschaft und Praxis der sozialen Arbeit, 4/2010 und der Zeitschrift für Sozialpädagogik 1/2011; zusammenfassend: Schrapper (im Erscheinen).

8 Siehe dazu zum Beispiel Beiträge zur Renaissance einer (sozialpädagogischen) Diagnostik in Heft 88 der Zeitschrift Widersprüche (2003), mit dem Heftthema: Neo-Diagnostik – Modernisierung klinischer Professionalität?

These 8: Erziehung muss Kindern immer wieder Angebote zum Um- und Neu-
lernen erfolgreicher und respektierter Überlebensstrategien machen.

Im Anschluss an die vorherige These kann der gesellschaftliche und professionelle Auftrag von Erziehung darin gesehen werden, Kindern immer wieder Chancen und Gelegenheiten, das heißt vor allem Anregungen und Ex-
perimentierräume (keine „Sandkästen"), anzubieten, ebenso erfolgreiche wie
soziale respektierte (Über-)Lebensstrategien zu entwickeln und anzueignen.
Und nochmals: Nicht, weil „schwierige" Kinder falsch und defizitär wären,
sondern weil das, was sie sich bisher aneignen konnten, nicht mehr funktional und respektabel ist. Auch „moralisch richtiges" Handeln muss Erfolg
versprechen, sich lohnen, sonst wird es kaum von Dauer sein. (Über-)Le-
bensstrategien lohnen sich aber nur, wenn sie tatsächlich zum (Über-)Leben
beitragen, wenn sie erfolgreich, effektiv und effizient sind. Das ist das wesentliche Kriterium, nach dem Kinder vom ersten Tag ihres Lebens an sortieren, unterscheiden, für sich verankern und immer wieder ausprobieren,
um zu testen, ob sie erfolgreich sind.

Diese Angebote, neue, andere und erfolgreiche Überlebensstrategien zu
entwickeln, können nicht grundsätzlich auf Grenzsetzung verzichten, aber
aktuelle Grenzsetzungen sind nur zu rechtfertigen, wenn sie als Bedingung
für neue Freiheiten und erweiterte Mündigkeit verständlich und verstehbar
gemacht werden können – so ein weiterer Grundsatz der Erziehungsidee der
Moderne.

An einem schlichten Beispiel aus der Verkehrserziehung soll dies verdeutlicht werden: Es ist uns selbstverständlich, den Bewegungsdrang kleiner
Kinder einzuschränken, damit diese nicht über die Straße rennen und sich
in Lebensgefahr bringen. Das macht man mit Zwei- und noch mit Dreijähri-
gen, indem man sie an die Hand nimmt und damit ihre Freiheit beschränkt,
ihrem Bewegungs- und Entdeckungsdrang folgend über die Straße zu laufen. Wenn aber gleichzeitig diese Freiheitsbeschränkung, die es in der Perspektive des Kindes zweifellos ist – und die meisten Kinder reagieren auch
so darauf, dass sie deutlich ihr Missfallen zum Ausdruck bringen, schreien
oder versuchen, sich loszureißen – wenn also diese Freiheitsbeschränkung in
der aktuellen Situation nicht mit der Chance verbunden wird, den eigenen
Freiheitsspielraum zu erweitern, also etwas darüber zu lernen, was ein Kind
tun kann, um eigenständig und gefahrlos über die Straße zu kommen, dann
eröffnet man dem Kind auch keine neuen Freiheiten. Wer seinen 18-jähri-
gen Sohn noch genauso vor der vielbefahrenen Straße festhalten muss, weiß
spätestens jetzt, dass in der praktischen (Verkehrs-)Erziehung etwas grundlegend verkehrt gemacht wurde.

Gefragt ist hier vor allem die Fähigkeit und Bereitschaft des Erziehers
zur Perspektivübernahme, indem er für sich die Frage beantwortet, ob das,
was er im Augenblick gegen den erklärten oder offensichtlichen Willen tut

– zumindest doch in Einschränkung des Willens des Kindes – geeignet ist, die Fähigkeit des Kindes zu vergrößern, den eigenen Willen selbständig und eigenverantwortlich zur Geltung zu bringen. Wenn diese Frage nicht mit einem Ja beantwortet werden kann, wird es kritisch, denn das, was Pädagogen dann tun, kann nicht mehr als Erziehung Geltung beanspruchen, es verkommt zur Dressur. Aus anderen, denn aus erzieherischen Gründen – zum Beispiel Schutz vor akuten Gefahren – mag die Intervention, der Eingriff in die Freiheit eines Kindes, gerechtfertigt sein, aber nicht mit der Begründung, erziehen zu wollen. Und damit sind wir wieder bei der Ausgangsfrage: Freiheitsentziehung als Voraussetzung für Erziehung?

These 9: Zwang ist pädagogisch eine Grenzsetzung, die aktuell nicht zustimmend vereinbart werden kann und deshalb besonders streng zu prüfen ist.
So wie bisher argumentiert wurde, wird es unverzichtbar notwendig, vor der Anwendung freiheitsentziehende Maßnahmen – sowohl konzeptionell als auch im konkreten Einzelfall – jeweils *vier Prüffragen* zu beantworten und es sich dabei nicht leicht zu machen.[9]
   1. *Unterstützt diese Grenzsetzung die Selbstbildung des jungen Menschen zu einer eigenverantwortlichen und gemeinschaftsfähigen Persönlichkeit?* Diese Prüffrage ist die wunderbare „Steilvorlage" aus dem Kinder- und Jugendhilfegesetz, aber an dieser Stelle ist Pädagogik nicht einfach die Umsetzung von Recht mit anderen Mitteln, sondern folgt einer eigenen Logik.[10]
   2. *Liegt der Entscheidung ein komplexes Verstehen der Selbstbilder und Überlebensstrategien eines jungen Menschen zugrunde?* Liegen dieser Entscheidung tatsächlich fundierte Verstehensbemühungen zugrunde, die sich als explizit pädagogische Diagnostik begreifen und sich insbesondere für die Selbstbilder und Überlebensstrategien der jungen Menschen interessieren?[11]
   3. *Liegt der Entscheidung eine kenntnisreiche und sorgfältige Abwägung von Alternativen und Wirkungen zugrunde?* Zu prüfen ist also, ab nicht andere, weniger mit Zwang verbundene Erziehungssettings angemessen und ausreichend sein können. Und entgegen dem in der aktuellen Diskussion manchmal hervorgerufenen Eindruck (vgl. Schrapper 2004), tritt die Jugendhilfe in den vergangenen 20 Jahren in der Frage, was sie mit „den Schwierigen" tun soll, nicht auf der Stelle. Im Gegenteil sind heute eine Fülle positiver und produktiver Erfahrungen und Ansätze für diese Arbeit entwi-

---

9   Die Idee zu diesen Prüffragen verdanke ich Peter Hansbauer, vorgetragen auf einem Symposium zu Fragen der U-Haft-Vermeidung im Frühjahr 2002 in Mainz.
10 Siehe dazu die umfangreichen Materialien und Ausführungen von Martin Stoppel unter www.paedagogikundzwang.de (Zugriff: 31.03.2012)
11 Hinweise auf Konzepte und Instrumente dafür in Fußnoten 7 und 8.

ckelt und erprobt,[12] so dass neben zweifellos schwierigen und misslungenen Fällen in sehr viel größerer Zahl über gelungene Erziehungsprozesse berichtet werden könnte. Sicherlich ist es notwendig, immer wieder darüber zu reden, was mit denjenigen ist, mit denen – scheinbar oder tatsächlich – „nichts mehr geht". Wichtig ist trotzdem, in dieser Diskussion denen zu widersprechen, die so tun, als stünde die Jugendhilfe am Punkt Null, müssten sie eine sinnvolle und humane Pädagogik für die „besonders Schwierigen" erst neu erfinden. Damit wird ein Mythos gepflegt, der auch dazu dient, von wichtigen Fragen abzulenken, beispielsweise davon, zur Kenntnis zu nehmen, dass auch die Jugendhilfe selber, durch die Art und Weise, wie sie beschaffen ist und wie sie arbeitet, erheblich zur „Produktion" von schwierigen Fällen beiträgt.

Zurück zu den Prüffragen: Die vierte ist zweifellos die schwierigste und seit jeher *die* Prüffrage aller aufgeklärten modernen Pädagogik:

4. *Besteht Grund zu der Annahme, dass der junge Mensch später – durch die Grenzsetzung „mündiger" geworden – dieser nachträglich zustimmen könnte?* So einfach die Frage klingt, so schwer ist sie zu beantworten, setzt der Antwortversuch doch die Bereitschaft und Fähigkeit des Erziehers voraus, seine aktuellen Einsichten und Vorstellungen über die „richtige" Erziehung radikal in Frage zu stellen und sich aus der Perspektive seines „Zöglings" kritisch zu hinterfragen.

Antworten auf diese vierte und entscheidende Prüffrage haben wir auch in dem hier vorgestellten Forschungsprojekt gesucht: Über sechs Jahre nach der Entlassung haben wir junge Menschen begleitet, die in einem Zwangskontext, also mit Freiheitsentzug verbunden erzogen wurden. Wir haben sie dabei ebenso nach ihrer je aktuellen Lebenssituation, vor allem aber nach ihren zunehmend rückblickenden Erfahrungen mit diesen Erziehungserfahrungen unter Zwang befragt. Zunächst aber ist noch einmal festzuhalten:

These 10: Erziehung in Zwangskontexten ist immer Erziehung „an der Grenze".
So viel dürfte deutlich geworden sein: Professionelle Erziehung ist theoretisch als eine menschliche Praxis zu begreifen, die mehr auf Annahmen als auf Gewissheiten gründet und praktisch mehr als ein Versuch angelegt ist, denn als zielgenaues methodisches Handeln. Der Umgang mit Ungewissheiten, theoretischen wie praktischen, gehört im Kern zum „pädagogischen Geschäft" und ist kein Mangel an Anstrengung, Strenge oder Kompetenz, wie es anderen Professionen manchmal erscheinen mag. Gerade die Beschäftigung mit Zwangskontexten konfrontiert dabei immer wieder mit den

---

12 Siehe exemplarisch mit weiteren Hinweisen die Beiträge in: Witte/Sander 2006.

Grenzen und Begrenzungen pädagogischen Nachdenkens und Handelns, und dies mindestens in vierfacher Hinsicht:

(1) Mit den Grenzen pädagogischer Methoden. Es ist zu akzeptieren, dass Erziehung ein Prozess ist, der nicht „technisch" verstanden werden kann, also nach kausalen Ursache-Wirkungs-Zusammenhängen „abläuft". Menschen sind keine „trivialen Maschinen", sondern „autopoetische", sich selbst immer neue erfindende Systeme. Kinder tun letztlich doch das, was sie wollen, und dies konfrontiert Erwachsene trotz aller Bemühungen und Anstrengungen damit, dass Erziehung misslingen kann. Misslingen in dem Sinne, dass zu Recht gestellte Erwartungen nicht erfüllt werden, zum Beispiel die Vermittlung von Wissen und Fähigkeiten sowie von Haltungen, sich einerseits an Regeln halten und anderseits diese Regeln reflektieren zu können, d.h., diese Regeln auch überschreiten zu können. Oft wird erst im Nachhinein erkennbar, ob das, was aktuell als misslungene Erziehung gesehen wurde, später durchaus wichtig war, um einen kreativen und produktiven Menschen zu ermöglichen. Nicht selten galten diejenigen, die in Politik, Wissenschaft und Kultur zum „Fortschritt der Menschheit" beigetragen haben, in ihrer Jugend als ausgesprochen unerzogen.

(2) Mit den Grenzen der fachlichen und persönlichen Belastbarkeit der Pädagogen. Zwangskontexte sind Ausnahmesituation, die vor allem die beteiligten Erzieher oft bis über die Grenzen ihrer professionellen und persönlichen Belastbarkeit beanspruchen. Die extreme Nähe und vor allem die riesige Verantwortung für die Situation und den Prozess müssen getragen und vor sich und anderen gerechtfertigt werden.

(3) Mit den Grenzen der Mitwirkungsbereitschaft der jungen Menschen. Auch hier wird deutlich: Zwangskontexte konfrontieren in hohem Maße mit der Provokation einer Grenzsetzung. Die Mitwirkungsbereitschaft, also die Bereitschaft eines jungen Menschen, sich einzulassen, weil er sich nicht wehren kann, wird durch die Erwartung, dieser Zumutung auch noch – zumindest nachträglich – zuzustimmen, stark strapaziert.

(4) Mit den Grenzen gesellschaftlicher Akzeptanz. Die Jugendhilfe gerät nicht nur in die öffentliche Kritik, weil sie schwierige Kinder nicht ausreichend einfängt und unterbringt, sondern Jugendhilfe gerät genauso regelmäßig in die Kritik, weil sie Zwangskontexte herstellt, die gesellschaftlich nicht (mehr) für akzeptabel gehalten werden; zum Beispiel wenn Eltern ihre Kinder weggenommen werden, wenn in Heimen geprügelt wird, wenn Kinder nichts fürs Leben lernen können.

These 11: Professionelle Pädagogik kann sich die Prüfung und Rechtfertigung ihrer Zwangsanwendung daher weder von anderen Professionen vorschreiben noch von diesen erledigen lassen.

Diese Behauptung markiert einen der Kernpunkte der Diskussion und Pädagogik und Freiheitsentzug: So wichtig und unverzichtbar es ist, rechtsstaatlich zu prüfen und zu kontrollieren, ob Eingriffe in die individuelle Freiheit geboten, notwendig oder zulässig sind, so wenig folgt daraus bereits eine pädagogische Auftragslage oder gar Handlungskonzeption, sondern diese muss eigenständig erarbeitetet werden.

So wichtig es ist, fundierte psychiatrische oder psychologische Diagnosen über die Entwicklungsgeschichte und den Zustand eines Kindes zu kennen, so wenig folgt daraus bereits eine pädagogische „Indikation" – besser eine pädagogisch tragfähige, und dies bedeutet immer eine mit dem „Zögling" vereinbarungsfähige Handlungsidee.

Deutlich werden sollte, dass zwar in Auseinandersetzung mit rechtlichen und medizinisch/psychologischen Aspekten, aber doch in eigenständiger Verantwortung (sozial-)pädagogisch die Frage zu beantworten ist: Was wollen und können (Sozial-)Pädagogen mit den immer begrenzten Mitteln und Möglichkeiten der Erziehung einem Kind in einer zugespitzten und schwierigen Lebenssituation anbieten?

In dem hier in Vorgehen und Befunden präsentierten Forschungsprojekt LAKRIZ haben wir über 6 Jahre versucht, Antworten auf die Fragen nach den längerfristigen Auswirkungen und Folgen einer Erziehung mit Zwang zu finden.

2.2 Zum Stand der Forschungen zur geschlossenen Unterbringung

Die Praxis geschlossener Unterbringung in der Kinder- und Jugendhilfe (im Folgenden: GU) ist kein neues Phänomen. Schon immer war Zwang Bestandteil öffentlicher Erziehung und regelmäßig wurde und wird diese Praxis heftig kritisiert oder als unverzichtbar befürwortet. Vor allem nach den Diskussionen um die Wiedereinführung der GU in Hamburg (vgl. Köttgen 2003) sind freiheitsentziehende Maßnahmen in der Jugendhilfe wieder mal „Gegenstand hitziger Debatten" (Hoops/Permien 2005, 41).

Mitte der 1970er gab es in Deutschland noch 1 300 Kinder und Jugendliche (1 092 Mädchen und 208 Jungen), die in insgesamt 109 Einrichtungen geschlossen untergebracht waren (vgl. von Wolffersdorff/Sprau-Kuhlen 1996). Seitdem reduzierte sich die Anzahl der Einrichtungen, die Kinder und Jugendliche geschlossen unterbringen, kontinuierlich und damit auch die Plätze. 1997 wurden bei einer Umfrage unter den Landesjugendämtern

31

noch 122 Plätze, davon 74 für Jungen und 48 für Mädchen, gezählt (vgl. Schmitt 1997). Im Jahr 2006 lag die Zahl bei 196 Plätzen in 14 Einrichtungen (vgl. Hoops/Permien 2006). Bei einer Anzahl von insgesamt 105 000 Plätzen der (teil-)stationären Erziehungshilfen stellt Winkler (2003) zurecht nüchtern fest, dass es sich bei dieser geringen Anzahl im Vergleich zu offenen Konzepten wohl um einen „Sonderfall von statistischer Irrelevanz" (Winkler 2003, 232) handelt. Gleichwohl wird heftig darüber gestritten, ob die GU eine angemessene Interventionsform darstellt oder doch (nur) Wegschließen und Bestrafung ist. Wurde der Streit bislang auf der Basis von wenig zur Verfügung stehendem empirischen Material ausgetragen, besteht seit Kurzem die Bereitschaft „sich dem Themenkomplex aus einer sachlichen, empirisch begründeten Perspektive zu nähern" (Hoops/Permien 2005, 42). So begann das Deutsche Jugendinstitut (DJI) im Jahr 2003 mit dem Forschungsprojekt „Freiheitsentziehende Maßnahmen im Rahmen von Kinder- und Jugendhilfe, Psychiatrie und Justiz" gefördert vom BMSFSJ (vgl. Hoops/ Permien 2005, 42). Doch zunächst ein kurzer Blick auf weitere Untersuchungen:

Als empirische Forschung der jüngeren Zeit zum Thema „Geschlossene Unterbringung" kann die vom Deutschen Jugendinstitut (DJI) im Jahr 1981 durchgeführte „Dokumentation zur geschlossenen Unterbringung von Kindern und Jugendlichen in Heimen der Jugendhilfe" genannt werden, die anlässlich eines vom Bundesjugendkuratorium im Mai 1981 veranstalteten Expertenhearings erstellt wurde. In der – anhand von teilnehmender Beobachtung – angefertigten Dokumentation geht es neben der Vermittlung einer allgemeinen Übersicht vor allem um Einblicke in die Alltagsrealität geschlossener Gruppen.

Aufbauend auf die oben genannte Dokumentation veröffentlichte von Wolffersdorff und Sprau-Kuhlen (1990) eine Untersuchung, die im Auftrag der Jugendministerkonferenz im DJI mit dem Ziel erarbeitet wurde, die vielschichtigen und widersprüchlichen Aspekte des Themas zu beleuchten. Es wurden Informationen über die einzelnen Einrichtungen herangezogen und Gespräche mit den Heimleitungen geführt. Um differenzierte Informationen zu erhalten, erfolgte danach eine erste Fragebogenerhebung. Parallel dazu fanden in ausgewählten Heimen „Teilnehmende Beobachtungen" statt. Zur Fragestellung des „Alltags der Heime" wurden ergänzend Aktenanalysen sowie Leitfadeninterviews mit Personal, der Heimleitung und den Jugendlichen durchgeführt. Zwei Jahre später erfolgte eine weitere Erhebung, um die während des Untersuchungsverlaufs erfolgten quantitativen und qualitativen Veränderungen des Feldes berücksichtigen zu können und aktuelle Tendenzen zu erfragen. Abschließend wurde 1989 eine Umfrage zur aktuellen Platzkapazität im geschlossenen Heimbereich durchgeführt.

In der 1997 veröffentlichten Dissertation von Sabine Pankofer wurden retrospektiv Interviews mit zwanzig ehemals geschlossen untergebrachten Mädchen zur Beurteilung des Aufenthaltes in einem geschlossenen Heim erfasst. Subjektive Theorien bildeten den inhaltlichen Schwerpunkt der Interviews mit Konstrukten, Beschreibungen und Bewertungen konkreter Situationen der Mädchen. Die Untersuchung liefert Ergebnisse dahingehend, wie sich der Aufenthalt in einem geschlossenen Heim auf das Leben der Mädchen ausgewirkt hat und welche Bedeutung sie dieser Zeit im Nachhinein zuschreiben. Durch die Diskussion, welche Fragen der Indikation, der Einweisungspraxis und Einweisungsbegründungen von geschlossener Unterbringung im Zusammenhang mit den Deutungsmustern der Mädchen stehen, konnten spezifische Problematiken der geschlossenen Unterbringung beschrieben werden.

Im Gutachten von Paetzold (2000) stand die Frage im Vordergrund, weshalb Kinder und Jugendliche (aus dem Land Brandenburg) geschlossen untergebracht wurden. Diese Untersuchung wurde vom zuständigen Landesjugendamt mit dem Ziel in Auftrag gegeben, mögliche Unterscheidungskriterien zwischen der geschlossenen Unterbringung in der Kinder- und Jugendpsychiatrie und der geschlossenen Unterbringung im Bereich der Jugendhilfe herauszuarbeiten. Aktenanalysen von 27 Fällen bildeten den methodischen Schwerpunkt dieser Untersuchung (vgl. Paetzold 2000).

Das Kriseninterventionsteam (KIT) legte für das Land Niedersachsen im August 2003 einen „Bericht über die Untersuchung schwerwiegender Fälle von Intensivtätern im Kinderbereich" vor. Anhand von 38 Fallanalysen hochdelinquenter junger Menschen, davon nur ein Mädchen, sollte mittels Befragung der Mitarbeiter des Jugendamtes ermittelt werden, ob in den verschiedenen Lebensläufen von Schlüsselsituationen berichtet wurde, die ein „Frühwarnsystem" möglich machen könnten. Ein frühzeitiges Eingreifen sollte eine kriminelle Karriere verhindern.

Die Ziele dieser Untersuchung waren außerdem:

- eine bessere Transparenz der Kooperation bei der Bearbeitung von Fällen,
- eine bessere Darstellung der Wirkungsweise des jeweiligen Bereichs sowie
- das Aufzeigen von Möglichkeiten, wie eine effektive Zusammenarbeit der beteiligten Systeme im Sinne einer ganzheitlichen Perspektive auf den Einzelfall gestaltet werden kann.

Nach Vorbereitungsbeginn wurde durch Beschlüsse auf politischer Ebene der Untersuchungsauftrag noch erweitert. Es ging um Feststellungen, ob die Maßnahme einer „geschlossenen Unterbringung" für die zu untersuchenden Fälle eine adäquate Lösung darstellen könnte. Das Ergebnis der Untersuchung lässt sich zusammenfassen: Von den untersuchten 38 Fällen wurden zwei Jugendliche geschlossen untergebracht (in anderen Bundesländern). In sechs weiteren Fällen hielten die Mitarbeiter im Jugendamt eine geschlossene Unterbringung für sinnvoll.

Zusammenfassend kann festgehalten werden, dass es zwischen 1990 und 1997 keine größeren Forschungsaktivitäten in dem Bereich der GU gegeben hat, obgleich die Zahl der Forschungen zur Heimerziehung insgesamt in den letzten 25 Jahren stark zugenommen hat (vgl. Gabriel 2001). Wie der Überblick zeigt, scheint das Forschungsinteresse an der GU erst Ende der 1990er Jahre wieder aufgeflammt zu sein. Alle Argumente und Diskussionen um Pro und Kontra der geschlossenen Unterbringung konnten lange Zeit nur aufgrund der Ergebnisse der Untersuchung von Wolffersdorff und Sprau-Kuhlen geführt werden, oder beruhten auf Vermutungen. Die erste größer angelegte Studie nach der von Wolffersdorff und Sprau-Kuhlen, ist die eben bereits erwähnte Untersuchung des DJI „Freiheitsentziehende Maßnahmen im Rahmen von Kinder- und Jugendhilfe, Kinder- und Jugendpsychiatrie", die ihren Beginn auch im Jahr 2003 hatte und im Jahr 2006 vorläufig abgeschlossen war. Das vom Bundesministerium (BMFSFJ) geförderte Projekt wurde im Jahr 2006 um ein weiteres Jahr verlängert, so dass im März 2007 die Untersuchung mit einer „Follow-Up-Studie", einer zweiten Interviewwelle der bereits befragten Jugendlichen, endete. Von den zuvor 36 interviewten Jugendlichen wurden ca. 12 Monate später noch 28 junge Menschen erreicht (vgl. Permien 2010). Im Mittelpunkt dieser Untersuchung standen folgende Aspekte:

- Qualität und Einhaltung der Verfahrensrichtlinien gem. § 1631b BGB
- Geschlechtsspezifische Indikationen einer GU
- Alternativen zu freiheitsentziehenden Maßnahmen und die
- Kooperation zwischen Trägern der Jugendhilfe, Kinder- und Jugendpsychiatrie und Justiz (vgl. Hoops/Permien 2006, 15)

Um diesen Fragenkomplex bearbeiten zu können, wurde die Untersuchung in fünf Module gegliedert. Diese bestanden aus Befragungen und Aktenanalysen der Jugendämter und Aktenanalysen der „Fälle", die aktuell in den Einrichtungen geschlossen untergebracht waren. Hinzu kamen Befragungen der betroffenen Jugendlichen (N = 36) und Personensorgeberechtigten, Befragungen der Fachkräfte der Kinder- und Jugendpsychiatrien und einer anschließenden Expertise zum Thema „Verfahrenspfleger und Familienrichter" (vgl. Hoops/Permien 2006).

Ein zentrales Ergebnis ist, dass die Freiheitsentziehende Maßnahme „insbesondere dann positive und z.T. auch dauerhafte Effekte aufweisen, wenn

Jugendliche diese Settings als Hilfe für sich anerkennen und mitgestalten" (Permien 2010, 89). Sie müssen das Gefühl haben, etwas erreichen zu können und Freiheit schrittweise zurück erobern zu können. Auch sind schulische Erfolge und ein besseres Verhältnis zu den Eltern ein Gewinn und von Bedeutung. Der straff strukturierte Tagesablauf wird von den jungen Menschen als Verlässlichkeit und als Möglichkeit der Orientierung angesehen. Nicht bestätigt wurde die Vermutung, unter Zwangskontexten könnten keine tragfähigen pädagogischen Beziehungen entwickelt werden (vgl. Permien 2010).

Stadler (2005) beschäftigt sich in seiner Studie „Therapie unter geschlossenen Bedingungen – ein Widerspruch?" mit den Wirkungen pädagogisch-therapeutischer Hilfen. Dabei berücksichtigt er sowohl subjektive Aspekte wie auch objektivierbare Daten. Die Befunde seiner Studie liefern „eine umfangreiche Bestandsaufnahme über die Situation der Mädchen im Zeitraum von 1991 bis 2001 in den individuell geschlossenen Gruppen im Mädchenheim Gauting" (Stadler 2005, 201).

Auch wenn in der Diskussion um die GU davon ausgegangen wird, dass es sich um einen sehr kleinen Kreis[13] von Jugendlichen handelt, die im Rahmen einer solchen Maßnahme betreut werden, zeigt der Blick auf die oben genannten Forschungsarbeiten, aber auch dass der Stand der empirisch fundierten Kenntnis gering ist.

Mathias Schwabe führte von April 2004 bis Oktober 2006 in drei Heimeinrichtungen ein Praxisforschungsprojekt durch, in dem die Frage nach „Zwang in der Heimerziehung" im Mittelpunkt des Interesses stand. Ziel der Studie war es, zu untersuchen, ob, bzw. wie Konzepte, die „auch institutionelle Zwangselemente enthalten, Kinder und Jugendliche pädagogisch erreicht werden können" (Schwabe 2008, 10). Die jungen Menschen waren zuvor in einigen anderen Heimgruppen oder Kinder- und Jugendpsychiatrien untergebracht. Ihre Hilfegeschichten zeichneten sich durch zahlreiche Wechsel aus. Neben der Frage nach Chancen, die Konzepte mit Zwangselementen bieten könnten, standen auch „Risiken sowie der notwendigen Qualitätsstandards solcher Settings mit zur Diskussion" (Schwabe 2008, 10).

Im Forschungsprozess wurde der Blick auf die jungen Menschen und die Perspektive der Kinder und Jugendlichen immer wieder berücksichtigt. Wenngleich die Geschlossene Unterbringung nicht im Fokus seiner Untersuchung stand, sondern das Element von Zwang in öffentlicher Erziehung,

---

13 Es wird von unter 1 % (Stand: 1997) der Jugendlichen, gemessen an der Grundgesamtheit aller Jugendlichen, die in der Jugendhilfe betreut werden, ausgegangen, die geschlossen untergebracht werden. Im Jahr 2002 existieren 185 geschlossene Plätze; bei insgesamt 105 000 Plätzen in Einrichtungen der (teil-)stationären Erziehungshilfen (vgl. BMFSFJ 2002).

soll sie hier aufgeführt werden, da mit dem Thema „Zwang" auch ein wesentlicher Aspekt im Rahmen der GU angesprochen wird. Ein Ergebnis seiner Untersuchung ist:

„Zwang alleine kann nichts vermitteln. Zwang kann nur im Zusammenhang mit anderen Erziehungsmitteln Bildungs- und Zivilisierungspotentiale anregen. […] die Frage lautet […] welche Formen von Zwang bei welchen Kindern zu welchen Zeiten Entwicklungspotentiale aktivieren können" (Schwabe 2008, 73). Ein weiteres zentrales Ergebnis ist, dass die Anwendung von Zwang „transparent und kontrolliert erfolgen" (ebd., 104) muss. Der Appell an die Erwachsenen, „zwanghafte Handlungen" den jungen Menschen zu erklären, scheint in diesem Kontext besonders relevant. Dadurch kann bei den jungen Menschen das Gefühl von Willkür und des Ausgeliefertsein geschmälert werden. Diese Transparenz soll keine Entschuldigung der Erwachsenen sein, sondern den Kindern und Jugendlichen die Möglichkeit geben, die Welt (anders) zu verstehen.

2.3 Das Kriseninterventionszentrum (KRIZ) von „Schloss Dilborn – Die Jugendhilfe"

Der Träger „Schloss Dilborn – Die Jugendhilfe" verfügt über stationäre, teilstationäre und ambulante Angebote der Jugendhilfe für 160 Kinder und Jugendliche. Das Kriseninterventionszentrum (KRIZ) ist eine Einrichtung der stationären, geschlossenen Unterbringung dieses Freien Trägers.[14] Das KRIZ befindet sich im Zentrum einer kreisfreien Großstadt in Nordrhein-Westfalen, zentral – inmitten einer Wohngegend – gelegen. Die Wohngruppe wurde im Sommer 2003 eröffnet und hält acht Plätze für Kinder und Jugendliche zwischen 12 und 18 Jahren vor. Das KRIZ bot in der Anfangszeit eine Unterbringungsmöglichkeit für Kinder und Jugendliche für die Dauer von ca. sechs Monaten. Im Laufe der folgenden Jahre wurde die Konzeption anhand der praktischen Erfahrungen überarbeitet. Dies beinhaltete u. a. die Möglichkeit des externen Schulbesuchs oder die Aufenthaltsdauer der untergebrachten Jugendlichen von maximal sechs auf bis zu zwölf Monate anzuheben.

Die im KRIZ untergebrachten jungen Menschen befinden sich zum Zeitpunkt der Unterbringung in einer extremen Krisensituation. Dabei wird das auffällige Verhalten der jungen Menschen als Reaktion und Bewältigungs-

---

14 Vgl. dazu auch die Leistungsbeschreibung des Kriseninterventionszentrum und weiterführende Informationen im Internet beispielsweise unter http://www.dilborn.de/fileadmin/user_upload/dilborn/Leistungsbeschreibungen/Leistungsbeschreibung_Kriz. pdf und http://www.dilborn.de/fileadmin/user_upload/dilborn/Angebote/KRIZ.pdf

versuch auf bestehende Schwierigkeiten und Probleme in ihrem Lebensumfeld verstanden. In den meisten Fällen handelt es sich um junge Menschen, die sich in anderen Angebotsformen der Jugendhilfe nicht bzw. nicht mehr (weiter-)entwickeln können und/oder die unterbringenden Institutionen an ihre Grenzen bringen. Die Aufnahme erfolgt in der Regel aus Einrichtungen der Erziehungshilfe nach § 1631b BGB sowie §§ 34 und 35a SGB VIII. Ziel des KRIZ ist, dass die Kinder und Jugendlichen nach der zeitlich befristeten Maßnahme in ihr bisheriges Lebensumfeld zurückkehren oder in eine andere geeignete Anschlussmaßnahme wechseln.

Das pädagogische Konzept des KRIZ ist durch drei Stufen gekennzeichnet: In der *Entlastungsphase* sollen die jungen Menschen „zur Ruhe" kommen. Anschließend werden in der *Konfliktklärung* die Umstände, die zur aktuellen Krise geführt haben, zusammen mit den Beteiligten näher beleuchtet. Die dritte Stufe ist gekennzeichnet durch die *Suche nach einer Perspektive* für die jungen Menschen. Jeder Jugendliche hat im KRIZ einen Mitarbeiter, der primär für ihn zuständig ist. Dieser so genannten Fallführende Mitarbeiter übernimmt die fachliche Begleitung des jungen Menschen und kümmert sich um all seine Belange.

Die Gruppen- und Alltagsstruktur ist geprägt von feststehenden Elementen, wie z. B. täglichen Reflexionsgesprächen und dem Schulbesuch. Die Geschlossenheit wird in der Raumgestaltung durch abschließbare Fenster mit einer besonderen Verglasung bzw. einer Fenstersicherung deutlich. Zwischen dem Eingang ins KRIZ und dem Zugang zu den Gruppenräumen befinden sich eine Schleuse und ein Zimmer, in dem die jungen Menschen vor dem Betreten der Gruppe durchsucht werden.

Ob und wie die Kinder und Jugendlichen das KRIZ verlassen können, ist an das Erreichen bestimmter Phasen geknüpft. Diese sind an ein Punktesystem gekoppelt, das wiederum auf der täglichen Bewertung ihrer Verhaltensweisen basiert. In *Phase 1* besteht keine Möglichkeit des Ausgangs. Ausgang in Begleitung eines pädagogischen Mitarbeiters wird den jungen Menschen in *Phase 2* ermöglicht. *Phase 3* bietet dann unbegleitete Ausgangsmöglichkeiten.

Die Frage zu (Aus-)Wirkungen in der sozialen Arbeit scheint alt und gleichzeitig so aktuell wie nie. Außer Frage steht, dass die Pädagogik nicht auf eindimensionale Zusammenhänge von Ursache und Wirkung zurückgreifen kann. Neben eindimensionalen Wirkungszusammenhängen steht die Pädagogik generell vor der Herausforderung, Indikatoren herauszuarbeiten, die wissenschaftlich fundierte Nachweise sozialer Unterstützung und Begleitung erbringen (können). Vor diesem Hintergrund stellt sich die Frage nach der Wirkung freiheitsentziehender Maßnahmen umso dringender.

Der theoretische Diskurs zu den Wirkungen von Heimerziehung beschäftigt sich insbesondere mit dem pädagogischen Ort und den handelnden Personen (vgl. dazu insbesondere Winkler 1999). In der Analyse der biographischen Erfahrungen der Kinder und Jugendlichen, deren Deutungen und Konstruktionen sowie ihre Erfahrungen mit unterschiedlichen Konzepten von Heimerziehung, muss die Verwobenheit von Ort und Person als besonderes Merkmal herausgestellt werden. In der Auseinandersetzung mit grenzsetzenden Konzepten bleibt immer die Frage präsent, ob denn nun die Geschlossenheit des Ortes (also die strukturellen Rahmenbedingungen) Erziehung möglich machen kann, oder ob es vielleicht an den dort handelnden Personen und damit an der gestalteten Beziehung liegt. In dieser Frage eindeutig Stellung zu beziehen, macht nicht nur das grundsätzliche Problem der Bestimmung von Ursache und Wirkung schwierig, sondern vor allem die Differenzierung einzelner Wirkfaktoren.

Bereits zu einem früheren Zeitpunkt dieser Langzeitstudie entwickelte sich die Frage, ob die Krisenintervention im KRIZ (eher) als ein Ort des Lernens oder des Lebens begriffen wird. Orte des Lernens, die wenig mit alltäglichen Lebensräumen gemein haben, wie beispielsweise therapeutisch-klinische Settings, können unter gewissen Umständen und spezifischen Indikationen ein geeigneter Ort sein, an dem Kinder und Jugendliche „etwas lernen können". Gleichzeitig macht die Reduktion auf einen „Lernort" deutlich, dass es sich um eine vorübergehende Station im Leben handelt. Für die Arbeit im KRIZ ist es daher wichtig, dass von Beginn an allen Beteiligten deutlich gemacht wird, dass es sich in diesem Fall um eine eher kurzfristige Maßnahme der Jugendhilfe handelt.

Familienähnliche Betreuungssettings lassen demgegenüber bereits in der Begrifflichkeit die Ausgestaltung des Ortes als Lebensraum erkennen. Die Heimgruppe wird damit zum Lebensraum der Kinder und Jugendlichen, in denen sie „wie in einer Familie" zusammen wohnen und leben. Wenn auch kurzfristig in der zeitlichen Dimension, so doch in der reflexiven Bewertung der jungen Menschen, wird die Wohngruppe als Ort beschrieben, in der alltägliche Gegebenheiten, Konflikte und Wünsche miteinander ausgehandelt werden müssen – wie in einer Familie. Dies muss im KRIZ einerseits auf der Folie der kurzzeitigen Krisenintervention reflektiert und auf der anderen Seite in seiner Bedeutung für die dort lebenden jungen Menschen verstanden werden.

Auch die Bedeutung der Pädagogen im KRIZ und ihrer pädagogischen Beziehung zu den jungen Menschen konnte in der Studie im Rahmen der Folgeinterviews mit den Jugendlichen deutlich nachgezeichnet und dokumentiert und so einer Analyse zugänglich gemacht werden. Hier zeigte sich der Nutzen einer großen Vielfalt von „Erziehertypen". Damit ist in diesem Zusammenhang nicht (nur) die Quantität der dort tätigen pädagogischen Fachkräfte gemeint, sondern vor allen Dingen die Auswahl an menschlichen „Typen". Analog zur Familie haben die Jugendlichen so die Chance, auf Personen zu treffen, die viel Auswahl zulassen: vom kumpelhaften Zivi als großen Bruder, über die jugendliche Schwester, der versorgenden Mutter, bis hin zur eher autoritären Vaterfigur. Den Jugendlichen wurde die Möglichkeit eröffnet, sich den für sie „passenden" Erzieher auszusuchen und soziale Beziehungen zu gestalten. Dies scheint u. E. ein Wirkfaktor für einen gelungenen Hilfeprozess.

Für unsere Langzeitstudie lässt sich insgesamt festhalten, dass weder Ort noch Person allein zum Tragen kommen können. Vielmehr scheint gerade die Kombination aus Ort *und* Person ein wichtiger Hinweis auf positive Wirkungszusammenhänge zu sein.

Die Diskussion um das Für und Wider freiheitsentziehender Maßnahmen ist offenbar fachlich, politisch und moralisch unlösbar verstrickt. Ein Argument der Befürworter, nämlich, dass Erziehung erst dann möglich wird, wenn die Kinder und Jugendlichen „da" sind, muss u. E. dahingehend revidiert werden, dass strukturelle Rahmenbedingungen als alleiniger Faktor wenig Erfolg versprechend scheint. Erst die Verbindung aus äußeren Rahmungen und den dort tätigen Fachkräften lassen „freiheitsentziehende Konzepte" pädagogisch überhaupt legitimierbar erscheinen.

Kapitel 3
Anlage und Durchführung der Langzeitstudie[15]

Qualitative Sozialforschung untersucht u. a. Ursache-Wirkung-Zusammenhänge (vgl. B. Flick/Kardorff/Steinke 2000), wird dabei aber nicht als hypothesenprüfendes Verfahren genutzt, sondern dient vielmehr „der Generierung von Theorien und Hypothesen" (vgl. Glaser/Strauss 1967 zit. nach Meuser 2003, 141), ohne Anspruch auf Repräsentativität zu erheben. Methodisch geht es vor allem um die Rekonstruktion von Lebensgeschichten. Mit Hilfe qualitativer Verfahren, die das Subjekt mit seinen individuellen Erfahrungen und biographischen Verläufen in das Zentrum der Analysen stellen, soll dies möglich werden. In der wissenschaftlich fundierten Rekonstruktionsleistung geht es um die unterschiedlichen individuellen Deutungen und Muster, die sich in einem Fall aufeinander und miteinander beziehen. Basierend auf der grundsätzlichen konstruktivistischen Annahme, dass handelnde Subjekte ihre Wirklichkeit im sozialen Kontakt erfinden und entwerfen, bietet die „Rekonstruktive Sozialforschung" methodisch gesicherte Strategien zur Re-Konstruktion eben dieser Muster und Bilder. Die empirisch-analytische Fallarbeit hat sich als eine geeignete Vorgehensweise herausgestellt, um subjektive Deutungs- und Konstruktionsmuster handelnder Akteure herausarbeiten zu können. Im Kontext von Fallkonstruktionen ist die „Rekonstruktive Sozialpädagogik" auf drei Handlungsebenen verortet, wie Ader 2006 im Rekurs auf Jakob/Wensierski 1997 in der Darstellung des Feldes der Rekonstruktiven Sozialpädagogik folgerichtig zusammenfasst: Die „Ebene der wissenschaftlichen Forschung und Fallrekonstruktion, die handlungsbezogene Reflexion sozialpädagogischer Praxis durch Wissenschaft und SozialpädagogInnen und die professionelle Reflexion der Praxis durch die sozialpädagogischen Fachkräfte im beruflichen Alltag selbst" (Ader 2006, 23).

In der Sozialen Arbeit zählt die Beschäftigung mit Fällen und dem methodisch-kontrollierten Fallverstehen zu den grundständigen Arbeitsfor-

---

15 Das Methodenkapitel stellt eine überarbeitete Fassung der in diesem Forschungsprojekt entstandenen Dissertationen von Sandra Menk und Vanessa Schnorr (vgl. Menk 2011; Schnorr 2011) dar.

men. Dies führt in der theoretischen Auseinandersetzung mit Fallgeschichten und/oder biographischem Material zu einer Erkenntnisgewinnung mit empirischen Daten.[16] In dieser Tradition verorten sich ebenfalls Griese und Griesehop, wenn sie resümieren: „Das Individuum, seine Lebenswelt, seine Ressourcen stehen also im Mittelpunkt aktueller pädagogischer Diskurse." (Griese/Griesehop 2007, 13) Um die subjektiven Lebenswelten und deren Ressourcen entschlüsseln und die sprachlichen Codes aufbrechen zu können, bedient sich die Disziplin verschiedener wissenschaftlicher Methoden und Strategien (z. B. Kraimer 2000), die Verstehens- und Deutungsprozesse ermöglichen und in Gang setzen. Thiersch benennt dies treffend als „hermeneutisch-reflexives Verstehen" (Thiersch 2002, 326). Denn erst die Dechiffrierung der rekonstruierten Fallsituation lässt Deutungen und Sinnzuschreibungen deutlich werden, die so per se nicht vorliegen (können). Mit Jakob und Wensierski kann somit die „Rekonstruktive Sozialpädagogik" begrifflich gefasst werden als „Zusammenhang all jener methodischen Bemühungen im Bereich der Sozialen Arbeit, denen es um das Verstehen und die Interpretation der Wirklichkeit als einer von handelnden Subjekten sinnhaft konstruierten und intersubjektiv vermittelten Wirklichkeit geht" (Jakob/Wensierski 1997, 9). Die subjektiven Deutungskonstruktionen der interviewten Jugendlichen stellen den Kern dieser Arbeit dar. Dieses implizite Wissen gilt es, methodisch sauber in explizites Wissen zu überführen.

3.1 Instrumente zur Datenerhebung

Das qualitative Paradigma *„gestattet es dem Forscher ‚nah ranzugehen an die Daten' und dabei die analytischen, begrifflichen und kategorialen Bestandteile der Interpretation aus den Daten selbst zu entwickeln"* (Lamnek 1995, 195). Nach Lamnek gilt es, einige „Regeln" zu beachten, die in den methodologischen Prinzipien begründet liegen. Prinzipien wie *Offenheit* und *Flexibilität* sind in diesem Zusammenhang zu nennen. Offenheit meint hier die Offenheit des Forschers in Bezug auf den zu untersuchenden Gegenstand und im Kontext des flexiblen Umgangs mit den Datenerhebungs- und Auswertungsinstrumenten. Damit ist klar, dass sich der Gegenstand, die entwickelte Forschungsfrage und die methodische Anlage und Ausführung bedingen. Das Forschungsdesign ist als zirkuläre Strategie (Lamnek 2005, 194) zu verstehen, die als dialogisch bezeichnet werden könnte, „weil wie in einem Dialog Fragen an den Gegenstand gestellt werden, die Antworten aber über die

---

16 Einen gut strukturierten Überblick zur Fallarbeit in theoretischen und praktischen Handlungsfeldern bietet Ader 2006, 22 ff.

41

Fragen hinausgehen und so Anlass für weitere Fragen geben, d. h. die Fragen gehen aus den Antworten hervor, so wie die Antworten aus den Fragen hervorgehen [...]. Ein Ende der Untersuchung ist dann erreicht, wenn weitere Variationen keine neuartigen Daten mehr ergeben." (Witt 2001, zit. nach Lamnek 2005, 195)

Narrativ-orientierte Interviews mit Jugendlichen

Maßgeblich für die Entwicklung qualitativer Forschungsansätze ist nach wie vor Fritz Schütze, der das narrative Interview in den 1970er und 1980er Jahren entwickelt und publiziert hat. In dieser Traditionslinie soll das Verfahren zu einem „Verständnis sozialer Wirklichkeit als Resultat interpretativer Prozesse" (Jakob 1997, 445) beitragen. Mit Hilfe des narrativ-orientierten Interviews[17] werden subjektive Sinnkonstruktionen dokumentierbar und damit einer wissenschaftlichen Analyse zugänglich gemacht (vgl. Rosenthal 2005). Sollen narrativ-biographische Interviews ausgewertet werden, geht es in der Analyse um die „Differenz von Narration und Leben in der Einheit der aktualsprachlichen Selbstpräsentation (im sozialwissenschaftlichen Interview" (Rosenthal/Fischer-Rosenthal 2000, 460). Das narrative Interview ist, in Anlehnung an Marotzki, „als eine Möglichkeit der Datenerhebung innerhalb der sozial- und erziehungswissenschaftlichen Biographieforschung zum Standard geworden. Es ist daher in der einschlägigen Forschungsliteratur gut dokumentiert, so dass [...] auf eine detailliertere Beschreibung und Begründung dieses Datenerhebungsinstrumentes verzicht[et] [werden] kann." (Marotzki 2006a, 115) Die narrativ-orientierten Interviews (vgl. Hofgesang 2006, 76 ff.) bilden die empirische Grundlage der Langzeituntersuchung. Die Datenerhebung mit dem problemzentrierten Zugang eröffnet dabei die Möglichkeit, die dokumentierten biographischen Daten „mit Hinblick auf ein bestimmtes Problem" (Flick 2000, 105) zu thematisieren.

Die Personensorgeberechtigten, die zuständigen Fachkräfte in den Jugendämtern und die Bezugserzieher aus der Krisenintervention werden mit sogenannten problemzentrierten Interviews (vgl. Witzel 1982) befragt. Beim problemzentrierten Interview nach Witzel (1982) steht, wie beim narrativ-orientierten Interview, das Erzählprinzip im Vordergrund. Gleichzeitig kann aber durch erzählgenerierende Leitfragen sichergestellt werden, dass auch die relevanten Themenbereiche und Fragestellungen zur Sprache kommen. Der Leitfaden dient dabei als Orientierungsrahmen und Gedächtnisstütze, um eine kontrollierte und vergleichbare Herangehensweise für alle Gespräche zu sichern. Die Reihenfolge der Themenbereiche wird flexibel gehand-

---

17 Hanses bezeichnet es als fokussiert-narratives Interview (vgl. Hanses 2003, 266 ff.).

habt, es gilt lediglich zu beachten, dass alle Themen angesprochen werden (vgl. Flick 2000, 106).

3.2 Organisation und Struktur der Datenerhebung

Die Interviews wurden von einem festen Team (zwei Forscherinnen) geführt, die über die Jahre als Interviewpartnerinnen stabil blieben. Diese übernahmen die „Fallzuständigkeit" für die von ihnen bearbeitenden Fälle über den gesamten Untersuchungszeitraum hinweg. Alle Gespräche mit den jungen Menschen fanden in einer face-to-face-Situation statt, die der Methode des narrativ-orientierten Interviews entspricht. Die Gespräche mit den Erwachsenen konnten als Telefoninterviews realisiert werden.

Es war nicht möglich, die jugendlichen Gesprächspartner vor den eigentlichen Interviews näher kennen zu lernen, auch wenn in Methodenlehrbüchern ein Vorgespräch vorgeschlagen wird, um das Forschungsvorhaben und das damit verbunden Ziel, sowie organisatorische und strukturelle Fragen vorab zu erläutern und zu besprechen. Einerseits stand vor Beginn der ersten Interviews fest, dass weitere Interviews (Follow-Up-Interviews) folgen werden und damit das Erstinterview mit den Jugendlichen der Beginn einer Interviewperiode darstellte. Andererseits war dies die Grundlage der besonderen Umstände des Forschungsvorhabens. Alle befragten Jugendlichen wurden im Rahmen der sozialpädagogischen Krisenintervention betreut, die als intensive Intervention in ihr Leben zu betrachten ist. Es galt daran anzuknüpfen, um deren Voraussetzungen und Bedingungen im Rahmen der Datenerhebung entsprechen zu können.

Vor dem Erstinterview wurden den Jugendlichen jedoch das Forschungsvorhaben und das konkrete Vorgehen erläutert. Sie wurden über das Ziel der Studie, sowie über die Bedeutung der Befragung in diesem Zusammenhang informiert. Darüber hinaus wurde im Vorfeld der Verlauf der Gespräche besprochen und der zeitliche Rahmen festgelegt. Besonders für die Interviews mit den Jugendlichen und deren Eltern war es wichtig, den Gesprächspartnern deutlich zu machen, dass sie im Interview selbst nichts „falsch machen können". Es wurde von Seiten der Interviewerinnen signalisiert, dass kein Zeitdruck existieren würde und dass sie zu einzelnen Themenbereichen keine Auskunft geben müssen, wenn sie dies nicht wünschen. Erwartungsgemäß ist es dazu jedoch in keinem Gespräch gekommen. Nachdem auf die Dauer der Langzeituntersuchung von sechs Jahren hingewiesen wurde, die Tatsache, dass die Gespräche für diesen Zeitraum schriftlich fixiert werden, und eine gewissenhafte Anonymisierung zugesagt wurde, gaben alle Beteiligten ihre Zustimmung zu den Tonbandaufnahmen. Die Interviewabläufe ähnelten sich und verliefen ohne Zwischenfälle. Jedes Interview begann mit einem Erzählstimulus: „Erzähl doch mal wie es dazu gekommen ist, dass Du heute hier bist", das den Gesprächspartner zur Präsentation seiner individuellen Erfahrungen und Deutungen anregen sollte. Die kritische Anmerkung zu der Wahl des Erzählimpuls (vgl. Graßhoff 2008) aufnehmend lässt sich in der reflexiven Auseinandersetzung sagen, dass der Erzählimpuls sowohl an die aktuelle Situation der jungen Menschen anknüpft bzw. anknüpfen muss, als auch den Rahmen möglichst weit öffnen soll, um den Erinnerungen, Erfahrungen und Bewertungen der Jugendlichen die entsprechende Plattform zu bieten. Mit diesem Angebot gingen die Jugendlichen ganz unterschiedlich um. Einige nutzten den aktuellen Bezug, auf den die Einstiegsfrage hindeutet, um die nicht alltägliche Situation in der geschlossenen Unterbringung zu beschreiben. Andere wiederum knüpften an diese Frage an, indem sie mit den Erinnerungen aus ihrer Kindheit Bezug zur aktuellen Situation herstellten. Unter anderem war es Ziel der Untersuchung, diese Variationen in den Erinnerungen und Erfahrungen der jungen Menschen zu ermöglichen, um in dem anschließenden Auswertungsprozess diese subjektiven Deutungen und Konstruktionen einer Analyse zugänglich zu machen. Aus anderen Forschungsprojekten mit Kindern und Jugendlichen weiß man, dass der Erzählstimulus eine wichtige Rolle spielt. Allerdings belegen die Befunde aus diesen Forschungszusammenhängen auch, dass die Befragten ihre Biographie in ihrer Eigenlogik präsentieren. Schütze hat das Konzept der „Kognitiven Figuren autobiographischen Stehgreiferzählens" (eine gute Zusammenfassung ist bei Finkel 2004, 39 ff. zu finden) plausibel herausgearbeitet.

Nachdem die Interviewten ihre Erzählung abgeschlossen hatten, konnte bei unklaren Passagen nachgefragt werden und die Jugendlichen zu einer erneuten Erzählung anregen. Hier galt es abzuwägen, an welcher Stelle Nachfragen erzählanregend wirkt und wo es sich zurück zu halten gilt, um den Erzählenden nicht in seinem Verlauf zu stören. Bereits im Gesprächsverlauf gilt es, Entscheidungen zu treffen, die sich auf den weiteren Forschungsprozess auswirken können. Von besonderer Bedeutung in diesem Forschungszusammenhang sind Interviews mit Kindern und Jugendlichen. Die aktuelle Forschung zeigt, dass Kinder und Jugendliche immer mehr als Experten ihrer eigenen Lebensgeschichte wahrgenommen werden (vgl. dazu z.B. Bitzan/Bolay/Thiersch 2006). Sie sind durchaus in der Lage, über ihre Erfahrungen und Einschätzungen Auskunft zu geben. Es gilt, methodisch und praktisch die Herausforderungen einer Forschung mit Kindern und Jugendlichen ernst zu nehmen und das Vorgehen diesen Voraussetzungen anzupassen. Im Rahmen des Auswertungsprozesses der Langzeituntersuchung LAKRIZ fiel darüber hinaus auf, dass sich die jungen Menschen in der künstlichen Interviewsituation gekonnt bewegen können. Es scheint, als seien sie gewohnt, erwachsenen Gesprächspartner zielgerichtet über sich und ihr Leben Auskunft zu geben. Die Jugendlichen sind hierbei die Profis in einem doppelten Sinn: erstens für ihre Geschichte, und zweitens für deren Präsentation. Erst im weiteren Verlauf der Gespräche konnten diese instrumentellen Gesprächsstrategien zum Teil aufgegeben werden.

Zeitraum und Orte der durchgeführten Interviews

Ein wesentliches Kennzeichen der vorliegenden Arbeit ist die lange Laufzeit der Untersuchung, in der die Jugendlichen immer wieder aufgesucht und zu ihrem Leben befragt wurden. Daher ergibt sich, dass die Interviews in einem Zeitraum von bis zu fünf Jahren (2003–2008) geführt wurden.

Mit der Anlage und dem Design ist außerdem verbunden, dass die Orte der Interviews verschieden waren. Nur die Erst- und Abschlussinterviews mit den Jugendlichen wurden im KRIZ geführt. Nach der Unterbringung wurden die Interviews an den Orten geführt, wo die Jugendlichen lebten. Den Ort des Interviews haben die Jugendlichen immer selbst bestimmt. Dieser sollte nach Möglichkeit den Jugendlichen bekannt und vertraut sein und für sie eine sichere Umgebung darstellen. Die Orte waren die eigenen Zimmer oder Besprechungsräume in anderen Einrichtungen der Jugendhilfe oder auch das eigene Zimmer in der elterlichen Wohnung oder das Wohnzimmer der elterlichen Wohnung. Ein Interview wurde an einem öffentlichen Ort (Café eines Kaufhauses) geführt.

Gesprächsaufzeichnung

Zu Beginn eines jeden Interviews wurden alle Jugendlichen gefragt, ob sie einer Aufzeichnung des Gesprächs zustimmen. Sie wurden über Sinn und weiteren Verbleib ihrer Gesprächsaufzeichnungen informiert. Für die in dieser Forschungsarbeit verwendeten Interviews lagen jeweils digitale Aufzeichnungen vor. Die Jugendlichen wurden darüber in Kenntnis gesetzt, dass alle Namen und ggf. Orte, die zu einer Identifizierung der einzelnen genannten Personen führen könnten, anonymisiert wurden.

Selbstverständlich ist, dass die Aufnahmen nach Beendigung der Untersuchung gelöscht werden. Nach den geführten Interviews wurde zusätzlich ein „Postskriptum" (vgl. dazu auch Flick 2000) verfasst. Kontextinformationen, nicht verbalisierte Eindrücke oder Verhaltensweisen, die zur Interpretation der Interviews von Bedeutung sein könnten, wurden hierin notiert.

Interviewablauf

Auf das Erstinterview wurden die Jugendlichen durch den Leiter des KRIZ vorbereitet. Er hat den jungen Menschen erklärt, wozu die Interviews durchgeführt werden sollen und grundsätzlich nach der Bereitschaft der Jugendlichen gefragt. Die Erst- und Abschlussinterviews wurden in einem Besprechungszimmer im KRIZ geführt.

Nach der Vorstellung der Forscherinnen und nochmaliger Aufklärung über den Zweck der Interviews wurden die Jugendlichen gefragt, ob sie einer Aufzeichnung des Gesprächs mittels Tonband zustimmen. Es wurde ihnen versichert, dass die Interviews nicht an das Personal im KRIZ oder an sonstige Personen (außer einer Schreibkraft zur Transkription) weitergegeben werden. Auch über die Anonymisierung wurden die Jugendlichen aufgeklärt und gefragt, ob sie ein bestimmtes Pseudonym bevorzugen.

Die Jugendlichen wurden über die Themen des Leitfadens informiert. Die Erstinterviews dauerten zwischen 20 Minuten und 60 Minuten. Ähnlich verlief es bei den Abschlussinterviews, die ebenfalls im KRIZ durchgeführt wurden. Mit einigen Jugendlichen konnte aus organisatorischen Gründen kein Abschlussinterview geführt werden.

Bei den Folgeinterviews wurden die Jugendlichen entweder direkt kontaktiert oder konnten über die Betreuer von der Wohngruppe, in der sie untergebracht waren, erreicht werden. Es wurden für die jungen Menschen günstige Termine vereinbart und sie wurden in ihrem Lebensumfeld aufgesucht. Häufig gingen den Folgeinterviews „kleine Besichtigungstouren" durch die Wohngruppe voraus – oder aber diese wurden nach Beendigung des Interviews durchgeführt. Die Jugendlichen erhielten bei jedem Folgeinterview eine kleine Aufwandsentschädigung.

Transkription

Die geführten Interviews wurden alle vollständig transkribiert. Um eine einheitliche Transkription zu gewährleisten, wurden Transkriptionsregeln (siehe Anhang) erstellt. Eine einheitliche, sehr genaue Abschrift trägt bei der Auswertung dazu bei, dass Sprache, Sprachstil, Pausen, besondere Betonungen, schnelle Anschlüsse oder besondere Sprechweisen (wie z.B. zynisch, lachend, erstaunt, neugierig, ängstlich) Berücksichtigung finden.

Gläser und Laudel (2004) sind der Ansicht, dass z.B. ein Experteninterview möglichst vollständig transkribiert werden sollte. Das Abhören und Zusammenfassen, wie von Meuser und Nagel vorgeschlagen, stellt eine „methodisch nicht kontrollierbare Reduktion von Informationen" (Gläser/Laudel 2004, 188) dar, da niemand die Regeln angeben kann, nach denen komprimiert werden sollte. Die vollständige Transkription erlaubt im Sinne der Explikation, wie von Mayring (2004) beschrieben, ein einfaches Hinzuziehen weiterer Textstellen, die erst auf den zweiten Blick und nicht schon nach dem ersten Hören beim Forscher auf Interesse stoßen können. Bislang unverstandene Textstellen können anhand einer vollständigen Transkription besser nachvollzogen werden. Ein schneller Zugriff auf das vollständige Material ist absolut vorteilhaft, auch wenn sich hierdurch die Datenmengen um ein Vielfaches erhöhen können.

Nachbefragung

Im Frühjahr 2009 wurde eine telefonische Nachbefragung initiiert, um mit den jungen Menschen, zu denen der Kontakt im Laufe der Projektzeit abbrach, und weiteren Jugendlichen[18], möglichst persönlich zu sprechen. Von 2003 bis 2006 waren insgesamt 49 Jugendliche in der Krisenintervention untergebracht. 24 Jugendliche wurden interviewt. Zu 14 von 24 konnte der Kontakt gehalten werden. Durch die Nachbefragung sollten die anderen 35 Jugendlichen kontaktiert werden. Dabei konnte über 20 jungen Menschen etwas erfahren werden. Entweder durch sie selbst oder wo dies nicht gelang, über die Eltern und die (ehemals) zuständigen Fachkräfte in den Jugendämtern. Die Nachbefragung wurde als telefonisches Kurzinterview mit insgesamt vier Leitfragen gestaltet. Nach den Telefonaten wurde ein Postskriptum angefertigt, in dem zu den Notizen weitere Eindrücke und Auffälligkeiten festgehalten wurden. Die Kurzinterviews beschäftigen sich mit

- dem aktuellen Aufenthaltsort der Jugendlichen,
- ob und welche berufliche Perspektiven sie haben,
- ob sie nach dem KRIZ straffällig geworden sind und
- welche Erfahrungen und Erinnerungen sie mit der Krisenintervention verbinden.

Erstaunlich war die Offenheit, die uns die Eltern und die Jugendlichen selbst in den Telefonaten signalisierten. Sowohl Eltern als auch Jugendliche erzählten bereitwillig über den Verbleib ihres Kindes bzw. aus ihrem Leben. Dies deckt sich mit den Erfahrungen aus den Interviews. Nur in seltenen Fällen wollten die Eltern und auch die Jugendlichen keine Auskunft geben. In den Gesprächen mit den Jugendämtern, die Informationen weitergeben konnten, wurde in den meisten Fällen deutlich, dass der Kontakt zu den Jugendlichen „abbricht" sobald die Jugendhilfe beendet wird. Dann wissen die ehemals zuständigen Fachkräfte nichts mehr über den Verbleib ihrer Schützlinge. Trotz des hohen Einsatzes – so unsere Erfahrung – scheint sich die Jugendhilfe in den meisten Fällen nicht für ihr „Werk" zu interessieren. Obwohl die Fälle, in denen die Jugendlichen geschlossen untergebracht wurden, von den Fachkräften als „schwierige Fälle" bezeichnet werden, für die sie sich in ihren Ämtern immer wieder rechtfertigen mussten. Dieser Befund bezieht sich u. E. nicht auf den individuellen Mitarbeiter, sondern beschreibt ein generelles Phänomen in der Jugendhilfe.

---

18 Es handelt sich dabei um Jugendliche, die ebenfalls im Untersuchungszeitraum in der Krisenintervention untergebracht waren, aber nicht interviewt wurden.

3.3 Längsschnittuntersuchungen –
Gut Ding will Weile haben!?

Um Prozesse sozialen Handelns und Entwicklungen von jungen Menschen, Einflüsse von externen Bedingungen beobachten und darstellen zu können, sind Längsschnittuntersuchungen ein geeignetes Instrument. Sie sind quasi „die konsequenteste Form, Entwicklungen und Prozesse zu begleiten und zu erfassen" (Flick 2007, 184). Das Besondere der Evaluationsstudie LAKRIZ ist sicherlich die lange Projektlaufzeit (sechs Jahre). Dies soll eben jene, tiefere Einblicke in die Erfahrungen junger Menschen mit der Intervention KRIZ liefern. Längsschnittstudien gelten als besonders informativ und aussagekräftig. Es wird zwischen Trenddesign und Paneldesign unterschieden. Der Unterschied liegt in der Stichprobe, die im Trenddesign wechselt, während sie beim Paneldesign gleichbleibt (vgl. Diekmann 1995). Längsschnittuntersuchungen, insbesondere Paneldesignstudien im Rahmen qualitativer Forschung sind jedoch in aller Regel überaus aufwendig, weil sie finanzielle, personelle und zeitliche Ressourcen binden. Sie stellen die Forscher vor zahlreiche Herausforderungen, wie z.B. die sog. „Panelmortalität" (Diekmann 1995, 271), d.h. Verluste in der Untersuchungsgruppe durch Sterblichkeit, Wegziehen, Verweigerung etc. (vgl. auch Menk 2004). Dies bleibt zumeist der einzige Hinweis auf die Herausforderungen, denen Forscher gegenüber stehen.

So umfangreich, ausführlich, hilfreich und weiterführend sich das Material zur qualitativen Methodendiskussion für den Forscher auch darstellt, so mager ist sie für den Bereich von qualitativ ausgerichteten Längsschnittuntersuchungen. Andreas Diekmann (1995) gibt hierzu jedoch einen guten und einführenden Überblick. Zur Anlage, methodischen Zugängen und erkenntnistheoretischen Problemen findet der Leser keine bzw. kaum Antworten (vgl. Lüders 2004, 636). Wenn im Rahmen qualitativer Sozialforschung von Langzeituntersuchungen die Rede ist, werden damit zumeist Methoden der Ethnomethodologie gemeint. „Für die meisten qualitativen Methoden gibt es nur wenige Hinweise, wie sie sich in Längsschnittstudien mit mehreren Erhebungszeitpunkten einsetzen lassen." (Flick 2007, 183) Forscher, die qualitative Interviews als methodischen Zugang gewählt haben, sind bei der Entwicklung des Forschungsdesigns und vor allem im weiteren Forschungsprozess in weiten Teilen auf sich selbst angewiesen.

Im Folgenden sollen die Herausforderungen, positiven Erfahrungen und Stolpersteine der Studie LAKRIZ erörtert werden und damit einen kleinen Beitrag zur Methodendiskussion bei Längsschnitterhebungen leisten. Immerhin sechs Jahre Forschung um die Wirkung der geschlossenen Unterbringung und insgesamt 130 qualitativ geführt und ausgewertete Interviews mit Jugendlichen, Eltern, Erziehern und Sozialpädagogen in Jugendämtern und dem KRIZ liegen der Langzeitstudie LAKRIZ zugrunde. Hinzu kommt die Analyse weiterer Daten der Jugendlichen, wie z.B. die Kopien der Akten oder Abschlussberichte des KRIZ.

Ein methodisch zentrales Problem von Längsschnittuntersuchungen ist das der Panelmortalität, bzw. die Frage danach, wie diese verhindert oder so gering wie möglich gehalten werden kann. Hierzu können mehrere Aspekte Berücksichtigung finden:

- Größerer Pool der möglichen Interviewpartnern zu Beginn
- Personelle Stabilität bei den Forschern
- Finanzielle Anreize für die Interviewpartner
- Regelmäßige und verantwortungsvolle Kontaktgestaltung zu den jungen Menschen

Die Studie LAKRIZ hat im Blick auf zu erarbeitende Panelmortalität zu Beginn der Untersuchung (Februar 2004) mit einem deutlich größeren Pool an jungen Menschen Interviews geführt (n = 24, 14 männlich, 10 weiblich). Damit sollte gewährleistet sein, dass von Beginn an auf mehr junge Menschen als potenzielle Gesprächspartner zurückgegriffen werden kann. Dies hat sich als überaus hilfreich und erfolgreich erwiesen. Im Verlauf der Studie konnten zu einigen Jugendlichen keine weiteren Kontakte und Termine hergestellt werden, so dass die Zahl derer, die nach der Intervention im KRIZ wieder interviewt wurden, gesunken ist.

Mit je 15 Jugendlichen wurden zum Ende der Unterbringung im KRIZ und im Anschluss an das KRIZ, nach ca. 12 Monaten, Abschlussinterviews geführt. Im Sommer 2008 zeigt die Übersicht, dass im weiteren Verlauf noch mit acht jungen Menschen (davon fünf männlich und drei weiblich) ein zweites Folgeinterview durchgeführt werden konnte. Bei vier Jugendlichen war auch ein drittes und bei einem Jugendlichen sogar ein viertes Folgeinterview möglich. Das letzte Interview wurde im Juni 2008 geführt.

Personelle Stabilität spielt bei Langzeituntersuchungen eine wichtige Rolle. Mit dem ersten Interview lernen sich die Forscher und die jungen Menschen zu Beginn der Untersuchung kennen. Bis zum Ende des Erhebungszeitraums hat es keinen personellen Wechsel gegeben, die jungen Menschen hatten durchgängig „ihre Forscherin" bei „ihren Interviews". In den ersten und weiterfolgenden Interviews wurden zum Teil vertraute und intime Dinge berichtet. Durch die personelle Stabilität war es bei den folgenden Interviews leicht, an das vorangegangene Interview anzuknüpfen, die Themen aufzugreifen, die beim letzten Interview viel Raum eingenommen hatten oder vermisst wurden. Das Herstellen einer entspannten und vertrauten Situation war so schnell möglich. Ohne diese Beständigkeit wäre es für „neue"

Forscher sicher nicht leicht gewesen, einen Zugang zu den jungen Menschen zu gestalten.

Neben den noch folgenden Aspekten der Kontakt- und Beziehungsgestaltung spielen monetäre Anreize für die Fortführung der Beziehung zwischen Forscherinnen und jungen Menschen eine Rolle. Die Jugendlichen haben für die Folgeinterviews jeweils eine Aufwandsentschädigung erhalten. Dies mag vielleicht für einige Leser moralisch bedenklich anmuten und/oder ein Betrag von nur geringer Bedeutung sein. Wir konnten jedoch feststellen, dass sich die jungen Menschen über die Aufwandsentschädigung zumeist sehr gefreut haben. Lediglich ein Interviewpartner hat bei der Terminabsprache vor dem nächsten Interviewtermin danach gefragt, ob das Interview wieder entlohnt werden würde. Ansonsten entstand nicht der Eindruck, als würden sich die jungen Menschen nur des Geldes wegen auf die Folgeinterviews einlassen. Auch war vor dem ersten Folgeinterview den jungen Menschen nicht bekannt, dass sie für die folgenden Interviews eine finanzielle Aufwandsentschädigung erhalten würden.

Die Zeitpunkte der ersten Interviews mit den Jugendlichen waren in der Langzeituntersuchung vom Zeitpunkt der Unterbringung im KRIZ abhängig. Das Forschungsdesign sieht vor, dass zum Ende der Intervention das Abschlussinterview geführt wird und dann jährlich die weiteren Interviews folgen. Zwischen diesen Interviewterminen lagen meist zwölf Monate. Die Jugendlichen haben zu Weihnachten und zu ihren Geburtstagen Karten per Post erhalten. Wenn sich im Interview abzeichnete, dass ein Ortswechsel des Lebensortes anstehen könnte, haben die Forscherinnen versucht, die Jugendlichen zwischen den Interviewterminen telefonisch zu erreichen, um nachzuhören, ob sich die Jugendlichen noch am bekannten Lebensort aufhielten oder nicht. Das Motto stellte sich schnell heraus: Dranbleiben! Durch das zum Teil häufige Wechseln von Telefon- bzw. Handynummern war dies nicht immer möglich. Einige der Jugendlichen meldeten sich bei uns im Büro der Universität, wenn sich eine Änderung ihres Lebensortes ergab, um uns darüber zu informieren und um die neuen Kontaktdaten zu übermitteln.

Solange die jungen Menschen in Institutionen der Jugendhilfe oder bei ihren Eltern lebten, war die Möglichkeit des Kontakts zu den Jugendlichen zumeist sehr gut. Einen deutlichen Einschnitt haben wir mit dem Erreichen der Volljährigkeit der jungen Menschen erlebt. Hier gab es einige junge Erwachsene, die die Institutionen der Jugendhilfe verlassen haben und nicht wieder ausfindig zu machen waren. Der Versuch, Kontakt zu den Jugendlichen zu halten und dies durch personelle Stabilität wie oben beschrieben und andere beziehungsstärkende Aspekte umzusetzen, hat sowohl für die Forscher als auch für die jungen Menschen Bedeutung, die in der Methodenliteratur bislang keine Beachtung gefunden haben.

3.4 Methodenentwicklung zwischen Forschungsinteresse und pädagogischem Ethos

In vielen Methodenlehrbüchern wird darauf hingewiesen, dass im Rahmen der Datenerhebung ein gesicherter Zugang zum Feld unerlässlich ist. Im weiteren Arbeitsprozess soll das Verhalten der Forscher möglichst neutral bis distanziert dem Feld bzw. den Adressaten gegenüber sein. Auch in der Langzeituntersuchung LAKRIZ wurde dieser Abstand, wohl wissend um die Folgen, gewahrt. So wichtig und plausibel diese theoretisch richtige und wichtige Forderung aus einer Forschungs- und Wissenschaftsperspektive auch erscheint – in der praktischen Forschungserfahrung von immerhin fast sechs Jahren scheint sie nicht (durch-)haltbar zu sein. In der pädagogischen Fachliteratur über Langzeituntersuchungen finden sich kaum Hinweise auf die Bedeutung des Kontaktes zwischen Forschern und Adressaten und die sich im Verlauf entwickelnde Beziehungsgestaltung (vgl. Colla 1973). Unsere Erfahrungen dokumentieren Veränderungen und Wirkungen auf zwei Ebenen.

Die Bedeutung der Interviewkontakte für den Forscher

In der Langzeitperspektive oder konkreter in dem strukturell hergestellten langfristigen Kontakt zwischen Forscher und Adressaten, ändert sich der Blick auf die Jugendlichen. Ein für die Forschungsarbeit positiver Effekt ist ohne Zweifel die Möglichkeit eines vertieften und facettenreicheren Blickes auf und für die Lebensthemen und Bewältigungsmuster der jungen Menschen. Hinzu kommen vielfach „nebensächliche" Erkenntnisse und Eindrücke, die auf den Forscher einwirken, zum Beispiel während Hausbesuchen bei den Jugendlichen, in den verschiedenen Jugendhilfeeinrichtungen oder wenn Freunde, Familie oder Verwandte zu den Besuchskontakten hinzukommen. Gewonnen werden ebenso die vielschichtigen Eindrücke, die von der Gestaltung des eigenen Zimmers, über individuelle Lebensgewohnheiten, Kleidungs-, Musik- und Medienstile, alltägliche Plaudereien und ähnliches im direkten Kontakt mit den Jugendlichen gewonnen werden. Immer bleibt die Begegnung getragen vom Respekt zueinander. Die Gefahr hierbei liegt allerdings in der sich entwickelnden Parteilichkeit für die Jugendlichen; nicht unter der Perspektive eines Schutzbefohlenen, sondern in der Aushandlung und stellvertretend gegenüber Dritten. Diese Erfahrung könnte unterschiedlichen Zeitpunkten im Forschungsprozess (z.B. in den Phasen der Datenerhebung und -auswertung) den neutralen Blick verzerren. Es kann passieren, dass man entweder zu wohlwollend die anstrengenden, normverletzenden und schwierigen Verhaltensweisen und Persönlichkeitsanteile wegdeutet, oder umgekehrt, die unschönen und respekteinflößenden Verhaltensweisen in einer Defizitorientierung hängen bleiben. Dies lässt sich durch das Spiegelungsphänomen (vgl. dazu z. B. Mertens 2000; Muck/Trescher 2001) oder den Effekt von Übertragung und Gegenübertragung (vgl. dazu z. B. Trescher 2001 oder Vetter 2003) deuten.

Auf Basis unserer Erfahrungen kommen wir zu folgendem Schluss: *Die emotionale Komponente muss in Forschungsprozessen dem Forscherteam reflexiv zugänglich bleiben.* Es gilt, sich dieser Gefahr bewusst zu sein und das Phänomen der Übertragung und Gegenübertragung im Forscherkollegium und darüber hinaus mit der Projektleitung wiederholt zu reflektieren, um nicht vorschnell in Interpretationssackgassen zu geraten.

Die Bedeutung der Interviewkontakte für die Jugendlichen

Es schien, als läge den Jugendlichen im Verlauf der Projektzeit viel daran, dass der Kontakt zwischen Ihnen und den Forschern gehalten wurde. Der Forschungsprozess zeigt, dass die Interviews als solches im biographischen Verlauf als pädagogische Intervention wirkungsmächtig sind. Erstaunlich war nicht nur, wie bereitwillig und freimütig sie von und aus ihrem Leben erzählten, sondern welchen Stellenwert die Forscherinnen nach ein bis zwei Jahren einnahmen. Im Vorfeld der Studie war dies nicht vorauszusehen. Die Geburtstags- und Weihnachtskarten erhielten bei einigen Jugendlichen einen Ehrenplatz an der Wand oder auf dem Schreibtisch. Die bewusst zurückhaltende Kommunikation der Forscher zwischen den jährlich stattfindenden Folgeinterviews schien sie nicht davon abzuhalten, sich nicht nur auf den nächsten Kontakt zu freuen, sondern dies auch so zu kommunizieren. Sie schrieben aus eigener Initiative Briefe und Karten oder meldeten sich „zwischendurch" telefonisch. In sechs Jahren Laufzeit kamen so bei einigen Jugendlichen immerhin 12 bis 14 Kontakte, schriftlich, telefonisch und direkte Besuchskontakte zustande. Diese kurzen Berührungspunkte schienen ihnen etwas zu bedeuten (vgl. zu diesem Phänomen z. B. Wallerstein/Lewis/Blakeslee 2002). Die Kontakte hatten offensichtlich einen Einfluss auf die Jugendlichen genommen. Sie fühlten sich ernst genommen und bekamen durch die jährliche Befragung einen besonderen Stellenwert in ihrem Lebensalltag. Sie genossen sichtlich das Gefühl, ernst genommen und als Experten ihrer eigenen Lebensgeschichte respektiert zu werden. Zwangsläufig beeinflussten wir Forscherinnen damit das Leben und die Erfahrungen der Jugendlichen.

Daraus kann eine zweite These geschlussfolgert werden: *Forscher nehmen in Langzeituntersuchungen Einfluss auf die befragten Personen,* selbst wenn dies nicht beabsichtigt ist oder sein soll. Die ethischen Fragen zu Forschungsdesigns (vgl. dazu z. B. Gläser/Laudel 2004) fordern den Forscher auf, dies bereits in der Anlage der Untersuchung voraus zu denken und sich reflexiv damit auseinander zu setzen.

Es stellt sich die Frage, warum den Jugendlichen der Kontakt wichtig erschien? Waren es die Personen, die im Vordergrund standen, oder die Aufmerksamkeit und die exponierte Situation als Beforschter, die ihnen durch diesen Forschungsprozess geschenkt wurde?[19] Wie oft passiert dies schließlich im Alltag, dass man Teil einer universitären Studie wird und zudem über mehrere Jahre im Fokus steht? Allein diese Erklärung scheint zu kurz zu greifen. Alle befragten Jugendlichen wurden und werden seit mehreren Jahren vom Jugendhilfesystem betreut und unterstützt. Das impliziert eine Vielzahl an unterschiedlichen Helfern teilweise in längeren Beziehungskonstellationen. In der Rückschau erklärten uns die jungen Erwachsenen, wie bedeutend für sie die Erfahrung gewesen sei, dass es Menschen gibt, die sich „einfach so" für sie und ihr Leben interessieren. Erwachsene Personen, die keine Interventionen beabsichtigen und die Gespräche nicht nutzen, um Effekte, Wirkungsweisen und Erfolge nicht bewerten. Entlastend sei auch die Erfahrung gewesen, dass das Erzählen ihrer Misserfolge für sie keine direkten Konsequenzen nach sich zog. Diese Erfahrungen der Jugendlichen stimmen nicht optimistisch. Stellt sich hier die Frage, in welcher Funktion die Jugendlichen Erwachsene, ob im professionellen oder alltäglichen Kontext, sehen und verstehen.

Was bedeuten diese Erfahrungen für das Forschungsdesign einer Untersuchung mit Langzeitperspektive? Offensichtlich gilt es, die Bedeutung der Einflussnahme nicht zu gering zu schätzen und auch im Forschungsverlauf gut im Blick zu behalten. Die Gründe für den engen Kontakt zwischen Forschern und Jugendlichen liegen u. a. in den biographischen Erfahrungen von Brüchen und Krisen dieser jungen Menschen. Verlässlichkeit, Schutz und eine enge Bindung haben sie kaum erfahren können. Sollten aber tatsächlich zehn Kontakte in sechs Jahren ermöglicht haben, dass junge Menschen in ihrer biographischen Anstrengung sich ihres Selbst zu vergewissern und ihre Welt um sie herum zu begreifen, im „permanenten Ringen um Authentizität" (Hofgesang 2006, 87) sich ein Stück auf diesen Weg begleitet gefühlt haben? Auch mit weniger Pathos im Ausdruck und dem Wissen über den insgesamt begrenzten und unbeabsichtigten Einfluss auf die Lebensgeschichten der hier befragten Jugendlichen gilt es, kritisch-reflexiv mit diesen Erfahrungen umzugehen, denn schlussendlich bedeutet Forschung auch die ethische Perspektive nicht aus den Augen zu verlieren. Ein Grundsatz

---

19 Dieser Effekt wird als „Hawthorne-Effekt" vor allen in der Literatur zur Organisationsentwicklung rezipiert. Es handelt sich dabei um ein wissenschaftliches Experiment zur Arbeits-Optimierung, das zwischen 1927 und 1933 in den Vereinigten Staaten von Amerika durch geführt wurde (vgl. dazu Gairing 1999, 49 ff.). Das „Hawthorne-Projekt" belegt „die Bedeutung des sozialen Kontextes für die Arbeitsproduktivität" (ebd., 50).

fordert die „Vermeidung von Schaden für die Untersuchten" (Gläser/Laudel 2004, 48) und meint dabei nicht nur die Vermeidung von körperlichem, sondern darüber hinaus auch emotionalem und seelischem Leid. Und es bleibt wohl spekulativ, ob und inwiefern die jungen Erwachsenen das Ende des Forschungsprojektes als Kontaktabbruch bewerten und damit wieder einmal erleben, was sie zu genüge bereits häufig in ihrer Sozialisation kennengelernt haben.

Kapitel 4
Das **KRIZ** im Leben der jungen Menschen

Die mittlerweile jungen Erwachsenen stehen im Mittelpunkt der Langzeituntersuchung. Innerhalb des Forschungszeitraums haben wir viel über ihr Leben erfahren. So unterschiedlich auch die Erzählungen und Erinnerungen der Jugendlichen waren, zeigte sich immer ein gemeinsamer Bezugspunkt: die geschlossene Unterbringung in dem Kriseninterventionszentrum einer Jugendhilfeeinrichtung. Zu diesem Zeitpunkt haben wir die jungen Menschen kennengelernt und hatten die Chance, mehrere Jahre nach der Unterbringung an Ihnen „dran zu bleiben". In den Interviews erzählten sie immer auch über die Zeit vor der Krisenintervention. So wurde der Blick auf übergreifende Lebensthemen möglich.

Uns ging es immer um die Frage, welchen Einfluss und Stellenwert die geschlossene Unterbringung im und für ihr Leben hat. Aus diesem Grund passt sich das folgende Kapitel in seiner Struktur dem chronologischen Lebensverlauf der jungen Menschen an. In einem Dreischritt werden wesentliche Ergebnisse und Befunde herausgearbeitet und präsentiert:

Die Zeit *vor* der geschlossenen Unterbringung:
* Wie kommen die Jugendlichen in die Krisenintervention, d.h. mit welchen Erwartungen und lebensgeschichtlichen Erfahrungen?

Die Zeit *während* der Krisenintervention:
* Wie bewältigen sie die erste Zeit in der geschlossenen Unterbringung?
* Was erleben sie während der Krisenintervention?

Die Zeit *nach* dem KRIZ:
* Was ist aus den Jugendlichen nach dem KRIZ geworden?
* Kann die geschlossene Unterbringung ihre konzeptionelle Idee von Krisenintervention verwirklichen?
* Wie bewähren sich die jungen Menschen nach der geschlossenen Unterbringung?

Abb. 2: Überblick Datenmaterial, Grundgesamtheit, Erhebungszeitraum

Thema	Kap.	Daten-material	Grund-gesamtheit	Erhebungs-zeitraum
Die Zeit vor dem KRIZ				
Wie kommen die Jugendlichen ins KRIZ? – Zahlen und Fakten	4.1.1	EVAS	35*	2003–2006
Wie kommen die Jugendlichen ins KRIZ? – Die Adressatenperspektive	4.1.2	Interviews	24**	2003–2006
Die Zeit im KRIZ				
Wie bewältigen die Jugendlichen die erste Zeit im KRIZ?	4.2.1	Interviews	24***	2003–2006
Was erleben die Heranwachsenden im KRIZ?	4.2.2	Interviews	24****	2003–2006
Die Zeit nach dem KRIZ				
Lebens- und Hilfestationen nach dem KRIZ	4.3.1	Interviews, Nach-befragung	45****	2004–2006, 2009
Krisen- und Interventionsverläufe	4.3.2	Interviews, Nach-befragung	17******	2004–2008, 2009
Wie bewähren sich die Jugendlichen nach dem KRIZ?	4.3.3	Interviews, Nach-befragung	21*******	2004–2008, 2009

* Die EVAS-Bögen wurden mit dem Ende der Erhebungsphase im KRIZ im September 2006 ausgewertet. In die Auswertung mit einbezogen wurden nur die Fälle, die zu diesem Zeitpunkt schon abgeschlossen waren, d. h. zu denen Aufnahme-, Abschlussbogen und gegebenenfalls Verlaufsbögen vorhanden waren. Insgesamt konnten die Bögen von 35 Fällen ausgewertet werden.
** In die Auswertung wurde die 24 Jugendliche einbezogen, die zwischen 2003 und 2006 im KRIZ untergebracht waren und im Rahmend er Studie interviewt wurden.
*** In die Auswertung wurde die 24 Jugendliche einbezogen, die zwischen 2003 und 2006 im KRIZ untergebracht waren und im Rahmend er Studie interviewt wurden.
**** In die Auswertung wurde die 24 Jugendliche einbezogen, die zwischen 2003 und 2006 im KRIZ untergebracht waren und im Rahmend er Studie interviewt wurden.
***** Von insgesamt 45 Jugendlichen konnten Informationen zusammengetragen werden, um die Lebens- und Hilfestationen nach der Unterbringung im KRIZ zu rekonstruieren. Es handelt sich hierbei um 14 Jugendliche, die mit jährlichen Interviews befragt wurden, sowie die 20 jungen Menschen, die über die Nachbefragung erreicht werden konnten, und weitere Information von Dritten, z. B. Jugendliche berichten über andere Jugendliche.
****** Für 17 Fallgeschichten konnten Interventionsprofile erstellt werden. Diese Grund-gesamtheit setzt sich aus 14 Jugendlichen zusammen, die über mehrere Jahre interviewt wurden, sowie drei Jugendliche, die im Rahmen der Nachbefragung detailliert über ihre Hilfe-geschichte Auskunft gaben.
******* Zu Fragen der Bewährung konnten insgesamt 21 Jugendliche Auskunft geben. Die Zahl setzt sich zusammen aus den 14 Jugendlichen, die im Rahmen der Langzeitstudie über mehrere Jahre befragt wurden, sowie sieben junge Menschen über die durch die telefonische Nachbefragung zu allen drei Kriterien (Sozial-, Arbeits- und Legalbewährung) ausreichend Informationen zur Verfügung standen.

Während der sechs Jahre wurden viele Daten erhoben und unterschiedlichstes empirisches Material generiert (vgl. dazu Kapitel 3 in diesem Buch). Aus diesem Grund ist es nötig, vor der Ergebnisdarstellung einige Hinweise dazu zu geben.

Über welche jungen Menschen können wir berichten?

Insgesamt wurden alle 49 jungen Menschen die von 2003 bis Juni 2006 im Kriseninterventionszentrum untergebracht waren, in die Analyse einbezogen. Das Geschlechterverhältnis ist nahezu ausgeglichen: 23 Mädchen und 26 Jungen waren im Untersuchungszeitraum in der Krisenintervention untergebracht.

Abbildung 2 gibt einen Einblick über die unterschiedlichen Datenformen, die Zusammensetzung der Grundgesamtheit und den jeweiligen Erhebungszeitraum.

Informationen zu den EVAS-Bögen

Um einen Überblick über die soziographischen Daten der in der Krisenintervention untergebrachten Jugendlichen zu erlangen, wurden für die Jugendlichen, die voraussichtlich längere Zeit (mehr als vier Wochen) im KRIZ bleiben, EVAS-Bögen[20] angelegt. Im Rahmen einer quantitativen Auswertung wurden basale Hilfedaten, soziodemographische Merkmale, Hilfevorgeschichte, Anamnese, sowie Informationen zur Entlassung erfasst. Die Fragebögen wurden lediglich für die Dauer der Unterbringung im Kriseninterventionszentrum erhoben und bestehen aus einem Aufnahme-, einem Verlaufs- und einem Abschlussbogen. Für die Zeit danach wurden keine weiteren Fragebögen erhoben. Sie begleiten nicht den gesamten Forschungsprozess und sind demnach vergangenheits- bzw. gegenwartsbezogen.

Zu der Frage der langfristigen Wirkung der Krisenintervention sind diese Bögen nicht aussagekräftig, da sie nur die Zeit der Jugendlichen in der Einrichtung beleuchten.

4.1 Die Zeit vor der Krisenintervention

Wie haben die jungen Menschen Jugendhilfe bisher erlebt? Was haben sie in ihrem bisherigen Leben gelernt? Was lässt sie zu einem „schwierigen Fall" werden, für den im Erleben der Erwachsenen nur noch die geschlossene

---

20 Instrumentarium auf der Basis von Selbstevaluation, um eine institutionsübergreifende Qualitätssicherung für die bundesweit teilnehmenden Einrichtungen zu ermöglichen. Initiator ist das Institut für Kinder- und Jugendhilfe in Mainz (IKJ); vgl. dazu IKJ 1999; Menk 2004.

Unterbringung als letztes Mittel der Wahl übrigbleibt? Der quantitative Zugang dient in einem ersten Schritt dazu, sich den oben genannten Fragen annähern zu können und erste Hinweise und Hypothesen zu erarbeiten (EVAS-Bögen), die in einem zweiten Schritt dann einer vertieften und qualitativen Analyse unterzogen werden können.

4.1.1 Wie kommen die Jugendlichen ins KRIZ? – Daten und Fakten

Zu Beginn der Hilfe im KRIZ sind die meisten jungen Menschen zwischen 13 und 16 Jahren. Nur jeweils ein Jugendlicher ist 12 oder 17 Jahre alt. In den Interviews mit den Erziehern wird deutlich, dass 17-Jährige als zu alt für die Maßnahme angesehen werden, da sie bereits als „wenig form- und beeinflussbar" gelten.

Abb. 3: Alter der untersuchten Jugendlichen bei Hilfebeginn

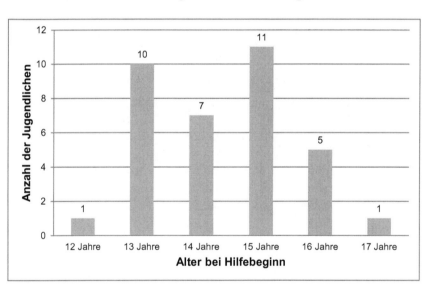

Die jungen Menschen kommen mit äußerst belastenden biographischen Erfahrungen in die Krisenintervention. In den Übersichten zu den Aufnahmeanlässen werden die Unsicherheiten, die Überforderung und die Gewalt, die die Jugendlichen in ihren Familien erleben, deutlich. 14 junge Menschen haben eine problematische Beziehung zu ihrem Vater oder ihrer Mutter. Die Beziehungen sind meist von Widersprüchen und höchst ambivalenten

58

Strukturen gekennzeichnet. Die tabellarische Übersicht stützt die These, dass es sich bei den so genannten „schwierigen" Kindern und Jugendlichen um junge Menschen handelt, die nicht per se schwierig sind, sondern vielmehr Schwierigkeiten im Lebens- und Familienumfeld haben. Im weiteren Lebensverlauf zeigen sich diese biographischen Erfahrungen vor allen Dingen in herausfordernden Verhaltensweisen der Umwelt gegenüber.

Abb. 4: Eltern- und Umfeldbezogene Aufnahmeanlässe
(Mehrfachnennungen möglich)

eltern-/umfeldbezogene Aufnahmeanlässe	Anzahl	Prozent
problematische Mutter-/Vater-Kind-Beziehung	14	40,0 %
Gestörte Interaktion zwischen allen Familienangehörigen	9	25,7 %
Vernachlässigung	8	22,9 %
inkonsequentes Erziehungsverhalten	8	22,9 %
problematische Eltern-/Partnerbeziehung	7	20,0 %
Familiäre Suchtproblematik	2	5,7 %
Inhaftierung eines Elternteils	2	5,7 %
(sexueller) Missbrauch/körperliche Misshandlung	2	5,7 %
Geschwisterrivalitäten	2	5,7 %
überzogene Anforderungen	1	2,9 %
psychische Erkrankung eines Elternteils	1	2,9 %

Kinder und Jugendliche entwickeln aus ihren belastenden Lebensumständen Überlebensstrategien, die sich in auffälligen Verhaltensweisen zeigen, die oft unverstanden und in ihrer Funktion ungedeutet bleiben. 14 Jugendliche zeigen dissoziale Störungen, viele schwänzen die Schule oder laufen von Zuhause weg.

Sowohl bei den eltern- als auch bei den kindbezogenen Aufnahmeanlässe fällt auf, dass sich diese nicht von den Indikationen für offenen Gruppen unterscheiden (vgl. dazu z.B. JULE-Studie, BMFSFJ 1998). Hoops und Permien arbeiten in ihrer Studie zu freiheitsentziehenden Maßnahmen heraus, dass für die Indikationsstellung für eine geschlossene Unterbringung auch immer institutionelle und strukturelle Faktoren von Bedeutung sind. So spielt beispielsweise die Haltung des für den Jugendlichen zuständigen Jugendamtes ebenso eine Rolle wie „der Einfluss der Jugendhilfe selbst auf die

Hilfe- und Abweichungskarrieren der Jugendlichen" (Hoops/Permien 2006, S. 33 ff.).

Abb. 5: Kinderbezogene Aufnahmeanlässe in die Krisenintervention (Mehrfachnennungen möglich)

kindbezogene Aufnahmeanlässe	Anzahl	Prozent
dissoziale Störungen (z. B. Aggressivität, Delinquenz)	14	40,0 %
Gefährdung durch soziales Umfeld	10	28,6 %
Straffälligkeit	10	28,6 %
Schuleschwänzen	8	22,9 %
Suchtgefährdung	8	22,9 %
Weglaufen, Streunen	6	17,1 %
Entwicklungsdefizite	4	11,4 %
Lern-/Leistungsdefizite, nicht motivationsbedingt	4	11,4 %
internalisierende Störungen (z. B. soziale Unsicherheit)	3	8,6 %
motivationsbedingte schulische Probleme	2	5,7 %

Nicht nur mit dem Blick auf die Aufnahmeanlässe in die Krisenintervention zeigen sich die komplexen Belastungs- und Problemanzeigen, die die Lebenswirklichkeiten der jungen Menschen prägen. Auch in dieser Studie wird deutlich, dass freiheitsentziehende Maßnahmen dann ausgewählt werden, wenn die anderen Angebote der Jugendhilfe und insbesondere der Hilfen zur Erziehung nicht (mehr) greifen. So zeigt Abbildung 6 keine „neuen" empirischen Erkenntnisse, sondern belegt ein weiteres Mal die Idee, dass freiheitsentziehende Maßnahmen als „ultima ratio" an- und eingesetzt werden. Mit dem Stichwort „Jugendhilfekarrieren" (vgl. dazu Blandow 1997) können solche jugendlichen Lebensverläufe treffend bezeichnet werden. Bei allen untersuchten Lebens(ver)läufen kann gezeigt werden, dass mehrere Jugendhilfemaßnahmen im Vorfeld der Unterbringung in der Krisenintervention versucht wurden. An dieser Stelle soll auf Kapitel 4.2 und 4.3 in diesem Forschungsbericht hingewiesen werden. Dort werden am empirischen Material entlang exemplarische Lebens- und Hilfeverläufe herausgearbeitet.

Maßnahmen vor der Aufnahme ins KRIZ	Anzahl	Prozent
Heimerziehung/vollbetreute Gruppe (§ 34 KJHG)	28	90,3 %
Sozialpädagogische Familienhilfe (§ 31 KJHG)	14	45,2 %
Vollzeitpflege/Pflegefamilie (§ 33 KJHG)	6	19,4 %
Psychiatrie (stationär)	6	19,4 %
Hort (§ 22 KJHG)	4	12,9 %
Erziehungsberatung (§ 28 KJHG)	4	12,9 %
Soziale Gruppenarbeit (§ 29 KJHG)	1	3,2 %
Erziehungsbeistand, Betreuungshelfer (§ 30 KJHG)	1	3,2 %
Erziehung in einer Tagesgruppe (§ 32 KJHG)	1	3,2 %
Sonstige (teil-)betreute Wohnformen (§ 34KJHG)	1	3,2 %
Intensive sozialpädagogische Einzelbetreuung (§ 35 KJHG)	1	3,2 %

Es kann damit geschlussfolgert werden, dass die Jugendlichen, die geschlossen untergebracht werden, meist eine lange, bewegte und interventionsreiche Hilfegeschichte mitbringen. Dazu zählen auch Erfahrungen mit anderen Systemen, wie der Justiz und dem Gesundheitsbereich (hier im Besonderen: Psychiatrie). Die jungen Menschen können somit auf einen reichen Erfahrungsschatz mit Systemen der staatlichen Unterstützung und Intervention zurückgreifen. In diesem Kontext haben die Jugendlichen jedoch auch lernen müssen, dass sie mit ihrem Verhalten die Fachkräfte an die Grenze der Belastbarkeit bringen, in vielen Fällen nicht (aus-)gehalten werden und damit die betreuenden Systeme sprengen.

Die tabellarische Übersicht zeigt jedoch nur, welche Maßnahmen die Jugendlichen durchlaufen haben und nicht die gesamte Anzahl der besuchten Maßnahmen. Einige der Jugendlichen haben bereits in fünf bis zehn Jugendhilfeeinrichtungen gelebt, bevor sie in der Krisenintervention untergebracht wurden. Bei lediglich vier jungen Menschen gab es vor dem KRIZ entweder keine Jugendhilfemaßnahmen bzw. waren diese nicht bekannt. Diese vier jugendlichen Lebensläufe stellen – nicht nur in dieser wissenschaftlichen Untersuchung – eine Besonderheit dar. Jugendhilfebiographien, die in der Interventionskette in freiheitsentziehenden Maßnahmen gipfeln, sind eher die Regel als die Ausnahme. In diesem Kontext stellt sich besonders die Frage, was in den vier Fällen dazu geführt hat, dass das Jugendhilfesystem mit einer solch intensiven Maßnahme auf die Auffälligkeiten der jungen Menschen reagiert hat.

Vorwiegender Aufenthalt der jungen Menschen direkt vor der Unterbringung in der Krisenintervention war in den meisten Fällen (23 Jugendliche) die Herkunftsfamilie. Dieser Befund erstaunt im Kontext der eben getroffenen Feststellung, dass fast alle untersuchten Lebensverläufe eine Vielzahl von Jugendhilfestationen aufweisen. So hätte man an dieser Stelle die Zahl der Jugendlichen, die aus dem stationären Jugendhilfekontext in die Krisenintervention münden, höher erwartet. Nur 10 Jugendliche leben vor der Krisenintervention stationär im Heim. Erklären lässt sich diese Auffälligkeit dadurch, dass die Jugendlichen auch im stationären Erziehungshilfebereich oftmals nicht (aus-)gehalten werden. Die häufigen Entweichungen spitzen sich so zu, dass in vielen Fällen die Jugendlichen ganz konkret zu Hause oder auf der Straße aufgegriffen und den freiheitsentziehenden Maßnahmen zugeführt werden.

Abb. 7: Vorwiegende Aufenthaltsorte der Jugendlichen vor der Aufnahme in die Krisenintervention

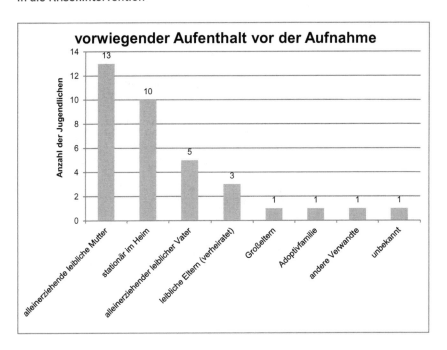

Mit Blick auf Abbildung 7 stellt man fest, dass der Bereich „Herkunftsfamilie" weiter aufgeschlüsselt werden kann. Die Gruppe der alleinerziehenden Mütter ist die am stärksten vertretene. Insgesamt 13 Jugendliche leben vor der Unterbringung in der Krisenintervention bei ihren leiblichen Müttern. Inwieweit der Status „alleinerziehend" eine Bedeutung im Kontext von freiheitsentziehenden Maßnahmen spielt, kann abschließend nicht festgestellt werden.

Der überwiegende Teil der Eltern (86 %) besitzen vor der Unterbringung das Sorgerecht für ihr Kind. In nur vier Fällen (11 %) wird die Personensorge von einem gesetzlichen Vormund ausgeübt. Diese Zahlen korrespondieren mit den vorangegangenen Erkenntnissen, die zeigen, dass die Mehrzahl der Jugendlichen aus einem familiären Umfeld in die Krisenintervention gekommen ist.

4.1.2 Wie kommen die Jugendlichen in das KRIZ? – Die Adressatenperspektive

Im Fokus dieser Langzeituntersuchung stehen die Erwartungen, Erfahrungen und Bewertungen der Adressaten selbst. Es liegen kaum empirisch gesicherte Erkenntnisse dazu vor, wie Kinder und Jugendliche solch intensive pädagogische Interventionen erleben, bewerten und in ihre Biographie integrieren. Die Jugendlichen werden in der Krisenintervention untergebracht und bringen Lebens- und Hilfegeschichten mit, die als „Erziehungshilfekarrieren" (vgl. dazu Blandow 1997) verstanden werden können. Gemeinsam ist ihnen, dass sie im Vorfeld von den pädagogischen Fachkräften oft unverstanden blieben, jedoch immer Anlass für pädagogische Interventionen waren. So stellt die Unterbringung in der Krisenintervention die massivste Intervention in deren Lebens- und Hilfegeschichten dar.

Erstaunlich war zu verfolgen, wie die Jugendlichen ihren biographischen Erfahrungen in den Interviews Ausdruck verleihen. Besonders beeindruckt hat, dass sie trotz ihrer komplexen und vielschichtigen Problemkonstellationen und Belastungen von der Hoffnung getragen scheinen, dass ihre Geschichte ein gutes Ende nehmen wird.

Die Probleme im familiären Kontext führen in den meisten Fällen, neben anderen Schwierigkeiten im näheren und weiteren Umfeld der Jugendlichen, nach einer Phase der Zuspitzung in die geschlossene Unterbringung, die von den Heranwachsenden als massiver Eingriff in ihre eigenständige Lebensführung erlebt wird. Die Erfahrung, dass Erwachsene in ihrem bisherigen Leben keine verlässlichen Bezugspersonen gewesen sind, die sowohl Orientierungs- als auch Reibungspunkte bieten, hat meist dazu geführt, dass die Jugendlichen Bewältigungsstrategien gelernt haben, die vor allen Dingen

Eigenständigkeit und nach Außen gerichtete Handlungssicherheit demonstrieren. Gerade in der Eingangsphase, d. h. in den ersten Wochen der Unterbringung erleben sich die jungen Menschen meist als handlungsunfähig, da der Freiheitsentzug sowohl ihren Bewegungsradius als auch ihre Alltagsgestaltung begrenzt. Im Erleben der Jugendlichen braucht es jedoch Erfahrungsspielräume, die Autonomie und Selbstbestimmung zulassen, in denen die Jugendlichen agieren können. Rückblickend erinnern und erzählen die Jugendlichen ihre persönliche „Ausbruchs-Geschichte" aus ihrer Anfangszeit in der Krisenintervention. Dieses Spannungsgefüge aus erlebter Handlungsunfähigkeit und gestalteter Aktion kann als zentraler Bezugspunkt im Erlebnishorizont der jungen Menschen verstanden werden.

Die Jugendlichen kommen nicht freiwillig in die Krisenintervention. Diesen Umstand betonen sie meist durch eindeutige Verbalisierungen und entsprechende Verhaltensäußerungen. Gerade in der ersten Zeit während der Krisenintervention müssen sie diesen einschneidenden Wechsel bewältigen. Erstaunlich ist an dieser Stelle zu bemerken, dass sie sich im Laufe ihrer Unterbringungszeit auffallend freimütig auf die Krisenintervention und ihre Rahmenbedingungen einlassen können. Die vielen Beziehungs- und Institutionsabbrüche, die sie miterlebt und mitgestaltet haben, lassen erst einmal nicht erwarten, dass sie sich auf die Unterbringung einlassen können. Die klaren Regeln und Strukturen bieten ihnen dabei jedoch Sicherheit und Orientierung.

Insgesamt gehen die Heranwachsenden mit dieser Anforderung sehr unterschiedlich um. Trotz anfänglicher Bedenken berichten sie in der ersten Interviewsituation sehr offen über ihre Lebensgeschichte. Für einige Jugendlichen bedeutet die Krisenintervention „die letzte Chance". So berichtet eine Jugendliche beispielsweise, dass sie aufgrund ihrer Straftaten „in den Knast kommt", wenn sie die Krisenintervention „nicht durchhält".

Gerade zu Beginn der Unterbringung haben die freiheitsentziehenden Maßnahmen für die Jugendlichen deutlichen Strafcharakter. Sie erleben die geschlossene Unterbringung als spürbare Konsequenz auf ihr (meist) delinquentes Verhalten, wie Einbrüche, Diebstähle und Drogenkonsum. Die meisten jungen Menschen berichten, dass sie „Scheiße gebaut haben", aus anderen Einrichtungen oder von zu Hause immer wieder „abgehauen" und deshalb in der Krisenintervention gelandet sind. Die Jugendlichen kommen mit gemischten Gefühlen in die neue Einrichtung. Einerseits besteht die Hoffnung „alles möge gut werden" und auf der anderen Seite die Erfahrung „ich kann nirgendwo bleiben". Diese Ambivalenz macht die Heranwachsenden misstrauisch und sie befürchten, dass sie in der geschlossenen Unterbringung ähnliche Erfahrungen machen, wie in den bisherigen Maßnahmen auch.

Einige der Jugendlichen berichten davon, dass sie auf die massive Intervention nicht ausreichend vorbereitet wurden. „Ich sollte mir das KRIZ anschauen und dann musste ich dableiben, obwohl das vorher nicht aus-gemacht war." (Auszug aus einem Interview mit einem Jugendlichen) Den jungen Menschen fällt es schwer sich auf die Maßnahme einzulassen. Sie fühlen sich übergangen und betrogen.

4.2 Die Zeit im Kriseninterventionszentrum

Die Zeit in der Krisenintervention erleben die Heranwachsenden sehr un-terschiedlich. Im Verlauf der Langzeituntersuchung lassen sich insbesondere zwei Aspekte herausarbeiten, die für die Zeit der Unterbringung in freiheits-entziehenden Maßnahmen von Bedeutung scheinen. Zum einen können drei Bewältigungsstrategien skizziert werden. Damit kann beschrieben wer-den, wie die Heranwachsenden mit der herausfordernden Situation – ge-schlossen untergebracht zu sein – umgehen. Zum anderen werden Befunde zu der Frage präsentiert, was die Jugendlichen im KRIZ erleben und erfahren.

4.2.1 Drei Bewältigungsstrategien

In den Erstinterviews wurden die Jugendlichen gebeten, zu erzählen, wie es zu der Unterbringung in der Krisenintervention gekommen ist. Es ging in der Analysephase darum, die Sinnzuschreibungen und Deutungsversuche der Heranwachsenden zu rekonstruieren. Anzumerken bleibt, dass die drei Bewältigungsstrategien als idealtypische Konstruktionsversuche zu verste-hen sind und kein Jugendlicher sich ausschließlich einer dieser drei Typen zuordnen lässt.

Die Rebellen
J: „Da kommt so'n komischer Freak, der will gucken, ob ich überhaupt hier rein muss."
I: „Aha. Und dann, wenn Du vielleicht raus kannst nach sechs Wochen, was machst Du dann?"
J: „Weiter mal machen, ich kiff' weiter, ich geh' weiter zum Bahnhof und wenn ich weiter ((unverständliches Wort)) angemacht werde, hau' ich weiter drauf. Ja da verändert sich nichts." (Auszug aus einem Interview mit einem Jugendlichen)

Es gibt Jugendliche, die diese ersten Gespräche als Chance wahrnehmen und nutzen, mal richtig „Dampf abzulassen". Ihre Gedanken und Äußerun-gen kreisen meist um den Wunsch, die Krisenintervention so schnell wie möglich zu verlassen, wenn nötig auch durch eine Entweichung während eines Ausgangs oder durch einen Ausbruch. Ihre Wortwahl ist im Gegensatz zu den anderen Jugendlichen „unverblümt" und wenig wählerisch. Sie sind in der Lage, ihre Meinungen und Vorstellungen direkt zu äußern. Für diese Jugendlichen ist der Aufnahmegrund in die Kriseninterventon nicht verständlich. Es fällt Ihnen schwer, ihre Unterbringung sich und Anderen zu erklären. Schuldzuweisungen gehen an die Eltern, die Richter, aber auch an die Mitarbeiter der zuständigen Jugendämter. Äußerungen, dass sie „das nicht verdient haben", fallen häufiger als bei den anderen jungen Menschen. Ein Jugendlicher beschreibt, dass er die Zeit in der geschlossenen Gruppe nur abgesessen, sich während seiner Unterbringungszeit zusammengerissen und sich ruhig verhalten hat. Sein Unmut über die Einrichtung und die dort verbrachte Zeit wird an der folgenden Interviewsequenz deutlich: „Die ganze Einrichtung ist, also, weil ich bin stark davon überzeugt, dass ich hier überhaupt nicht reingehöre ((schluckt)) und deshalb kann ich über die ganze ganze Einrichtung eigentlich nur scheiße, scheiße, scheiße sagen." (Auszug aus einem Interview mit einem Jugendlichen)

Vorstellungen über ihre Zukunft spitzen sich auf den Wunsch zu, dass das Leben nach den freiheitsentziehenden Maßnahmen wie gewohnt seinen Gang nehmen soll. Offensichtlich ist auch das Thema „Recht und Unrecht" für sie ein schwieriges Thema. So konnten sie bis zum Zeitpunkt der Unterbringung in der Krisenintervention kaum klare Vorstellungen darüber entwickeln, was allgemein als „gut" oder „schlecht" definiert wird. Dabei ist anzumerken, dass sie für sich *selbst* sehr genau äußern und erklären können, was sie persönlich unter „Recht" und „Unrecht" verstehen. Allerdings prallt dieses Verständnis durchaus konflikthaft auf übliche gesellschaftliche Erwartungen an jugendliches Verhalten.

Die Rationalen

I: „Und wie is' es hier im KRIZ? So dieses, so zu wissen, dass man (…) nich' weg kann?"

J: „Das ist ja (.) eine Art von ‚Eingesperrtsein' (…) aber auf der andern Seite wieder nich'."

I: „Warum?"

J: „Das is' (.)"

I: „Also die eine Seite versteh' ich gut: Eingesperrt sein, die Tür ist zu, versteh' ich."

J: „Ja, mmh. Ich seh' das manchmal so, auf der einen Seite ist das wie'n Knast, (…) aus der anderen Seite wieder nich'. Das ist nämlich, ok, im Knast sind auch alle Türen zu. (…) Sind auch alle Fenster gesichert und so, aber (…) im Knast sind Wärter, und im Knast sind die Wärter ganz bestimmt nicht so nett, wie hier die Betreuer." (Auszug aus einem Interview mit einem Jugendlichen)

Der größte Anteil der interviewten Jugendlichen lässt sich unter der Kategorie „Die Rationalen" zusammenfassen. Kennzeichnend für diese Gruppe ist der Versuch, ihrer aktuellen Situation in der Krisenintervention Sinn zu verleihen und diese zu verstehen. Die Jugendlichen sind durchweg in der Lage, nachvollziehbar zu beschreiben, welche Gegebenheiten zu ihrer Unterbringung geführt haben, wie sie sich dort verhalten sollen, was sie sich von der Zeit in der Krisenintervention versprechen und welche Vorstellungen sie von der Zeit „danach" haben. Sie drücken sich vorsichtig und bedacht aus und scheinen ihre emotionalen Äußerungen sorgfältig zu wählen. Die Beschreibungen bleiben eher an der Oberfläche. So sprechen sie vom KRIZ, den Erziehern sowie vom Gruppenalltag, und vermeiden konfrontative Aussagen und Zuschreibungen.

In diesen Gesprächen wird deutlich, dass die Jugendlichen in der Lage sind, neben ihrer eigenen Sichtweise auch andere Perspektiven einzunehmen, so dass sie beispielsweise die Gründe für die Unterbringung im KRIZ differenziert einordnen können. Im Rahmen der Interviewauswertung kann diese Gruppe nochmals ausdifferenziert werden. Während ein Teil der Rationalen als „Bluffer" beschrieben werden können, zeichnen sich die Anderen dadurch aus, dass sie „das System verstanden haben und für sich nutzen können". Mit „Bluffern" sind Jugendliche gemeint, die dem ersten Anschein nach sich und ihre Welt rational erklären können. An verschiedenen Stellen kommt es aber in ihren Erzählungen zu Überlagerungen und Brüchen. Ereignisse werden in kurzer Zeit aus verschiedenen Argumentationssträngen präsentiert und Ambivalenzen sind deutlich spürbar.

Im Gegensatz dazu stehen die Jugendlichen, die ähnliche Bewältigungsstrategien aufzeigen, jedoch authentisch und sehr präzise das System „durchschaut" haben. Ihnen ist klar „wo der Hase lang läuft", welches Verhalten wann angebracht ist, wie die anderen Jugendlichen einzuschätzen sind und zu welchem Zeitpunkt sie ihre Interessen vor allem bei den Erziehern durchsetzen können. In den Gesprächen wird eine mehr oder weniger präzise Zukunftsvorstellung deutlich.

Die Ohnmächtigen

I: „Mmh. Aber da liegt ja noch 'ne äh ganze äh zeitlang dazwischen zwischen dem sechsten Schuljahr und nich' mehr in die Schule gegangen sein und jetzt hier, das sind ja noch ein paar Jahre, die dazwischen liegen."

J: „Ja ja."

I: „Vier Jahre. Was hast Du denn in der ganzen Zeit/"

J: „Ja nichts. (…)"

I: „Und ähm erzähl' mal was von Deiner Familie!"

J: „(…) Was soll ich da erzählen?" (Auszug aus einem Interview mit einem Jugendlichen)

Als dritte Bewältigungsstrategie können die „Ohnmächtigen" herausgearbeitet werden. Die Jugendlichen haben sich „leer", „in sich gekehrt" und „schwer erreichbar" präsentiert. Sie zeigen sich eher gleichgültig und desinteressiert, was sowohl die Interviewsituation selbst als auch das eigene Leben betrifft. Sie machen den Eindruck, als seien sie gar nicht daran interessiert, was gerade mit ihnen passiert. Sie präsentieren sich als Opfer der Umstände und zeigen kaum, ob es ihnen in der Krisenintervention gefällt oder nicht.

Sie machen niemanden dafür verantwortlich und empfinden dem ersten Anschein nach weder Trauer noch Wut. Es scheint ihnen alles egal zu sein. Auffallend ist, dass sie offensichtlich wenig Erinnerung an die Vergangenheit und kaum Vorstellungen für ihre Zukunft haben. Die Gespräche verlaufen ohne emotionale Höhen und Tiefen. An vielen Stellen wird diese Perspektivlosigkeit durch kurze Antworten, rudimentäre Sätze, längere Interviewpausen oder monotone und leise Sprechweisen deutlich.

4.2.2 Was erleben und erfahren die Heranwachsenden im KRIZ?

Die unterschiedlichen Erfahrungen und Erlebnisse der Jugendlichen in der Krisenintervention werden im Folgenden in sechs Thesen skizziert:

These 1: Die Begrenzungen durch Raum und Menschen werden ambivalent erlebt.
Die jungen Menschen haben individuelle, meist aber sehr konkrete Vorstellungen und Erklärungen, warum sie im KRIZ untergebracht wurden. Die Begründungen und Motive, die sie in den Erstinterviews nennen werden z. T. in den Folgeinterviews repliziert.

Die Geschlossenheit des Ortes wird von den Jugendlichen unterschiedlich erlebt und dargestellt. Für einen Jugendlichen war diese Zeit ein besonders einschneidendes Erlebnis und er vergleicht im Erst- und im Folgeinterview die freiheitsentziehenden Maßnahmen mit einem Gefängnis. Schon im Erstinterview berichtet er, dass es ihm nicht leicht gemacht wurde, wegzulaufen, und nur durch Ausgang die Möglichkeit besteht, das KRIZ zu verlassen. Im weiteren Verlauf beschreibt er die Räumlichkeiten der Krisenintervention wie folgt: „Ja und haben Sie den Hof schon gesehen, der ist ja, sind ja diese Riesengitter und so [...] und die Mauer so hoch, bis zu dem Bild da." (Auszug aus einem Interview mit einem Jugendlichen) Für ihn ist die Geschlossenheit deutlich spürbar und er scheint stark davon beeindruckt zu sein. Im Vergleich zu einem Gefängnis bewertet er die Betreuer im KRIZ jedoch positiver, als er sich die Wärter in einem Gefängnis vorstellt. „Die Betreuer, die sind eigentlich richtig locker drauf und so." (Auszug aus einem Interview mit einem Jugendlichen)

Die Geschlossenheit wird äußerst ambivalent geschildert: „Ich seh' das manchmal so, auf der einen Seite ist das wie 'n Knast, [...] auf der anderen Seite wieder nich'. [...] Wenn man genügend Punkte gesammelt hat, dann kann man auch alleine raus." (Auszug aus einem Interview mit einem Jugendlichen)

Im ersten Folgeinterview vergleicht der Jugendliche das KRIZ immer noch mit einem Gefängnis. Jedoch betont er immer wieder, dass die geschlossene Unterbringung ihm geholfen hat: „Also! (.) KRIZ hat mir geholfen und das wird auch so bleiben. Das ist so! Und das ist meine Meinung über das KRIZ!" (Auszug aus einem Interview mit einem Jugendlichen)

Trotz der Geschlossenheit und der Ähnlichkeit zum Gefängnis wird die Unterbringung im KRIZ eher positiv für den eigenen Lebensweg bewertet, so sagt er, dass die Krisenintervention zwar „nicht das Beste, aber was Gutes auf jeden Fall." (Auszug aus einem Interview mit einem Jugendlichen) für ihn gewesen sei.

Für andere Jugendliche stellt sich die Geschlossenheit der Krisenintervention anders dar. Sie können sich (schneller) in das Phasensystem einfinden und sich demzufolge früher Freiheiten erarbeiten. Ein Jugendlicher versucht, sich möglichst immer an die Regeln zu halten, damit er seinen erarbeiteten Ausgang behalten kann, was ihm sehr wichtig erscheint. Er empfindet die geschlossene Unterbringung jedoch auch als tiefen Einschnitt. Dennoch kommt er zu dem Schluss, dass es „erst mal besser, [war] dass ich hierher gekommen bin. Weil sonst hätt' ich nämlich nicht da mit dem Scheiß aufgehört. Jetzt mach' ich dat ja nich' mehr." (Auszug aus einem Interview mit einem Jugendlichen).

Im Folgeinterview kommt er auf das Thema „Geschlossenheit" zurück und erklärt, dass er die Krisenintervention kaum als geschlossene Einrichtung wahrgenommen habe, weil er sich immer an die Regeln gehalten hat und daher immer „raus durfte": „Was heißt denn Geschlossene? Für mich war das nicht, so wie ne geschlossene, ich durfte raus, also war das nicht wie 'ne geschlossene, unter geschlossene versteh' ich darunter, nicht raus zu dürfen. (...) Aber ich hab mich an die Regeln gehalten und dann durft' ich raus." (Auszug aus einem Interview mit einem Jugendlichen) So erklärt er im Folgeinterview auch, dass er gerne noch mal ins KRIZ gehen würde.

Die Arbeit bei der AGKO[21] wird von einem weiteren Jugendlichen als Chance gesehen. Er hat so die Möglichkeit, die geschlossene Gruppe zu ver-

---

21 Arbeitsgemeinschaft Kolländer – Einrichtungsinterne Möglichkeit zur Arbeit für die Jugendlichen.

lassen und Sonderregelungen für sich zu erhalten. Durch die Arbeit bei der AGKO hat er mehr Freiheiten als die anderen Jugendlichen, die nach seinen Angaben auch auf ihn eifersüchtig waren: „[…] aber ich hatte halt dann mehr <u>Vorteile</u>. Weil ich musste hinfahren in einem Bus und so weiter. Ich war ganz alleine so im Bus und so. […] Naja. Ich war draußen in der Welt ganz allein auf mich gestellt, hab rauchen dürfen ohne Ende." (Auszug aus einem Interview mit einem Jugendlichen)

Übergreifend kann festgestellt werden, dass die Unterbringung in der Krisenintervention von den Jugendlichen in den Folgeinterviews ähnlich bewertet werden wie in den Erstinterviews. Die empirischen Befunde lassen nicht darauf schließen, dass der retrospektive Blick auf die geschlossene Unterbringung im Untersuchungszeitraum zu deutlich veränderten Sichtweisen und Bewertungen der Jugendlichen führt.

Diesbezüglich wurde ein weiterer Aspekt in der empirischen Analyse deutlich: Obwohl alle Jugendlichen die Geschlossenheit als einschneidende Intervention erleben, können einige junge Menschen die Krisenintervention als Schutz für sich begreifen. Hierbei spielen vor allem die Erzieher eine bedeutsame Rolle. Sie scheinen von größerer Bedeutung für die Jugendlichen zu sein, als dies in offenen Gruppen vermutet wird. Insgesamt kann festgestellt werden, dass die Mitarbeiter in der Einrichtung sowohl in den Erstinterviews als auch in den Folgeinterviews von den jungen Menschen durchweg positiv bewertet werden.

Ein Jugendlicher beschreibt im Erstinterview die Erzieher wie folgt: „Und das man halt gut mal mit ihnen alleine reden kann und auch ihnen was anvertrauen kann. […] Ja, kann man schon was anvertrauen ohne, dass sie's halt weitersagen. […] Wenn man halt mal Sorgen hat oder so was. Was mir hier net gefällt." (Auszug aus einem Interview mit einem Jugendlichen) Er gibt an, dass er mit allen Mitarbeitern gut zurecht kommt, „keine Probleme mit ihnen" hat und auch im Folgeinterview weist er darauf hin, dass die Erzieher nett waren. „Ja so die Erzieher die waren alle schon nett. Ja. Kann man schon lassen. […] Am besten war halt der Zivi. […] weil bei dem, da hab ich was brennen dürfen, auf CD halt. Rumgefahren sind wir mit seinem Auto. Er halt. Geile Karre gehabt. […] Tiefergelegt. […] Unterbodenbeleuchtung und so weiter." (Auszug aus einem Interview mit einem Jugendlichen) Der Zivildienstleistende ist aufgrund seines Autos von besonderer Attraktivität, weil er mit dem Jugendlichen zusammen herumgefahren ist und dieser sich CDs brennen durfte. So sind es besondere Situationen oder Eigenschaften, die die Fachkräfte „zu bieten haben", die für die jungen Menschen besonders attraktiv zu sein scheinen. Für die Jugendlichen stellt die Unterbringung in der geschlossenen Einrichtung zwar eine einschneidende Erfahrung dar, jedoch tragen die Mitarbeiter der Einrichtung dazu bei, dass sie sich dort – trotz der Geschlossenheit – wohl fühlen können.

Die Fachkräfte der Einrichtung sind in allen Interviews durchweg ein wichtiges Thema für die Jugendlichen. Damit wird deutlich, wie sehr von ihnen abhängt, ob die Heranwachsenden sich im Gruppenalltag wohl fühlen oder nicht. Ein Jugendlicher erläutert in einem Folgeinterview, warum er gerne noch mal in die Krisenintervention zurückgehen würde: „Ja einfach so, wegen den Betreuern." (Auszug aus einem Interview mit einem Jugendlichen) Er schildert weiter, dass ihn die Erzieher in einer anderen Einrichtung ungerecht behandelt haben und er deshalb weggelaufen sei. Darüber hinaus hat er eine sehr genaue Vorstellung davon, was einen „guten" Erzieher ausmacht. „Ja dass er nicht alles direkt von der ernsten Seite nimmt, dass er Spaß verstehen kann da, gut drauf ist und nicht direkt rumschreit oder irgendwie so was." (Auszug aus einem Interview mit einem Jugendlichen)

Ein anderer Jugendlicher erklärt zunächst: „Mit den Betreuern, ich komm mit so gut wie jedem Betreuer gut klar (…) Aber mehr nicht." (Auszug aus einem Interview mit einem Jugendlichen) Offensichtlich will er auf diesem Wege die nötige Distanz in der Beziehungsgestaltung wahren. Es stört ihn massiv, dass die Erzieher im KRIZ gesiezt werden müssen. Im Folgeinterview erklärt er, dass er dies ändern würde. Er ist jedoch bereits im Erstinterview in der Lage, zu erkennen, dass die Betreuer auch eine Schutzfunktion für die jungen Menschen einnehmen. „Die Betreuer sind (…) sozusagen so was wie'n Schutz für uns, auch wenn wir uns gerade mit denen boxen. […] Die wollen uns nur ruhig kriegen, also die wollen nich', dass wir weiter aufdrehen und so." (Auszug aus einem Interview mit einem Jugendlichen)

Im Folgeinterview nimmt er eine etwas andere Perspektive auf die Erzieher ein. Beschreibt er zunächst, dass er mit den Erziehern „klar kommt", so schildert er, dass er gegen Ende der Unterbringung dachte „Aber als ich auch am Ende da ausgezogen bin, da hab ich mir teilweise auch gedacht: Eigentlich schade hier weg zu gehen, weil (.) äh die meisten Betreuer, ich hab mich <u>super</u> mit denen angefreundet, ne?!" (Auszug aus einem Interview mit einem Jugendlichen)

Die Fachkräfte haben im Laufe der Unterbringung eine andere Bedeutung und einen anderen Stellenwert für ihn erhalten. Trotz der Distanz durch die förmliche Anrede konnte er ein freundschaftliches Verhältnis zu ihnen aufbauen. Die Tatsache, dass er sich auch nach der Maßnahme hin und wieder dort meldet, spricht dafür, dass er dort Erwachsene erleben konnte, die ihm ein Beziehungsangebot machen konnten, auf das er sich einlassen konnte.

These 2: „Sogar die Looser schaffen das!" – Erfolgserlebnisse durch minimale Anforderungen.
Anders als in offenen Einrichtungen sind die Anforderungen an die Jugendlichen in der Krisenintervention – erst einmal – minimal. Auch wenn die

Heranwachsenden gerade zu Beginn der Maßnahme oft entweichen, können sie im Gruppenalltag erleben, dass sie – trotz Entweichungen – immer wieder aufgenommen werden. Diese Erfahrung, (aus-)gehalten zu werden, beschreiben die Jungen und Mädchen als ein zentrales Schlüsselerlebnis während der geschlossenen Unterbringung.

Als Erfolgserlebnisse beschreiben die jungen Menschen die Fähigkeit, sich an Regeln halten zu können, nicht ständig entweichen zu müssen und sich auf das dreistufige Konzept der Krisenintervention (Entschleunigung, Clearing, Perspektiventwicklung) einlassen zu können. Einige Jugendliche berichten mit Stolz davon, dass sie seit der geschlossenen Unterbringung keine Einbrüche und Diebstähle mehr begehen und sich durch das Punktesystem eigenverantwortlich Freiheiten erarbeitet haben. Darüber hinaus berichten sie davon, neue Konfliktlösungsstrategien gelernt zu haben. Eine Jugendliche beschreibt, dass sie im KRIZ gelernt habe, zu argumentieren, und dass sie vor Auseinandersetzungen nicht mehr davonlaufe, sondern sich diesen stelle.

Inwieweit jedoch die Jugendlichen von den positiven Lernerfahrungen in ihrem Alltag profitieren können, kann nur als Frage formuliert werden. Ob der Transfer des Gelernten gelingt, hängt mindestens von den Anschlusshilfen und einem wohl gestalteten Übergang ab. Grundsätzlich kann man auch hier nicht von einem monokausalen Wirkzusammenhang ausgehen.

These 3: Die Jugendlichen lernen im KRIZ, dass die Welt auch nach berechenbaren Regeln funktionieren kann.
Die jungen Menschen können in der Krisenintervention vor allen Dingen lernen, dass sie (wieder) selbstwirksam handeln und durch ihr Verhalten berechenbare Reaktionen der Erwachsenen bewirken können. In den freiheitsentziehenden Maßnahmen erleben die Jungen und Mädchen einen klar strukturierten Gruppenalltag. Die aktuelle Konzeption hält dazu fest: „Die Tagesstruktur beinhaltet für die Jugendlichen, neben den alltagspraktischen Elementen und der Schule, feste Zeiten für die Auseinandersetzung mit der eigenen Situation." (Leistungsbeschreibung „KRIZ – Kriseninterventionszentrum", 10). Insbesondere die Ausgangsregelung, die über ein Phasenmodell organisiert wird, bedeutet für die Jugendlichen eine transparente Regelung. Durch das „Sammeln" von Punkten können sie drei Phasen – bis hin zu einem unbegleiteten Ausgang – durchlaufen. Die klare Strukturierung und die transparenten Regeln werden von den Jugendlichen meist schnell akzeptiert. Sie durchschauen das zu Grunde liegende Prinzip und können diese Systematik durchaus für sich nutzen. „Es gab ja auch solche Punkte im KRIZ. Zum Beispiel so wenn man sein Zimmer immer ordentlich hält, sich benimmt, höflich ist, mithilft. Dann hab ich halt meines so auf, dann hab

ich halt immer so mitgeholfen, hab dann jeden Tag meine Punkte bekommen bis zur Entlassung sogar. Das waren ungefähr so 43 Punkte ungefähr. [...] Und noch nie Ärger bekommen von denen. Also also durfte ich dann auch mehrere Stunden raus am Tag." Weiter heißt es: „Ich hatte damit ja kein Problem. [...] Ich hab die Regeln gelesen, hab sie [...] akzeptiert, ok, fertig! [...] Weil ich ja wollt meine Freiheit ja auch wieder haben. Meine Freiheit. Schnellstmöglich. Nach draußen. Frische Luft schnappen. [...]."

I: „Mhm. Dass heißt, Du hast die Regeln gekriegt und ehm Dich so verhalten das Du möglichst schnell wieder raus kommst."
B: „Jawohl!"
I: „Findest Du dass die Regeln denn auch sinnvoll waren?"
B: „Die meisten schon." (Auszug aus einem Interview mit einem Jugendlichen)

Für diesen Jugendlichen ist beispielsweise klar ersichtlich, was er tun muss und wie er sich verhalten muss, damit er sein persönliches Ziel erreichen kann. Auch bei einem anderen Jugendlichen wird deutlich, dass er dieses System schnell erkannt hat: „Ich durfte eigentlich jeden Tag raus. [...] Ich hab mich immer gut benommen, deswegen durft' ich auch immer raus." (Auszug aus einem Interview mit einem Jugendlichen)

Auf die Frage, was er einem Freund empfehlen würde, wenn dieser ins KRIZ käme, antwortet ein Jugendlicher: „Ja, ich würd' dem sagen, der soll versuchen 'ne Freundschaft zu 'ner Erzieherin aufzubauen. Das kann immer helfen! @(.)@ [...] Und (.) nich' auf die Fresse, also nich' auf äh große Schnauze haben und so gegenüber den Betreuern und Jugendlichen. (.) Ja halt nix machen, was so wirklich gegen die Regeln verstößt und so auch nich' abhauen und so. Das würd' ich dem sagen und dann is' ja alles locker da." (Auszug aus einem Interview mit einem Jugendlichen).

Die Jugendlichen haben die freiheitsentziehenden Maßnahmen als einen Ort kennen gelernt, an dem ein einfaches Prinzip gilt: „Wenn Du etwas haben willst, musst Du etwas dafür tun!" Sie können dort erfahren, dass nicht mehr (nur) Willkür in ihrem Leben herrscht, sondern dass sie selbst mit dazu beitragen (können), dass etwas passiert und was passiert. Bleibt fraglich, ob es sich dabei nur um eine Anpassungsleistung an die Bedingungen der Einrichtung handelt, oder ob die Jugendlichen etwas für ihr weiteres Leben lernen können. Selbst wenn eine reine Anpassungsleistung nicht als intendierter Erziehungs- und Bildungsprozess begriffen werden kann, muss herausgestellt werden, dass die Erfahrung von Selbstwirksamkeit bedeutsam für den menschlichen Entwicklungsprozess ist. Einige der Jugendlichen machen diese Erfahrung zum ersten Mal in ihrem Leben.

These 4: Die Jugendlichen, die sich auf das Konzept einlassen, erleben das (Aus-)gehalten werden positiv.
In der Krisenintervention anzukommen, bedeutet für die jungen Menschen, sich auf die Begebenheiten der Einrichtung einlassen zu können. Signalisieren sie diese Bereitschaft, können sie erleben, dass sie trotz persönlicher Tiefen und krisenhafter Verläufe dort immer wieder aufgefangen und (aus-) gehalten werden. Ihre biographisch begründeten Erfahrungen von Beziehungsabbrüchen kann so nicht kompensiert werden, jedoch können sie so Lernerfahrungen sammeln, welche sie diesen Verletzungen entgegensetzen können.

Ein Jugendlicher bringt das wie folgt zum Ausdruck „Ja äh, das hat mir in dem Fall geholfen, und so, ich bin ja ins KRIZ gekommen, hab im KRIZ auch noch Scheiße gebaut und so, ne?! Aber im KRIZ hab ich dann halt eingesehen: ‚Nö, nö das bringt nix! Ich komm dann sowieso wieder hierhin!‘" (Auszug aus einem Interview mit einem Jugendlichen)

Die Erfahrung, dass sich Erwachsene für sie einsetzen und sie halten, ist für einige Jugendliche so neu und ungewohnt, dass sie diese Verlässlichkeit „harten Proben" unterziehen. Den Schutz und die Orientierung, den sie dadurch erfahren, können sie meist erst mit einigem Abstand zur Unterbringung anerkennen.

These 5: Die Jugendlichen können im KRIZ an ihrem Selbstbild arbeiten.
Nicht nur die Erzieher spielen für die jungen Menschen im KRIZ eine wesentliche Rolle, auch die anderen Jugendlichen werden in den Folgeinterviews unter dem Fokus des Wohlfühlaspektes zum Thema gemacht. Für einige junge Menschen sind ganz bestimmte andere Jugendliche von großer Bedeutung. In den Erstinterviews werden die Anderen im KRIZ jedoch eher als „Verklatschte" oder „Behinderte" oder „kleine Zappelphilippe" gesehen; die Jugendlichen legen Wert auf Abgrenzung zu diesen Jugendlichen. Diese Äußerungen und Abgrenzungsbemühungen sind als Versuche der Jugendlichen zu verstehen, der geschlossenen Unterbringung einen Sinn zu verleihen, sie in den eigenen Erfahrungshorizont zu integrieren und das Gefühl der Ohnmacht und Hilflosigkeit einzuordnen. Gerade in den Erstinterviews können solche Abgrenzungsphänome herausgearbeitet werden. Sie zeigen sich in Interviewsequenzen, in denen die Jugendlichen vehement darauf bestehen, dass sie nicht ins KRIZ gehören und sich von den anderen Jugendlichen (sehr) unterscheiden.

In den Folgeinterviews scheinen die Abgrenzungsbemühungen der Jugendlichen nicht mehr so stark ausgeprägt zu sein. Während die jungen Menschen in den Erstinterviews die Anderen eher abwerten und nur selten von engeren Beziehungen zu anderen Jugendlichen berichten, kann in den Folgeinterviews festgestellt werden, dass nach der Unterbringung in der Krisenintervention Kontakte zu den anderen Jugendlichen bestehen – wenn auch unregelmäßig oder über Dritte vermittelt.

These 6: Die Peergroup beeinflusst (auch) den individuellen Lernprozess im KRIZ.

Gerade die Jugendlichen, die über einen längeren Zeitraum in der Krisenintervention untergebracht waren, berichten von der Bedeutung der unterschiedlichen Gruppenzusammensetzungen, die sie während ihrer Zeit dort erleben. Die jungen Menschen setzen sich unter anderem mit ihren unterschiedlichen Rollen und Beziehungskonstellationen untereinander auseinander. Bedeutsam ist dabei immer, wer in der Gruppe etwas zu sagen und welche Einflussmöglichkeiten und Auswirkungen dies wiederum auf die Gruppe hat. Durch den koedukativen Ansatz der Krisenintervention setzen sich die Jugendlichen mit dem jeweils anderen Geschlecht und ihren bisher erfahrenen und erlernten geschlechtsspezifischen Rollenbildern auseinander. So resümiert eine Jugendliche in einer Interviewsequenz, in der sie davon erzählt, wie sie mit einer anderen Jugendlichen einen Jungen in den Hinterhalt gelockt haben, „dass Mädchen auch etwas drauf haben, er sollte nicht denken, dass er als Junge uns Mädchen Angst machen kann" (Auszug aus einem Interview mit einer Jugendlichen)

Übergreifend lässt sich zu dieser These festhalten, dass die anderen Jugendlichen in der geschlossenen Gruppe sowohl als positives als auch als negatives Vorbild fungieren. Einige Mitbewohner werden als „Unruhestifter" angesehen, die zum „abhauen" und „klauen" anstiften. „Und da war ja so 'n Max, und der, wenn der abgehauen ist, der hat immer Autos geknackt ((hä)) und immer wenn ich mit dem abgehauen bin, dann sind wir wirklich nächtelang, sind wir durch die Straßen gelaufen und ha'm Autos geknackt, ne. Nu, und jetzt ist er weg, jetzt hab' ich das Scheißebauen eingestellt." (Auszug aus einem Interview mit einem Jugendlichen)

Die anderen Jugendlichen werden für manche zur Herausforderung, da sie sich ihre Mitbewohner nicht aussuchen können. Viele Jugendliche betonen, dass sie durch die Geschlossenheit, „den anderen Jugendlichen nicht aus dem Weg gehen können" und diese oft Personen sind, „mit denen sie privat oder auf der Straße gar nicht verkehren würden". Diese Konfrontation ist Fluch und Segen zugleich. Während einige Jugendlichen von dauerhaften Konflikten und Auseinandersetzungen berichten, beschreibt ein anderer Jugendlicher beispielsweise, dass ihm vor der Krisenintervention gar nicht bewusst war, dass er in der Lage ist, mit anderen Menschen zusammen zu leben. Jedoch stellt sich auch hier die Frage, inwiefern die Jugendlichen diese Erfahrungen auf das Leben außerhalb der Krisenintervention übertragen können.

4.3 Die Zeit nach dem KRIZ –
Was ist aus den Jugendlichen geworden?

Das Alleinstellungsmerkmal dieser Forschungsarbeit ist ohne Zweifel die Anlage als Längsschnittstudie. So wird es möglich, nicht nur Fragen nach Bewertungen und Erfahrungen mit freiheitsentziehenden Maßnahmen während der Unterbringung empirisch zu untersuchen, sondern den Blick auf die „Zeit danach" zu richten. Die Frage, was aus den Jugendlichen nach der Krisenintervention geworden ist und wie sie die Zeit danach bewerten, kann aus verschiedenen Perspektiven und auf unterschiedliche Weise beantwortet werden:

- Lebens- und Hilfesituationen der Heranwachsenden nach der Krisenintervention
- Krisen- und Interventionsverläufe der jungen Menschen
- Sozial-, Arbeits- und Legalbewährung der jungen Erwachsenen

4.3.1 KRIZ und was dann …? – Lebens- und Hilfesituationen der Heranwachsenden nach der Krisenintervention

Um einschätzen zu können, wie „erfolgreich" die Krisenintervention für die betroffenen jungen Erwachsenen war, haben wir zunächst erhoben, wo die Jugendlichen zum Ende des Erhebungszeitraumes wohnen und welchen Lebensweg sie eingeschlagen haben. Bei der anschließenden Bewertung orientieren wir uns dann an objektivierbaren Kriterien wie Schule bzw. beruflicher Ausbildung und ob und in wiefern sie strafrechtlich in Erscheinung treten. Von Bedeutung ist jedoch nicht nur, was aus den Jugendlichen geworden ist, sondern auch, wer etwas darüber weiß. Weiß die Jugendhilfe etwas über den Verbleib ihrer ehemaligen Adressaten? Haben die Jugendlichen Kontakt zu ihren Eltern, mit denen das Verhältnis in der Vergangenheit doch meist sehr schwierig war?

Von 45 der insgesamt 49 jungen Menschen, die in den Jahren 2003 bis 2006 im Kriseninterventionszentrum untergebracht waren, kann nachgehalten werden, welche Station unmittelbar auf die freiheitsentziehenden Maßnahmen folgt.

Abb. 8: Aufenthaltsorte der Jugendlichen unmittelbar nach der Krisenintervention

Aufenthalt direkt nach KRIZ	Mädchen	Jungen	insgesamt
Wohngruppe	9	12	21
Auslandsmaßnahme	2	1	3
Mutter	2	2	4
Vater	0	3	3
beide Elternteile	0	3	3
Großeltern	1	0	1
KJP	3	1	4
JVA	0	3	3
unbekannt	3	1	4

Die Hälfte der Jugendlichen (24) wird direkt nach der Krisenintervention in einer Anschlussmaßnahme im Rahmen der Jugendhilfe untergebracht. Nur elf junge Menschen kehren in ihre Herkunftsfamilie zurück. Sieben werden in den benachbarten Systemen (KJP und JVA) untergebracht. Insgesamt drei Jugendliche haben keinen festen Wohnsitz nach ihrer Zeit im KRIZ.

Beim Vergleich von Jungen und Mädchen lässt sich feststellen, dass nur drei Mädchen zu ihrer Herkunftsfamilie zurückkehren. Immerhin acht Jungen wohnen nach dem KRIZ (wieder) zu Hause. Mögliche Gründe hierfür werden im Kapitel 4.3.3 beleuchtet.

In den Interviews zeigt sich, dass sowohl die Fachkräfte der Krisenintervention als auch die der Jugendämter die Ablösung der Jugendlichen von ihren Eltern weiter unterstützen wollen. Die Rückführung zu den Eltern wird aufgrund des meist sehr problematischen Eltern-Kind-Verhältnisses bei einem Drittel aller Fälle als sinnvoll und erfolgversprechend eingeschätzt. Eine eigene Wohnung bzw. das Betreute Wohnen wird ihnen noch nicht zugetraut. In den Interviews mit den Jugendlichen wird deutlich, dass es sich die meisten auch (noch) nicht zutrauen, in eine eigene Wohnung zu ziehen. Offene Wohngruppen bieten zwar wieder mehr Freiheiten und Anforderungen an die Selbstständigkeit, sind aber strukturierter und betreuungsintensiver als Verselbstständigungsgruppen. In einigen Fällen werden sogar Wohngruppen des eigenen Trägers ausgewählt, damit die Vertrautheit, die im KRIZ aufgebaut wurde, zumindest ein Stück weit erhalten werden kann.

Insgesamt leben sechs jungen Menschen selbstständig in ihrer eigenen Wohnung, weitere sechs junge Menschen werden im Rahmen der Verselbstständigung ambulant betreut. Sechs junge Erwachsene leben in ihrer Herkunftsfamilie. Dabei fällt wie schon bei der Analyse des Aufenthaltsortes direkt nach der Krisenintervention auf, dass mehr junge Männer in ihrer Herkunftsfamilie verweilen oder dahin zurückkehren als junge Frauen. Nur eine junge Frau lebt noch bei ihren Großeltern.

Abb. 9: Aktueller Aufenthaltsort der jungen Erwachsenen
(Sommer 2009 3–6 Jahre nach dem KRIZ)

Aktueller Aufenthalt	Mädchen	Jungen	Insgesamt
eigene Wohnung	2	2	4
Wohngemeinschaft	0	2	2
Mutter	0	2	2
Vater	0	2	2
beide Elternteile	0	1	1
Großeltern	1	0	1
ohne festen Wohnsitz	4	3	7
Pflegefamilie	0	0	0
betreutes Wohnen/eigene Wohnung + ambulante Betreuung	4	2	6
Wohngruppe	2	1	3
Auslandsmaßnahme	1	0	1
KJP	0	0	0
JVA	0	1	1
verstorben	0	1	1
unbekannt	10	8	18

Drei junge Menschen sind stationär untergebracht. Ein Jugendlicher lebt in einer Wohngruppe für behinderte Menschen und wird voraussichtlich sein gesamtes Leben lang Betreuung benötigen. Nach aktuellem Stand befindet sich niemand in der Kinder- und Jugendpsychiatrie, wobei bei der Betrachtung der Interventionsverläufe deutlich wird, dass einige Jugendliche oft auch mehrmals in der KJP zur Krisenintervention oder zum Drogenentzug untergebracht waren.

Abb. 10: Schulabschluss/Ausbildung der jungen Erwachsenen
(Sommer 2009 3–6 Jahre nach dem KRIZ)

Schulabschluss/Ausbildung	Mädchen	Jungen	insgesamt
Realschulabschluss + Beginn einer Ausbildung	0	1	1
Hauptschulabschluss	2	2	4
Nachholen des Hauptschulabschlusses	3	0	3
Berufsmaßnahmen	1	1	2
ohne berufliche Perspektive	8	7	15
verstorben	0	1	1
unbekannt	9	14	23

Zum Zeitpunkt der Nachbefragung sind 15 junge Menschen ohne berufliche Perspektive. Fünf Jugendliche haben einen Schulabschluss. Ein junger Mann befindet sich in einer Ausbildung. Fünf junge Menschen holen den Schulabschluss nach oder befinden sich in Berufsmaßnahmen. Hier überwiegt der Anteil an jungen Frauen.

Über die Hälfte der jungen Menschen konnte bisher keine beruflichen Perspektiven entwickeln. Obwohl meist fester Bestandteil von Hilfeplanprozessen, scheint sich trotz der intensiven Bemühungen der Jugendhilfe und der Initiierung zahlreicher Maßnahmen nur ein geringer Erfolg einzustellen. Dieser Befund deckt sich mit den Ergebnissen der JULE-Studie. Für junge Menschen, die eine sogenannte Jugendhilfekarriere durchlebt haben, ist es besonders schwer, sich berufliche Perspektiven zu erarbeiten (vgl. BMFSFJ 1998).

In einigen Fällen finden auch nach der Krisenintervention zahlreiche Interventionen der Jugendhilfe und der umliegenden Systeme (KJP und Justiz) statt. Ein kontinuierlicher Schulbesuch ist hier meist allein aus organisatorischen Gründen kaum möglich.

Zehn von 49 jungen Menschen sind nach der Krisenintervention nicht oder nicht mehr straffällig geworden. Acht junge Männer wurden mindestens einmal zu einer Jugendstrafe verurteilt. Drei junge Menschen sind nur einmal straffällig geworden. Fünf Jungen und ein Mädchen sind wiederholt straffällig geworden. Von den fünf Jugendlichen mussten zwei wiederholt mehrere Wochen in Jugendarrestanstalten verbringen.

Abb. 11: Straffälligkeit der jungen Erwachsenen
(Sommer 2009 3–6 Jahre nach dem KRIZ)

Straffälligkeit	Mädchen	Jungen	insgesamt
nicht straffällig geworden	9	1	10
einmal straffällig geworden → ambulante Strafmaßnahme	2	1	3
wiederholt straffällig geworden → ambulante Strafmaßnahmen	1	3	4
wiederholt straffällig geworden → Jugendarrest, Maßregelvollzug	0	2	2
(wiederholt) straffällig geworden → Jugendstrafe	0	8	8
verstorben	0	1	1
unbekannt	12	9	21

Insgesamt fällt auf, dass die an der Untersuchung beteiligten Mädchen kaum Straftaten begehen. Wenn diese doch mit dem Gesetz in Konflikt geraten, scheinen die Vergehen nicht so schwerwiegend zu sein, dass sie mit stationären Strafmaßnahmen (Jugendarrest, Jugendstrafe) sanktioniert werden. Diese Ergebnisse decken sich mit Untersuchung von Sabine Pankofer über Mädchen in geschlossenen Heimen. Auch hier wurden die jungen Frauen nach der geschlossenen Unterbringung kaum straffällig (vgl. Pankofer 1997, 181).

Im Gegensatz dazu sind 10 junge Männer nach Krisenintervention wiederholt straffällig geworden. Für männliche Jugendliche, die meist schon im Vorfeld der geschlossenen Unterbringung zahlreiche Straftaten begingen, greift die Krisenintervention als „letzte Chance" zur Vermeidung von Jugendarrest und Jugendstrafe kaum.

Was bedeuten diese Befunde?

Im Rahmen der Langzeituntersuchung wurde viel Energie dafür aufgewendet, an den jungen Menschen über fast fünf Jahre „dran zu bleiben". Aus einer inhaltlich-fachlichen Haltung heraus ist es unerlässlich, sich für die weiteren Lebenswege der Adressaten der Jugendhilfe zu interessieren. Nicht erst seit Wolf (2007) wissen wir, dass die Bewährungsprobe für die Qualität pädagogischer Interventionen in der Zeit *nach* Abschluss der Betreuung stattfindet. Umso erstaunlicher scheint jedoch der Befund, dass sich Fachkräfte der Jugendhilfe kaum für den Verbleib der Jugendlichen zu interessieren scheinen und sie keine Anstrengungen unternehmen, etwas darüber in Erfahrung zu bringen.

Die empirischen Befunde dokumentieren u.a. „schwierige" Lebensverläufe junger Menschen. Die sie umgebenden Erwachsenen verbinden mit der Unterbringung in der geschlossenen Gruppe meist den Wunsch, den Lebensweg des Jugendlichen noch einmal positiv „wenden" zu können. Als letztes Mittel wird versucht, über eine solch intensive pädagogische Intervention das Steuer noch einmal „herumzureißen", um den jungen Menschen auf den „rechten Weg" zu bringen. Die vorgestellten Befunde belegen jedoch etwas anderes. Schwierige Fälle bleiben auch meist nach der Krisenintervention schwierig. In den Biographien der betreuten jungen Menschen lassen sich auch nach der geschlossenen Unterbringung weiterhin Anzeichen von komplexen Problemkonstellationen finden, die Auslöser und Indikator für weitere Hilfen und Unterstützungsleistungen sind. Hier gilt es die Erwartungen und Wünsche der Helfer und Familien an die Krisenintervention im Vorfeld zu besprechen, um so tragfähige Ziele gemeinsam zu erarbeiten.

Ein Hinweis ist insbesondere in der schulischen und beruflichen Ausbildung zu sehen. So lässt sich aus den Befunden schließen, dass 60 % der Heranwachsenden ohne berufliche Perspektive sind. Nur wenige Jugendlichen können einen Schulabschluss vorzeigen, die zu einer Berufsausbildung den Zugang ermöglichen würde.

4.3.2 „Und dann ham die gesagt: ‚Ja, wenn Du noch mal abhaust, kommst Du auf Krise dahin.'" – Krisen- und Interventionsverläufe junger Menschen mit und ohne Jugendhilfe

Für die jungen Menschen, die über den gesamten Untersuchungszeitraum interviewt werden konnten, wurden so genannte *Interventionsprofile* erarbeitet und analysiert. Diese Profile visualisieren Abfolge und Intensität der unterschiedlichen Maßnahmen von Jugendhilfe, Justiz und Kinder- und Jugendpsychiatrie. Interventionsprofile geben Hinweise darauf, ob die freiheitsentziehenden Maßnahmen ihrer konzeptionellen Idee von *Krisenintervention* gerecht werden konnten. Jedoch ist hier nicht nur der chronologische Ablauf der Interventionen entscheidend, sondern vor allem auch die Erfahrungen und Einschätzungen der Jugendlichen selbst. Wie erleben sie ihre Hilfegeschichte und welche Bedeutung hat das KRIZ für ihr weiteres Leben?

Mit Hilfe der Interviews können Stationen und Maßnahmen der Hilfe- und Sanktionssysteme chronologisch rekonstruiert werden. Neben dem Interviewmaterial wird weiteres Material wie beispielsweise Aufzeichnungen aus Telefonaten und Briefen von den Jugendlichen genutzt, um die Interventionsverläufe möglichst vollständig darzustellen. Mit den Interventionsprofilen ist es möglich, die Abfolge, Dichte und Intensität von Interventionen aufzuzeigen. Diese Profile können auch als empirische Rekonstruktion von Krisenverläufen verstanden werden. In diesem Kontext ist besonders von Bedeutung, ob das Kriseninterventionszentrum, seiner Idee von Krisenintervention im Leben der jungen Menschen gerecht werden konnte. In der Leistungsbeschreibung der Einrichtung wird Krise als Ausnahmesituation verstanden *„und unsere Arbeit als ein Angebot zur Bewältigung dieser Ausnahmesituation"* (Leistungsbeschreibung „KRIZ – Kriseninterventionszentrum", 10). Aus dieser Definition heraus werden drei Grundprinzipien entwickelt:

- Das KRIZ soll für alle Beteiligten, sowohl für die Jugendlichen selbst, als auch die professionellen Helfer und die Familien, *Entlastung* schaffen.
- Das KRIZ versucht, einen geschützten Raum zu bieten, in dem ohne zeitlichen Druck *Konflikte geklärt werden* und
- *Perspektiven* mit und für jungen Menschen *entwickelt* werden können (vgl. ebd., 10).

In der krisenhaften Situation geht es vor allen Dingen darum, für die Herkunftsfamilie und das bisherige Helfersystem eine Ruhepause zu schaffen. Um die Frage beantworten zu können, inwiefern die Krisenintervention dies tatsächlich erreichen kann, wurden Interventionsprofile für die einzelnen Jugendlichen erarbeitet. Den Profilen liegen zugeordnete Punktewerte (1–5) zugrunde, die für jede (pädagogische) Intervention vergeben wurden. Für die Punkteverteilung sind zwei Aspekte von Bedeutung: Zum einen, ob die Maßnahmen stationär, teilstationär oder ambulant erfolgen, zum anderen, wie intensiv diese in das Leben der jungen Menschen eingreifen.

Alle geschlossenen Formen der Unterbringung werden somit höher gewichtet als offene Formen. Da die jungen Menschen jedoch in ihrer Entscheidungsfreiheit und in ihrem Handeln in einer geschlossenen Gruppe eingeschränkter sind und die Möglichkeit der Kontrolle wesentlich höher ist, werden für diese aufgrund der (partiellen) Geschlossenheit fünf Punkte vergeben. Ebenso werden die Einweisung in die Psychiatrie, die Verhängung einer Jugendstrafe und die Unterbringung in einer Jugendarrestanstalt mit fünf Punkten bewertet. Für die Phasen, in denen keine Interventionen stattfinden und die Jugendlichen bei ihren Eltern, Freunden oder auf der Straße leben, werden null Punkte vergeben.

Abb. 12: Übersicht zur Punkteskala der Interventionsprofile – Hilfen zur Erziehung nach SGB VIII

SGB VIII	Hilfen zur Erziehung, Interventionen	amb.	teilstat.	stat.	Punkte
§ 13	Jugendsozialarbeit	x			0,5
§ 22	Kindergarten	x			0,5
§ 22	Tagesmutter	x			0,5
	Förderkindergarten	x			1
	Förderschule	x			1
	Jugendgerichtshilfe	x			1
	Mitwirkung in Scheidungsverfahren	x			1
§ 29	Soziale Gruppenarbeit	x			1
§ 28	Erziehungsberatung	x			2
§ 30	Erziehungsbeistand, Betreuungshelfer	x			2
§ 31	Szp. Familienhilfe – SPFH	x			2
	Nachbetreuung des KRIZ	x			2
§ 41	Hilfen für junge Volljährige	x			2
§ 32	Tagesgruppe		x		3
	Clearing			x	3,5
§ 51	Adoption				4
§ 33	Vollzeitpflege			x	4
§ 34	Heimerziehung, sonstige betreute Wohnform			x	4
§ 35	Intensive szp. Einzelbetreuung – ISE stationär			x	4
§ 35a	Eingliederungshilfe für seelisch behinderte Kinder- und Jugendliche (hier: Wohngruppe)				4
§ 42	Inobhutnahme – kurze Krisenintervention			x	5
§ 42	Geschlossene Unterbringung			x	5
§ 43	Herausnahme des Kindes ohne elterl. Zustimmung			x	5
§ 35	Auslandsmaßnahme			x	5

Abb. 13: Übersicht zur Punkteskala der Interventionsprofile – Therapien

Interventionen, Therapien	amb.	teilstat.	stat.	Punkte
Kontakt, Gespräch mit Psychologen	x			1
Mutter-Kind-Kur; Kinderheim; Kurheim			x	2,5
ambulante Psychotherapie	x			2,5
Sprach- und Ergotherapie	x			2,5
Familientherapie	x			2,5
Psychopharmakatherapie	x			2,5
Clearing		x		3,5
Diagnostik in KJP			x	3,5
Wohngruppe KJP, Suchthilfeeinrichtungen			x	4
stationäre Therapie			x	5
akute Krisenintervention in KJP			x	5

Abb. 14: Übersicht zur Punkteskala der Interventionsprofile – Erziehungsmaßnahmen, Strafen nach JGG

JGG	Erziehungsmaßnahmen, Strafen	amb.	teilstat.	stat.	Punkte
	Bewährungshelfer	x			2
	Jugendarrest			x	5
	Jugendstrafe			x	5

In der Leistungsbeschreibung der Krisenintervention wird betont, dass die Jugendlichen, die auffälliges Verhalten zeigen, nicht als Verursacher der Krise angesehen werden, sondern ihr Verhalten als Hinweis auf eine bestehende Krise gedeutet wird. Das KRIZ soll die Möglichkeit zur Entschleunigung bieten und geeignete Hilfen für die Jugendlichen finden und entwickeln, was im Alltag der professionellen Helfer aufgrund der sich immer mehr abzeichnenden Kriseneskalation nicht mehr möglich ist (Leistungsbeschreibung ‚KRIZ-Interventionszentrum', 9). Die Interventionsprofile können die Interventionen und die Reaktionen der Hilfs- und Sanktionssysteme auf das abweichende Verhalten der Kinder- und Jugendlichen abbilden. Außerdem kann der Entschleunigungsgedanke, der mit der Unterbringung im KRIZ verbunden ist, in den Profilen empirisch überprüft werden.

Vier unterschiedliche Krisenverläufe

Insgesamt wurden aus 17 Fallverläufen Interventions- bzw. Krisenprofile entwickelt, die wiederum zu vier unterschiedlichen Gruppierungen zusammengeführt werden können:

- Gruppe 1: Interventionsprofile, die vor der Krisenintervention eine hohe und danach eine niedrige Interventionsdichte und -intensität aufweisen. Die Fallverläufe von fünf jungen Menschen können dieser Gruppe zugeordnet werden.
- Gruppe 2: Interventionsprofile, die sowohl vor, als auch nach der Krisenintervention eine niedrige Interventionsdichte aufweisen. Drei Fallverläufe finden in dieser Gruppe ihre Zuordnung.
- Gruppe 3: Interventionsprofile, die vor der Krisenintervention eine niedrige und danach eine hohe Interventionsdichte und -intensität aufweisen. Der Fallverlauf eines Jugendlichen passt zu dieser Beschreibung.
- Gruppe 4: Interventionsprofile, die sowohl vor als auch nach der Krisenintervention eine hohe Interventionsdichte und -intensität aufweisen. Acht Fallverläufe können dieser Gruppe zugeordnet werden.

Gruppe 1 und Gruppe 2 entsprechen am ehesten dem Entschleunigungsgedanken der Krisenintervention. Nach den freiheitsentziehenden Maßnahmen tritt ein „sichtbarer" Rückgang an staatlichen Hilfen und Interventionen ein. Hilfen dauern deutlich länger an oder die Jugendlichen kehren in ihr „altes" Leben zurück, in dem aus hilfegeschichtlicher Perspektive keine weiteren Krisen auftreten. Bei Gruppe 3 scheint die Krisenintervention paradoxerweise Ausgangspunkt weiterer massiver Interventionen zu sein. In der vierten Gruppe ist keine Veränderung über die Hilfe- und Interventionsstationen hinaus zu verzeichnen. Auch die Krisenintervention kann daran nichts ändern. Nach den freiheitsentziehenden Maßnahmen finden sich auch weiterhin zahlreiche Interventionen mit gleicher Intensität in den Fallverläufen wieder.

Im Folgenden wird zu jeder Gruppe exemplarisch ein Interventionsprofil eines jungen Menschen eingeführt. Den in den Interventionsprofilen abgebildeten Hilfeverläufen werden die subjektiven Bewertungen und Einschätzungen der Jugendlichen zu ihrer Hilfegeschichte und ihrer Zeit in der Krisenintervention gegenübergestellt. Neben dem Blick von außen ist vor allem von Bedeutung, wie die Jugendlichen selbst ihre Hilfegeschichte und ihre Zeit in der Krisenintervention einschätzen. Interventions- und Krisenverläufe sagen kaum etwas über die Deutungen und Einschätzungen der jungen Menschen selbst aus. Um diese Frage beantworten zu können, beschäftigt sich die Forschung nicht erst seit Finkel (2004) mit dem Passungsverhältnis von Hilfen und deren biographische Verarbeitung.

Gruppe 1: Das KRIZ als „Rettung" nach vielen gescheiterten Versuchen der Hilfesysteme?

Fünf Fallverläufe können dieser Gruppe zugeordnet werden. In drei Fällen beginnen die Interventionen mit sechs und sieben Jahren, in jeweils einem Fall mit zehn Jahren bzw. mit dreizehn Jahren.

In vier Fallverläufen verdichten sich die Interventionen vor der geschlossenen Unterbringung. Die Jugendlichen sind zur Krisenintervention in der KJP oder sind aufgrund von im Vorfeld begangenen Straftaten zu Jugendarrest verurteilt worden.

In einem Fall, der auch im Folgenden stellvertretend für diese Gruppe detaillierter skizziert wird, entweicht der Jugendliche dauerhaft aus der stationären Unterbringung. Dadurch kommt er vor der dauerhaften Unterbringung für 72 Stunden zur Krisenintervention ins KRIZ.

Nach den freiheitsentziehenden Maßnahmen gibt es in zwei Fällen zunächst keine weiteren Jugendhilfeangebote. In beiden Fällen werden die Jugendhilfemaßnahmen eingestellt, da von Seiten der Jugendlichen keine Bereitschaft gesehen wird, sich auf weitere Hilfen einzulassen.

In einem anderen Fall nimmt die Intensität der Hilfen stufenförmig ab. In den zwei verbleibenden Fällen nimmt die Intensität ebenfalls ab, jedoch mit zwei „Ausschlägen". Einmal kommt es zum Versuch einer stationären Therapie und in einem weiteren Fall zu einer Krisenintervention in der Kinder- und Jugendpsychiatrie.

Für diese vierte Gruppe wird stellvertretend das Interventionsprofil und die Hilfe- und Krisengeschichte von Paul Frenkel herausgearbeitet. Paul hat neben dem Erstinterview insgesamt drei weitere Folgeinterviews gegeben, so dass die Zeit nach der geschlossenen Unterbringung und seine Einschätzung und Bewertung der Hilfegeschichte detailliert analysiert werden können.

Pauls Interventions- und Krisengeschichte

Paul lebt bis zu seinem fünften Lebensjahr bei seinen Großeltern und zieht danach zu seiner Mutter. Kurz vor seinem siebten Geburtstag steht die Trennung und Scheidung der Eltern bevor. Beide Elternteile sind heroinabhängig. Dem Jugendamt werden Schulversäumnisse von Paul gemeldet. Der Junge wirkt verwahrlost. Paul wird darauf sieben Monate lang stationär untergebracht. Im Anschluss daran lebt er ein Jahr und einen Monat bei einer Pflegefamilie. Paul zieht in der Pflegefamilie viel Aufmerksamkeit auf sich und zeigt große Bindungsangst. Seine Mutter meldet sich nach langer Zeit wieder und erweckt bei dem Jungen die Hoffnung, dass er wieder zu ihr zurückkehren kann. Sie sagt jedoch viele vereinbarte Treffen ab. Zu einer Rückführung kommt es erst ca. zwei Jahre später. In der Zwischenzeit wird Paul wieder stationär untergebracht. Paul entweicht häufig, begeht Diebstähle und schwänzt vermehrt die Schule. Diese Auffälligkeiten werden als verdeckter Wunsch, zur Mutter zurückzukehren, gedeutet. Da die Mutter aufgrund von mehreren Entgiftungen nicht in der Lage ist, Paul angemessen zu versorgen, wird er im Rahmen einer Tagespflege versorgt. Zwei Monate darauf kommt es zu einer Diagnostik in einer Erziehungsberatungsstelle, da die Situation zu Hause immer mehr eskaliert. Drei Monate später entweicht Paul von zu Hause. Als sein Schulranzen im Rhein gefunden wird, besteht die Sorge, ob der Junge überhaupt noch lebt. Als er gefunden wird, wird er in einem Heim notuntergebracht. Da die Mutter sich Sorgen macht, dass er völlig „abgleitet", bleibt Paul auch weiterhin stationär untergebracht. Auch hier entweicht er weiterhin, streunt umher und geht nicht zur Schule. Dadurch wird er für die Einrichtung nicht mehr tragbar. Somit muss für Paul nach einem halben Jahr eine neue Einrichtung gefunden werden. Auch in der neuen Wohngruppe entweicht Paul weiterhin. Er wird immer öfter im Stricher- und Drogenmilieu aufgefunden. Aufgrund dieser massiven Selbstgefährdung und der Befürchtung, er könnte weiter in die Szene abrutschen, wird er in der Krisenintervention (allerdings ohne richterlichen Beschluss) untergebracht. Nach einem halben Jahr kehrt Paul in die Wohngruppe zurück, in der er schon vor dem KRIZ untergebracht war. Er macht während der Zeit in der Einrichtung eine ambulante Therapie. Nach einem dreiviertel Jahr zieht er aus der Wohngruppe aus und kehrt zu seiner Mutter zurück. Davor ist er häufig abgängig.

Abb. 15: Interventionsprofil „Paul Frenkel"

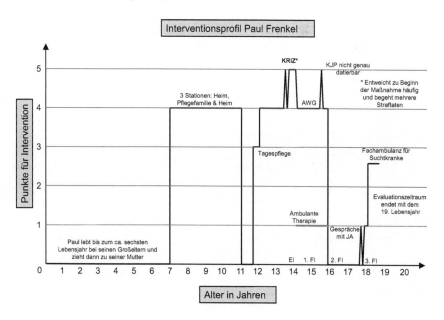

Nach einem Jahr wird die Mutter ein weiteres Mal rückfällig und zieht aus der gemeinsamen Wohnung aus. Paul lebt dort mit dem ehemaligen Lebensgefährten der Mutter weiter zusammen.

Wie schätzt Paul seinen Hilfeverlauf und die Zeit in der Krisenintervention ein?

Sich der Jugendhilfe ausgeliefert fühlen (Erstinterview). In seinem Erstinterview beschreibt Paul die Jugendhilfe als eine Möglichkeit für seine Mutter, ihn loszuwerden: „Das war halt so wie 'ne Abladestelle." (P. EI 377)[22] Auf die Frage, warum er sich nicht in höherem Maße für seine Folgeeinrichtung interessiert, antwortet Paul: „Sonst kümmert sich doch alles um mein Leben. Warum soll gerade jetzt, ich mich um mich selbst kümmern? In all den Heimen, wo ich gewohnt hab, glauben Sie da wurde ich einmal danach gefragt: ‚Willst Du dahin oder willst Du dahin?' Die ham' wie mich einfach irgendwo hingestopft, ey." (P. EI 665–668) Sein Lebens- und damit verbunden auch sein Hilfeverlauf scheinen für ihn unberechenbar. Er fühlt sich ohnmächtig und unbeteiligt an den Dingen, die ihm geschehen. Sein eigentlicher Wunsch ist es, in einer Einrichtung zu wohnen, in der er bleiben kann und wo er „keine Scheiße bauen muss (…) oder will." (P. EI 694)

Die Krisenintervention stellt für ihn eine widersprüchliche Erfahrung dar. „Ich bin nicht froh, dass ich ins KRIZ gekommen bin […] ich seh' das aber auch nicht so, dass ich mich anderswo geändert hätte." (P. EI 241–245) Für ihn ist das KRIZ „eine Art von Eingesperrtsein, aber auf der anderen Seite auch wieder nicht." (P. EI 926–928)

Auch die Krisenintervention hat geholfen (Erstes Folgeinterview). In seinem ersten Folgeinterview beschäftigen Paul weiterhin seine ambivalenten Gefühle die Krisenintervention betreffend. „Also das KRIZ hat mir auf jeden Fall geholfen. Und ja das Eingesperrt sein, das hat mich (.) immer gestört." (P. 1.FI 122) Im KRIZ macht er zum ersten Mal die Erfahrung, dass er ausgehalten wird oder durch Entweichen und „Scheiße bauen" die Einrichtung nicht dazu bringt, ihn rauszuwerfen. „Aber im KRIZ hab ich dann eingesehen: ‚Nö, nö das bringt nix! Ich komm sowieso wieder hier hin.'" (P. 1.FI 146) Aufgrund der Geschlossenheit grenzt sich die Krisenintervention für ihn von anderen Einrichtungen ab. Ansonsten ist die Einrichtung eine von mittlerweile 12 Stationen in seinem Leben und aus diesem Grund stellt sie für ihn keine Besonderheit dar. Sie zeichnet sich insofern aus, dass sie ihn „von der schiefen zurück auf die gerade [Bahn]" (P. 1.FI 942) gebracht hat.

---

22 Hinweise zur Zitation: P.EI 377 bedeutet Paul, Erstinterview, Zeile 377.

Weglaufen ist für ihn inzwischen keine Lösungsstrategie mehr, um Probleme zu bewältigen. Er berichtet, dass er Probleme eher durch Alkohol und Cannabis zu bewältigen versucht: „Das könnt schon mal vorkommen, wenn ich Probleme hab." (P. 1.FI 987) Allerdings scheint er sich in der offenen Gruppe weniger mit seinen Problemen konfrontiert zu sehen als im KRIZ. Dort war die Konfrontation für ihn unausweichlich. „Da hat das KRIZ auch was gemacht, auf jeden Fall. Da konnt' ich ja nich' abhauen, da wurd' ich ja direkt (.) ,Probleme, da hast du dein Problem! (.) ne?!' Und dadurch ich kann jetzt besser mit meinen Problemen umgehen, also es is' nich' so, dass ich jetzt hin geh: ,So hier ist mein Problem. Ich pack's am Schopf und! ne?! Aber es ist auch nich' so dass ich dann sag: ,Nä, nä Probleme. ,Nä hau mal rein, nä will ich nicht!'" (P. 1.FI 975–980). Insgesamt schätzt er positiv ein, dass er seit der Kriseninterventíon nicht mehr gestohlen hat und weggelaufen ist, was er aber nicht unbedingt nur auf die Zeit im KRIZ zurückführt. „Das kann auf jeden Fall auch daran liegen, dass ich halt älter geworden bin und so. Und dass ich von der Zeit von 2002 bis 2005 auch ziemlich viel erlebt hab." (P. 1.FI 1254–1256)

Paul möchte nach seinen zahlreichen Hilfestationen, wenn er aus der Gruppe auszieht, entweder zurück zu seiner Mutter oder im betreuten Wohnen leben. Auf eine weitere Wohngruppe scheint er sich aufgrund seiner Erfahrungen nicht mehr einlassen zu wollen.

Die Jugendhilfe als Fundbüro (Zweites Folgeinterview).

Zum Zeitpunkt seines zweiten Folgeinterviews lebt Paul wieder bei seiner leiblichen Mutter. Nach dem ersten Folgeinterview bleibt Paul noch ca. 7 Monate in der Wohngruppe. Er berichtet, dass er in der Zeit *„wieder ein bisschen abgesackt"* (P. 2.FI 100) ist. Ein Grund hierfür ist, dass er Probleme mit seinen Betreuern und mit seinen Mitbewohnern hat. Als er beschuldigt wird, einen Mitbewohner verprügelt zu haben, fühlt er sich ungerecht behandelt und wird wütend, weil ihm niemand glaubt. „Nö, klar, bin ich auch laut geworden, weil das hat mich ziemlich aufgeregt und dann wollt ich in mein Zimmer gehen wollte einfach nur meine Ruhe haben, da rennt die mir die ganze Zeit hinterher. Ja dann habe ich noch zwei Scheiben eingeschlagen, weil ich halt so sauer war und da haben die mich erst mal für ne Woche in die Klapse gesteckt." (P. 2.FI 372–376) Hier kritisiert er nicht nur, dass er in der Kinder- und Jugendpsychiatrie untergebracht wurde, sondern vor allem, dass für ihn die Dauer des Aufenthalts nicht klar war. „Ja aus zwei Tagen wurden dann vier und aus vier wurde dann eine ganze Woche […] und dann stand ich da mit gepackten Sachen, stehe da, warte, dass die kommen, warte stundenlang, dass sie kommen und die kommen nicht. Ne irgendwann abends um acht rufen die an ,Ja wir kommen doch nicht.' Ne und so was dann (.) da hatte ich echt keine Lust mehr drauf." (P. 2.FI 376–384) Als er aus der

Wohngruppe ausziehen möchte und die für ihn zuständigen Betreuer ihm davon abraten und ihre Zweifel und Bedenken äußern, wird sein Bild von Jugendhilfe deutlich: „Ich hab überhaupt keine Erklärung dafür, weil die sind eigentlich dafür da, um auf die Kinder aufzupassen, wenn die Eltern nicht mit denen klar kommen oder die gar keine Eltern haben. Und sobald die Eltern wieder sagen ‚O. K.‘ dann haben die die ohne zu murren gehen zu lassen, oder nicht? Ich mein die sind ja wie ein Fundbüro, wie eine Aufbewahrungsstelle halt." (P. 2.FI 425–429). Jugendhilfe tritt in diesem Moment zum einen als Konkurrenz zu seiner Mutter auf und zum anderen begreift er sie nicht als Hilfe und Lernort, den er für sich nutzen kann.

Er hat die Hoffnung, „dass hier zu Hause (.) alles weiter so läuft wie es ist" (P. 2.FI 1075) und möchte auf keinen Fall riskieren, noch einmal von seiner Mutter abgewiesen zu werden. Die Krisenintervention erlebt er auch zu diesem Zeitpunkt noch als einen Ort, der ihn beeindruckt, da er davor „allen nur auf der Nase herumgetanzt" (P. 2.FI 573) ist und er dort einfach bleiben musste bzw. immer wieder zurückgebracht wurde.

„Es ist viel in die Brüche gegangen, aber nicht ich!" (Drittes Folgeinterview). Zum Zeitpunkt des dritten Folgeinterview ist Pauls Mutter aus der gemeinsamen Wohnung ausgezogen. Paul wohnt dort mit dem ehemaligen Lebensgefährten seiner Mutter und einer weiteren Mitbewohnerin in einer Wohngemeinschaft zusammen. Durch den Drogenrückfall seiner Mutter ist das gemeinsame Leben wieder in die Brüche gegangen. „Und jetzt ist es halt so, es hat nicht wirklich geklappt, ne." (P. 3.FI 17) Trotzdem konnte er für sich eine Zukunftsperspektive entwickeln. Er hat inzwischen seinen Hauptschulabschluss gemacht und möchte auch weiterhin zur Schule gehen, um sich seinen Berufswunsch – Erzieher zu werden – zu erfüllen. Durch seine Heimerfahrungen hat er den Eindruck, dass er „denen viel mit auf den Weg geben kann" (P. 3.FI 408). Die Idee, Erzieher zu werden, entwickelte sich durch ein Praktikum im Kindergarten. Diese Erfahrungen bewertet er in der Retrospektive äußerst differenziert. Er ist in dieser Lebensphase in der Lage, auch positive Seiten an seiner Heimerziehung zu entdecken. „Ich habe damals, habe ich Pädagogen gehasst. […] Aber mittlerweile weiß ich ‚aha, die haben nur ihren Job gemacht‘ und wenn ich zurückdenke, das auch ziemlich gut, weil wer weiß, vielleicht würde ich gar nicht hier sitzen, wenn ich das nicht gehabt hätte." (P. 3.FI 440–445) Er beschreibt, dass er viele Dinge, die er früher nicht verstanden hat, heute einordnen kann. Für ihn scheint es zum Zeitpunkt des Interviews eher nachvollziehbar zu sein, warum er, wenn ein Einrichtungswechsel bevorstand, nicht zurück zu seiner Mutter konnte. Durch die Nichtbeachtung und das Übergehen seiner Anliegen, obwohl er danach gefragt wird, machen sich die Betreuer jedoch „unglaubwürdig".

Er hat sich seiner Meinung nach, auch wenn er sich früher sehr dagegen gewehrt und nichts von den Betreuern angenommen hat, eine Wandlung durchgemacht (vgl. P. 3.FI 1227–1260). Die Unterbringung in der Krisenintervention hat ihm dabei geholfen, „wieder auf die gerade Bahn zu kommen" (P. 3.FI 1628). Endgültig „die Kurve bekommen" hat er jedoch wegen seiner Mutter. „[D]a habe ich wirklich gesagt ‚Ok jetzt ist wirklich Baustopp', das habe ich zwar schon tausendmal gesagt, aber jetzt muss es wirklich sein." (P. 3.FI 1837–1839) Zum Interviewzeitpunkt ist Paul stolz auf sich. „Ich mein im Endeffekt ist viel in die Brüche gegangen, aber, aber ich nicht [...]." (P. 3.FI 543) Er akzeptiert seine Lebensgeschichte so wie sie ist, mit ihren positiven und negativen Aspekten. „Es hätte nur ein kleiner Baustein anders sein müssen und mein Werdegang wäre komplett anders gewesen." (P. 3.FI 1870)

Gruppe 2: Der „Prototyp" der Krisenintervention

Zu dieser Gruppe können drei Interventionsprofile zugeordnet werden. Die Interventionen beginnen meist ab dem 12. bzw. 13. Lebensjahr. Eine Ausnahme bildet eine Jugendliche, die aufgrund von aggressivem Verhalten ca. eineinhalb Jahre einen heilpädagogischen Kindergarten besuchte. Bis zum 13. Lebensjahr sind jedoch auch in diesem Fallverlauf keine weiteren Maßnahmen bekannt. Nach der Krisenintervention gibt es in allen drei Fällen nur noch wenige Interventionen. Wenn sich die Jugendlichen in weiteren Maßnahmen befinden, dann sind diese auf deutlich niedrigerem Interventions-Niveau als die geschlossene Gruppe.

Als exemplarisches Fallbeispiel wird das Interventionsprofil von Anni Delling herangezogen. Von Anni sind neben dem Erst- und dem Abschlussinterview zwei weitere Folgeinterviews vorhanden. Ihre Einschätzungen zu ihrem Hilfeverlauf und zu ihrer Zeit in der Krisenintervention können dadurch zu verschiedenen Zeitpunkten rekonstruiert werden. Nach dem KRIZ ist sie die einzige in dieser Fallgruppe, die in einer offenen Wohngruppe lebt. Darüber hinaus ist Anni auch diejenige, die in dem gesamten Untersuchungszeitraum mit 18 Monaten die längste Zeit in der Krisenintervention untergebracht war.

Annis Interventions- und Krisengeschichte

Annis Interventionsgeschichte beginnt bereits in ihrer frühen Kindheit. Aufgrund von aggressivem und trotzigem Verhalten besucht sie einen heilpädagogischen Kindergarten. Das Jugendamt ist bereits zu diesem Zeitpunkt involviert. Es berät die Familie aufgrund von Erziehungsproblemen, wirtschaftlichen Engpässen und der Scheidung der Eltern. Nach der Scheidung wird der Vater vom Umgangsrecht mit Anni und ihrem älteren Bruder aufgrund des Verdachtes des sexuellen Missbrauchs ausgeschlossen.

In der fünften Klasse fällt Anni wiederholt durch aggressives Verhalten gegenüber Lehrern und Mitschülern auf. Sie besucht daraufhin die sechste und siebte Klasse einer Förderschule. Nach ihrem Wechsel zurück auf die Hauptschule gehen wiederum Meldungen beim Jugendamt ein. Darauf wird eine soziale Gruppenarbeit installiert, in der Anni soziale Verhaltensweisen erlernen soll. Zusätzlich wird eine Erziehungsberatung zur Unterstützung der Mutter bei erzieherischen Fragen und Problemen vorgehalten. Nach vier Monaten wird die soziale Gruppenarbeit zum einen aus mangelnder Mitwirkung und zum anderen durch einen eskalierten Familienkonflikt, durch den das Mädchen auf eigenen Wunsch in Obhut genommen wird, vorzeitig beendet. Die Kinderärztin der Familie, die auf die ADHS-Krankheit der Jugendlichen aufmerksam macht, drängt auf umfassendere Hilfen.

Anni verletzt sich selbst. Sie ritzt sich an den Unterarmen und wird einen Monat nach Beendigung der sozialen Gruppenarbeit aufgrund des Verdachtes auf Suizidalität eine Woche in der Kinder- und Jugendpsychiatrie untergebracht. Die Jugendliche wird mit der Diagnose Borderline-Syndrom aus der Psychiatrie entlassen. Drei Monate später wird sie erneut in Obhut genommen. Grund hierfür ist erneut ein eskalierter Familienkonflikt. Zwischen den beiden Inobhutnahmen wechselt Anni zwischen ihrem Zuhause, Jugendschutzstellen und ihren Freunden am Bahnhof hin und her. Im gleichen Monat folgt aufgrund von Selbstverletzungen ein weiterer Aufenthalt in der Kinder- und Jugendpsychiatrie. Weiterhin gehen zahlreiche Meldungen der Schule aufgrund von hohen Fehlzeiten und Annis aggressivem Verhalten gegenüber Mitschülern und Lehrern beim Jugendamt ein. Anni verlässt darauf die Schule ohne einen Abschluss. Die Ereignisse überschlagen sich, so dass sich Annis Mutter von der zuständigen Jugendamtsmitarbeiterin, der Kinderärztin und dem Psychologen der Erziehungsberatungsstelle davon überzeugen lässt, eine Hilfe auf Erziehung zu beantragen. Mit dem Alter von 15,8 Jahren wird Anni in einer heilpädagogischen stationären Jugendhilfeeinrichtung untergebracht. Ziele wie Förderung des sozialen Verhaltens, Erlernen angemessener Konfliktlösungsstrategien, Hebung des Selbstwertgefühls und der Frustrationstoleranz, Klärung der Beziehung zur Herkunfts- bzw. Stieffamilie und Entwicklung einer beruflichen Perspektive werden mit Anni und der Einrichtung in einem Hilfeplangespräch verhandelt und vereinbart.

Nach kurzer Zeit entweicht Anni immer wieder aus der Einrichtung und wird in der Punk-Szene oder in Jugendschutzstellen aufgefunden. Wenn Anni zu Hause auftaucht, kommt es immer wieder zu Konflikten mit ihrer Mutter und den Halbgeschwistern. Die Konflikte eskalieren. Anni bedroht einen ihrer jüngeren Halbbrüder mit einer Geflügelschere und droht dem anderen einen eingeschalteten Fön in die Badewanne zu werfen. Aufgrund dieser massiven Fremdgefährdung überzeugt die Jugendamtsmitarbeiterin

Annis Mutter, eine geschlossene Unterbringung zu beantragen. Anni schildert, dass die Unterbringung in der Krisenintervention zum einen aufgrund des Klauens der Dienstwaffe einer Polizistin und ihrer zahlreichen Straftaten beantragt wurde. Der richterliche Beschluss für Anni wird auf 18 Monate festgelegt. Das Mädchen lebt eineinhalb Jahre in der Krisenintervention. Im Anschluss zieht sie in eine Wohngruppe für psychisch kranke Jugendliche. Sie bleibt neun Monat in der Folgeeinrichtung. Als sie in die Psychiatrie eingeliefert werden soll, verlässt Anni die Wohngruppe und zieht in eine eigene Wohnung. Sie erhält zwei Monate Verselbständigungshilfe. Ca. ein halbes Jahr nach dem letzten Folgeinterview berichtet Anni, dass sie bei einer Arbeitsmaßnahme für junge Obdachlose mitarbeitet.

Abb. 16: Interventionsprofil „Anni Delling"

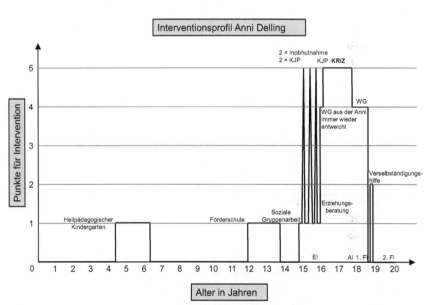

Wie schätzt Anni ihren Hilfeverlauf und ihre Zeit
in der Krisenintervention ein?
Um nach Hause zu kommen, gehe ich über Leichen? (Erstinterview). Im Erstinterview berichtet Anni kaum von ihren bisherigen Stationen und Maßnahmen der Jugendhilfe und in der Kinder- und Jugendpsychiatrie. In ihren Erzählungen hat es eher den Anschein, als würde sie Jugendhilfeeinrichtungen als Schlafstelle nutzen und tagsüber weiterhin ihr „eigenes Ding" machen. „Ähm ich bin raus, also in der Früh, ich bin aufgestanden, an den

Hauptbahnhof gegangen und zwei Bier getrunken. Und am Abend bin ich wieder zurückgegangen." (A. EI 273 f.) Aus der Wohngruppe, in der sie vor der geschlossenen Unterbringung untergebracht war, ist sie immer wieder weggelaufen. Anni wollte zurück nach Hause zu ihrer Mutter. Als sie einmal von einem Betreuer am Hauptbahnhof entdeckt und wieder zurück in die Wohngruppe gebracht wird, erzählt Anni, dass sie „immer mehr aus-flippt[e]" (A. EI 415) bis der Betreuer die Polizei rief. Als die Polizei ver-suchte, sie zu beruhigen, entwendete sie der Polizistin die Dienstwaffe. Das Entwenden der Polizeiwaffe versteht Anni als Zeichen dafür, wie sehr sie da-für kämpft, um wieder nach Hause zu kommen: „Und meine Mama (…) hätte gewusst, dass ich mich, dass ich alles dafür tu, dass ich wieder nach-hause gehen kann." (A. EI 474 f.) Neben dem Entwenden der Dienstwaffe und der Bedrohung der Polizistin gibt es zehn weitere Strafanzeigen, die nur eingestellt werden, wenn Anni in der geschlossenen Gruppe bleibt und nicht mehr entweicht. Die Krisenintervention bietet für sie die Möglichkeit, dem Gefängnis zu entgehen. Anni erzählt in diesem ersten Interview nichts dar-über, wie sie die geschlossene Unterbringung bewertet.

Waren die letzten anderthalb Jahre umsonst? (Abschlussinterview). Im Abschlussinterview hingegen macht Anni sehr deutlich, was sie von der ge-schlossenen Unterbringung hält. Ihre Einschätzungen sind ambivalent, je-doch eher von negativen Aspekten geprägt. Die Krisenintervention stellt für sie zwar einen Lernort dar, an dem sie „voll gut argumentieren gelernt [hat]" (A. AI 230). Jedoch begreift sie das KRIZ auch als Strafe der Mutter, die ihr bei Konflikten zu verstehen gibt, dass sie nur wollte, dass Anni „wegge-sperrt" wird. Sie erklärt sich ihre Unterbringung auch damit, dass ihre Mut-ter sonst das Sorgerecht für ihre Geschwister entzogen bekommen hätte, wenn sie nicht stationär untergebracht worden wäre. Diese Erklärung scheint für sie den Schmerz, dass ihre Mutter sie „weggeben hat", zumindest etwas zu mildern. Der geschlossenen Unterbringung weist Anni damit einen Sinn zu. Anni legt in diesem Interview viel Wert darauf, dass die geschlossene Unterbringung nicht das wirkliche Leben darstellt und eigentlich sinnlos ist. Sie stellt sich die Frage, „wie [sie lernen] soll […] mit ihren Problemen um-zugehen, wenn sie die ganze Zeit in einem Haus eingesperrt ist" (A. AI 664–666). Durch diesen künstlichen Rahmen hat sie ihrer Meinung nach nichts dazu gelernt (vgl. A. AI 664–670). Sie sieht sich darin bestätigt, dass sie von einigen ehemaligen Mitbewohnern gehört hat, dass sie nach ihrer Entlas-sung aus dem KRIZ „rückfällig" geworden sind, was bedeutet, dass sie ihre alten Verhaltensweisen wieder angenommen haben. Sie hat sich ihrer Mei-nung nach in den anderthalb Jahren nicht verändert und denkt immer noch genauso wie in der Zeit davor. Jedoch hat sie die Spielregeln der Einrichtung verstanden, hält sich daran oder unterläuft sie heimlich wie die anderen Jugendlichen auch. „Ja und seitdem läuft hier viel undercover, seitdem klären wir alles alleine. Da machen wir gar nichts mehr zum Gruppenthema, weil wie gesagt, wir sind alt genug das selbst zu klären. Notfalls hauen wir uns einmal auf die Fresse und danach ist alles wieder gut. Muss ja keiner mitbekommen" (A. AI 1069–1072). Nicht nur die Krisenintervention sondern das gesamte Jugendhilfesystem beschreibt sie als Spiel, dessen Spielregeln sie sich bis zu ihrem 18. Geburtstag unterwerfen muss. „Also habe ich halt, habe ich mir Gedanken gemacht und habe mir gedacht: ‚Ja das Spiel spielst du mit, aber du bist sowieso bald 18. Und dann kann mir sowieso keiner mehr was.'" (A. AI 434–436)

Abschied tut weh … (Erstes Folgeinterview). Das erste Folgeinterview wurde auf Wunsch von Anni schon acht Monate nach ihrer Entlassung aus der Krisenintervention durchgeführt. Anni äußert zu Beginn des Interviews, dass sie das Bedürfnis hat, einige Dinge aus dem Abschlussinterview bezüglich ihrer Einschätzung und Bewertung der geschlossenen Unterbringung richtig zu stellen. Die Art und Weise, wie sie die Krisenintervention im letzten Interview abgewertet hat, entspricht ihrer persönlichen Form des Abschiednehmens. Von negativen und scheinbar sinnlosen Maßnahmen lässt es sich leichter verabschieden, als von einer Einrichtung, die nach anderthalb Jahren in gewisser Weise zu einem Zuhause geworden ist. Anni berichtet davon, dass sie nach der geschlossenen Unterbringung noch viel Kontakt zu den Betreuern hat und dort regelmäßig anruft. „[I]ch lass jetzt noch nicht mal wirklich los vom KRIZ. Ich ruf da regelmäßig an, alles Mögliche. Von daher, also irgendwie war das immer noch mein Zuhause." (A. 1.FI 128–130) Dennoch hat das KRIZ auch für Anni trotz all der Beschreibungen, die fast schon heroisierend und nostalgisch wirken, zwei Seiten. In der neuen Einrichtung hat sie sich selbst nach acht Monaten noch nicht eingewöhnt. Sie hat das Gefühl, dort nicht hinzupassen, und den Eindruck, dass viele Dinge hinter ihrem Rücken passieren. Ihre Mutter erzählt ihr beispielsweise, dass sie einen gesetzlichen Betreuer bekommen soll, was in der Einrichtung zunächst verneint wird. Kurze Zeit darauf berichtet Annis Bezugsbetreuerin, dass sie von der Einrichtung aus einen Betreuer beantragen werden, da die Mutter das bisher noch nicht gemacht habe. Da die Einrichtung „alles unter dem Tisch mach[t]" (A. 1.FI 161), ist Anni sehr misstrauisch und zurückhaltend. „Ja und weil ich niemandem vertraue und eigentlich immer das mach, was ich will. Also ich steh früh, so um fünf auf und alles Mögliche. Also ich schätz das eigentlich als selbstständig ein, wenn die das nicht machen, dann haben die Pech gehabt. Ja und dann fertig, jetzt soll ich einen bekommen [einen gesetzlichen Betreuer; Anm. d. Verf.], weil ich mit denen nicht über Probleme sprech', Konsequenz. Aber eine positive Konsequenz soll das sein, für mich ist das ne negative Konsequenz." (A. 1.FI

190–196) Wie schon in den Einrichtungen vor der geschlossenen Unterbringung versucht sie, so wenig Zeit wie möglich dort zu verbringen.

Anni hat nicht das Gefühl, dass ihr zuständiges Jugendamt sich dafür interessiert, dass es ihr in der Einrichtung nicht gefällt. Sie weiß auch gar nicht, warum sie noch dort ist, da sie ihrer Meinung nach die im Hilfeplan festgelegten Ziele erfüllt. Gleichzeitig berichtet sie jedoch auch, dass sie sich so stark ritzt, dass sie fast immer genäht werden muss. Das scheint für sie eher ein Ausdruck von Stärke und damit eine notwendige und unbedenkliche Bewältigungsstrategie für Trauer und Schmerz zu sein und stellt keine Selbstgefährdung dar.

Ich habe etwas gelernt, was ich weiter geben kann! (Zweites Folgeinterview). Zum Zeitpunkt des zweiten Folgeinterviews lebt Anni in einer eigenen Wohnung. Aus der Einrichtung zieht sie kurz nach dem ersten Folgeinterview aus, da sie stationär in einer Psychiatrie untergebracht werden soll. Anni möchte nicht als „psychisch Kranke" behandelt werden. Sie fühlte sich in der Einrichtung nicht ernst genommen und fehl am Platz. Sie geht ganz „normal" arbeiten und nimmt auch keine Medikamente – wie die anderen Jugendlichen in der Wohngruppe – ein. Nach ihrem Auszug erhält sie für zwei Monate Verselbständigungshilfe, um eine eigene Wohnung zu finden und bei Amtsgängen unterstützt zu werden. Darauf werden die Maßnahmen der Jugendhilfe beendet. „Jetzt ist die Jugendhilfe auch schon wieder vorbei, das war's dann auch schon wieder", (A. 2.FI 1079–1080) resümiert Anni. Auch in diesem Interview spielt die geschlossene Unterbringung eine große Rolle. Sie schätzt gerade für ältere Jugendliche, die die Unterbringung im Heim nicht kennen, die Einflussnahme von geschlossenen Einrichtungen als sehr groß ein. Ihre Überzeugung geht so weit, dass sie selbst gerne ein FSJ in einer geschlossenen Einrichtung machen möchte und sich zum Zeitpunkt des Interviews auch darum beworben hat. Sie vermisst die Krisenintervention auch zu diesem Zeitpunkt. „Aber ich find's auch schade, dass ich nicht mehr da bin." (A. 2.FI 425) Positiv bewertet sie, dass die Betreuerinnen authentisch waren und ihr nicht das Gefühl gegeben haben, dass sie „etwas Besseres" seien. Sie erlebt die Krisenintervention als den ersten Ort in ihrem Leben, an dem ihr zugehört und geglaubt wird. Hier wird zum ersten Mal den von Anni immer wieder auch beim Jugendamt vorgebrachten sexuellen Missbrauchs des Stiefvaters an ihren Geschwistern ernst genommen. Das bestärkt sie soweit, dass sie kurz nach ihrem Auszug aus der Wohngruppe ihren Stiefvater – auch gegen den Willen der Mutter – anzeigt.

Anni beschreibt das KRIZ als eine „interessante Erfahrung" (A. 2.FI 1470), als einen Lebensabschnitt, den sie weder negativ noch positiv ansieht. Sie konnte dort eine Entwicklung durchleben. „Als erstes, für mich ist das KRIZ als erstes scheiße, dann gewöhnt man sich an die Sachen, man denkt aber noch ganz, ganz anderster, dann nimmt man auch die Sachen zum Teil an und zum Schluss behält man die Sachen zum Teil auch." (A. 2.FI 1470– 1472)

Gruppe 3: Kriseninterventions als Anfangspunkt von weiteren Krisen?

Zu dieser Gruppe kann nur ein Interventionsprofil zugeordnet werden. Bei der Betrachtung des Profils wirkt die Krisenintervention als Startpunkt von intensiven Interventionen. Vorgestellt wird in diesem Kontext der Fallverlauf von Erik Krämer. Eine stationäre Unterbringung wurde im Vorfeld versucht. Nach der geschlossenen Unterbringung folgen zwei Arrestaufenthalte und zwei stationäre Therapien aufgrund von Drogenkonsum.

Eriks Interventions- und Krisengeschichte

Ein erster Kontakt zum Jugendamt ergibt sich bei der Scheidung von Eriks Eltern. Er ist zu dem Zeitpunkt 12,5 Jahre alt, lebt daraufhin anderthalb Jahre bei seinem Vater und zieht anschließend aufgrund von Streitigkeiten zu seiner leiblichen Mutter. Da es dort zu Auseinandersetzungen mit dem neuen Lebensgefährten der Mutter kommt, wohnt er zeitweise wieder beim Vater. Im Alter von 15,5 gehen Anklageschriften beim Jugendamt ein. Erik begeht in einer kurzen Zeit eine Vielzahl an Straftaten, schwänzt die Schule und konsumiert regelmäßig Cannabis. Etwa fünf Monate später wird Erik in einem Übergangswohnheim untergebracht. Nach zwei Wochen scheitert diese Maßnahme, da Erik sich weigert, weiterhin in der Gruppe zu leben. Er zieht daraufhin wieder zu seinem Vater. Eine weitere stationäre Unterbringung lehnen die Eltern ab.

Durch die hohe Anzahl an Straftaten – innerhalb eines kurzen Zeitraums – muss eine Entscheidung getroffen werden. Erik kann zwischen der Krisenintervention und der Unterbringung in einer Jugendstrafanstalt „wählen". Einen Monat später wird Erik im KRIZ untergebracht. Durch die Unterbringung in einer geschlossenen Gruppe kommt der Jugendliche „mit einem blauen Auge" davon; der Richter verurteilt ihn zu einer Bewährungsstrafe. Auflage ist in diesem Kontext, die angeordnete Zeit im KRIZ zu verbringen. Darüber hinaus muss Erik drogenfrei bleiben.

Der Jugendliche bleibt drei Monate im KRIZ und wird darauf in einer offenen Jugendhilfeeinrichtung untergebracht. Erik konsumiert dort erneut Cannabis, zerstört die Einrichtung und entweicht. Um die bevorstehende Jugendstrafe zu umgehen, bittet Erik selbst darum, wieder im KRIZ aufgenommen zu werden. Daraufhin wird ein Beschluss von einem halben Jahr gewährt. Nach der Zeit in der Krisenintervention zieht Erik wieder zu seinem Vater und wird durch eine Mitarbeiterin der Krisenintervention insgesamt ein Jahr und drei Monate ambulant nachbetreut. Da er seine Auflage, drogenfrei zu bleiben, nicht einhalten kann, muss Erik ca. neun Monate nach seiner Entlassung aus dem KRIZ zwei Wochen in einer Jugendarrest-anstalt verbringen. Da er auch weiterhin nicht drogenfrei bleibt, muss er ein dreiviertel Jahr später erneut in den Jugendarrest. Erik begibt sich in der folgenden Zeit zwei Mal freiwillig in eine Drogentherapie. Das erste Mal bricht er die Therapie ab; beim zweiten Versuch hält er durch. Für die Therapie bricht Erik die Ausbildung, die er zu diesem Zeitpunkt angefangen hat, ab. Mit seinem Ausbilder kann er vereinbaren, nach der Ausbildung zurückkehren zu können. Dieser hält sein Versprechen und Erik kehrt nach seiner Therapie in den Ausbildungsbetrieb zurück. Nach Abschluss seiner Therapie zieht er auf eigenen Wunsch in eine eigene Wohnung.

Abb. 17: Interventionsprofil „Erik Krämer"

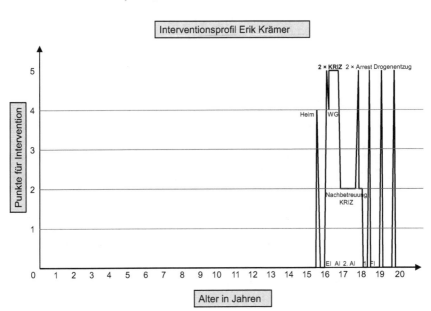

Wie schätzt Erik seinen Hilfeverlauf und die Zeit
in der Krisenintervention ein?
Die geschlossene Unterbringung als kleineres Übel (Erstinterview). Im Erstinterview beschreibt Erik, dass die Krisenintervention eine Initiative seiner Eltern war, um ihn vor der Inhaftierung zu schützen. Er beschreibt das Zusammenleben mit den anderen Jugendlichen als schwierig. Er empfindet sie als „komisch" und ihm Gegensatz zu ihm zurückgeblieben. Da er sonst bisher mit Ausnahme von zwei Wochen nur Zuhause gelebt hat, fällt es ihm

schwer, sich an die Struktur eines Heimes zu gewöhnen. „Ich bin kein Mensch, der irgendwo in so 'nem Heim wohnen kann." (E. EI 743f.) Dennoch bleibt Erik im KRIZ, da diese Einrichtung die einzige Alternative zur Inhaftierung erscheint und der Verbleib die einzige Möglichkeit darstellt, eine Bewährungsstrafe zu erlangen.

Freiheit bedeutet auch, Verantwortung zu tragen (Erstes Abschlussinterview). Im ersten Abschlussinterview äußert Erik seine Bedenken gegenüber der neuen Einrichtung. Es scheint als traue er sich selbst nicht über den Weg. „Also deshalb bin ich ja unsicher, deshalb will ich ja hier gar nicht weg. Weil ich da halt, da krieg ich halt nen Schlüssel, dann kann ich jeden Tag raus gehen, wann ich will." (E. 1.AI 414–416) Er weiß nicht, ob er mit seiner wieder gewonnenen Freiheit umgehen kann und seine Auflagen, drogenfrei zu bleiben und sich an die Regeln der Einrichtung zu halten, erfüllen kann. Am KRIZ findet er positiv, dass eine so intensive Betreuung stattfindet und er auf Haltung und Konsequenzen bei den Betreuern trifft. „Hier ist wenigstens mal jemand, der nein sagen kann." (E. 1.AI 549)

Die Krisenintervention als besonderer Lebensort (Zweites Abschlussinterview). In seinem zweiten Abschlussinterview berichtet Erik davon, dass er sich selbst dafür eingesetzt hat, dass er wieder ins KRIZ zurückkommt, da er wieder angefangen hat, zu stehlen und Drogen zu konsumieren. Er erzählt, dass er bei seinem ersten Aufenthalt in der Krisenintervention lediglich seine Rolle gespielt hat. „Ich habe mir gar nicht helfen lassen. Ich habe ja immer nur erzählt, ich mach' alles mit. Hab ich aber nicht. Ich bin jeden Tag rausgegangen kiffen, nur scheiße gebaut den ganzen Tag." (E. 2.AI 50–52) Ein Grund für ihn in die geschlossene Unterbringung zurückzukehren, ist neben dem eng strukturierten Rahmen die intensive Betreuung durch die Fachkräfte in der Einrichtung, die er seiner Meinung nach noch benötigt. Erik nimmt die beiden Aufenthalte in der Krisenintervention als sehr unterschiedlich war. „Das erste Mal, da war das ein Muss, weil ich ja sonst in den Knast gegangen wäre und wenn man will, dann geht das hier auch. Man muss halt nur wollen, man muss sich darauf einlassen. Und wenn man sich dann nicht darauf einlässt, dann muss man sich halt selber helfen und die sind halt nur da, um einen zu begleiten. Am Anfang hab ich gedacht, ja die können mich jetzt umpolen und ich bin dann anders, aber man muss schon wollen." (E. 2.AI 127–132) Seine erneute Unterbringung kann Erik für sich als Chance wahrnehmen. In den freiheitsentziehenden Maßnahmen kann er lernen, authentisch zu sein und keine Rolle spielen zu müssen, was vor allem durch das von ihm als sehr persönlich beschriebene Verhältnis zu den Betreuern möglich macht. Da das KRIZ eine seine ersten Jugendhilfemaßnahmen darstellt, hat die Einrichtung auch dadurch einen besonderen Stellenwert. „Das war was ganz besonderes. Ich habe mein ganzes Leben lang Zuhause gewohnt, das ist jetzt was ganz anderes, ich habe noch nie, ich hab einmal zwei Wochen auf einer Wohngruppe, in einer anderen war ich da noch mal zwei Wochen vorher vorm KRIZ. Das war was ganz anderes. Ich habe hier zehn Monate mit Leuten zusammengewohnt, ich hab nie gedacht, dass ich mich mit anderen Leuten mal so gut verstehen kann." (E. 2.AI 603–609). Eine Besonderheit stellt diese Maßnahme insbesondere für ihn dar, weil Erik im Vergleich zu vielen seiner Freunde einer Inhaftierung entgehen konnte.

Je älter man wird, desto weniger braucht man Unterstützung und Hilfe (Erstes Folgeinterview). Im ersten Folgeinterview bleibt er seiner Einschätzung treu, dass er die Zeit für sich in der Krisenintervention nutzen konnte. „Beim zweiten Mal hab ich die Chance ernst genommen." (E. 1.FI 85) Er beschreibt, dass er im KRIZ „auf den richtigen Weg" gebracht wurde, auch wenn er in der Zeit danach wieder Drogen konsumiert, was seiner Meinung nach vor allem der Umstellung von der geschlossenen Unterbringung auf das Leben bei seinem Vater geschuldet ist. Ständig Freunde um sich zu haben, die kiffen, machen es schwer, selbst clean zu bleiben, so seine Erklärung. Gestohlen hat er seit der geschlossenen Unterbringung nicht mehr. Neben der Krisenintervention ist dafür auch die Tatsache verantwortlich, dass er älter und reifer und damit auch weitsichtiger geworden ist. „Da hab ich nie drüber nachgedacht, über die Folgen oder so." (E. 1.FI 207)

Für Erik bleibt die Krisenintervention eine besondere Maßnahme, die sich durch eine intensive Betreuung auszeichnet und dadurch, dass dort an die Jugendlichen geglaubt wird. Zu Beginn hat er die geschlossene Unterbringung als Strafe erlebt. Im Laufe der Jahre hat sich seine Meinung diesbezüglich verändert. „[D]ann bist du irgendwann angekommen und dann verstehst du, worum es wirklich geht und dass die Dir nur helfen wollen." (E. 1.FI 1197 f.) Diese Veränderung beschreibt Erik als schleichenden Prozess, der schwer in Wort zu fassen ist: „[U]nd dann ist das auf einmal da und dann denkst du anders. Das kann ich auch irgendwie nicht beschreiben, versteh ich bis heute irgendwie nicht, warum sich das auf einmal so gedreht hat bei mir also." (E. 1.FI 1002–1205) Für ihn hat die Unterbringung in der Krisenintervention zwei Seiten: „Ja, also die Betreuer waren schon gut, die ganzen Aktivitäten waren gut, ja und das Eingeschlossene war am Anfang erstmal auch gut. Gut und schlecht, also das würde ich zu beidem, beidem zählen. Gut und schlecht, die Leute, die haben mich eigentlich, einen Großteil schon angekotzt da, also die anderen Jugendlichen, hat mich dann immer genervt, weiß ich nicht, die waren dann einfach zu krass für mich, also. Wie die teilweise drauf waren, weiß ich nicht, die Leute, die haben mich angekotzt da. Und die Regeln, das war auch wieder gut und schlecht, also manche Regeln, da kam ich ja gar nicht mit klar." (E 1.FI 1111–1118)

Die ambulante Nachbetreuung der Mitarbeiterin aus der Krisenintervention empfand Erik zu Beginn als hilfreich. Dennoch stellt er fest, dass, je älter er wurde, er sie immer weniger brauchte und irgendwann auch nicht mehr hingehen wollte.

Seine Zeit im Jugendarrest fand Erik schrecklich. „Du sitzt da nur rum, die ganze Zeit sitzt Du da auf Deinem Stuhl, wenn Du da nicht arbeiten kannst, wenn Du da Pech hast, (.) und da ist gerade kein, kein, irgendwie kein Job da frei, dann sitzt Du den ganzen Tag nur auf Deinem Stuhl und kannst nichts machen." (E. 1.FI 752–744). Im Gegensatz zur Krisenintervention, glaubt er nicht, dass der Arrest auch etwas Positives bewirken und man dort etwas lernen kann.

Gruppe 4: Fallverläufe mit einer „endlosen" Interventionsgeschichte

In fünf dieser acht Fälle beginnen die Maßnahmen der Hilfesysteme bei Schuleintritt oder kurze Zeit darauf. In drei Fällen sind schon im Kleinkindalter Hilfen zu verzeichnen. Diese ziehen sich fast ohne Unterbrechung bis zur geschlossenen Unterbringung durch. Die einzige Ausnahme bildet hier eine Jugendliche, die vor ihrer Adoption in verschiedenen Heimen und Pflegefamilien war. Nach der Adoption lässt sich eine Interventionspause bis zum 12. Lebensjahr feststellen.

Kurz vor der Krisenintervention verdichten sich die Interventionen. In sieben von acht Fällen waren die jungen Menschen meist zwei bis drei Mal vor dem KRIZ in einer Kinder- und Jugendpsychiatrie untergebracht. Nach der geschlossenen Unterbringung scheinen sich die Interventionsverläufe mit einer ähnlichen Dynamik weiterzuentwickeln. Eine vorübergehende Verlangsamung tritt nur in drei von acht Fällen ein. In fünf Fällen scheint die Interventionsgeschichte ohne Phasen der Beruhigung auf hohem Interventionsniveau fortzudauern.

Als Beispiel für Gruppe 4 wird das Interventionsprofil einer Jugendlichen vorgestellt. Von Julia Fischer sind neben einem Erst- und einem Abschlussinterview insgesamt drei weitere Folgeinterviews vorhanden. So können zum einen die Interventionen noch über einen längeren Zeitraum nachvollzogen und zum anderen Julias subjektive Bewertungen und Erfahrungen zu ihrer Hilfegeschichte und ihrer Zeit in der Krisenintervention zu unterschiedlichen Zeitpunkten untersucht werden.

Julias Interventions- und Krisengeschichte

Julia und ihre Schwestern wechseln bis zu ihrem vierten Lebensjahr zwischen Heimen, Pflegefamilien und leiblichen Eltern. Als Julia ca. vier Jahre alt ist, werden sie und ihre beiden Schwestern von dem Ehepaar Fischer adoptiert. In den nächsten acht Jahren scheint aus interventionsgeschichtlicher Perspektive Ruhe in Julias Leben eingekehrt zu sein.

Im Alter von 12 Jahren läuft sie dreimal hintereinander in kurzen Abständen von Zuhause weg und wird jeweils in einer Aufnahmegruppe in einem Kinderheim untergebracht. Julias Adoptiveltern lehnen die vom Jugendamt angebotenen ambulanten Hilfen ab und wenden sich an verschiedene Kinder- und Jugendtherapeuten. Es finden Gespräche zwischen Julia und einem Therapeuten statt, die jedoch nach kurzer Zeit wieder eingestellt werden.

In der darauffolgenden Zeit stiehlt das Mädchen in Lebensmittelmärkten, in der Familie und im Freundeskreis. Sie zerstört Gegenstände in ihrem Umfeld. Schließlich kommt es infolgedessen immer häufiger zu Auseinandersetzungen mit ihrer Adoptivmutter. Julia verbringt daraufhin ca. fünf Wochen in der Kinder- und Jugendpsychiatrie (KJP) zur Diagnostik und wird mit der Diagnose „Störung des Sozialverhaltens, die auf den familiären Rahmen beschränkt ist", nach Hause entlassen. Die KJP empfiehlt eine ambulante Hilfe, welche die Eltern jedoch ablehnen.

Etwa vier Monate nach der Entlassung aus KJP läuft Julia erneut mit ihrer kleinen Schwester von Zuhause weg. Darauf wird sie in einer Notaufnahme eines Kinderheimes untergebracht. Von da aus wird sie in eine Außenwohngruppe aufgenommen, in der sie ungefähr ein dreiviertel Jahr lebt. In der ersten Zeit der Fremdunterbringung weigert sich das Mädchen, ihre Adoptiveltern zu sehen. Bei späteren Besuchen bestiehlt sie ihre Eltern und Geschwister und begeht diverse kriminelle Delikte. Das Mädchen entweicht immer häufiger aus der Einrichtung und verschwindet schließlich eine ganze Woche aus der Wohngruppe ins Ausland. Nach ihrer Rückkehr kommt es zu einer Anhörung vor Gericht. Julia soll erneut in einer Jugendhilfeeinrichtung fremduntergebracht werden. Das Mädchen erklärt jedoch, dass sie nach Hause möchte. Der Adoptivvater stimmt zu und die Hilfe wird entgegen der ernsthaften Bedenken der pädagogischen Fachkräfte beendet.

Kurz darauf spitzt sich die Lage in der Adoptivfamilie erneut zu. Julia zerstört Gegenstände und läuft schließlich wieder von zu Hause weg. Die Eltern beantragen daraufhin erneut eine Heimunterbringung. Ein paar Tage später wird Julia nicht ansprechbar in einer öffentlichen Toilette von Passanten aufgefunden. Sie hatte diverse Rauschmittel konsumiert und wird ins Krankenhaus eingewiesen, aus dem sie einen Tag später wieder verschwindet. Die Adoptivmutter verständigt daraufhin die Polizei.

Fünf Tage später wird Julia gefunden und in die Kinder- und Jugendpsychiatrie eingeliefert. Julia ist dort geschlossen untergebracht. In der Klinik wird sie vor die Wahl gestellt, entweder freiwillig ins KRIZ zu gehen oder in der Klinik geschlossen untergebracht zu werden. Julia entscheidet sich für die Krisenintervention im Rahmen der Jugendhilfe. Das Mädchen wird nach neun Monaten in der geschlossenen Gruppe in eine Außenwohngruppe entlassen. In den anderthalb Jahren in der Außenwohngruppe erreicht Julia ihren Hauptschulabschluss. In dieser Zeit hat sie auch wieder Kontakt zu ihren leiblichen Eltern.

Nach der Zeit in der Wohngruppe wird sie in eine Verselbstständigungsgruppe verlegt. Nach drei Monaten kehrt sie in ihre vorherige Wohngruppe zurück, da sie erneut Drogen konsumierte und mit der deutlich weniger intensiven Betreuung nicht zurechtkam. Sie kann jedoch nur unter der Bedingung in der Wohngruppe bleiben, dass sie sich einer Therapie unterzieht und sich das Rauchen abgewöhnt. Nach dreieinhalb Wochen Entgiftung in der KJP kehrt Julia in die Wohngruppe zurück. Dort wird mit ihr ein Vertrag abgeschlossen, dass sie keine Drogen mehr konsumiert und wieder die Schule besucht. Kurz nach dem Schulstart beginnt Julia mit einer ambulanten Psychotherapie. Regelmäßig und pünktlich in die Schule zu gehen, fällt ihr jedoch sehr schwer. Als Julia erneut Drogen konsumiert, kommt es zu einem Gespräch mit der Leitung der Wohngruppe. Nach diesem Gespräch verschwindet Julia aus der Wohngruppe. Die Anrufe auf ihrem Handy drückt sie weg. Ungefähr zwei Wochen später meldet sie sich und gibt in der Wohngruppe Bescheid, dass sie sich bei ihren Adoptiveltern aufhält und nicht mehr zurückkommen möchte. Julia bleibt weitere 14 Tage bei diesen und läuft darauf wieder von zu Hause weg. Sie flüchtet sich zu ihren Freunden auf die Straße. Ihre Adoptivmutter lässt sie daraufhin wieder in die Psychiatrie einweisen. Es folgt ein weiterer Aufenthalt in einer Suchtklinik. Beide Klinikaufenthalte sind nicht genau datierbar.

Nach ihrem zweiten Aufenthalt lebt sie für einige Monate in einer Suchthilfeeinrichtung und zieht daraufhin zu ihren leiblichen Eltern. Nach fünf Monaten verlässt sie diese auf eigenen Wunsch und weist sich selbst in eine Suchtklinik ein. Sie bricht den Kontakt zu ihren leiblichen Eltern ab und nimmt wieder die Verbindung zu ihren Adoptiveltern auf. Nach ihrem Klinikaufenthalt zieht sie in eine Wohngruppe einer Suchthilfeeinrichtung. Dort wird sie nach wenigen Monaten aufgrund von Alkoholkonsum entlassen. Julia zieht mit ihrem Freund zusammen in eine eigene Wohnung in der Nähe der leiblichen Eltern. Wenige Monate später bringt sie ihren ersten Sohn zur Welt. Julia wohnt zu dieser Zeit noch mit ihrem Freund, dem Vater des Kindes, zusammen und wird von einer SPFH betreut.

Abb. 18: Interventionsprofil „Julia Fischer"

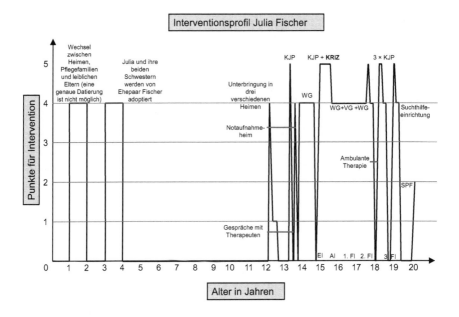

Wie schätzt Julia ihren Hilfeverlauf und ihre Zeit in der Krisenintervention ein?

Der Blick in Julias Interventionsgeschichte lässt vermuten, dass das Mädchen zumindest bis zu ihrem 18. Lebensjahr wenig Mitspracherecht bezüglich ihres Lebensortes hat. Julias Bedürfnisse und Anliegen scheinen kaum eine Rolle zu spielen. Sie findet keinen Ort, an dem sie bleiben kann. Ihre Rastlosigkeit scheint durch die Struktur der Jugendhilfe verstärkt zu werden.

Ich kann nirgendwo bleiben … (Erstinterview). Julia zählt in ihrem ersten Interview zu Beginn die Stationen auf, die sie bis zu ihrer Unterbringung in der Krisenintervention durchlaufen hat. Sie scheint sich kaum an Ereignisse aus der Kindheit zu erinnern (vgl. J. EI. 22–35). Sie berichtet, dass es ihr eigener Wunsch war in einem Heim zu leben. Aufgrund der immer häufig werdenden Auseinandersetzungen mit ihrer Mutter (Adoptivmutter) „hat sie es zuhause nicht mehr ausgehalten?" (vgl. J. EI. 39–48) In den unterschiedlichen Heimen konnte sie jedoch auch nicht bleiben. „[I]ch kann nicht so lange irgendwo an einem Ort leben, ich muss immer da weg, ich will einfach immer nur da wo ich bin weg." (J. EI. 72 f.) Für sich selbst hat sie jedoch keine Erklärung dafür, warum sie immer auf der Suche ist. Es wird jedoch deutlich, dass sie die Stationen in ihrem Leben kaum beeinflussen kann. Über ihren ersten Psychiatrieaufenthalt berichtet sie beispielsweise: „Erst war's scheiße für mich und dann hinterher ganz ok. […] Weil mir meine Eltern erst einen Tag vorher gesagt haben, dass ich in die Psychiatrie muss und ich gar nicht darauf vorbereitet war und dann war ich auch schon en bisschen traurig und sauer auf meine Eltern aber hinterher hat's mir dann so gut gefallen, dass ich eigentlich nicht mehr da weg wollte, weil da waren viele Jugendliche, die auch so ähnliche Probleme hatten wie ich." (J. EI. 79–85) Durch die mangelnde Beteiligung an Entscheidungen kann sie sich nur schwer auf neue Interventionen einlassen. Kurz vor ihrer Unterbringung in der geschlossenen Gruppe lebt Julia auf der Straße, „weil ich einfach kein Heim mehr gefunden habe, wo ich hin wollte." (J. EI. 152 f.) Von da aus wird sie wieder in die Psychiatrie gebracht, „weil meine Eltern das wollten" (J. EI. 155). Dort wird sie aufgrund ihrer mehrfach begangenen kriminellen Delikte vor vollendete Tatsachen gestellt. Sie kann entscheiden, ob sie „freiwillig" oder mit richterlichem Beschluss ins KRIZ geht. Um der ersten Phase (Stufenplan der Einrichtung) zu entgehen, beschließt Julia, freiwillig ins KRIZ zu gehen. Sie scheint ruhelos nach einem Ort zu suchen, an dem sie bleiben kann. Es entsteht jedoch der Eindruck, dass sie kaum Einfluss darauf hat, wo sie untergebracht wird und lebt. An der Krisenintervention schätzt sie, „dass sich die Betreuer mehr um einen kümmern als in ner normalen Wohngruppe". (J. EI. 237 f.)

Ich kann jetzt anders sein … (Abschlussinterview). Auch wenn ihre Zeit der Unterbringung in der Krisenintervention von Höhen und Tiefen geprägt sind, ist Julia zum Ende ihrer Zeit im KRIZ stolz auf sich und berichtet, dass sie viel lernen konnte und sich verändert hat. „In der Zeit wo ich hier war, habe ich mich sehr viel verändert, viel/ habe ich das Gefühl. So sagen auch die Erzieher. Ich meine, (.) ich habe mir Ziele vor/ v-v vor die Augen gesetzt und die möchte ich auch gerne so machen." (J. AI. 258–260). Julias Zielstrebigkeit lässt sich über ihr Schuldgefühl gegenüber ihrer Familie deuten. Sie hat einen Brief von ihrer Schwester erhalten, in dem sie Julia darum bittet, nicht mehr wegzulaufen und wieder zur Schule zu gehen. Der Brief berührt Julia besonders. „Das/ ich meine ich/ ich habe/ bin da traurig geworden, weil ich war ja abgehauen, und dann habe ich gedacht ‚Scheiße, was habe ich jetzt gemacht? Warum habe ich das nur gemacht? Warum habe ich nicht an meine Eltern gedacht? Und nur an meine Freunde, oder beziehungsweise alten Kumpels.' Und dann hatte ich ein richtig schlechtes Gewissen." (J. AI. 279–283).

Mit der Anschlusshilfe ist sie einverstanden. Sie hat die Hoffnung dort ihr „Leben zu machen" (J. AI. 268). Zu ihren Adoptiveltern möchte sie nicht zurück, da sie aufgrund des schwierigen Verhältnisses zu ihrer Adoptivmutter nicht glaubt „es dort zu schaffen" (J. AI. 297). Außerdem möchte sie nicht mehr zurück in die Nähe ihrer alten Heimatstadt, da sie die Verführung zu Drogen und die Gefahr, wieder abzurutschen, für zu groß hält. An der neuen Wohngruppe schätzt sie, dass das KRIZ für sie weiterhin gut und schnell erreichbar ist, damit sie die Erzieher und Jugendlichen besuchen kann. Ihre bisherige Hilfegeschichte erwähnt Julia in diesem Interview kaum, außer in Abgrenzung zum KRIZ. Hier zeigt sich, dass Julia sich für ihr altes Leben schämt. „Wenn ich jetzt davon überlege, dann denke ich nur, ‚Julia, was hast Du früher gemacht für eine Scheiße.'" „(.) Aber es/also es ist doch gut, dass Du das jetzt so/darüber nachdenken kannst und sagen kannst ‚Mensch, was war ich bescheuert eigentlich', ne? Würdest Du jetzt nicht mehr machen, oder?"

J: „Nein. Nein, würde ich nicht." (J. AI. 372–377)

Die wollen mich hier nicht mehr haben … (Erstes Folgeinterview). Zum Zeitpunkt des ersten Folgeinterviews ist Julia schon über ein Jahr in der Anschlussmaßnahme. Es wird deutlich, dass sie sich dort sehr wohl fühlt und auch gerne noch länger in der Einrichtung bleiben möchte. Der bevorstehende Wechsel in eine Verselbstständigungsgruppe macht ihr Angst. „Ich weiß es nicht, ich weiß nicht wie es da im Gruppe B abgeht, ich weiß so, ich habe/ ich werde da in eine WG ziehen, wo <u>einmal</u> in der Woche vielleicht ein Betreuer hochkommt, um zu gucken, ich muss mit meinem Geld auskommen, um mir Essen zu kaufen und Anziehsachen zu kaufen und alles, und ich weiß noch nicht wie ich das schaffen soll, ich kann das nicht/ ich schaffe das noch nicht, alleine mit Geld umzugehen." (J. 1.FI. 555–560) Besondere Sorge bereitet ihr, dass die Betreuung in dieser Gruppe nicht mehr so intensiv sein wird. Darüber hinaus hat sie das Gefühl, dass sie in ihrer jetzigen Wohngruppe nicht mehr gewollt wird: „Nee, ich habe keinen Schiss dahinzugehen, ich find das noch so/ ich habe da immer das Gefühl, die wollen mich hier ganz schnell loswerden, (.) deswegen." (J. 1.FI 608 f.) Julia beschreibt die Bindung an die Betreuer als besonders eng und intensiv, was ihre Traurigkeit über den Wechsel in eine andere Gruppe besonders verstärkt.

Die Kriseninterventionen sieht sie als Anstoß, sich auf Beziehungen einlassen zu können. „Hm weil ich ja vorher immer abgehauen bin und gar/ gar nie irgendwie mich binden konnte und im KRIZ hatte ich das erste Mal so das Gefühl ‚hier kann ich nicht abhauen, hier kann ich mich binden', und das hat eigentlich auch gut geklappt." (J. 1.FI 656–658) Insgesamt beschreibt sie ihre Unterbringung in der Krisenintervention als „eine sehr lehrreiche Zeit", zu der sie steht. Sie verteidigt die Einrichtung sogar vor anderen Jugendlichen, die Vorurteile gegenüber der geschlossenen Unterbringung und den dort lebenden Jugendlichen haben, vielleicht auch, um ihr eigenes Selbstbild zu schützen.

Wenn ich die Bedingungen nicht einhalte, fliege ich aus der Gruppe raus … (Zweites Folgeinterview). Zum Zeitpunkt des zweiten Folgeinterviews lebt Julia wieder in derselben Wohngruppe. Sie beschreibt, dass sie in die Verselbständigungsgruppe wechselte, es aber dort so gelaufen ist, wie sie es schon im Vorfeld geahnt hatte: „Und dann bin ich total abgesackt." (J. 2.FI 131 f.) Als Gründe gibt sie an, dass die Betreuung dort nicht intensiv genug war und sie sich mit ihren Mitbewohnern nicht verstanden hat.

Ihre alte Wohngruppe ist für sie ein Ort, an dem sie leben möchte: „Ja. Ich weiß nich', das is' das erste Mal, dass ich mich hier, also das is' die erste Gruppe wo ich mir wirklich sage, ‚Hier bin ich, das is' wie 'n zu Hause für mich.'" (J. 2.FI 1267 f.) Ihre Rückkehr in die Gruppe war jedoch an Bedingungen geknüpft. Sie muss eine Therapie aufgrund ihres erneuten Drogenkonsums machen und wieder regelmäßig die Schule besuchen. Die Bedingungen möchte Julia nach anfänglichem Widerstand auf sich nehmen, weil sie „auf alle Fälle in dieser Gruppe bleiben [will], weil [ihr] die Gruppe bisher am meisten geholfen [hat]" (J. 2.FI 896 f.). Das KRIZ sieht sie immer noch als Wegbereiter, ohne den sie es „nicht so gepackt hätte".

Hier finde ich endlich die Liebe und Zuneigung, die ich immer gesucht habe … (Drittes Folgeinterview). Zum Zeitpunkt des dritten Folgeinterviews lebt Julia bei ihren leiblichen Eltern. Aus der Wohngruppe ist sie „rausgeflogen", da sie die Bedingung, sich von ihren drogenabhängigen Freunden zu distanzieren, nicht erfüllen wollte. Hilfsangebote sind aus ihrer Perspektive offensichtlich immer an Bedingungen geknüpft. Julia kehrt von dort aus zu ihren Adoptiveltern zurück. Sie beschreibt, dass dieses Arrangement nur für zwei Wochen „gehalten" hat. Julia weiß nicht, wohin sie gehen soll. Sie wendet sich an das Jugendamt. Dieses verweist sie an ein Mädchenheim, das die Aufnahme jedoch verweigert. Julia sucht daraufhin Unterschlupf bei ihren Freunden. Als Julias Adoptivmutter sie in die Psychiatrie einweisen lässt, kann sie die Beweggründe hierfür nicht nachvollziehen, da sie zu diesem Zeitpunkt keine Drogen konsumiert. Sie sieht sich jedoch machtlos ihrer Adoptivmutter gegenüber. „Ich war ja noch nicht 18, die kann das ja bestimmen." (J. 3.FI 243)

Nach zwei Klinikaufenthalten und einigen Monaten in einer Suchthilfeeinrichtung, zieht Julia zu ihren leiblichen Eltern. Sie erfüllt sich damit einen lang ersehnten Traum, den sie jetzt – da sie volljährig ist und selbst ihre Entscheidungen treffen darf – verwirklicht. Bei ihren leiblichen Eltern scheint Julia einen Neuanfang wagen zu wollen. Sie bekommt hier die Liebe, die sie sich immer gewünscht hat. Von ihrer Adoptivmutter fühlte sie sich weiterhin „ungeliebt und abgeschoben".

Über die Krisenintervention möchte sie zunächst überhaupt nicht sprechen; sie erinnert sich zum Zeitpunkt dieses Interviews eher an die negativen Dinge. Sie beschreibt die geschlossene Unterbringung jedoch immer noch als Schlussstrich, ohne den sie nicht geschafft hätte (vgl. J. 3.FI 1561–1563).

Doch bei ihren leiblichen Eltern kann Julia nicht bleiben. Auch hier scheinen ihre Erwartungen und Wünsche enttäuscht zu werden. Nach wenigen Monaten lässt sie sich auf eigenen Wunsch in die Psychiatrie einweisen.

Was bedeuten diese Befunde?
Interventionsprofile als Wegweiser durch Abfolge und Intensität der Hilfe- und Unterstützungsmaßnahmen. Interventionsprofile veranschaulichen in Fallverläufen die Häufigkeit und Dichte der unterschiedlichen Maßnahmen und Eingriffe von Sanktions- und Hilfesystemen. In allen vier exemplarisch ausgewählten Fällen wird die Unterbringung in der Krisenintervention von den jungen Menschen als externe Grenzsetzung ihrer subjektiven Lebensführung erlebt. Einige von ihnen beschreiben dies explizit, indem sie davon erzählen, dass die geschlossene Unterbringung einen „Schlussstrich" unter ihr bisheriges Leben gezogen hat. Mit dem Bild, „wieder auf die gerade Bahn gebracht zu werden", beschreibt ein Jugendlicher diesen Lebensabschnitt. Das Bild impliziert die Hoffnung bzw. die Erwartung, dass die Krisenintervention einen Wendepunkt im Leben der jungen Menschen darstellen kann. Die empirischen Befunde der Langzeituntersuchung zeigen anderes. Von Erfahrungen und Ergebnissen ausgehend muss festgehalten werden, dass die Krisenintervention sicherlich prägende und intensive Erfahrungen für die Jugendlichen darstellen. Die geschlossene Unterbringung ist und bleibt weiterhin Teil ihres Lebens. Allerdings stellt sie – in den meisten Fällen – keinen nachhaltigen Wendepunkt in deren Lebensgeschichten dar. Als „Wendepunkt" können freiheitsentziehende Maßnahmen nur verstanden werden, wenn die Anschlusshilfen gut gewählt und mit viel Geduld gestaltet wurden. In der vorliegenden Untersuchung trifft dies auf maximal drei von 24 Fällen zu. So erstaunt es nicht, wenn die Heranwachsenden die geschlossenen Unterbringung als intensiven Einschnitt in ihr Leben begreifen, auch wenn der Blick auf das „danach" zeigt, dass weitere Hilfen und Interventionen auf ähnlich hohem Niveau bleiben und sich weiterhin Lebensstationen aneinanderreihen bzw. häufig wechseln (vgl. dazu z. B. die Hilfeverläufe von Julia und Erik).

Es muss mindestens ein zweiter Aspekt hinzukommen, um Wirkungszusammenhänge zwischen pädagogischen Interventionen und biographischen Verlaufskurven (vgl. Schütze 1984) beschreiben zu können. Pädagogische Interventionen wie die Krisenintervention werden daran gemessen, ob sie einen positiven Einfluss auf den weiteren Lebensverlauf der jungen Menschen nehmen können. Mit Blick auf die vier vorgestellten Gruppierungen kann man zu dem Schluss gelangen, dass die Krisenintervention dann erfolgreich war, wenn im weiteren Verlauf die Interventionshäufigkeit und -dichte deutlich abnimmt.

In der Analyse des biographischen Fallmaterials ist jedoch deutlich geworden, dass die subjektiven Bewertungs- und Begründungsfiguren der jungen Menschen in diesem Kontext nicht außer Acht gelassen werden können. Es konnten Fallverläufe rekonstruiert werden, die in der „äußeren" Betrachtungsweise als gescheitert angesehen werden müssen, obwohl die Jugendlichen selbst ihren Hilfeverlauf als durchaus erfolgreich bewertet haben. Verstehen lässt sich dieses Phänomen über die Selbstwirksamkeitserfahrungen der jungen Menschen. Sie erleben sich selbst im Laufe ihres Heranwachsens handlungsfähig und beschreiben prägende Momente, in denen sie ihr Leben „in den Griff bekommen". In den Fallanalysen hat sich gezeigt, dass die Erfahrung von Selbstwirksamkeit nicht zwangsläufig an Unterstützungsleistungen der Jugendhilfe gekoppelt ist. Um Wirkungen pädagogischer Einflussnahme beschreiben zu können – so die Befunde dieser Langzeituntersuchung – braucht es neben objektiven Bewertungsaspekten auch den Blick auf die subjektiven Erlebens- und Erfahrungsräume der Adressaten.

Eine neue Hilfemaßnahme bedeutet keinen Neuanfang – Fachkräfte der Jugendhilfe müssen sich für das „Davor" und „Danach" interessieren. Auch wenn sich die Lebensverläufe der Jugendlichen ähneln, unterscheiden sich ihre Lebensgeschichten jedoch deutlich voneinander. Jeder junge Mensch bringt seine individuellen Erfahrungen und Erwartungen in die Maßnahmen ein. Die Jugendhilfe und deren professionelle Helfer müssen sich für die Geschichten der jungen Menschen und ihre Erfahrungen interessieren, die Lebensthemen der Jugendlichen verstehen und ihre Verhaltensweisen entschlüsseln. Gerade bei den zuständigen Jugendämtern bleibt es meist aufgrund von häufigen Zuständigkeitswechseln bei einer Aufzählung der bisherigen Interventionen und Hilfen, ohne sich die Bedeutung für die jungen Menschen zu erschließen.

Ein Ausschnitt aus der Lebens- und Hilfegeschichte reicht mit Blick auf die eigene Zuständigkeit nicht aus, um Wirkungen beschreiben zu können. Jugendhilfe muss sich dafür interessieren, wie die jungen Menschen zu dem geworden sind, wie sie sind und sie muss sich damit beschäftigen, wie sie werden sollen. Der Beginn einer neuen Maßnahme bedeutet für junge Menschen keinen Neuanfang, in dem plötzlich alles anders und gut wird – auch wenn sich das alle Beteiligten wünschen.

Wirkungen können sich erst Jahre nach Interventionen einstellen. Wie bereits beschrieben, macht sich das KRIZ u.a. zum Ziel, eine Entschleunigung sowohl in als auch nach der Maßnahme zu erwirken. Perspektiven sollen in Ruhe an den Bedürfnissen orientiert und unter Beteiligung der Jugendlichen entwickelt werden. An den Interventionsprofilen und an den subjektiven Bewertungen der Jugendlichen wird deutlich, dass die Entschleunigung kaum etwas über die Wirkung der Maßnahme aussagt. Sie stellt folglich kein angemessenes Kriterium dar, um Wirkungen geschlossener Unterbringung zu beschreiben.

Der zeitliche Aspekt stellt eine grundsätzliche Bedingung von Wirkungszusammenhängen dar. Versuche pädagogischer Einflussnahme können kaum in einem zeitlichen Rahmen bestimmt werden. Ein Jugendlicher beschreibt beispielsweise, dass er erst später die Handlungen der für ihn zuständigen Pädagogen verstehen und zu einem gewissen Teil auch schätzen lernen konnte.

4.3.3 Wie bewähren sich die jungen Menschen nach der Krisenintervention?

Im Folgenden steht die Bewährung der jungen Menschen im Mittelpunkt der Betrachtung. Ähnlich wie in der Bewährungsstudie von Pongratz und Hübner (vgl. Pongrat/Hübner 1959) wird für die drei Kategorien Aufenthaltsort, Schule bzw. Berufsausbildung und Straffälligkeit ein Bewährungspunktesystem entwickelt. Diese drei Bewährungskriterien nehmen u. a. die gesellschaftlichen Anforderungen an junge Erwachsene in den Blick. Damit ist u. E. jedoch noch nicht hinreichend beschrieben, wie sich Bewährungserfolg oder -misserfolg erklärt. Dafür braucht es mindestens die subjektive Perspektive der jungen Menschen, um mögliche Motive und Anlässe in den Biographien der Heranwachsenden herausarbeiten und analysieren zu können. Ein Bewährungserfolg oder -misserfolg (als Blick von außen) sagt wenig über das subjektive Erfolgserleben der jungen Menschen aus.

In anderen Studien zur Evaluation erzieherischer Hilfen (vgl. z. B. JULE-Studie, BMFSFJ 1998) wird darauf hingewiesen, *„dass die Adressatinnen […] der untersuchten Hilfen sich deutlich von der gleichaltrigen Gesamtbevölkerung hinsichtlich der Bildungssituation und der familiären Herkunft [unterscheiden]. […] Junge Menschen in erzieherischen Hilfen stammen […] zu einem großen Teil aus armen, bildungsbenachteiligten und mehrfach belasteten Bevölkerungsteilen."* (ebd., 22)

Bereits in Kapitel 4.1 wurde gezeigt, dass Kinder und Jugendliche mit besonders belastenden biographischen Erfahrungen in die Krisenintervention kommen. Hinzu kommt, dass die aus den Erfahrungen resultierenden auffälligen Verhaltensweisen eine soziale Integration oft zusätzlich erschweren. Die Jugendlichen müssen beispielsweise aufgrund hoher Fehlzeiten und schlechten Leistungen die Schule wechseln oder sind aufgrund von dissozialen Verhaltensweisen nicht mehr tragbar. Die schwierige und problembehafte-

te Ausgangssituation der jungen Menschen, die durch auffällige Verhaltensweisen oft potenziert wird, muss daher bei der Bewertung der Lebensverläufe
mit berücksichtigt werden. Aus diesem Grund werden die einzelnen Optionen der Bewährungskriterien aus dem verwendeten Material heraus entwickelt.

Wolf (2002) weist darauf hin, dass Anforderungen an die Selbstständigkeit der Jugendlichen, die in Heimerziehung oder sonstigen betreuten Wohnformen leben, an gesetzlichen Bestimmungen und Vorgaben des SGB VIII
geknüpft sind. Mit dem Erreichen der Volljährigkeit oder spätestens im Alter von 21 Jahren werden keine weiteren Hilfen gewährt. Bis dahin sollen
die jungen Menschen selbstständig und möglichst unabhängig von den Eltern leben. Diese Erwartung wird vor allem in den Interviews mit den Jugendamtsmitarbeitern deutlich (vgl. dazu Kapitel 5.2).

Die Anforderungen an die Selbstständigkeit junger Menschen sind daher
meist höher als an Gleichaltrige, die in ihren Familien aufwachsen und aufgrund von verlängerten Schul- und Ausbildungszeiten (vgl. Hurrelmann
2007) meist auch länger zu Hause wohnen oder zumindest von den Eltern
finanziell abhängig bleiben. Neben der Ausgangssituation ist folglich ebenfalls von Bedeutung, dass an Jugendliche, die Adressaten der Jugendhilfe
sind, andere Erwartungen gestellt werden als an ihre Altersgenossen, die in
Familien aufwachsen.

Das Auswertungsverfahren

Im Folgenden werden die drei Bewährungskriterien vorgestellt und die
Punktvergabe für die einzelnen Optionen eingeführt und begründet.

Sozialbewährung. Die Kriterien für eine soziale Bewährung werden anhand von Anforderungen an die Selbstständigkeit, die Notwendigkeit der
Rücksichtnahme auf andere Menschen und den gesellschaftlichen Anforderungen an ein ‚normales' Leben gemessen. Der Lebens- oder Aufenthaltsort
ist dabei nur eine Facette von Sozialbewährung, die Beziehungsgestaltung zu
anderen Menschen ist ebenfalls ein Bestandteil unseres Verständnisses von
Sozialbewährung. Dieser Aspekt kann an dieser Stelle aufgrund der unterschiedlichen Informationsdichte zu den einzelnen jungen Menschen jedoch
nicht mit in die Analyse einbezogen werden.

Aus dem empirischen Material können fünf unterschiedliche Lebensorte
und Wohnformen der befragten Jugendlichen herausgearbeitet werden, denen Punktwerte von null bis vier zugeordnet werden.

Punktevergabe Sozialbewährung	Punkte
eigene Wohnung, Wohngemeinschaft	4
eigene Wohnung + ambulante Betreuung	3
Herkunftsfamilie	2
Wohngruppe für behinderte Menschen, stationäre Jugendhilfemaßnahmen	1
ohne festen Wohnsitz, JVA	0

Das Leben in einer eigenen Wohnung oder in einer Wohngemeinschaft wird dabei mit der Höchstpunktzahl bewertet. Die höhere Eigenverantwortung in einer eigenen Wohnung wird durch die Anforderungen an die Rücksichtnahme auf andere, die ebenfalls in der Wohngemeinschaft leben, ausgeglichen.

Wird die Eigenständigkeit durch ambulante Betreuungsmaßnahmen der Jugendhilfe unterstützt, werden drei Punkte für das Kriterium der Sozialbewährung vergeben.

An Adressaten von Jugendhilfemaßnahmen wird die Anforderung gestellt, sich möglichst früh zu Verselbstständigen und in Unabhängigkeit vom elterlichen Haushalt zu leben (vgl. dazu Wolf 2002). Leben die jungen Menschen im elterlichen Haushalt, sind die Anforderungen an die Selbstversorgung und die Eigenverantwortung als eher gering einzuschätzen. Ein Zusammenleben mit den Eltern und der Familie war allerdings zu der Zeit vor der Krisenintervention meist aufgrund von dauerhaften immer wieder aufkeimenden Konflikten nicht längerfristig möglich. Aus diesem Grund werden für das Leben in der Herkunftsfamilie zwei Punkte vergeben.

Für stationäre Jugendhilfemaßnahmen oder die Unterbringung in einer Wohngruppe für behinderte Menschen wird ein Punkt vergeben, da das Maß an Eigenverantwortung und die Anforderungen an ein selbstständiges Leben relativ gering sind. Es findet eine Betreuung statt, die das Zusammenleben der dort lebenden Menschen strukturiert und koordiniert. Um die alltagspraktische Versorgung, um die Einteilung von Geld und die Essensversorgung müssen sich die jungen Menschen meist nur zum Teil kümmern.

Das Leben auf der Straße erfordert zwar ein hohes Maß an Selbstorganisation, entspricht jedoch nicht den gesellschaftlichen Erwartungen, um die es in diesem Zugang gehen soll. Daher werden hierfür keine Punkte vergeben. Die durch die Verurteilung zu einer Jugendstrafe erforderliche Unterbringung in einer Justizvollzuganstalt wird ebenfalls mit null Punkten bewertet. Sie entspricht nicht den gesellschaftlichen Erwartungen. Ein Zusammenleben mit anderen Menschen ist durch den Haftalltag nur begrenzt und sehr streng kontrolliert möglich. Die Alltagsgestaltung ist eng strukturiert und vorgegeben. Eigenverantwortliches Handeln wird so kaum möglich.

Arbeitsbewährung. Für die Selbstständigkeit und Selbstversorgung der jungen Menschen ist es ebenfalls von Bedeutung, ob sie einen Schulabschluss haben und/oder einer beruflichen Tätigkeit nachgehen und somit auf dem Arbeitsmarkt bestehen können. Im ausgewerteten Material können fünf unterschiedliche Konstellationen im Bezug auf Arbeitsbewährung gefunden werden.

Abb. 20: Tabellarische Übersicht zur Punktevergabe „Arbeitsbewährung"

Punktevergabe Arbeitsbewährung	Punkte
Realschulabschluss und Beginn einer Ausbildung	4
Hauptschulabschluss	3
Nachholen des Hauptschulabschlusses	2
Ausüben einer (beruflichen) Tätigkeit	1
ohne berufliche Perspektive	0

Der Erwerb eines Schulabschlusses stellt für die (berufliche) Zukunftsperspektive eine bedeutende Ausgangsbasis für die Selbstversorgung dar und ist somit für die Punktevergabe ein wesentliches Kriterium. Die Höchstpunktzahl wird für das Absolvieren des Realschulabschlusses und den Beginn einer Ausbildung vergeben. Für den Hauptschulabschluss werden drei Punkte vergeben. Sind die jungen Menschen im Begriff den Hauptschulabschluss nachzuholen, werden zwei Punkte vergeben. Für berufliche Maßnahmen, die meist im Auftrag der ARGE ausgeführt werden, wird ein Punkt vergeben. Sind die jungen Menschen ohne berufliche/schulische Perspektiven bzw. werden viele Beschulungsversuchen und Berufsmaßnahmen abgebrochen, werden null Punkte vergeben.

Legalbewährung. Für das Kriterium der Legalbewährung wurde bei der Punktevergabe berücksichtigt, wie häufig junge Menschen Straftaten begehen, wie intensiv die Strafmaßnahmen sind, inwiefern diese stationär oder ambulant erfolgen und welche Konsequenzen die Straftaten für das weitere Leben der Heranwachsenden haben. Sind die jungen Menschen nicht straffällig geworden, erreichen sie die volle Punktzahl, für die Verurteilung zu einer Jugendstrafe werden keine Punkte vergeben.

Die befragten Jugendlichen sind meist wiederholt straffällig, haben ihre Bewährungsauflagen nicht eingehalten und daher zu einer Haftstrafe verurteilt worden.

Abb. 21: Tabellarische Übersicht zur Punktevergabe „Legalbewährung"

Punktevergabe Legalbewährung	Punkte
nicht straffällig geworden	4
einmal straffällig geworden (ambulante Strafmaßnahme)	3
wiederholt straffällig geworden (ambulante Strafmaßnahme)	2
wiederholt straffällig geworden (Jugendarrest, Maßregelvollzug)	1
(wiederholt) straffällig geworden (Jugendstrafe)	0

Einzelne Analyseschritte – Wie wurde die Bewährung untersucht?

Jedem Einzelfall wurden für alle drei Bewährungskategorien Punkte zugeordnet, insgesamt können maximal 12 Punkte erreicht werden. Um Vergleichsmöglichkeiten zu schaffen, wurden einzelne Bewährungsstufen gebildet:

• Erreichen die Jugendlichen in allen drei Bereichen keinen Punkt, erlangen sie keine Bewährungsstufe.
• Bei einem bis vier Punkten wird die Bewährung als gering eingeschätzt. In der Auswertung zeigt sich, dass in ein bis zwei Kategorien in einzelnen Fällen keine Punkte erreicht werden.
• Junge Menschen die insgesamt fünf bis acht Punkte erreichen, werden der mittleren Bewährungsstufe zugeteilt. In mindestens zwei Kategorien müssen folglich Punkte erreicht werden.
• Um eine hohe Bewährungsstufe zu erlangen, müssen neun bis zwölf Punkte erreicht werden. In allen drei Bewährungsbereichen müssen Punkte erlangt werden, damit die jungen Menschen dieser Stufe zugeordnet werden können.

Um die Vorgehensweise zu verdeutlichen, wird in der folgenden Tabelle die Punktevergabe und Einteilung in die entsprechende Bewährungsstufe exemplarisch dargestellt.

Abb. 22: Exemplarische Übersicht zur Punktevergabe und Einordnung in die Bewährungsstufen

Einzelfall	Sozialbewährung	Arbeitsbewährung	Legalbewährung	Punktezahl
	Der Jugendliche lebt in seiner eigene Wohnung, in der Nähe seiner ehemaligen Pflegeeltern.	Nach sechs Monaten Jugendstrafe nimmt der Jugendliche an eine Wiedereingliederungsmaßnahme teil.	Er hält seine Bewährungszeit nicht durch, begeht erneut Diebstahl und wird beim Graffiti sprühen erwischt. Er wird zu 6 Monaten Jugendstrafe verurteilt.	
	4 Punkte	1 Punkt	0 Punkte	5 Punkte → mittlere Bewährungsstufe

Die Befunde der Auswertung – Wie bewähren sich die Jugendlichen?

Insgesamt lässt sich feststellen, dass sich die meisten jungen Menschen in der mittleren Bewährungsstufe einordnen lassen (38%). Jeweils 24% erreichen eine geringe bzw. hohe Bewährungsstufe. Nur 14% der jungen Menschen können keiner Bewährungsstufe zugeordnet werden, da sie keines der Kriterien erfüllen konnten. Ein Großteil (62%) der jungen Menschen bewähren sich nach der Unterbringung in der Krisenintervention.

Abb. 23: Gesamtübersicht zur Verteilung der Bewährungsstufen

115

Bei einem Blick auf die Punkteverteilung innerhalb der einzelnen Kriterien fällt auf, dass über die Hälfte der jungen Menschen (57 %) zum Erhebungszeitpunkt ohne berufliche Perspektiven sind. Der Erwerb eines Schulabschlusses und die Integration ins Arbeits- und Berufsleben scheint die größte Hürde darzustellen. Einige junge Menschen berichten von den Schwierigkeiten, mit ihrer „Vorgeschichte" überhaupt in Schulen aufgenommen zu werden. Ein Jugendlicher berichtet davon, dass er nur durch die Unterstützung einer Lehrerin trotz seiner viel zu hohen Fehlzeiten in der Schule bleiben konnte.

Der weitere Schulverlauf scheint auch davon abzuhängen, inwiefern junge Menschen weitere Chancen und Unterstützung von Personen erhalten, die sich für sie einsetzen. Einige der Befragten bereuen ihren vor Jahren getroffenen Entschluss, die Schule „geschmissen" oder ständig geschwänzt zu haben. Den verpassten Lernstoff später nachzuholen, erfordert viel Geduld und Disziplin, die oft schwer aufzubringen erscheint.

43 % der jungen Menschen erreichen im Kriterium Legalbewährung die volle Punktzahl, davon sind 88 % weiblich. Junge Frauen werden demzufolge seltener straffällig als junge Männer.

Geschlechtsspezifische Unterschiede innerhalb der Bewährungskriterien

Insgesamt fällt auf, dass sich die in die Untersuchung einbezogenen jungen Frauen insgesamt besser bewähren als die jungen Männer. Die jungen Frauen schneiden mit durchschnittlich 6,3 und die jungen Männer mit durchschnittlich 4,2 Punkten ab. Mit dem Blick auf die einzelnen drei Kriterien fällt vor allem der bereits erwähnte Unterschied innerhalb der Legalbewährung auf. Insgesamt 80 % der Mädchen werden nach dem KRIZ nicht bzw. nicht mehr straffällig. Die restlichen 20 % werden für eine oder mehrere Straftaten zu ambulanten Strafmaßnahmen verurteilt. Bei fünf der zehn Mädchen waren Straftaten (z. B. Diebstahl oder Körperverletzung) beziehungsweise Fremdgefährdung ein Unterbringungsgrund (u. a.) für die Kriseninterventionen. Vier dieser jungen Frauen begehen nach der geschlossenen Unterbringung keine Straftaten mehr. Nur eines der fünf Mädchen, die hauptsächlich aufgrund von Selbstverletzung oder Entweichen geschlossen untergebracht wird, begeht nach dem KRIZ eine Straftat. Die zehn jungen Männer, die auch nach dem KRIZ Straftaten begehen, sind bereits vorher bei der Polizei auffällig. Drei dieser zehn Jungen sind zum Beginn der Unterbringung im KRIZ jedoch noch nicht strafmündig. Die geschlossene Unterbringung scheint hier als die einzige Möglichkeit gesehen zu werden, um sehr frühem delinquenten Verhalten entgegenzuwirken. Lediglich ein Jugendlicher ist weder vor noch nach dem KRIZ straffällig geworden.

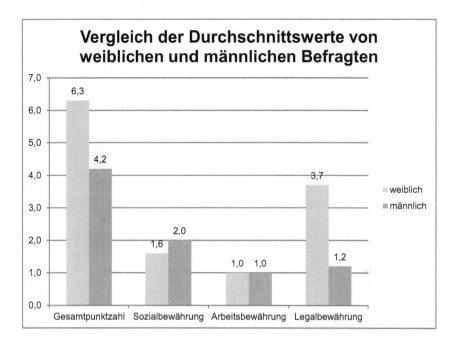

Es wird deutlich, dass in vielen Fällen für Mädchen andere Unterbringungsgründe gelten als für Jungen. Mädchen werden vorwiegend aufgrund von selbstgefährdenden Verhaltensweisen und Jungen aufgrund von fremdgefährdenden Verhaltensweisen (zu denen Straffälligkeit und aggressive Verhaltensweisen gehören) geschlossen untergebracht. Die Erkenntnisse anderer Studien zur geschlossenen Unterbringung bezüglich geschlechtstypischer Indikationsstellungen bestätigen dies (vgl. Hoops/Permien 2006; Pankofer 1997; Wolffersdorf/Sprau-Kuhlen 1996). Da die Unterbringungsgründe und Voraussetzungen für eine geschlossene Unterbringung vom Geschlecht abhängig sind, erstaunt es nicht, dass sich Jungen und Mädchen nach der Krisenintervention gerade bezüglich des Kriteriums Legalbewährung unterschiedlich entwickeln. Mädchen bewältigen ihre Probleme sowohl vor als auch nach der Krisenintervention eher durch innere Verarbeitung (Selbstverletzungen, Drogenkonsum, Entweichung), männliche Adressaten der Krisenintervention eher durch äußere Problembewältigung (Gewalttätigkeit, Straffälligkeit) (vgl. Hannich 2008).

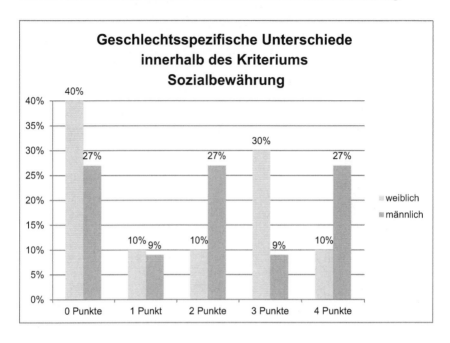

Innerhalb des Kriteriums der Sozialbewährung schneiden die jungen Männer besser ab. Wie in Abbildung 25 deutlich wird, leben 27 % der jungen Männer in einer eigenen Wohnung, bei den Mädchen sind es nur 10 %. Alle, die in einer eigenen Wohnung leben, wohnen jedoch im selben Ort manchmal sogar in derselben Straße wie die Herkunftsfamilie oder ehemalige Pflegefamilie und können von diesen Unterstützung im alltagspraktischen Bereich erwarten. 27 % der jungen Männer kehren nach der Unterbringung in der Krisenintervention im Laufe der Zeit zu ihrer Herkunftsfamilie zurück. In allen Fällen scheint es jedoch keine bewusste Entscheidung zu sein, dort wieder leben zu wollen. Vielmehr scheint es für zwei der jungen Männer eine bequeme und komfortable Lösung, im anderen Fall eine Übergangslösung zu sein, bis ein Job gefunden wird.

Sabine Pankofer (1997) stellt in ihrer Untersuchung zu geschlossenen Heimen fest, dass sich Mädchen nach der Krisenintervention eher darauf konzentrieren, eine eigene Familie und Partnerbeziehungen zu gründen und nicht in ihre Herkunftsfamilien zurückzukehren. Diese Tendenz zeigt sich auch in dieser Untersuchung: Insgesamt drei Mädchen haben bereits ein Kind und gründen eine eigene Familie, keines der Mädchen kehrt nach der Krisenintervention in die Herkunftsfamilie zurück. In den Interviews wird deutlich, dass die Familie für die Mädchen eine bedeutende Rolle spielt und die Beziehung zu den Eltern in den Interviews oft thematisiert wird. Für 80 % der Mädchen scheint ihr ehemaliges zu Hause jedoch kein geeigneter Lebensort zu sein.

Abb. 26: Geschlechtsspezifische Unterschiede in der „Arbeitsbewährung"

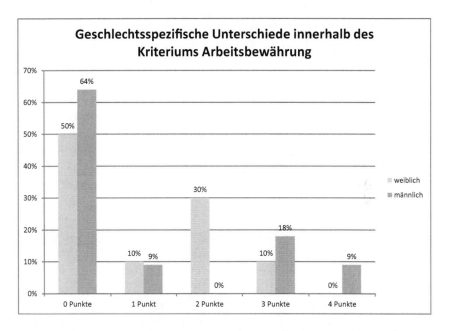

In der Untersuchung zu gesellschaftlichen Anforderungen an junge Menschen nach einer geschlossenen Unterbringung (vgl. Hannich 2008) wurde in der Interviewanalyse der männlichen Jugendlichen deutlich, dass der Erwerb eines Schulabschlusses und der Einstieg ins Erwerbsleben jungen Männern wichtiger zu sein scheint als den jungen Frauen. Vergleicht man dies mit den tatsächlichen Resultaten in dem Kriterium der Arbeitsbewährung, lässt sich feststellen, dass bei den jungen Männern zwei Tendenzen zu erkennen sind: 36 % der jungen Männer bemühen sich um einen Einstieg ins Erwerbsleben, 27 % können einen Schulabschluss vorweisen. 64 % der männlichen Jugendlichen scheinen sich jedoch zumindest vordergründig keine Gedanken über ihre Zukunft zu machen. Sie betonen in den Interviews, dass für sie im Moment nur die Gegenwart zählt. Ein Jugendlicher lässt sich sogar als berufsunfähig erklären, um eine offizielle Legitimation zu erhalten.

Bei den jungen Frauen sind 50 % zu diesem Zeitpunkt ohne berufliche Perspektive. Zwei junge Frauen sind Mutter geworden und können sich nur begrenzt um ihre berufliche Ausbildung kümmern. Bei den verbleibenden jungen Mädchen scheint es eher die Ruhelosigkeit als das Ausruhen zu sein, die es verhindert, eine Schule zu besuchen. Auch für die jungen Frauen, die einen Hauptschulabschluss besitzen, ist es schwierig, einen Ausbildungsplatz zu finden, der ihren Interessen entspricht. Für manche Berufswünsche sind höhere Schulabschlüsse vonnöten oder das Finden eines Ausbildungsplatzes wird durch einen Eintrag ins Bundeszentralregister erschwert.

Alle Mädchen erreichen eine Bewährungsstufe. Das lässt sich zum einen mit einem Blick in die individuellen Lebensgeschichten erklären, zum anderen deutet sich hier eine geschlechterdifferenzierte Sanktionierung von auffälligem Verhalten an (vgl. z.B. Pankofer 1997). Dass sich die jungen Frauen insgesamt deutlich besser bewähren (durchschnittliche Punktzahl 6,3 bei den männlichen Befragten 4,3), kann mit den Erfolgen im Bereich Legalbewährung begründet werden. Zu Bedenken bleibt hier jedoch, dass die Hälfte der Mädchen bereits vor der Krisenintervention nicht strafffällig oder durch kriminelle Delikte auffällig geworden sind. Ihr Bewährungserfolg kann nicht als Ertrag der geschlossenen Unterbringung gedeutet werden. Doch auch diejenigen Mädchen, die vor der Unterbringung als unberechenbar, aggressiv und gewalttätig galten und dadurch einige Strafanzeigen erhielten, verhalten sich nach der Krisenintervention erstaunlich unauffällig.

Der Wunsch, erfolgreich in der Arbeitswelt zu sein, konnte in einer Interviewanalyse zu gesellschaftlichen Erwartungen an Jugendliche nach einer geschlossenen Unterbringung besonders bei den männlichen Jugendlichen herausgearbeitet werden. Ein möglicher Erklärungsansatz kann sein, dass Jungen den traditionellen Rollenvorstellungen (der Mann als Ernährer, der Mann, der Karriere macht) gerecht werden wollen (vgl. hierzu Hannich 2008).

Sowohl für Mädchen als auch für Jungen scheint die Integration in Berufs- und Arbeitsleben besonders schwer und problematisch zu sein. Ihre Biographien sind durch Brüche und Wechsel von Lebens- und Lernorten geprägt. Ein kontinuierlicher Schulbesuch war meist kaum möglich. Einige junge Menschen haben mit Vorurteilen aufgrund ihrer bewegten Vergangenheit zu kämpfen und werden in einigen Schulen und Weiterbildungseinrichtungen nicht aufgenommen. Sowohl Jungen als auch Mädchen beschreiben, dass sie nach Absolvieren des Hauptschulabschlusses nur begrenzten Zugang zum Arbeitsmarkt haben.

Hängt die Bewährung mit dem Alter zusammen?

Zwei Fragen standen hier im Vordergrund: Bewähren sich die jungen Menschen mit zunehmendem Alter schlechter, da sie beispielsweise für Straftaten härter sanktioniert werden? Oder bewähren sich die jungen Menschen umso besser je älter sie werden?

Die Bewährung scheint altersunabhängig zu sein. Es lassen sich keine Tendenzen erkennen, dass sich entweder die „jüngeren" oder die „älteren" Jugendlichen besonders gut oder schlecht bewähren. Vielmehr scheinen sich zwei Gruppen zu bilden und zwar die Jugendlichen, die den gesellschaftlichen Erwartungen entsprechen und diejenigen, die dies nicht tun. Was letzen Endes zu einem Bewährungserfolg oder -misserfolg führt, lässt sich nur durch einen Blick in die individuellen Lebensgeschichten der jungen Menschen beantworten.

Gründe für einen Bewährungserfolg oder Misserfolg
(1) Junge Menschen, die eine hohe Bewährungsstufe erreichen – Die Jugendhilfe als Lern-Ort. Insgesamt fünf von 21 jungen Menschen können hier zugeordnet werden. Die jungen Frauen und Männer können auf allen drei Bewährungsdimensionen zumindest Teilerfolge für sich verzeichnen. Ermöglicht wurde ein Bewährungserfolg dadurch, dass die jungen Menschen etwas in Jugendhilfeeinrichtungen (dazu) lernen konnten. Sie lernen, mit Konflikten besser umzugehen, für ihre Ziele einzustehen und für sich zu sorgen und durch Kontinuität von Bezugspersonen Selbstvertrauen und Selbstwert aufzubauen. Diese jungen Menschen können ihre Hilfegeschichte einen Sinn zuschreiben. Handlungen und Vorgehensweisen der Pädagogen können zumindest im Nachhinein verstanden und teilweise auch als sinnvoll erachtet werden.

Die jungen Menschen blicken meist wohlwollend auf ihr bisheriges Leben zurück und akzeptieren sowohl die positiven als auch die negativen Seiten. Kennzeichnend für diese Gruppe ist ebenfalls der eisernen Wille einiger Jugendlichen, trotz widriger Umstände ihre Interessen durchzusetzen. Der Blick auf individuelle Lebenssituationen kann dies verdeutlichen:

Erik kann erfolgreich für sich selbst sorgen: Erik hat während der Zeit in der geschlossenen Unterbringung gelernt, dass es ihm gelingt, für sich zu sorgen. Er kommt nach seinem ersten Aufenthalt auf eigene Initiative ins KRIZ zurück. Sowohl die zuständige Jugendamtsmitarbeiterin als auch die Betreuer in der Krisenintervention lassen sich überzeugen, dass er den eng strukturierten Kontext der Einrichtung für sich braucht. In der Folgezeit kann Erik seine Auflage, drogenfrei zu bleiben, nicht einhalten und muss aus diesem Grund zwei Mal in den Jugendarrest. Auch nach diesen Maßnahmen bleibt sein „Hang zu Drogen" weiterhin bestehen. Allerdings begibt er sich in Therapie. Den ersten Versuch bricht er nach kurzer Zeit ab. Beim zweiten Versuch hält er jedoch durch. Zu dieser Zeit hat Erik gerade mit seiner beruflichen Ausbildung begonnen. Er trifft mit seinem Ausbildungsleiter die Vereinbarung, nach der Therapie zurückkehren zu können und seine Ausbildung zu beenden. Der Ausbildungsleiter hält sein Wort und Erik bekommt eine zweite Chance. Auch hier macht er die Erfahrung, für sich sorgen und sich auf sein Gegenüber verlassen zu können.

Gaby kann nach der geschlossenen Unterbringung dauerhaft in derselben Einrichtung bleiben und Selbstvertrauen und Selbstständigkeit entwickeln: Gaby kann nach der Krisenintervention in derselben Einrichtung leben. Auch nach dem Abbruch einer stationären Therapie kann sie dorthin zurückkehren. Diese Verselbstständigungsgruppe wird ein fester Bestandteil in ihrem Leben. Gaby kann sich hier Stück für Stück ihre Selbstständigkeit erarbeiten und bei Schwierigkeiten Unterstützung erfahren. Gaby wird aktuell ambulant betreut. Ihre Wohnung mietet sie inzwischen selbst an, was die junge Frau mit Stolz erfüllt. Ihren Schulabschluss holt sie in einer Abendschule nach.

Julia fühlt sich in der Folgeeinrichtung nach der Krisenintervention (kurzzeitig) zu Hause: Zumindest für eine gewisse Zeit kann Julia in der Folgeeinrichtung einen Ort finden, an dem sie sich zu Hause fühlt und bleiben kann. Sie beschreibt, dass sie dort gelernt hat, mit Konflikten besser umzugehen und zunehmend Ideen entwickelt, wie sie Frust und Ärger abbauen kann ohne abhauen zu müssen. In dieser Zeit gelingt es ihr, den Hauptschulabschluss zu absolvieren. Für ihre vor der geschlossenen Unterbringung begangen Diebstähle schämt sie sich und kann sich kaum mehr vorstellen, kriminelle Delikte zu begehen. Gründe hierfür sieht sie darin, dass ihr vor allem die Krisenintervention klare Grenzen gesetzt hat und sie einsieht dass sie „Scheiße gebaut" hat.

Klara hat einen eisernem Willen und die Hoffnung ihre Tochter zurückzubekommen: Klara fühlt sich alleine und im Stich gelassen. Von ihrem Vormund erhält sie keine eindeutigen Aussagen, auf die sie sich verlassen kann. Die junge Frau möchte ihre kleine Tochter zurückbekommen, die momentan in einer Pflegefamilie untergebracht ist. Die Bedingungen, die ihr das Jugendamt und ihr Vormund gestellt haben, um das Mädchen zurückzubekommen, hat sie – aus ihrer eigenen Perspektive heraus – erfüllt. Sie lebt in einer eigenen Wohnung, macht einen Drogenentzug und holt ihren Schulabschluss nach. Sie wird jedoch immer wieder vertröstet und weitere Bedingungen werden gestellt. Trotz dieser schwierigen Situation will sie nicht aufgeben und sich für ihre Tochter einsetzen.

Paul kann seiner Lebens- und Hilfegeschichte einen Sinn verleihen und auf „bewährte" Unterstützung zurückgreifen: Paul kann im Nachhinein die Handlungen einiger Pädagogen verstehen. Er möchte nun selbst Erzieher werden, da er durch seine Erfahrungen mit der Jugendhilfe Kindern und Jugendlichen etwas mitgeben und sich in sie hineinversetzen kann. In seiner zuständigen Jugendamtsmitarbeiterin sieht er immer noch eine Unterstützung, obwohl er nicht mehr offiziell vom Jugendamt betreut wird. Sie hat ihm, nachdem er die Hauptschule erfolgreich abgeschlossen hat und in ein „Loch gefallen" ist, ans Arbeitsamt vermittelt und ihn darin bestärkt, seine schulische Laufbahn fortzusetzen. Pauls weiterer Lebensverlauf nach der geschlossenen Unterbringung bleibt von Höhen und Tiefen gekennzeichnet. Zum Zeitpunkt des letzten Interviews ist der Kontakt zu seiner Mutter weitgehend abgebrochen.

(2) Junge Menschen, die eine mittlere Bewährungsstufe erreichen – Die Jugendhilfe als Unterstützer oder als „Glücksspiel"? Acht junge Menschen können dieser Gruppe zugeordnet werden. Diese Jugendlichen erreichen mindestens auf zwei Bewährungsebenen Teilerfolge. Hier können zwei wesentliche Gründe für den Erfolg herausgearbeitet werden: Die jungen Menschen werden entweder im Herkunfts- oder im Hilfesystem ernst genommen und erfahren Unterstützung oder sie hatten bisher Glück, das ihnen professioneller Helfer und Jugendrichter wohlwollend gegenüber standen.

Anni macht eine neue Erfahrung. Sie wird mit ihrer Geschichte ernst genommen: Anni erlebt in der geschlossenen Unterbringung zum ersten Mal, dass ihr geglaubt und sie ernst genommen wird. Anni wurde von ihrem Vater sexuell missbraucht, ihre Glaubwürdigkeit wurde jedoch immer angezweifelt. Mit der neu gewonnenen Sicherheit fasst sie den Mut und zeigt ihren Stiefvater an, der auch ihre Stiefgeschwister sexuell missbraucht haben soll. Dieser wird daraufhin verurteilt. Anni entscheidet sich für die Anzeige gegen den Willen ihrer Mutter, was das Konfliktpotenzial dieser Beziehung erneut potenziert. Die fehlende Anerkennung von ihrer Mutter sucht Anni bei Freunden aus der Punk-Szene. In der Krisenintervention hat sie gelernt zu argumentieren. Sie hat für sich einen Weg gefunden, ihre Interessen und Anliegen ohne Gewalt zum Ausdruck zu bringen und sich damit Gehör zu verschaffen. Eine Eigenschaft, die ihre Freunde sehr an ihr schätzen.

Grit und ihre Mutter finden wieder zueinander. Grits Mutter kümmert sich und unterstützt ihre Tochter: Durch Grits Schwangerschaft erfährt sie von ihrer Mutter Unterstützung. Sie setzt sich dafür ein, dass Grit ihr Kind behalten kann und bietet ihr in ihrer Nähe eine Wohnung an. Die Maßnahmen der Jugendhilfe erlebte Grit immer als gegen sie gerichtet. Sie erkennt keinen Nutzen in den Hilfsangeboten. Ihr einziges Ziel war es immer, so schnell wie möglich aus den Maßnahmen herauszukommen und in eine eigene Wohnung zu ziehen.

Karsten kann über das Ende der Jugendhilfe hinaus eine tragfähige Beziehung aufbauen und die Erfahrung machen, dass er nicht im Stich gelassen wird: Karsten lebt nach geschlossenen Unterbringung und einem kurzen Aufenthalt in einer stationären Wohngruppe in einer Pflegefamilie. Dort kann er eine tragfähige Beziehung zu seiner Pflegemutter aufbauen. Er kann ihre Ratschläge und Regeln zur Gestaltung der Beziehung zu seiner leiblichen Mutter annehmen und zunehmend ein geklärtes Verhältnis zu ihr aufbauen. Nach seiner sechsmonatigen Jugendstrafe – zu der er verurteilt wurde, weil er seine Bewährungsauflagen nicht eingehalten hat und beim Graffiti sprühen erwischt wurde – kehrt er zunächst zu seiner Mutter zurück. Nach kurzer Zeit stellt er fest, dass er dort nicht bleiben kann, da er befürchtet, erneut „Scheiße zu bauen". Daraufhin wendet er sich an seine „ehemalige" Pflegemutter. Diese hilft ihm, in der Nähe der Pflegefamilie eine Wohnung zu finden und einzurichten.

Die Jugendhilfe hält Kontakt zu Maren und ermöglicht es ihr, Hilfe anzunehmen: Maren wurde insgesamt zweimal geschlossen untergebracht. Einmal in der Krisenintervention und einmal in einer weiteren Jugendhilfeeinrichtung. Ihre Erinnerung an die Zeit im KRIZ ist geprägt von ihren schlechten Erfahrungen mit den anderen Jugendlichen dort. Sie teilt mit, dass sie dort oft von diesen geschlagen wurde und aus diesem Grund über diese Zeit nicht mehr sprechen möchte. Nach ihrer zweiten geschlossenen Unterbringung ist Maren für die Jugendhilfe kaum noch erreichbar. Nach einer schweren Auseinandersetzung mit ihrer Mutter läuft sie von zu Hause weg und lebt auf der Straße. Durch eine niederschwellige und aufsuchende Hilfe wird versucht, den Kontakt zu Maren aufrechtzuerhalten. Bedingt durch ihre Schwangerschaft ist Maren schließlich bereit, zusammen mit dem Vater des Kindes in eine Eltern-Kind-Einrichtung zu ziehen.

Sven findet Unterstützung bei seiner Mutter: Sven lebt nach seiner Zeit in der Jugendstrafanstalt bei seiner Mutter. Er wurde zu 10 Monaten Jugendstrafe aufgrund von Drogenhandel verurteilt. In dieser Zeit holt er seinen Hauptschulabschluss nach. Die gesamten Maßnahmen der Jugendhilfe nimmt er als unangemessen war. Seiner Meinung nach wurden die Maßnahmen immer genau zu dem Zeitpunkt installiert, „wenn Zuhause mit meiner Mutter alles gut lief". Sven macht die Erfahrung, dass er aufgrund seiner Vorstrafe Schwierigkeiten hat, einen Ausbildungsplatz zu finden.

Für Tom wurde ein Ort gefunden, an dem er bleiben kann: Tom lebt nach der geschlossenen Unterbringung in einer Einrichtung für behinderte Menschen. Dort kann er trotz seiner immer wieder auftretenden Aggressionen bleiben. Er wird wohl sein gesamtes Leben auf Betreuung angewiesen sein.

Toni hatte bisher „Glück": Tonis Strafverfahren wurden während seinem Aufenthalt in einer Auslandsmaßnahme überwiegend eingestellt. Kurz nach seiner Rückkehr aus dieser Maßnahme zieht seine Mutter um. Toni möchte nicht mit umziehen und verbringt zunächst einige Nächte in einem Hotel, in dem er randaliert und das Zimmer sanierungsbedürftig hinterlässt. Daraufhin zieht er in eine eigene Wohnung und wird ambulant betreut. Es bleibt offen, wie Toni weiterhin mit seinen Aggressionen umgeht, und ob dadurch inzwischen neue Straftaten entstanden sind, für die er die Verantwortung und die daraus resultierenden Konsequenzen tragen muss.

Die Großeltern sind für Ulrike ein fester Bezugspunkt: Ulrike lebt seit der geschlossenen Unterbringung bei ihren Großeltern. Kurz nach ihrer Entlassung aus der Einrichtung stirbt die Mutter des Mädchens. Die Großeltern scheinen seither ein fester Bezugspunkt für sie zu sein. Die Krisenintervention hat ihr „etwas gebracht, da sie seither keine Scheiße mehr gebaut hat". Zum Zeitpunkt des letzten Kontaktes wollte sie damit beginnen, ihren Hauptschulabschluss nachzuholen.

(3) Jugendliche, die eine geringe Bewährungsstufe erreichen – Die Jugendhilfe erreicht ihre Adressaten nicht. Fünf junge Menschen können dieser Gruppe zugeordnet werden. Diese können kaum Bewährungserfolge für sich verbuchen. Die Entwicklung der Jugendlichen scheint zu stagnieren, entweder kehren sie zu ihren Eltern zurück und arrangieren sich mit diesen, oder sie sind ruhe- und rastlos auf der Suche nach einem Ort, an dem sie bleiben können und Unterstützung erhalten. Die bisherigen Maßnahmen der Hilfe- und Sanktionssysteme scheinen eher unverstanden zu bleiben und zeigen kaum Wirkung.

Ben und seine Eltern arrangieren sich miteinander: Ben hat sich geschäftsunfähig erklären lassen und versucht über die ARGE, eine eigene Wohnung finanziert zu bekommen. Er lebt bei seinen Eltern und scheint sich darum zu bemühen, mit möglichst geringem Aufwand durchs Leben zu kommen. Seine Eltern wirken resigniert und scheinen die Hoffnung, dass ihr Sohn selbstständig wird, aufgegeben zu haben.

Chris lebt nach dem Motto: „Wer nichts macht, macht auch nichts falsch." Chris kehrt nach einigen Versuchen in einer eigenen Wohnung und Wohngemeinschaft zu seiner Mutter zurück. Die Schule hat er nach mehrmaligen Versuchen abgebrochen. Es scheint, als sei Chris in sich erstarrt. Er lebt zu Hause bei seiner Mutter und achtet darauf, nicht mehr strafrechtlich in Erscheinung zu treten. Seine Mutter hat inzwischen resigniert. Beide sind der Meinung, dass die Jugendhilfe nichts geholfen hat und sie jetzt nur froh sein können, dass Chris keine Straftaten mehr begeht.

Clarissa bleibt ruhelos und kann keinen Ort und keine für sie hilfreiche Unterstützung finden: Clarissa lebt in einer Einrichtung der Jugendhilfe, aus der sie jedoch immer wieder entweicht. Sie ritzt sich inzwischen so stark, dass sie regelmäßig ins Krankenhaus zum Nähen eingeliefert werden muss. Eine tragfähige Unterstützung scheint es momentan nicht zu geben. Ihre Mutter kann sich aufgrund der eigenen Suchterkrankung kaum um das Mädchen und ihre Schwestern kümmern.

Lisa kann nirgendwo bleiben: Die Jugendhilfemaßnahmen wurden bei Lisa aufgrund ihres Alters eingestellt. Das Mädchen hat momentan keinen festen Wohnsitz. Ihre Mutter möchte sie aufgrund von mehrfach eskalierten Streitereien, die mit Zerstörungen der Wohnungseinrichtung endeten, nicht mehr bei sich aufnehmen. Eine eigene Wohnung wird von der ARGE nicht finanziert. Über Lisas Einschätzungen und ihre Erfahrungen mit der Jugendhilfe ist nichts bekannt.

Pink hat ihrer Meinung nach die Chance verpasst, etwas zu lernen: Pink lebt auf der Straße und taucht nur selten bei ihrer Mutter auf. Die Angebote der Jugendhilfe konnten sie nicht erreichen. Dennoch resümiert sie für sich, dass sie ihr eine Stütze hätten sein können, wenn sie sich darauf eingelassen hätte. Da sie diese Chance verpasst hat, lebt jetzt wieder ihr altes Leben.

(4) Junge Menschen, die keine Bewährungsstufe erreichen – Die Jugendlichen sind aus dem Blick der Jugendhilfe verschwunden. Insgesamt drei jungen Menschen erhalten keine Bewährungspunkte und können somit auch keiner Stufe zugeordnet werden. Diese Jugendliche begehen auch nach der geschlossenen Unterbringung zahlreiche Straftaten und werden aufgrund ihres Alters strafrechtlich zur Verantwortung gezogen. Die bisherigen Interventionen und Maßnahmen haben für sie scheinbar kaum eine Bedeutung gehabt.

Alex wird ausgewiesen: Alex wird kurz nach seinem 18. Lebensjahr aus Deutschland ausgewiesen. Zuvor war er aufgrund wiederholter Diebstähle zu einer Jugendstrafe verurteilt worden. Sein älterer Bruder und sein Vater wurden ebenfalls ausgewiesen. Die anderen Familienmitglieder leben noch in Deutschland. Die drei Männer scheinen keinen festen Wohnsitz zu haben.

Daniel befindet sich in einem Teufelskreis zwischen Gefängnis und Straße: Daniel scheint sich in einem Kreislauf aus Gefängnis und Straße zu befinden. Aus seinen Briefen, die er aus den Justizvollzugsanstalten schreibt, wird deutlich, dass er einen Drogenentzug machen und in Zukunft „clean" bleiben möchte. Sobald er entlassen wird, gerät er jedoch wieder in „altes Fahrwasser" zurück und begeht meist im Drogenrausch die nächste Straftat. Daniel hat keinen festen Bezugspunkt. Zu seinem Vater, der psychisch erkrankt ist, hat er kaum noch Kontakt. Wenn er nicht im Gefängnis ist, taucht er sporadisch – meist unter Drogeneinfluss – bei seinem (nicht mehr für ihn zuständigen) Jugendgerichtshelfer auf, um seine Angelegenheiten zu regeln.

Tim taucht unter: Tim wurde aufgrund des Verdachtes, in der geschlossenen Unterbringung ein Mädchen vergewaltigt zu haben, aus der Einrichtung entlassen. Die Vergewaltigung konnte nicht nachgewiesen werden. Nach der Entlassung aus der U-Haft lebt Tim einige Zeit in einer eigenen Wohnung. Er engagiert sich bei der Feuerwehr und möchte den LKW Führerschein machen, um wie sein Vater Lastwagenfahrer zu werden. Tim taucht jedoch plötzlich unter und wird von der Polizei gesucht. Er wird schließlich aufgegriffen und zu acht Monaten Haft in der JVA verurteilt. Nach seiner Entlassung weiß niemand aus seinem näheren Umfeld, wo sich

Tim aufhält. Er meldet sich nur noch sporadisch bei seinem Vater und dessen Lebensgefährtin.

Die Alternative: „Die Möglichkeit neue Erfahrungen zu machen" vs. „Nach den Hilfen ist vor den Hilfen"

Die empirischen Befunde bestätigen, wovon Fachkräfte der Jugendhilfe in ihrem praktischen Berufsalltag ausgehen bzw. auch ausgehen müssen: Junge Menschen können sich zu eigenständigen und gemeinschaftsfähigen Persönlichkeiten entwickeln, wenn die Jugendhilfe ihnen positive Erfahrungen ermöglicht. Dann bewähren sie sich und können selbständig ihr Leben gestalten.

Bemerkenswert an den Ergebnissen dieser Langzeituntersuchung ist aber vor allem die dichte Beschreibung eng am empirischen Fallmaterial, indem verschiedenen Aspekte herausgearbeitet werden, die einen Bewährungserfolg oder eben -misserfolg bedingen. So zeigen die vorangegangenen Ausführungen, dass mindestens drei Fragen in diesem Kontext eine besondere Bedeutung gewinnen:

- Werden die Jugendlichen durch ein soziales Netzwerk gehalten? Welche Rolle spielt in diesem Zusammenhang die Jugendhilfe: Existiert das Netzwerk durch oder trotz der Jugendhilfe?
- Können die Jugendlichen ihrer Lebens- und Hilfegeschichte einen Sinn zuschreiben und können sie während ihrer „Hilfekarriere" neue relevante Lernerfahrungen machen?
- Oder sind sie einfach älter und reifer geworden und können besonders die strafrechtlichen Konsequenzen besser einschätzen?

Förderlich ist vor allem, wenn junge Menschen ihr bisheriges Leben „wohlwollend" betrachten und ihre Geschichte sowohl mit den positiven als auch negativen Aspekten akzeptieren können. Die einzige Ausnahme bildet hier Klara, die sich kaum unterstützt fühlt. Ihre Motivation, ein möglichst „normales" Leben zu führen, resultiert vor allem aus dem Wunsch, ihre Tochter zurückzubekommen.

Wenn junge Menschen dagegen keine neuen Erfahrungen machen konnten und ihnen eine kontinuierliche Unterstützung versagt bleibt, scheint sich das Leben *so fortzusetzen wie in der Zeit vor der geschlossenen Unterbringung*. Die Hilfemaßnahmen reihen sich unverbunden aneinander und hinterlassen kaum eine erkennbare Wirkung.

Kapitel 5
Wirkungen und Interventionen aus der Perspektive von Eltern und Helfern

Zentraler Bezugspunkt der Langzeitstudie sind die jungen Menschen und ihre subjektiven Bewältigungs- und Deutungsmuster. Die Bedeutung der erlebten Interventionen aus dem Helfersystem gilt es über den langen Projektzeitraum aus der Perspektive der Jugendlichen und heute jungen Erwachsenen zu dokumentieren und zu rekonstruieren. In diesem komplexen Erfahrungsraum spielen jedoch auch die Erfahrungen und Einschätzungen der im Fallverlauf beteiligten Erwachsenen eine prägende Rolle. Zu nennen sind hier neben den Eltern auch die Fachkräfte in der Einrichtung und die Mitarbeiterinnen der belegenden Jugendämter.

5.1 Erwartungen und Einschätzungen der Eltern

Die leitfadengestützten Interviews wurden in den meisten Fällen mit den Müttern geführt. Nur wenige Väter erklärten sich bereit bzw. waren zu erreichen. Ob dies eine spezielle Bedeutung hat, kann an dieser Stelle nicht beantwortet werden. Die Gespräche verfolgten zwei Ziele: Zum einen wurden die Eltern gebeten – aus ihrer Perspektive – die Lebensverläufe ihrer Kinder zu schildern. Viele Gesprächspartner begannen bereits mit der Geburt ihres Kindes und beendeten ihre Erzählungen mit der Unterbringung in der Kriseninterventiion. Zum anderen wurde den Eltern die Möglichkeit gegeben, ihre Erwartungen und Erfahrungen mit der Krisenintervention zu verbalisieren. Forschungspraktisch wurde die Entscheidung getroffen, die Interviews mit den Eltern nach Ende der Maßnahme zu führen, um den Eltern einen retrospektiven Blick zu ermöglichen. In den meisten Fällen handelte es sich bei den Gesprächssituationen um Telefoninterviews, die ohne vermehrten Reiseaufwand zu realisieren waren. Zu Bedenken gilt hier, dass die Jugendlichen und deren Familien in ganz Deutschland wohnen. Allerdings gab es in einzelnen Fällen von Seiten der Eltern den Wunsch, die Interviews im direkten Kontakt zu führen. Den sehr persönlichen und teilweise noch nicht ausgesprochenen Bewertungen und Einschätzungen sollte so ein privater Rahmen gegeben werden. Dieser Wunsch konnte in einzelnen Fällen realisiert werden.

Zu der Frage, wie Eltern die Wirkungen solcher Kriseninterventionen einschätzen, existiert (auch heute) noch wenig empirisch gestütztes Wissen. Ebenso wenig weiß man darüber, wie sich die Gruppe der Eltern fremd untergebrachter Kinder beschreiben und darstellen lässt. Dazu muss zuerst festgehalten werden: Es existieren nicht *die* Eltern, genauso wenig wie es *die* schwierigen Jugendlichen gibt. Es handelt sich um keine klar zu umreißende Gruppe, die sich quantifiziert darstellen lässt. Allerdings heben sich Eltern, deren Kinder fremd untergebracht sind, deutlich vom Bevölkerungsdurchschnitt ab. Verschiedene Studien belegen dies. Sowohl die JULE-Studie (BMFSFJ 1998) als auch der Beitrag von Faltermeier, Glinka und Schefold aus dem Jahr 2003 stellen fest, dass die komplexen Lebenssituationen dieser Eltern als besonders belastet zu bewerten sind. Sie leben in schwierigen sozialen und ökonomischen Verhältnissen, die wiederum die Lebensrealitäten und -perspektiven der dort lebenden Kinder und Jugendlichen in besonderer Weise prägen. Verglichen mit dem durchschnittlichen Lebensstandard zeigt sich, dass die Familien relativ schlecht abschneiden. Die schulischen Qualifikationen sind als niedrig einzuschätzen; meist verfügen die Eltern nicht über einen Schulabschluss und sind damit ohne Berufsausbildung. Die ökonomischen Problemlagen führen darüber hinaus zu beengten Wohnverhältnissen. Vor allem aber fehlt es den Eltern in schwierigen Situationen an Rat und Tat. Fehlende informelle soziale Netzwerke führen vermehrt zu sozialer Isolation.

Darüber hinaus sind die Biographien der Eltern oftmals gekennzeichnet von Gewalt, Armut und Vernachlässigung. In einigen Fällen können sie sogar auf persönliche Erfahrungen mit dem System der Jugendhilfe zurückgreifen. Diese Erlebnisse prägen wiederum das Arbeitsverhältnis zwischen der Jugendhilfe und den Eltern, zum Beispiel im Kontext erzieherischer Hilfen. So prägen beispielsweise eigene Heimerfahrungen die Haltung der Eltern ihren Kindern gegenüber.

Resümierend kann festgehalten, dass die Gründe für eine Fremdunterbringung der jungen Menschen meist in den schwierigen und belastenden Familienbeziehungen zu finden sind, die schließlich in auffälligem Verhalten der Jugendlichen sichtbar werden.

Auch über die soziale Situation von Eltern, deren Kinder geschlossen untergebracht sind, weiß man – empirisch – wenig. Bereits erwähnt wurde, dass die jungen Menschen in komplexen und oft hoch belasteten Familiensituationen leben. Diese schwierigen Familienverhältnisse zeichnen sich durch unterschiedliche Problemlagen wie beispielsweise Konflikte, Trennungen, Gewalt, Sucht, Krankheit oder viele Wohnortwechsel aus. Als eine der ersten Forschungsarbeiten zur geschlossenen Unterbringung ist die Studie von von Wolffersdorff und Sprau-Kuhlen (1996) zu nennen. Dort entwickeln die Autoren drei Muster schwieriger familiärer Situationen, mit denen die jungen Menschen lernen müssen umzugehen:

- Abschiebung als Lebenserfahrung
- Familienchaos und Gewalt
- Ambivalenz von Loslösung und Anerkennung

Gemeinsam scheint diesen drei Mustern, dass kindliche Entwicklungsprozesse im Kontext dieser Erfahrungen den jungen Menschen herausfordern, Bewältigungsstrategien zu entwickeln, um damit angemessen umgehen zu können. Junge Menschen müssen ohne festen Bezugsrahmen, in chaotischen Verhältnissen und im ständigen Aushandeln von Nähe und Distanz Bildungs- und Entwicklungspotentiale entfalten, die sich im weiteren Lebensverlauf nicht in störendem und herausforderndem Verhalten widerspiegeln.

Was wissen wir darüber, wie betroffene Eltern die Fremdunterbringung ihrer Kinder erleben? Faltermeier (2001) stellt in seiner Studie „Verwirkte Elternschaft" fest, dass die Fremdunterbringung nicht nur für die betroffenen Kinder und Jugendlichen, sondern auch für deren Eltern eine belastende Situation darstellt. Sie fühlen sich in dieser Situation ohnmächtig und handlungsunfähig. Das Gefühl, versagt zu haben, und die Frage der Schuld treten meist früh in den Vordergrund der Auseinandersetzung mit dem Thema. Im Vorgriff auf die Befunde dieser Studie kann gezeigt werden, dass die Frage der Schuld – als ein normatives Konstrukt – ein zentrales Thema in allen Elterninterviews ist. Im weiteren Verlauf erleben sich die Eltern in schwierigen Hilfeprozessen im Kontakt mit den Helfern als „Störfaktoren". Hinzu kommt in einigen Fällen das Erleben der Eltern, in Konkurrenz zu den Helfern zu stehen. Vor allen Dingen dann, wenn sich die Jugendlichen in der Fremdunterbringung positiv entwickeln, erleben die Eltern die Konkurrenz als Ablehnung ihrer Möglichkeiten und Fähigkeiten. Unter der Frage, wer die besseren Eltern sind, erleben sie aus ihrer Sicht heraus eine Art „Machtkampf", in dem es gilt, nicht als Verlierer vom Feld ziehen zu müssen.

Diese Ausführungen zeigen vor allen Dingen die Belastungen und negativen Konnotationen im Erleben der Eltern. Es gilt darauf hinzuweisen, dass es sich hierbei um die schwierigen und herausfordernden Aspekte handelt. Daneben existieren eine Vielzahl an positiven Erfahrungen und Einschätzungen von Eltern, deren Kinder fremd untergebracht sind. Auffällig scheint jedoch zu sein, dass gerade, wenn überhaupt empirische Befunde zum Erleben der Eltern vorliegen, eher negative Erfahrungen dokumentiert sind. In diese Reihe lassen sich die Befunde der Langzeituntersuchung nicht einordnen. Mit Blick auf die vorliegenden Erkenntnisse kann festgestellt werden, dass eher beide Seiten repräsentiert werden. Sowohl negative als auch positive Erwartungen und Erfahrungen aus der Perspektive der Eltern. Damit ist eine Systematik angedeutet, die das weitere Kapitel inhaltlich vorstrukturiert. Beginnend mit der *Erwartungen* der Eltern, die den Blick auf die Zeit *vor* der Unterbringung in der Krisenintervention legt, lassen sie sich mit der Frage präzisieren: *Was wünschen sich die Eltern und was fordern sie von der Krisenintervention?* Die *Einschätzungen* legen wiederum den Blick auf die Zeit während bzw. *nach* der Krisenintervention; hier also die Frage: *Wie erleben und bewerten die Eltern die Zeit während und nach der Intervention?* Die Ergebnisse und Befunde beziehen sich demnach auf zwei Zeitdimensionen, die die Erfahrungen der Eltern strukturieren. So vielfältig sich die Erwartungen und Wünsche der Eltern an die Krisenintervention darstellen, so unterschiedlich erscheinen auch die Erfahrungen und Bewertungen.

(1) Es war schon immer ein schwieriges Kind ... Die Ausführungen zur sozialen Situation von Eltern, deren Kinder fremduntergebracht sind, zeigen, dass es sich um hochkomplexe und komplizierte Lebens- und Familienkonstellationen handelt, in die Kinder hineingeboren werden. Die befragten Eltern berichten jedoch weniger von den schwierigen Lebensumständen, als viel mehr von dem problematischen und auffälligen Verhalten ihrer Kinder. In einer Vielzahl der Elterninterviews beginnen die befragten Mütter und Väter ihre Erzählungen mit der Geburt der Kinder. Sie erinnern sich, dass bereits die Geburt sehr schwierig war, der Säugling ein „Schreikind" gewesen sei und sich die Probleme bereits im Kleinkindalter manifestiert hätten. Diese Erklärungsversuche lassen erkennen, dass die Blickrichtung der Eltern offensichtlich schon zu einem frühen Zeitpunkt enggeführt und auf das schwierige Verhalten der Kinder reduziert wurde. Das Bild des schon „immer schwierigen Kindes" kann als Interventionslogik der Eltern für die spätere Krisenintervention als Gipfel der pädagogischen Einflussnahme verstanden werden. Damit entheben sie sich fast unmerklich von ihrem eigenen Einfluss auf den Entwicklungsprozess ihrer Kinder und schildern sich als Unbeteiligte, die kaum Einfluss nehmen können.

(2) ... und es wurde immer schlimmer. Dieser Deutungsstrategie treu bleibend, entwerfen die Eltern das Bild der sich immer schneller drehenden „Negativspirale". Nachdem bereits mit der Geburt – aus ihrer Perspektive – ein „schwieriger" Lebensweg zu erwarten war, manifestiert sich diese Vorahnung im weiteren Lebensverlauf der Kinder. Die Verhaltensauffälligkeiten treten häufiger und massiver auf; die Reaktionen der Eltern auf dieses Verhalten intensiviert sich mit dem gleichzeitigen Gefühl nicht mehr an die

Kinder „ran zu kommen". Die Kindertagesstätten melden sich, im weiteren Verlauf auch die Schulen; erste Hilfen zur Erziehung werden vom zuständigen Jugendamt initiiert und (meist) erfolglos eingestellt oder verändert. Den Familienalltag schildern die Eltern weiterhin als problematisch und sich zuspitzend.

Auffällig ist, dass in den Interviewprotokollen kaum Stärken und Fähigkeiten der Kinder zu finden sind. Darüber hinaus beschreiben sich die Eltern (noch) als Impulsgeber, Motivator, Gestalter und Hoffnungsträger für ihre Kinder. Gleichzeitig werden in den Gesprächen erste Funken von Hoffnungslosigkeit und Frustration deutlich. Der Wunsch der Eltern nach Hilfe und Unterstützung bezieht sich zu diesem Zeitpunkt auf eine Auszeit vom aufreibenden Alltag, um zur Ruhe zu kommen, wieder Kraft zu schöpfen und eine Phase der Entlastung zu erleben.

(3) **Bis heute konnte uns keiner helfen.** Die Erfahrung der Eltern mit vielen unterschiedlichen Helfern führt mit Blick auf die „Jugendhilfekarrieren" der jungen Menschen zu der Überzeugung, dass ihnen „nicht zu helfen ist". Unterschiedliche Berufsgruppen (Kinderärzte/Psychologen/Lehrer etc.) sind im Laufe der Zeit auf den Plan getreten und haben Hilfe und Unterstützung angeboten. Aus verschiedenen Gründen konnte – im Erleben der Eltern – keine Hilfe greifen. Ein wesentlicher Befund erscheint in diesem Kontext mindestens beachtenswert: Erlebten sich die Eltern in einem früheren Stadium noch handlungsfähig und ideenreich, erfahren sich die Eltern in dieser Phase als hoffnungslos. In ihrer Wahrnehmung sehen sie für ihre Kinder und sich selbst kaum mehr eine weitere Lebensperspektive mit einer positiven Vorstellung der Zukunft. Die bisherigen Hilfs- und Unterstützungsleistungen brachten keine positive Wende in den Lebensverlauf der jungen Menschen. Da sie Gefahr laufen „abzurutschen" und „auf die schiefe Bahn zu gelangen" setzen die Eltern in die Krisenintervention ihre letzte Hoffnung „das Ruder doch noch einmal herumzureißen". Mit dieser hohen Erwartungshaltung – der Krisenintervention als letztes Mittel der Wahl – begegnen sie der Einrichtung, den Fachkräften, ihren Kindern und dem familiären und sozialen Umfeld.

(4) **Das hat das Fass zum Überlaufen gebracht.** Die Zeit vor der Unterbringung in der Krisenintervention häufen sich die familiären Probleme und Schwierigkeiten, die Lage spitzt sich zu – so jedenfalls erinnern sich die Eltern an die Zeit vor der Maßnahme – und schlägt sich im Verhalten der Jugendlichen nieder, welches sich in dieser Zeit meist noch auffälliger, aggressiver, zurückgezogener oder ambivalenter zeigt. In vielen Fällen kommt es zu einem einzelnen auslösenden Ereignis in der Kette von Handlungen und Abfolgen. So sind beispielsweise die Messerattacke eines Jugendlichen

gegen seinen Vater, die körperliche Bedrohung der Geschwister oder andere selbst- und fremdgefährdende Handlungen der jungen Menschen zu verstehen. Diese Kette von Begebenheiten und Situationen führt in der Summe zu einer Überforderung der Eltern, die in ihrer Hilflosigkeit und Perspektivlosigkeit freiheitsentziehende Maßnahmen als einzige Lösung und Möglichkeit begreifen. „Zu Hause klappte es nicht mehr, die ganze Familie war durcheinander. (…) Es wurde immer schlimmer, schlimmer, schlimmer und dann hab' ich, weil ich nicht mehr konnte und keine Hilfe kriegte vom Jugendamt, immer derselbe ‚blabla‘, (…) ging nix mehr, irgendwann ist für jeden Schluss." (Auszug aus einem Interview mit einer Mutter)

Diese Passage zeigt deutlich, wie hilflos die Eltern der familiären Situation gegenüberstehen. Nicht nur die Kernfamilie wird in diesem Prozess in Mitleidenschaft gezogen, auch das äußere Umfeld gerät in diesen „Sog". Die Mütter und Väter schildern eindrucksvoll, welche Dynamik freigesetzt wird. Die Probleme ziehen immer größere Kreise und die negativ erlebten Ereignisse scheinen immer schneller aufeinander zu folgen – ähnlich einem Schneeball, der stetig an Masse gewinnt. Dieser rasanten (negativen) Entwicklung der Kinder und Jugendlichen steht das Bedürfnis der Eltern nach Auszeit und einer Phase der Ruhe gegenüber. Zu einem anderen Zeitpunkt und unter anderen Bedingungen hätte das auslösende Einzelerlebnis eventuell nicht zu freiheitsentziehenden Maßnahmen als Lösungsstrategie geführt.

(5) Er/Sie soll in der Krisenintervention Regeln und Grenzen lernen. Die Eltern haben meist sehr konkrete Vorstellungen davon, was die Jugendlichen in der Krisenintervention lernen sollen. Aus dem Blickwinkel der Eltern scheint ein wesentlicher Aspekt im Leben ihrer Kinder zu sein, dass sie nicht gelernt haben, Regeln und Grenzen zu akzeptieren, die ihnen Erwachsene gesetzt haben. Dabei bewerten die Eltern das zwanghafte Element durchaus ambivalent. Einerseits wünschen Sie sich die Krisenintervention „fluchtsicher". Die Institution soll so gestaltet sein, dass es den Jugendlichen erschwert wird, sich den Struktur- und Beziehungsangeboten zu entziehen. Eltern haben viele Erfahrungen mit der Flucht ihrer Kinder in konfrontativen und schwierigen Situationen. Überforderung und Resignation der Eltern führt in der Folge dazu, dass die Eltern ihren Kindern diese Erfahrungen nicht ermöglichen konnten. Sie verbinden damit die Hoffnung ihren Kindern diesen wesentlichen Entwicklungsschritt zu ermöglichen, um damit den weiteren Lebensweg positiv beeinflussen zu können. Andererseits sollen die Kinder lernen, das Regeln und Strukturen nicht zwangsläufig negative Lernerfahrungen darstellen. Sie können den Jugendlichen eben auch Orientierung und Sicherheit bieten und damit wesentliche Selbstwirksamkeitserfahrungen ermöglichen. Gleichzeitig wird in diesem Kontext dieser

Erziehungsauftrag an die Krisenintervention delegiert und damit auch die Verantwortung dafür abgegeben.

(6) Ich wünsche mir ein normales Kind. Eltern haben vielfältige Erwartungen an und Wünsche für ihre Kinder. In den Interviews beschreiben die Eltern vor allen Dingen ihre Normalitätserwartungen an ihre Kinder. Der Wunsch nach einem „normalen" Kind taucht dort selbst in der wörtlichen Abfolge auf. Mit Hilfe der Krisenintervention soll das Kind „ins normale Leben zurück geführt werden". Dieser Äußerung liegt scheinbar ein Bild zugrunde, welches an anderer Stelle bereits entwickelt wurde, nämlich das der geraden Bahn, von der die Jugendlichen drohen abzurutschen. Die freiheitsentziehenden Maßnahmen sollen genau diesen Effekt haben. Damit wird die Krisenintervention auf eine Art Reparaturbetrieb reduziert, der entstandene „Löcher stopft" und dysfunktionale Verhaltensweisen nicht nur positiv verändern, sondern in erfolgreiche Verhaltensoptionen überführen sollen. Inwiefern diese Erwartung erfüllt werden kann, hängt vor allen Dingen davon ab, ob es gelingt, mit den Eltern über deren Vorstellungen von „normalem" Verhalten zu sprechen und die implizite Vorstellung der Eltern von „Normalität" gemeinsam explizieren zu können.

(7) Die werden es schon richten. Zentrales Thema in den Interviews ist immer wieder die Schule, die nicht besucht wird und die Sorge um Ausbildung und zukünftigen Beruf der jungen Menschen. Dem liegt wohl der Wunsch der Eltern nach einer positiven Perspektive und einem selbständigen Leben der Kinder zu Grunde. Verständlich ist die Sorge der Eltern um die (berufliche) Zukunft ihrer Kinder. Irritierend hingegen ist der Befund, dass sie die Erwartung hegen, die Kinder und Jugendlichen könnten im KRIZ einen Schulabschluss erwerben, vor allem vor dem Hintergrund des zeitlichen Rahmens. Die Eltern wünschen sich einen Schulabschluss und/ oder eine berufliche Ausbildung, die im Rahmen der Krisenintervention erfolgen soll.

Darüber hinaus zeigen sich auch in diesem Punkt der Verweis und die Weitergabe der Verantwortung an professionelle Helfer. Die nun zuständigen Fachkräfte werden „es schon richten". Sie sollen gerade rücken und entwickeln helfen, was den Eltern nicht gelungen ist.

(8) Der Weg in die Krisenintervention war schwer. Ebenso wie die Jugendlichen erleben auch die Eltern die ersten Tage und Wochen der Krisenintervention als sehr belastend. Die Situation, dass ihr Kind „eingeschlossen" ist, beschreiben die Eltern als eine „merkwürdige" Situation. Diese Erfahrung scheint kaum an lebensalltägliche Situationen anschlussfähig zu sein, was auch nicht erstaunt. Neben dieser für die Eltern „neuen" Erfah-

rung stehen sie vor der Herausforderung, auch vor ihren Kindern die Unterbringung in der Krisenintervention zu rechtfertigen. Sie müssen „gut" begründen, warum sie sich dafür entschieden haben, um im Verlauf der Intervention dies vor ihren Kindern glaubhaft vertreten zu können. Die Erfahrung, „standhaft" zu bleiben und sich nicht dem Wunsch der Kinder zu beugen, fällt den meisten Eltern schwer. Sehen sie sich in dieser Situation nicht nur ihren Kindern gegenüber, sondern auch dem gesamten sozialen Umfeld, die wiederum ihre eigenen Wert- und Normvorstellungen haben, ob man Kinder geschlossen unterbringen darf – oder nicht.

Die erlebte Ohnmacht und fehlenden Handlungssicherheit im Umgang mit ihren Kindern führte in einigen Fällen dazu, dass Eltern den Versuch einer „verdeckten" Einweisung (zum Beispiel mit Hilfe der Polizei oder unter Angabe von anderen Gründen) in die Krisenintervention wagten. Die Erfahrung, dass sich ihre Kinder wehren und die erste Zeit in der Krisenintervention als Strafe erleben, wirft die Eltern „fast aus der Bahn". Sie haben das Gefühl, sich gegen ihre eigenen Kinder zu stellen. Erst im weiteren Verlauf der Maßnahme erleben die Eltern die entzerrte Familiensituation entlastend und beruhigter.

(9) Die intensive Intervention wird als letzte Möglichkeit der staatlichen Einflussnahme und Einwirkung verstanden. Entsprechend den Erwartungen der Eltern, die Krisenintervention als letzten Hoffnungsschimmer zu sehen, verstehen sie diese intensive Intervention als letzte Möglichkeit der staatlichen Einflussnahme. Dies korrespondiert mit der Interventionslogik der belegenden Jugendämter. Die Idee aller Beteiligten, in der Krisenintervention die letzte Möglichkeit der Einflussnahme zu sehen, überhöht die Anforderungen an eine solche Intervention. Dem entgegen steht das Wissen aus den Lebensverläufen junger Menschen, denn hier kann gezeigt werden, dass die Krisenintervention eine Episode im Leben der jungen Menschen darstellt, jedoch keinesfalls als Wendepunkt oder gar letzte Station der staatlichen Einflussnahme. Mit dieser Forderung wird der zwangsläufige Erfolg im Denken der Erwachsenen verankert. Die empirischen Befunde zeigen, dass diese Forderung Gefahr laufen, zu riskanten Erwartungen anzuwachsen, die im weiteren Verlauf nur enttäuscht werden können.

(10) Freiheitsentziehende Maßnahmen polarisieren (auch) die Eltern. Die Zeit während der Krisenintervention wird von den Eltern sehr unterschiedlich erlebt und beurteilt. Einerseits fühlen sie sich erleichtert und erleben die familiäre Situation entlastet. In ihrer Wahrnehmung ist die rasante Negativ-Entwicklung des Kindes – erst einmal – gestoppt und entschleunigt worden. Diese Auszeit wird in den meisten Fällen überaus positiv bewertet.

Andererseits wird die Zeit der Krisenintervention von einigen Eltern auch als eine Zeit großer Sorge um das Kind erlebt, die schwer auszuhalten ist. Diese wird in den Interviews deutlich, wenn sie davon sprechen, dass die „anderen Jugendlichen in der Gruppe noch viel schlimmer sind" als das eigene Kind. Diese Äußerungen können als Furcht der Eltern verstanden werden, dass ihr Kind in der Krisenintervention weitere negative Verhaltensweisen lernt.

Insgesamt zeigt sich auch in den Elterninterviews die polarisierende Sicht auf die Krisenintervention. So lassen sich entweder nur positive oder nur negative Erfahrungen mit freiheitsentziehenden Maßnahmen herausarbeiten. Darüber hinaus sind keine geschlechtsspezifischen Unterschiede erkennbar, die den Schluss zulassen würden, dass Mütter die Krisenintervention anders wahrnehmen als Väter. Die Erklärungs- und Deutungsmuster lassen sich eher über individuelle und subjektive Konstruktionsleistungen erklären, die unter anderem in ihren eigenen biographischen Vorerfahrungen zu verorten sind. Dieses ambivalente Gefüge aus Sorge und Hoffnung wirkt sich im Verlauf der Unterbringung in der Krisenintervention auf die Einschätzungen und Bewertungen der jungen Menschen selbst aus.

(11) Wer trägt Schuld an der Krisenintervention? Die zentralste Frage der Eltern im Kontext freiheitsentziehender Maßnahmen zielt darauf ab, wie es dazu kommen konnte, dass ihr Kind in der Krisenintervention untergebracht wurde. Auf einer normativen Ebene diskutieren die Eltern dies als die Frage nach der Schuld. Dabei fällt auf, dass die subjektive Auseinandersetzung wenig selbstkritisch zu sein scheint. Vielmehr scheinen die Eltern die damit verbundene Verantwortung nach außen zu delegieren, z.B. auf den anderen Elternteil, die professionellen Helfer und die dazu gehörigen Institutionen. Diese Erklärungen lassen sich als Rechtfertigungskonstruktionen verstehen, die es den Eltern ermöglichen, der Unterbringung einen Sinn zu verleihen. Die Suche nach einem Sinn scheint hierbei einen wesentlichen Stellenwert einzunehmen. Ohne eine Sinnzuschreibung können die Eltern vor ihren Kindern die Maßnahme kaum glaubhaft vertreten. Mit dem Versuch, eine plausible Erklärung zu entwickeln, setzen sich die Eltern reflexiv mit den Lebensgeschichten ihrer Kinder auseinander. Sie versuchen nachzuvollziehen, warum sich ihr Kind so entwickelt hat. In diesem Sinne können die Interviews mit den Eltern auch als eine Art Nacharbeitung von familiären Ereignisketten verstanden werden.

(12) Der Freiheitsentzug wird nicht grundsätzlich als abschreckend erlebt. Neben der sehr polarisierenden Positionierung der Eltern den freiheitsentziehenden Maßnahmen gegenüber fällt in der Interviewanalyse auf, dass die Eltern die „Geschlossenheit" nicht zwangsläufig als etwas Abschre-

ckendes benennen. Einige Interviewpassagen lassen sich vielmehr so verstehen, dass die Jugendlichen durch die Maßnahme bestraft werden sollen. In der Erinnerung der Eltern sollen die Jugendlichen dort vor allen Dingen in der ersten Zeit der Unterbringung lernen, dass sie sich an Regeln und Grenzen halten müssen. Sie sollen erfahren, dass die Einrichtung einen Ort symbolisiert, an dem sie sich auch einmal unterordnen müssen. Inwiefern die Eltern allerdings damit einen inoffiziellen Auftrag an die Krisenintervention herantragen, kann an dieser Stelle nicht belegt, sondern allenfalls vermutet werden. Dieser Befund muss kritisch diskutiert werden. Aus empirischen Untersuchungen zum Erfolg von Jugendhilfemaßnahmen wissen wir, dass die Eltern als Co-Produzenten der Hilfe zu verstehen sind. Ihre offiziellen wie verdeckten Anforderungen und Wünsche an den jungen Menschen haben einen besonderen Einfluss auf die Bereitschaft der Jugendlichen, sich auf die Maßnahme einzulassen – oder eben nicht. Wird von den Eltern die Krisenintervention als Strafe deklariert, kann davon ausgegangen werden, dass es den Jugendlichen besonders schwer fällt, sich auf den pädagogischen Rahmen einzulassen.

(13) Positive Entwicklungen „in der Zeit danach" werden nur teilweise der erfolgreichen Krisenintervention zugeschrieben. Mit der Unterbringung in der Krisenintervention sind die Idee und der Wunsch verbunden, die jungen Menschen mögen dort lernen, was sie zum Leben „draußen" gebrauchen können. Gründe für die Unterbringung in der Krisenintervention waren dabei in vielen Fällen komplex und kompliziert. Meist äußerten sich diese in problematischen und herausfordernden Verhaltensweisen der Jugendlichen. Daran messen die Eltern u. a. den Erfolg der Krisenintervention. So berichten einige Interviewpartner davon, dass ihre Kinder nach der Unterbringung „nicht mehr so aggressiv" sind. Sie „laufen nicht mehr vor Problemen davon" und konnten persönliche wie auch berufliche Perspektiven entwickeln. Diese Verhaltensänderungen – so der empirische Befund – führen die Eltern jedoch nicht auf die erfolgreiche Zeit in der Krisenintervention zurück. Sie sehen eher sich selbst und das familiäre Umfeld als Ursache der Verhaltensänderung ihrer Kinder. Auslöser dieser Entwicklungsprozesse werden in veränderten Lebensbedingungen (zum Beispiel Umzug, Erwerbstätigkeit, neuer Lebenspartner) gesehen. Erstaunlicherweise berichten die Eltern nicht zwangsläufig von negativen Erfahrungen mit der Einrichtung und/oder den dort tätigen Fachkräften. Einen positiven Wirkungszusammenhang zwischen der Krisenintervention und der positiven Verhaltensänderung stellen die Eltern jedoch kaum her.

(14) Das Verhältnis zwischen Eltern und Kindern bleibt (auch nach der Krisenintervention) belastet. Auch wenn die Eltern von der Krisenintervention Hilfe und Unterstützung erwarten und darin das „letzte Mittel der Wahl" sehen, kann nicht davon ausgegangen werden, dass die Krisenintervention einen Wendepunkt in den Lebensgeschichten der jungen Menschen darstellt. Die Erwartungen der Eltern – nach der Zeit in der Krisenintervention wendet sich „alles zum Guten" und sie können als „normale" Familie zusammenleben – lassen sich mit Blick auf deren eigene Biographie und den Erfahrungen mit ihren Kindern verstehen. Sie erscheinen aber mit Blick auf die vorliegenden Befunde kaum passungsfähig. Auch nach freiheitsentziehenden Maßnahmen bleibt das Verhältnis der Eltern zu ihren Kindern belastet und schwierig. Aus der Perspektive der jungen Menschen lässt sich mit größerem Abstand (bis zu vier Jahre nach der Krisenintervention) feststellen, dass das Verhältnis zwischen den Eltern und ihrem Kind in der Zeit der freiheitsentziehenden Maßnahmen entlastet und tendenziell „besser" war, als vor oder nach der Unterbringung. Davon berichten auch die Eltern. In den Interviews versuchen sie, ihre Enttäuschung bezüglich der nicht anhaltenden Wirkung zu bearbeiten. Auch wenn sie von einem Erfolg berichten, beziehen sie dies auf die Verhaltensweisen ihrer Kinder. Die Beziehung zwischen ihnen erleben sie kaum verändert. So seien beispielsweise Wutausbrüche nicht mehr so ausgeprägt und die Situation habe sich in der Zeit nach dem Krisenintervention zunehmend entspannt, auch wenn alte Verhaltensweisen wieder häufiger auftreten.

Die Erfahrungen der Eltern lassen sich in einem Satz zusammenfassen: *Die Krisenintervention hinterlässt Spuren ... aber „schwierige" Lebensverläufe bleiben schwierig!*

5.2 (Aus-)Wirkungen aus Sicht der Mitarbeiter in den Jugendämtern

Insgesamt konnten 23 Gespräche mit Mitarbeitern der beteiligten Jugendämter realisiert werden. Auch diese Gespräche fanden nach Abschluss der Krisenintervention statt, um den Fachkräften einen retrospektiven Blick auf die Maßnahme und die Frage nach den Wirkungen einer solch intensiven Intervention zu ermöglichen. In der Gesamtbetrachtung konnten sieben Aspekte herausgearbeitet werden:

(1) Die Unterbringung in der Krisenintervention als „ultima ratio" und/ oder als „erzieherisch-pädagogische" Maßnahme. Die Aufnahmegründe der Jugendlichen in die Krisenintervention sind aus Sicht der beteiligten Jugendämter vielfältig. Oftmals ist diese intensive Maßnahme das „letzte Mittel der Wahl". Die Krisenintervention stellt einen Ort dar, an dem „schwierige" Jugendlichen nicht einfach entweichen können, was sich in verschiedenen Einrichtungen, in denen diese Jugendlichen zuvor untergebracht waren, offensichtlich zu einem großen Problem entwickelt hat. In vielen Interviews kann herausgearbeitet werden, dass andere – vorherige – Einrichtungen nicht bereit waren, die Jugendlichen aufzunehmen oder länger zu betreuen. Sie wurden „für diese Gruppe nicht mehr tragbar" und mussten die Einrichtung verlassen. Spürbar wurde über vielen Interviewsequenzen hinweg die persönliche Not der Mitarbeiter in den Sozialen Diensten der zuständigen Jugendämter. Bei akuter Selbst- und Fremdgefährdung der Jugendlichen, aber auch zum Schutz und Unterstützung der Eltern wird die Krisenintervention somit zur scheinbar einzig greifbaren Alternative.

Andererseits werden weitere Indikationen erkennbar, die die Maßnahme als pädagogische Intervention legitimieren. Neben einem regelmäßigen Schulbesuch, einer Strukturierung des Tagesablaufs, der Möglichkeit, Grenzen zu setzen, der Bearbeitung von traumatischen Lebensereignissen der Jugendlichen, der Wunsch nach intensiver Elternarbeit wurde auch die Motivation zu weiteren Maßnahmen der Hilfen zur Erziehung und möglichen Perspektiventwicklungen genannt.

So lässt sich im Kontext dieser Langzeituntersuchung nicht nur die These stützen, die in anderen empirischen Studien zur geschlossen Unterbringung vertreten wird, dass solch intensive Maßnahmen als *letzte* Möglichkeit der pädagogischen Einflussnahme verstanden werden. Die vorliegenden Befunde geben sicherlich Hinweise darauf, dass Fachkräfte hilflos und überfordert nach Unterbringungsmöglichkeiten suchen. Allerdings konnten ebenso Hilfeverläufe nachvollzogen werden, in denen die Krisenintervention nicht die einzige Lösung, sondern eine unter mehreren war.

(2) Die Erwartungen an die Wirkungen der Krisenintervention sind sehr hoch. Ebenso vielfältig wie die Aufträge an die Krisenintervention sind die Erwartungen der Fachkräfte an deren (positive) Wirkung. Die Erfahrung der Fachkräfte in der praktischen Arbeit deckt sich hier mit den empirischen Befunden dieser Langzeituntersuchung: Je klarer und eindeutiger der Auftrag und die Ziele der Krisenintervention mit allen Beteiligten ausgehandelt werden, desto zufriedener sind meist die Fachkräfte in den Jugendämtern mit der Maßnahme. Bleiben Teile des Auftrags unklar und diffus oder werden sie nicht explizit ausgehandelt, beeinflussen diese inoffiziellen Erwartungen die Krisenintervention in bedeutsamer Weise. In diesem Zusammenhang sind insbesondere die Erfahrungen mit den jeweiligen Kooperationsstrukturen zu verstehen. Die Zusammenarbeit mit den Fachkräften der Krisenintervention wird dann als befriedigend und unproblematisch erlebt, wenn sich im Laufe der Zeit eine Informationskultur entwickeln und festi-

gen kann. Deutlich wird auch, dass sich Informationslücken und spärliche Kontakte (meist telefonisch) negativ auf die Kooperationsbeziehungen auswirken.

Die Erwartungen an eine positive Wirkung der Krisenintervention von Seiten der einweisenden Jugendämter werden als sehr hoch eingeschätzt. Ihre Handlungslogiken begründen sich in den untersuchten Fallverläufen vor allen Dingen in dem Wunsch, den Jugendlichen eine tragfähige Lebensperspektive zu bieten. Dass die Zeit nach der Krisenintervention ebenso „schwierig" bleibt und die jungen Menschen weiterhin vor der Herausforderung stehen, ihr Leben unter erschwerten Bedingungen zu führen, steht entgegen dem Wunsch nach einem „guten Ende" der (Lebens-)Geschichte geschuldet.

Die Einschätzungen über die Zukunft der jungen Menschen lassen sich somit in zwei Kategorien fassen: Wünsche für die jungen Menschen sowie Prognosen über deren weiteren Lebensweg. Die Wünsche für die Zukunft der betreuten Jugendlichen beziehen sich meist auf die schulische und/oder berufliche Ausbildung, um mit „beiden Beinen im Leben" stehen zu können. Die Prognosen lassen wenig Euphorie, denn mehr realistisch-abgeklärte Zurückhaltung erkennen. In den Einschätzungen der Fachkräfte in den Jugendämtern wird Befangenheit deutlich, wenn es um die Frage der Zukunft geht. Es sei „wenig Aussicht auf ein ,normales' Leben" zu erwarten. Darüber hinaus wird mit Straffälligkeit, einem Abrutschen und früher oder später Kontakt mit der Justiz erwartet.

(3) „Inoffizielle" Aufträge an die Krisenintervention. Neben dem offiziellen Auftrag an die Krisenintervention können sogenannte „inoffizielle" Aufträge herausgearbeitet werden. Offensichtlich scheinen die Jugendamtsmitarbeiter diesen „inoffiziellen" Aufträge einen fast höheren Stellenwert beizumessen. Inhaltlich geht es dabei beispielsweise um die Frage, ob die Einrichtung ein Ort ist, an dem die Jugendlichen trotz Schwierigkeiten und Regelverstößen (aus-)gehalten werden können. Wird diese „heimliche" Forderung nicht offen gelegt und kommuniziert, wird eine frühzeitige Beendigung der Maßnahme von Seiten des Jugendamtes als „Rausschmiss" gedeutet. Ein Auszug aus einem Interview mit einer Fachkraft verdeutlicht dies: „Ich hab' mir vom KRIZ schon mehr Durchhaltevermögen erwartet. [...] Ne? Dass das ähm, dass das wirklich, sobald er äh dort, sag' ich mal, ähm Sachbeschädigungen begeht oder auch ähm körperlich ähm aggressiv wird, dass sie sofort die Segel strecken. Dachte ich nicht! Ich dachte sie hätten einen längeren Atem!"

Gerade das Durch- und Aus-Halten der Jugendlichen wird von den Fachkräften der einweisenden Jugendämter als wesentliche Erwartung implizit deutlich. Ein schwieriger Sachverhalt, wenn diese Erwartung nicht explizit zwischen allen Beteiligten ausgehandelt wird.

(4) Ein GU-Fall ist ein besonderer Fall. In der Analyse der einzelnen Hilfeprozesse zeigt sich, inwieweit diese Prozesse von Bildern und Vorstellungen vom Kind und seinem Umfeld (Familie, Freunde etc.) geprägt sind. Dabei orientiert sich die Entwicklung und Planung der individuellen Hilfe am subjektiven Fallverständnis sowie am daraus entwickelten pädagogischen Selbstverständnis. Schwierige Hilfeverläufe stellen die Fachkräfte stets vor eine große Herausforderung. Auch in Fällen, die auf den ersten Blick weniger „brennen", spielt immer die Frage eine Rolle, welche Hilfe die richtige ist, bzw. den „Erfolg" sicherstellen kann. In den Fällen, in denen eine Entscheidung für die Krisenintervention getroffen werden muss, wird diese Frage noch brisanter diskutiert.

In den Interviews mit den Jugendamtsmitarbeitern wird sehr deutlich, unter welch enormen Druck der Hilfeverlauf, und der damit verbundene Entscheidungsprozess steht. Ein „druckauslösender" Faktor scheint der *Aufnahmegrund* zu sein. Darüber hinaus scheint aber eine weitere Größe den empfundenen Druck zu erhöhen. In den Interviewanalysen können zwei Kategorien herausgearbeitet werden, die sich wie ein roter Faden durch alle Interviews mit den Fachkräften ziehen. Zum einen geht es um die *Verantwortung* und zum anderen die Frage nach der *Rechtfertigung* bzw. Legitimation der installierten Hilfe.

Die Fachkräfte in den Jugendämtern müssen die von ihnen gewährten Hilfen in vielerlei Hinsicht verantworten. Dazu geben die Interviews einige Erklärungsansätze. In der Analyse wurde untersucht, wie die jeweiligen Mitarbeiter die Entscheidung für die Krisenintervention begründen. Bei den unterschiedlichen Begründungskonstruktionen ist das zentrale Thema die Verantwortung. Dabei scheint es sich in der Beantwortung dieser Frage oft um die Frage der „Schuld" zu drehen. Da dies eine rein moralische Kategorie darstellt, soll im weiteren Verlauf von Legitimation und Rechtfertigung gesprochen werden. In diesem Zusammenhang ist in den Interviews in der Regel von einer symbiotischen Eltern-Kind-Beziehung die Rede. Es wird erkennbar, dass die jungen Menschen dort als Opfer oder Symptomträger beschrieben werden, die die Probleme im Familiensystem sichtbar machen. Damit ist zu verstehen, dass die Jugendamtsmitarbeiter, in der Verantwortung der Hilfeentscheidung, das Gefühl haben, dass sie „gerade rücken sollen, was die Familie bis zu diesem Zeitpunkt nicht geschafft haben".

In den Interviews selbst wurde der Versuch, die Verantwortung für die Entscheidung zur Krisenintervention, (an Andere) abzugeben, deutlich. Besonders interessant an der Stelle, da in den meisten Fällen die Fallzuständigkeit kurz vor oder kurz nach der Unterbringung in der geschlossenen Gruppe gewechselt hat. Somit werden in den Gesprächen Begründungskonstruktionen angeboten, die die eigene Person Außen vor lässt.

(5) Rechtfertigung und Legitimation der Fachöffentlichkeit, den eigenen pädagogischen Leitideen und dem Amt gegenüber. Darüber hinaus begründen die Jugendamtsmitarbeiter ihre begrenzte Verantwortung in der Orientierung am Jugendlichen, bzw. an deren Personensorgeberechtigten. „In solchen Fällen kann man gar nicht wirklich helfen!" Damit wird deutlich, wie sehr die Macht der „Ordnungen" Hilflosigkeit und das Gefühl von Ohnmacht bei den Mitarbeitern in den Jugendämtern auslösen können. Über das Mittel des Zwangs wird in den Vorstellungen und Erwartungen der Interviewten ein Ordnungsherstellendes Mittel genutzt, um die fehlende Struktur und „Unordnung" wieder zu organisieren und strukturierbar zu machen. In diesen Legitimationsversuchen spielt die Frage nach der „Rechtfertigung" eine große Rolle. Wenn die Krisenintervention ihre Legitimation dadurch erhält, dass sie als Ort genutzt wird, um jungen Menschen Struktur und Sicherheit anzubieten, wird deutlich, auf wie vielen verschiedenen Ebenen sich die Jugendämter in einer Rechtfertigungsposition befinden:

● vor sich selbst als (Fach-)Person (Moral)
● vor den Eltern und
● vor der Fachöffentlichkeit

Diesem ambivalenten Gefüge liegt oft ein mechanistisches Weltbild zu Grunde, getreu nach dem Motto: „Innere Ordnung gleich äußere Ordnung." Deutlich wird an dieser Stelle auch, dass dies dem klassischen Jugendhilfemuster zu folgen scheint. Die Vorstellung: Klare Strukturen und klare Ordnungen beeinflussen auch das Innere eines Menschen; oder anders gesprochen: Die Änderung der Verhältnisse führt auch bei Menschen zu einer Verhaltensänderung.

Somit steht die Frage im Raum, ob die Kinder und Jugendlichen durch dieses mechanistische Weltbild, in dem sie als Opfer ihrer Verhältnisse verstanden und damit von ihrer Schuld entbunden werden, nicht entmündigt werden? Denn dann geht es in der Diskussion nicht um handlungs- und gestaltfähige Subjekte, sondern sie werden zu Objekten und „Opfern" ohne Möglichkeit zur Selbstwirkung und -bestimmung.

(6) Da haben die Eltern [...] auch eine gewisse Erziehungsverantwortung nicht wahrgenommen. In ihren Begründungskonstruktionen versuchen die Fachkräfte der Krisenintervention, für das Leben der Jugendlichen einen Sinn zu verleihen. Auch sie sind mit der Frage beschäftigt, wie es zu einer solch massiven Intervention kommen konnte. In den meisten Fällen

beschreiben sie die Eltern als „Mitverursacher". Ebenso wie die Eltern die Mitverantwortung für den jugendlichen Lebensweg bei den Fachkräften suchen, sehen diese wiederum Handlungsbedarf bei den Eltern der Jugendlichen. Die Mitarbeiter führen in diesem Kontext insbesondere inkongruentes Erziehungsverhalten der Elternteile, symbiotische Eltern-Kind-Beziehungen und widersprüchliches Verhalten im Kontakt mit den jungen Menschen an.

(7) ... einen entscheidenden Schritt weg von den Eltern. In einem Punkt sind sich alle Fachkräfte (in der Krisenintervention und in den belegenden Jugendämtern) einig: Sie befürworten überwiegend die Betreuung der Jugendlichen in einem außerfamiliären Kontext und sprechen sich gegen einer erneute Unterbringung bzw. Rückführung in die Herkunftsfamilie aus. Sie führen dafür unterschiedliche und sehr individuelle Gründe an.

Wie ist jedoch dieser Befund einzuschätzen? Verstehen sich die Fachkräfte als Experten für das Leben der Jugendlichen? Können sie aus ihrer Fachlichkeit heraus abschließend einschätzend, was „gut" und „richtig" für den jungen Menschen ist? Erleben sie sich in Konkurrenz zu den Eltern und sind getragen von dem Wunsch „es besser machen zu wollen"? Diese übergreifende Handlungslogik der Ämter steht im Widerspruch zu einem wesentlichen empirischen Befund der hier vorliegenden Untersuchung. In den biographischen Fallgeschichten der Jugendlichen kann gezeigt werden, dass die Herkunftsfamilie für die jungen Menschen die bestimmende Größe war, ist und bleiben wird. Mit dem Bild des Rucksacks lassen sich der Bezug und die Bedeutung der Herkunftsfamilie beschreiben. Diesen Rucksack kann die Jugendhilfe den Jugendlichen nicht abnehmen. Sie kann ihn bestenfalls neu packen und eventuell dabei behilflich sein, den Rucksack gut auszubalancieren.

Auch wenn die Fachkräfte die Idee, die Jugendlichen von der Herkunftsfamilie abzulösen und zu stärken, um zukünftig selbständig durchs Leben zu kommen, fachlich und jugendhilfepolitisch unterfüttern können, stoßen sie dabei fast zwangsläufig auf einen „inneren Widerstand" der Jugendlichen selbst, die in ihren eigenen Handlungslogiken diesen Weg aus unterschiedlichen Gründen und Motiven nicht mitgehen können. Die Längsschnittuntersuchung zeigt eindrücklich, dass die Selbst- und Weltbilder der Jugendlichen nachhaltig deren individuelle Handlungsmuster prägen. Die Herkunftsfamilie spielt dabei eine wichtige Rolle, die sie auch in zukünftigen Lebenszusammenhängen für bedeutsam erachten.

5.3 Erfahrungen und Wirkungsannahmen der Fachkräfte des Kriseninterventionszentrums

Die im Kriseninterventionszentrum untergebrachten jungen Menschen werden u. a. von einem fallführenden Mitarbeiter betreut, der für besondere Belange – meist administrativer Art – des Jugendlichen zuständig ist. Die Interviews mit den Fachkräften finden jeweils nach der Entlassung der Jugendlichen aus der Krisenintervention statt. In Rahmen der Interviews werden sie zunächst gebeten, den jungen Menschen zu beschreiben. Dabei interessiert insbesondere die bisherigen Lebensumstände bis zur Aufnahme in die Krisenintervention und wie die Fachkräfte die jungen Menschen zu Beginn, während und zum Ende der Maßnahme erleben und einschätzen. Im Rahmen der Interviewanalysen werden insbesondere fünf Aspekte deutlich, die Herausforderungen für den Arbeitsalltag der pädagogischen Fachkräfte darstellen:

(1) Der Prozess der Auftragsklärung zu Beginn der Krisenintervention. Bereits zu Hilfebeginn – im Rahmen der Auftragsformulierung – erleichtert ein klar abgesteckter und deutlich formulierter Aushandlungsprozess die Arbeit der Fachkräfte. In den Interviews wird die erforderliche Informationsweitergabe oftmals als schwierig beschrieben, so dass die Fachkräfte das Gefühl bekommen, „[…] ich krieg hier äh jeden Tag ne neue Scheibe Salami" (Auszug aus einem Interview mit einem fallführenden Mitarbeiter). Die Auftragsklärung gestaltet sich vor allem dann schwierig, wenn hinter den offiziellen Aufträgen weitere Erwartungen und Wünsche stehen, die als „inoffizielle" Anordnungen mehr Bedeutung zugestanden bekommen. Diese „geheimen" Wünsche und Hoffnungen der Eltern, Jugendlichen und/oder Mitarbeitern der belegenden Jugendämter erhöhen den Erwartungsdruck, mit dem die Fachkräfte in der Einrichtung umgehen müssen. In diesem Zusammenhang spielen insbesondere die Ohnmachtserfahrungen der belegenden Jugendämter eine große Rolle. In einzelnen Fällen wird die Krisenintervention nicht als geeignete und nötige Hilfe, sondern aus rein pragmatischen Gründen initiiert. Die Jugendlichen sind fast alle bereits in vielen Einrichtungen untergebracht worden und konnten aus unterschiedlichen Gründen in diesen Arrangements nicht verbleiben. Die Krisenintervention wird von den Jugendämtern in einigen Fällen ausschließlich aus dem Grund belegt, weil sich keine andere Einrichtung bereit erklärt, den Jugendlichen zu betreuen. So entstehen fast zwangsläufig im Rahmen der Auftragsklärung Konflikte und „inoffizielle" Aufträge, die wiederum den weiteren Hilfeprozess beeinflussen.

(2) Der Dreiklang der pädagogischen Beziehung: Jugendliche, Eltern, Pädagogen. Die 16 Interviews die geführt werden konnten, verdeutlichen die äußerst differenzierten Interessen und Interessensgruppen, zwischen denen sich die Fachkräfte kompetent bewegen müssen. Die Vermittlung und Aushandlung unterschiedlicher Interessen sehen sie als eine ihrer Hauptaufgaben an. Gerade in der Zusammenarbeit mit Eltern und Jugendlichen fühlen sie sich oft „zwischen allen Stühlen". Wünsche und Vorstellungen der Eltern müssen einerseits ernst und respektvoll gewürdigt und in geeigneter Weise an den Jugendlichen herangetragen werden. In dieser Vermittlungsposition gilt es andererseits, den Kontakt zu den Jugendlichen nicht zu verlieren. Im Rahmen der Elternarbeit muss in umgekehrter Weise die Sichtweisen, Wünsche und Bedürfnisse der jungen Menschen transportiert werden. Hier gilt es, Eltern in ihrer Erziehungsfunktion zu unterstützen, zu fördern und zu fordern. Dem gegenüber stehen oftmals die Wünsche, Vorstellungen und Erwartungen der jungen Menschen selbst. In einigen Interviewsequenzen zeigt sich, dass Eltern ihren Kindern gegenüber Versprechungen äußern, die sie den Erziehern gegenüber nicht – oder anders – schildern. Hinzu kommt, dass junge Menschen, die ohne oder gegen ihren Willen im Kriseninterventionszentrum untergebracht werden, besonders in der Anfangszeit mit der für sie zentralen Frage beschäftigt sind, nämlich wie sie dort wieder „raus kommen". In dieser Situation sehen sich die Fachkräfte mit der Aufgabe konfrontiert, den Jugendlichen zu vermitteln, die Krisenintervention als Chance zu begreifen.

Nicht nur das Familiensystem (Eltern und Jugendliche) stellt Anforderungen an die Fachkräfte in der Krisenintervention. Insbesondere die Befürchtungen und Hoffnungen der Mitarbeiter der unterbringenden Jugendämter gilt es, in das eigene Handeln mit einzubeziehen. Auch hier weisen die Fachkräfte deutlich auf die Vermittlungs- und Schlüsselfunktion hin. „Das war auch schwierig mit dem Jugendamt und äh mit den Eltern das auszuklamüsern, dass wir hier nicht die Richtigen sind dafür, dass er hier keinen Schulabschluss machen wird." (Auszug aus einem Interview mit einem fallführenden Mitarbeiter).

In dem Beziehungsdreieck zwischen Eltern, Jugendlichen und Mitarbeitern der Jugendämter müssen die Fachkräfte der Krisenintervention ihre Position finden. Dazu kommen ihre eigene Haltung und Erfahrungen, die mit den Anforderungen und Erwartungen der Institution ausgehandelt werden müssen. Die Fachkräfte bewegen sich mit ihrer Arbeit in der Krisenintervention in einem komplexen Gefüge verschiedener fachlicher und gesellschaftlicher Erwartungen. Allerdings fehle, so das Resümee der Fachkräfte, auf vielen Ebenen die Anerkennung für die pädagogische Arbeit in einem geschlossenen Rahmen. Folgt man dem fachlichen Diskurs zur geschlossenen Unterbringung, zeigt sich ein diffuses Bild einer – historisch betrachteten – wellenförmigen Diskussionslinie zwischen akzeptierenden und ablehnenden Haltungen. Dazu gesellen sich häufig ambivalente Forderungen der Gesellschaft. Das Interesse an „Intensivtätern" scheint groß, wenn es um Frage der allgemeinen Sicherheit geht. Schwierig wird es insbesondere bei der Frage nach konkreten Betreuung- und Erziehungsangeboten dieser so genannten „schwierigen" Kindern und Jugendlichen.

(3) Begrenzter Zeitrahmen der Krisenintervention – Fluch und Segen zugleich. In der Konzeption des Kriseninterventionszentrums verankert ist die Dauer der Hilfe, die im Untersuchungszeitraum zwischen 5 und 18 Monaten lag. Neben der grundsätzlichen Auseinandersetzung mit Interventionszielen und der Frage, wie lang oder eben wie kurz eine Krisenintervention sein sollte, beschäftigt die Fachkräfte, wie die Krisenintervention grundsätzlich im Familien- und Helfersystem verstanden wird. Handelt es sich hierbei um einen Lebens- oder aber einen Lernort? Diese Frage wurde bereits an anderer Stelle weiter ausgeführt (siehe dazu Kapitel 2). In diesem Kontext melden die Mitarbeiter zurück, dass der begrenzte Zeitrahmen der zur Erfüllung des ausgehandelten Auftrages zur Verfügung steht, das Gefühl verstärkt, sie müssen innerhalb kurzer Zeit „ausbügeln", was in den Jahren zuvor durch andere Erwachsene im Leben eines Jugendlichen versäumt wurde. Durch die recht hohe Fluktuation der jungen Menschen entsteht bei einigen Mitarbeitern das Gefühl der „Fließbandarbeit". Dies führt in ihrer Perspektive dazu, dass sie die Arbeit in der Krisenintervention schwierig und belastend erleben. Gerade im Kontext der Beziehungsgestaltung zwischen Fachkraft und Jugendlichen zeigt sich hier eine paradoxe Anforderung. Einerseits dient die Krisenintervention der Entschleunigung und der Situations- sowie im weiteren Verlauf der Perspektivklärung. Dies impliziert eine beruhigte und zeitintensive Arbeitsweise. Andererseits erhöhen die Rahmenbedingungen den Druck, indem die begrenzte Aufenthaltsdauer der Jugendlichen einen beschleunigten Beziehungsaufbau fordert. Diesen Spannungsbogen gilt es, für die Fachkräfte reflektiert auszugestalten, um in den konkreten Situationen handlungsfähig zu bleiben.

(4) Geschlossenheit bedeutet Zumutung – Aushalten und Ausgehalten werden. Die Geschlossenheit als solche wird nicht nur von den Jugendlichen selbst äußerst ambivalent erlebt. Auch für die pädagogischen Fachkräfte in der Einrichtung selbst stellt der besondere Rahmen eine Zumutung dar. Hier zeigt sich, welche Anforderungen und Bedingungen die konzeptionelle Ausrichtung dieser Interventionsform an alle Beteiligten stellt. In den Interviews beschreiben die Fachkräfte besonders den dynamischen Prozess zwischen den pädagogischen Mitarbeitern, die die jungen Menschen aushalten und den Jugendlichen, die von den Fachkräften ausgehalten werden.

Sowohl die Fachkräfte wie auch die Jugendlichen selbst schreiben der Erfahrung, in der Krisenintervention „gehalten" worden zu sein, eine besondere Bedeutung zu. Hier sind die Mitarbeiter gefordert und gleichzeitig mit der Erwartung konfrontiert, leisten zu müssen, was Fachkräfte zu einem früheren Zeitpunkt im Leben der Jugendlichen – aus unterschiedlichen Gründen – nicht bewerkstelligen konnten. Obwohl Erfahrung für die betreuten Jugendlichen ein besonderer Lernanlass darstellen kann, bleibt die konzeptionelle Ausgestaltung und das pädagogische Setting eine Zumutung, die auch von den Fachkräften ausgehalten werden muss.

(5) Was wirkt ist eine Kombination aus Ort und Person. Die Frage zu (Aus-)Wirkungen in der Sozialen Arbeit scheint alt und gleichzeitig aktuell wie nie. Spätestens nach der Implementierung eines Bundesmodellprojektes zur Wirkungsorientierten Jugendhilfe rücken Evaluationsstudien einmal mehr in den Mittelpunkt des öffentlichen Interesses. Inzwischen scheint es ein „alter Hut" zu sein, darüber zu berichten, dass die Pädagogik nicht auf eindimensionale Zusammenhänge von Ursache und Wirkung zurückgreifen kann. Eine gängige Merkmalsbeschreibung scheint in diesem Zusammenhang das von Luhmann geprägte „Technologiedefizit" zu sein. Neben eindimensionalen Wirkungszusammenhängen steht die Pädagogik generell vor der Herausforderung, Faktoren bzw. Indikatoren herauszuarbeiten, die wissenschaftlich fundierte Nachweise sozialer Unterstützung und Begleitung erbringen (können). Vor diesem Hintergrund stellt sich die Frage nach der Wirkung freiheitsentziehender Maßnahmen umso dringender.

Der theoretische Diskurs zu den Wirkungen von Heimerziehung beschäftigt sich u.a. mit dem (pädagogischen) Ort und den darin handelnden Personen. In der Analyse der biographischen Strukturen der Jugendlichen und deren Konstruktionen, sowie ihrer Erfahrungen mit unterschiedlichen Konzepten von Heimerziehung wird die Verwobenheit von Ort und Person als besonders Merkmal herausgestellt. In der Auseinandersetzung mit grenzsetzenden Konzepten bleibt immer die Frage präsent, ob denn nun die Geschlossenheit des Ortes (also die strukturellen Rahmenbedingungen) Erziehung möglich machen kann, oder ob es vielleicht an den dort handelnden Personen und damit an der gestalteten Beziehung liegen könnte. In dieser Frage eindeutig Stellung zu beziehen, macht nicht nur das grundsätzliche Problem der Bestimmung von Ursache und Wirkung schwierig, sondern vor allen Dingen der Differenzierung einzelner Faktoren.

In der Perspektive der handelnden Fachkräfte zeigt sich, dass weder das eine oder andere allein zum Tragen kommen kann. Gerade die Kombination aus Ort *und* Person, scheint ein wichtiger Hinweis auf positive Wirkungszusammenhänge zu sein. Die Diskussion um das Für und Wider freiheitsentziehender Maßnahmen scheint auf moralischer Ebene wohl unlösbar miteinander verstrickt zu sein. Das Argument der Befürworter, nämlich das Erziehung erst dann möglich wird, wenn die Kinder und Jugendlichen „da" sind, muss u. E. nach dahingehend revidiert werden, dass strukturelle Rahmenbedingungen als alleiniger Faktor wenig Erfolg versprechend scheint. Erst die Verbindung aus äußeren Rahmungen und die dort tätigen Fachkräften lassen das „freiheitsentziehende Konzepte" pädagogisch überhaupt legitimierbar erscheinen.

Zusammenfassend kann festgehalten werden, dass die Mitarbeiter der Krisenintervention zwischen „vielen Stühlen sitzen", äußerst unterschiedlichen Erwartungen gerecht werden müssen und dabei in ihrer eigenen Wahrnehmung wenig Anerkennung für ihre Arbeit erhalten. Um diesen Anforderungen gerecht zu werden, suchen sie Orientierung, Absicherung und Hilfe in den Strukturen und Rahmenbedingungen der Einrichtung, innerhalb des Teams und auf der Ebene der Teamleitung. Deutlich wird hierbei insbesondere die Rolle als zentrale *Schlüsselpersonen,* die die Fachkräfte in den einzelnen Hilfeprozessen erhalten. Sie sind nicht nur die Personen, die für die Kinder und Jugendlichen buchstäblich den Schlüssel in der Hand halten. Durch ihre Vermittlerposition als Ansprechpartner werden sie zu *Schlüsselfiguren* der unterschiedlichen Interessensgruppen. Sie dienen der Entlastung und Hilfe für die Eltern und für andere pädagogische Fachkräfte. Hier sind nicht nur die Mitarbeiter der fallzuständigen Jugendämter gemeint, sondern auch die Erzieher der Heimgruppen, aus denen die Jugendlichen in die Krisenintervention kommen.

Gestaltung professioneller Beziehungen in der Krisenintervention[23]

Eine wesentliche Frage an freiheitsentziehende Maßnahme ist in diesem Kontext, wie dort pädagogisch gearbeitet wird und professionelle Beziehung in diesem besonderen Rahmen gestaltet werden können.

Pädagogische Fachkräfte haben es in ihrer täglichen Arbeit mit Kindern und Jugendlichen zu tun, die immer wieder damit konfrontiert werden, dass sie „beziehungsgestört" seien. Die jungen Menschen haben in ihrem Leben häufig Misshandlungen, Vernachlässigung und (familiäre) Beziehungsabbrüchen erlebt. In den Lebensverläufen der interviewten Jugendlichen kann gezeigt werden, dass einige mit 14 oder 15 Jahren in mehr als zehn unterschiedlichen vollstationären Gruppen untergebracht waren. Für die pädagogischen Mitarbeiter stellt das eine Herausforderung dar. Sie berichten davon, dass es „schwer sei, an diese ‚schwierigen' Kinder heranzukommen". Gleichzeitig gilt die professionelle pädagogische Beziehung als ein wichtiges In-

---

23 Den folgenden Ausführungen liegt die unveröffentlichte Diplomarbeit von Sandra Menk (2005) zugrunde.

strument, bestimmte Erziehungsziele zu vermitteln. Giesecke spricht in dem Zusammenhang von dem „Kernstück des beruflichen Selbstverständnisses" (Giesecke 1997, 16). Gerade für Kinder und Jugendliche, die als „besonders schwierig" und/oder „beziehungsgestört" gelten, scheint eine stabile Beziehung zu Erwachsenen von besonderer Wichtigkeit zu sein.

„Dir werden wir schon helfen …", das kann sehr freundlich, fürsorgend und hilfsbereit klingen. Dieses freundlich gemeinte Angebot einer pädagogischen Fachkraft kann aber auch „anders gehört" werden; dann klingt es eher unangenehm. Unweigerlich denkt der Angesprochene, der eventuell keine Hilfe annehmen möchte, an den erhobenen Zeigefinger – „Dir werd' ich es schon zeigen!" und aus dem freundlichen Hilfeangebot wird eine ernst zu nehmende (Be-)Drohung. So kann das Kriseninterventionszentrum im Erleben der jungen Menschen als Bedrohung oder als Strafe verstanden werden. Die untergebrachten Jugendlichen reagieren auf die entgegengebrachte Hilfe seitens der Erzieher gerade in der Anfangszeit häufig mit Ablehnung. In dieser äußerst schwierigen Situation sind die Fachkräfte gefordert, eine (pädagogisch) tragfähige Beziehung anzubieten, aufzubauen und auszugestalten. Die Gestaltungs*möglichkeiten* dieser Beziehungen stehen im Folgenden im Vordergrund.

Kommunikation zwischen Pädagogen und Jugendlichen ist ein zentrales Thema in den Interviews

Den Jugendlichen werden dabei hohe verbale Fähigkeiten zugeschrieben. Die Mitarbeiter berichten häufig und eingehend über ihre Gespräche mit den Heranwachsenden. Weniger stark ausgeprägt scheint die Umsetzung gemeinsam erlebter Aktivitäten. Zahlreich hingegen waren Erklärungen, warum die Erzieher es schwer haben, mit den jungen Menschen eine Art gesellige Gemeinschaft einzugehen, so dass vor allem die administrativen Aufgaben in den Vordergrund treten, die die Fachkräfte zusammen mit den Jugendlichen erledigen.

Bei der Frage nach den Ressourcen der jungen Menschen fällt auf, dass die Interviewten eine positive Grundhaltung den jungen Menschen gegenüber entwickeln und einige, meist schulische Fähigkeiten und Ressourcen nennen konnten; viele weitere jedoch oft in „versteckten Zusammenhängen" hervorgebracht wurden.

Bei der Erarbeitung einer Perspektive über die Krisenintervention hinaus, stand vor allem die individuelle Sichtweise auf den jungen Menschen im Vordergrund. Die Fachkräfte versuchen, das Bild und die Ressourcen, die sie im Jugendlichen sehen, in der Planung der Perspektive, die in der Regel eine Anschlussmaßnahme in einer Einrichtung der Jugendhilfe beinhaltet, zu berücksichtigen und entsprechend anzugleichen. Hierbei beziehen sie sowohl die persönlichen Wünsche der Heranwachsenden, die der Personensorgeberechtigten, als auch die der Mitarbeiter in den zuständigen Jugendämtern mit ein.

In der Interviewanalyse wurde deutlich, dass für alle Fachkräfte die professionelle pädagogische Beziehung ein *notwendiges* und *hilfreiches* Mittel zur Vermittlung von Erziehungszielen darstellt. Darüber hinaus haben alle in der Krisenintervention handelnden Pädagogen eine konkrete Vorstellung von der Beziehungsgestaltung. Dabei konnten zwar Parallelen in den unterschiedlichen Auffassungen einer „richtigen" Beziehungsgestaltung festgestellt werden, in einigen Punkten gingen jedoch die Ansichten auseinander. Allen gemeinsam ist die Vorstellung, dass bei der konkreten Umsetzung der Beziehungsgestaltung auf eine „Kombination von verschiedenen Aspekten" geachtet werden muss. Dabei halten sich Zuwendung auf der einen Seite und das Setzen von Grenzen und damit autoritäres Verhalten auf der anderen Seite die Waage, bzw. wechseln sich ab.

> „Eine Kombination ist von allen diesen Sachen, [...] mal der Freund, mal ein Helfer, mal der autoritäre Arsch, [...] muss man da irgendwie so den goldenen Zwischenweg suchen [...] mal braucht man mehr dies und mal braucht man mehr das" (Auszug aus einem Interview mit einer fallführenden Fachkraft).

Es konnten hilfreiche und hinderliche Faktoren herausgearbeitet werden, die auf die Beziehungsgestaltung erheblichen Einfluss nehmen. Diese Faktoren können in externe und interne Faktoren unterschieden werden. Interne Faktoren können von den Pädagogen beeinflusst werden; externe Faktoren hingegen nicht, bzw. nur sehr bedingt. Die Aspekte zur Beziehungsgestaltung und deren Wechselwirkung werden in einem Schaubild zusammengeführt:

Abb. 27: Beziehungsgestaltung in der Krisenintervention

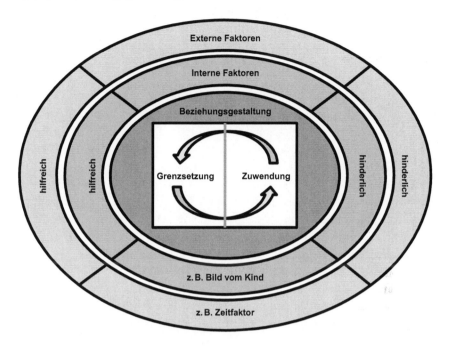

Der Kreis der Beziehungsgestaltung

Die konkrete Beziehungsgestaltung konstituiert sich im Urteil der Fachkräfte in einem Spannungsfeld bestehend aus Grenzsetzungen und Zuwendungen – durch das sich im inneren Kreis befindende Rechteck dargestellt (Abbildung 27). Diese beiden doch sehr konträren Handlungsstrategien (markiert durch eine durchlässige Trennlinie) bedingen sich gegenseitig. Die Interviewpartner stellen diesen wechselseitigen Prozess heraus. In der Abbildung verdeutlichen die beiden Pfeile diesen Austauschprozess.

Unter *Zuwendung* wird vor allem die emotionale und körperliche Zuwendung verstanden. Die Fachkräfte stellen sich auf die Wünsche und Bedürfnisse der jungen Menschen ein, indem sie mit ihnen Spiele spielen, ggf. körperlichen Kontakt aufnehmen oder gemeinsam versuchen, Pläne und Vorhaben umzusetzen. Auch das „Aushalten" der Jugendlichen, wie es vor allem von zwei Mitarbeitern geschildert wurde, ist darunter zu verstehen. Einige Fachkräfte erwähnen, dass sie die Vater- bzw. die Mutterrolle für die Zeit der Unterbringung einnehmen. Insbesondere die kommunikativen Interaktionen werden von den Mitarbeitern als „Zuwendung" verstanden. Allerdings können kommunikative Situationen auch der Grenzsetzung dienen. In diesen Situationen verstehen sich die Pädagogen als Institutionsvertreter, die den jungen Menschen sagen, „wo es langgeht"; in akuten Krisensituationen auch durch körperliche Begrenzungen. In einigen Interviewsequenzen kann herausgearbeitet werden, dass die Heranwachsenden diese Grenzsetzung gut annehmen und akzeptieren können. Die Mischung dieser beiden Handlungsaspekte ähnelt den Beschreibungen von Pankofer (1997), die den Begriff des „Schwottel" geprägt hat. Schwottel bezeichnet die Mischung aus „Schwein" und „Trottel". Die Rolle des „Schweins" spricht z.B. ein „Nein" aus und setzt die eigene Entscheidung über die eines Anderen und in der Rolle des „Trottels" ist der Erzieher (zu) lange geduldig, lässt sich (zu) viel gefallen und hat (zu) viel Verständnis, so dass das gutmütige Lassen und Gewähren „leider nur allzu oft ausgenutzt wird" (Pankofer 1997, 148) und somit zum Trottel wird. In diesem Zusammenhang plädiert nicht nur Pankofer für mehr Klarheit und Transparenz im Kontakt mit Jugendlichen. Die Kommunikation erhält einen besonderen Stellenwert in der Beziehungsgestaltung. Sie verbindet und vertritt die beiden Positionen der Zuwendung und Grenzsetzung am deutlichsten und wird in den Interviews immer wieder erwähnt. Diese Bedeutsamkeit führt zur ersten Hypothese:

Hypothese 1: Die Beziehungsgestaltung in der Krisenintervention ist vor allem durch häufige Kommunikation mit den Jugendlichen geprägt.
Während ausgewählten Klassiker der (Sozial-)Pädagogik (wie zum Beispiel Wichern, Wilker oder Makarenko) sehr großen Wert auf gemeinsame Aktivitäten mit den jungen Menschen legten, war es Pestalozzi in dem Zusammenhang wichtig, die Taten an Worte zu knüpfen und nicht nur die Worte alleine sprechen zu lassen: „Endlich und zuletzt komme mit den gefährlichen Zeichen des Guten und Bösen, mit den Wörtern: Knüpfe diese an die täglichen häuslichen Auftritte und Umgebungen an […], um deinen Kindern klarer zu machen, was ihnen und um sie vorgeht […]. Die Worte geben nicht die Sache selbst, sondern nur eine deutliche Einsicht das Bewusstsein von ihr." (Pestalozzi 1947, 19, 13)
   In der Krisenintervention scheint ebenfalls ein wesentliches Merkmal der Beziehungsgestaltung die Kommunikation zu sein. Alle interviewten Mitarbeiter weisen in den Interviews mehrfach darauf hin, welche Bedeutung die Gespräche mit den jungen Menschen haben. Dabei bildet ein Interview die Ausnahme. Dort werden in vielen Passagen die gemeinsamen Aktivitäten mit dem Jugendlichen in den Vordergrund gestellt. Dabei wird in diesem Fall offensichtlich großes Augenmerk auf die Verbindung von Taten und Worten gelegt. Diese zwangsläufig notwendige Verbindung von kommunikativen Situationen zum Beziehungsaufbau scheint erst einmal für sich genommen kein „neuer" Befund zu sein. So lässt sich in einschlägigen Fachlexika diese notwendige Bedingung finden. Im Fachlexikon der Sozialen Arbeit (Deutscher Verein für öffentliche und private Fürsorge, 1997) wird Kommunikation wie folgt zusammengefasst: „Kommunikation ist einerseits

Mittel zum Zustandekommen sozialer Beziehungen, hält diese aufrecht und verändert sie; umgekehrt gilt aber auch, dass bestehende Beziehungen als Ergebnisse abgelaufener Kommunikationsprozesse ihrerseits bestimmend auf aktuelle Kommunikation einwirken – wodurch das kreisförmige Verhältnis ganz deutlich wird." (Reifrath 1997, 564). Dies ist ein weiterer Beleg dafür, dass Beziehung nicht ohne Kommunikation gestaltet werden kann.

Darüber hinaus zeigt sich in den Interviews mit den Fachkräften, dass in der Krisenintervention keine speziellen Handlungsvollzüge oder besonderes methodisches Arbeiten zum Tragen kommen, welche nicht auch in einer offenen Jugendhilfeeinrichtung angewandt werden. Die pädagogische Arbeit im Kontext von freiheitsentziehenden Maßnahmen braucht keine „Spezial-Pädagogik"; auch dort wird „nur mit Wasser gekocht". Es handelt sich zwar um eine pädagogische Intervention an einem besonderen Ort. Dort wird allerdings nach den allgemeinen „Regeln der sozialpädagogischen Kunst" gearbeitet.

Der Ring der Internen Faktoren

Der Ring der internen Faktoren beeinflusst die Beziehungsgestaltung in der Krisenintervention. Er liegt wie eine Schale um den inneren Kreis und kann diesen „komprimieren" und damit belasten. Die internen Faktoren können von den Mitarbeitern beeinflusst werden und gleichzeitig beeinflussen sie die Beziehungsgestaltung. Es können sowohl hilfreiche, als auch hinderliche interne Faktoren herausgearbeitet werden. Besonders hervorzuheben ist das *individuelle Bild,* das die Erzieher *vom einzelnen Jugendlichen* haben, bzw. welches sich in den Interviews rekonstruieren lässt. Meist zieht sich dieses Bild wie ein *roter Faden* durch das gesamte Interview. Dies führt zur zweiten Hypothese:

Hypothese 2: Die individuelle Sichtweise auf den Jugendlichen bestimmt maßgeblich die Beziehungsgestaltung im Kriseninterventionszentrum.
Einerseits befähigt das *individuelle Bild vom Jugendlichen* die Erzieher zum Handeln. Andererseits schränkt dieses Bild jedoch auch das Handlungsspektrum ein, weil sich das Bild meist auf wenige Facetten des jungen Menschen beschränkt. Insgesamt kann damit jedoch das ambivalente Verhältnis zwischen hinderlichen und hilfreichen Komponenten beschrieben werden. Ein bestimmtes Bild vom Jugendlichen kann eine Gesamteinschätzung verhindern. Dennoch sollte dieser Aspekt nicht als unprofessionelles Handeln missverstanden werden. Die pädagogische Fachkraft reduziert mit ihrem Bild von dem Jugendlichen die alltägliche Komplexität, um den Jugendlichen und sein Umfeld verstehen und entsprechend handlungsfähig zu bleiben. Komplexitätsreduktion innerhalb eines pädagogischen Prozesses scheint dementsprechend notwendig. Das Bild, das sich die Fachkraft von dem Ju-

gendlichen macht, wird dann zu einem hinderlichen Faktor, wenn das Bild vom *nicht* oder nur ansatzweise veränderbar ist. Es besteht die Gefahr, dass die pädagogische Fachkraft etwas „übersieht", z. B. vorhandene Ressourcen, auf die dann nicht zurückgegriffen werden können, was sich hinderlich auf die Beziehungsgestaltung auswirken kann. Allerdings können auch positive Bilder einschränken. Wichtig ist, dass sich die pädagogischen Fachkräfte darüber bewusst sein müssen, dass „reduzierte" Bilder existieren und dass sie diese ggf. verändern müssen, um alternative pädagogische Handlungsmöglichkeiten eröffnen zu können.

Nicht nur einzelne Bilder von Jugendlichen gehören zu den internen Faktoren, die hilfreich oder hinderlich sein können. Insbesondere gehören *Ressourcen des jungen Menschen* in diesen inneren Kreis. Die Ressourcen sind primär schlecht beeinflussbar. Es obliegt jedoch dem Erzieher, sie zu erkennen, zu nutzen und zu fördern. In der Interviewanalyse wird deutlich, dass an einigen Stellen scheinbar hinderliche Ressourcen eher „bekämpft" sowie hilfreiche genutzt werden.

Zu den internen Faktoren gehört des Weiteren, dass die Erzieher selbst eine stabile Figur in der Krisenintervention darstellen müssen. Dies zeichnet sich meist durch eine *innere Stabilität* aus. Für die jungen Menschen wird damit die notwendige Transparenz und Klarheit in Handlungen, Rahmungen und Beziehungsgestaltungen erlebbar; ebenso wie ein konsequentes Aushalten der Schwankungen. Dies wiederum scheint – in der Perspektive der Fachkräfte – hilfreich für die Beziehungsgestaltung. Die jungen Menschen erleben in der Krisenintervention (oft zum ersten Mal in ihrem Leben) verlässliche und vertrauensvolle Erwachsene.

Der Ring der Externen Faktoren

Im Schaubild umgibt ein letzter Ring die bereits erwähnten Aspekte und setzt damit auch den Rahmen für die Beziehungsgestaltung während der Krisenintervention. Die Fachkräfte selbst haben keinen oder einen nur sehr geringen Einfluss auf diese externen Faktoren. Auch sie können hilfreich oder hinderlich für die Gestaltung der professionellen pädagogischen Beziehung sein. Besonders der *zeitliche Rahmen,* der mit der Unterbringung in der Krisenintervention immer wieder von den Mitarbeitern angeführt wird, ist hier zu nennen. Die Maßnahme ist durch einen richterlichen Beschluss zeitlich begrenzt – das wissen sowohl die dort untergebrachten jungen Menschen als auch die Fachkräfte. In den Interviews wird häufig geschildert, dass es für die Mitarbeiter der Krisenintervention teilweise sehr schwierig ist, auf die Jugendlichen einzugehen, weil sie wissen, dass ihnen nur ein begrenzter Zeitrahmen zur Verfügung steht. Darüber hinaus haben sie den Eindruck, dass die Heranwachsenden selbst den zeitlichen Rahmen nutzen, um sich von den Mitarbeitern zu distanzieren. Der Faktor „Zeit" zeigt, dass

Begrenzung sowohl hilfreich wie auch hinderlich sein kann und zwar für die Fachkräfte wie auch für die jungen Menschen.

Die Pädagogen verdeutlichen den Jugendlichen glaubhaft, dass sie die Zeit in der Krisenintervention (aus-)halten werden und auch bei Entweichungen immer wieder in die Einrichtung zurück gebracht werden. Für die Jugendlichen ist es insbesondere wichtig, zu wissen, dass diese Maßnahme nicht willkürlich verlängert werden kann.

Für die Mitarbeiter wird diese zeitliche Begrenzung dann hilfreich, wenn die Arbeit mit dem Jugendlichen als besonders mühevoll erlebt wird. In diesem Fall können auch sie sich darauf verlassen, dass die Kinder und Jugendlichen zu einem festgesetzten Termin die Krisenintervention verlassen werden. Hinderlich ist die vorgegebene zeitliche Struktur dann, wenn der Eindruck entsteht, dass der junge Mensch die Krisenintervention länger braucht, als es der richterliche Beschluss zulässt. Die zeitliche Begrenzung der Maßnahme kann dazu führen, dass die Pädagogen eher ein distanziertes Verhältnis zu den jungen Menschen aufbauen, um „sich nicht zu sehr involvieren [zu] lassen" (Auszug aus einem Interview mit einem Mitarbeiter aus KRIZ). Sie haben ein „Datum im Kopf" und es besteht die Gefahr, dass der Abschied für den jungen Menschen bei einer sehr intensiven Beziehungsgestaltung problematisch werden könnte. Weil die Maßnahme zeitlich befristet ist, gestalten die Fachkräfte die Beziehung zu den Kindern und Jugendlichen bewusst anders. Andererseits gaben einige Fachkräfte an, dass sie „mehr Beziehung", damit ist mehr emotionale Zuwendung gemeint, geben würden, wenn es sich um eine länger dauernde Maßnahme handeln würde.

Hypothese 3: Die zeitliche Begrenzung der Maßnahme beeinflusst maßgeblich die konkrete Beziehungsgestaltung in der Krisenintervention.
Neben dem Zeitfaktor existiert eine weitere bedeutende Komponente des externen Ringes: Die *Rolle* und *Mitarbeit der Eltern*. Sind die Eltern von der Krisenintervention überzeugt, lassen sie sich eher auf die Fachkräfte als Experten ihres Handlungsfeldes ein. Das bedeutet auch, dass sie diesen Standpunkt ihren Kindern gegenüber glaubhaft vertreten können. Im Erleben der Mitarbeiter erweist sich dies im Rahmen der Beziehungsgestaltung als äußerst hilfreich. Im umgekehrten Sinne bedeutet das: Sind sich die Eltern uneinig über die Maßnahme oder äußern sie sich den Kindern und Jugendlichen gegenüber ambivalent, erschwert das die pädagogische Arbeit der Fachkräfte. In allen Interviews wurde dieser Aspekt deutlich. Die vierte Hypothese bezieht sich daher auf diese schwierige Balance:

Hypothese 4: Die Eltern nehmen den „dritten Part" in der Beziehungsgestaltung ein und beeinflussen sie dadurch positiv wie negativ.
In den Interviews mit den Mitarbeitern zeigt sich, dass die Krisenintervention als ein *schwieriger Ort* (vgl. dazu auch Winkler 1999 und Winkler 2003) für Erziehungsprozesse erlebt wird. Die Jugendlichen sollen sich an diesem fremden Ort wohl fühlen können, was die Enge und Begrenztheit des zur Verfügung stehenden Raumes kaum gewährleisten kann. Ortswechsel hingegen scheinen einen eher positiven Einfluss auf die Beziehungsgestaltung zu haben. So wurde in den Interviews berichtet, dass viele Aktivitäten außerhalb der Einrichtung angeboten und wahrgenommen werden und der Erfolg in Bezug auf die Krisenintervention durchaus positiv eingeschätzt wird. Interessant erscheint weiterhin der Befund, dass an den Jugendlichen durch den Ortswechsel „andere Seiten" entdeckt werden können.

Neben der Rolle des Ortes haben andere Faktoren Einfluss auf die pädagogische Beziehungsgestaltung in der Krisenintervention. *Überhöhter Erwartungsdruck* und *verdeckte Wünsche* Seitens der *Mitarbeiter der unterbringenden Jugendämter* wirken sich ebenso auf die Beziehungsgestaltung aus.

Es bleibt festzuhalten, dass sich die Art der Beziehungsgestaltung in der Krisenintervention nicht wesentlich von der in anderen (offenen) Gruppen Öffentlicher Erziehung unterscheidet. Die hier herausgearbeiteten Faktoren und Komponenten finden sich in einem geschlossenen Setting lediglich deutlicher wieder. Grundlegende Fragen der Erziehung erscheinen in der Krisenintervention fast „wie in einem Brennglas" (Peters 2005, 215). Sie können dort intensiver und deutlicher beobachtet werden. So ist zum Beispiel die Elternarbeit auch in offenen Gruppen für den Erfolg der Maßnahme ein wichtiger Bestandteil. In der Krisenintervention erhält dieser Aspekt jedoch mehr Bedeutung. Die Erzählungen, Haltungen und individuellen Definitionen einer professionellen pädagogischen Beziehung weichen nur unwesentlich von theoretischen Ausführungen ab (vgl. Colla 1973; Giesecke 1997). Die Erzieher stehen allerdings ganz besonders im Fokus der Aufmerksamkeit, da die geschlossene Unterbringung nach wie vor polarisiert. Darüber müssen sich die Mitarbeiter in der Krisenintervention bewusst sein. Sie stehen mit ihrer Arbeit nicht auf „gesichertem Boden", sondern können schnell zwischen die „Fronten geraten".

Pädagogische Prozesse zeichnen sich durch ambivalente Strukturen aus, die zusammenfassend auf drei Ebenen deutlich werden:

(1) „Reden und Handeln". Kommunikation, so die erste Hypothese, ist ein sehr bedeutsamer Punkt, der in allen Interviews immer wieder herausgearbeitet werden konnte. Die Fachkräfte vertrauen auf die hohen verbalen Fähigkeiten der Jugendlichen und versuchen, vor allem durch Gespräche den jungen Menschen gesellschaftlich anerkannte Werte und Ziele zu vermit-

teln. Kommunikation dient der Grenzsetzung und der Zuwendung – beides wesentliche Faktoren der konkreten Beziehungsgestaltung.

Dem gegenüber steht das „reine" Handeln, welches jedoch seltener in den Interviews beschrieben wird. Der straff strukturierte und durchorganisierte Tagesablauf bietet keinen großen Spielraum für gemeinsame Unternehmungen. Es zeigt sich jedoch in den Interviews, dass Aktivitäten die Beziehungsgestaltung positiv beeinflussen (können). Werden gemeinsam durchgeführte Aktivitäten verwirklicht, so ist auch „Stoff" vorhabenden, an denen sich Erzieher und Jugendliche „abarbeiten" können.

(2) „Innen und Außen". Die zweite Dimension „Innen und Außen" schließt daran an. Die Krisenintervention zeichnet sich u. a. dadurch aus, dass es für die Jugendlichen schwierig ist, dort hinein zu kommen, denn es ist keine Maßnahme, die leichtfertig initiiert wird. Offensichtlich scheint es aber auch schwierig zu sein, während der Intervention dort wieder „heraus zu kommen". Aktivitäten, die häufig mit Ortswechseln verbunden sind, werden in den Interviews z.T. als Erlebnisse geschildert, die den Erziehungsprozess positiv beeinflussen bzw. fördern. Somit sollte versucht werden, mehr gemeinschaftlich gestaltete Situationen außerhalb der Einrichtung zu schaffen, in denen die jungen Menschen die Gelegenheit haben, sich zu öffnen. Gleichzeitig bieten solche Aktionen auch die Gelegenheit für die Fachkräfte, die jungen Menschen „mit anderen Augen" zu betrachten. Aktivitäten die außerhalb stattfinden können andere Sichtweisen und damit neue Handlungsmöglichkeiten eröffnen. Somit kann der (pädagogische) Blick erweitert werden:

(3) „Reduktion und Erweiterung von Komplexität". Wie bereits dargelegt, wird die Beziehungsgestaltung (auch) in der Krisenintervention wesentlich durch die Sichtweise auf bzw. die Bilder von den jungen Menschen beeinflusst. Bei diesen Bildern handelt es sich zwangsläufig um eine Reduktion der Ganzheitlichkeit des Individuums. Die jungen Menschen können nicht „als Ganzes" wahrgenommen werden; darüber sollten sich Fachkräfte bewusst sein. Allerdings scheint es wichtig, dass die Pädagogen nicht vergessen, *dass* sie reduzieren und dass die Heranwachsenden „mehr zu bieten haben". Es gilt, die eigene Arbeit mit den jungen Menschen immer wieder dahingehend zu reflektieren. Reduktion ist hilfreich und sogar nötig, um handlungsfähig zu bleiben. Allerdings muss der Blick immer wieder erweitert und neu geschärft werden. Unter Umständen kann ein anderes Bild eines jungen Menschen der pädagogischen Fachkraft auch andere Handlungsmöglichkeiten aufzeigen. Hierbei können Ortswechsel hilfreich sein.

In der Gesamtheit geht es nicht darum, eine dieser Dimensionen besonders hervorzuheben. Es gilt, diese drei Ebenen in der Balance zu halten. Die darin enthaltenen Ambivalenzen können von den Fachkräften nicht „aufgelöst" werden. Es geht vielmehr darum, diese zu erkennen und auszugestalten.

Kapitel 6
Vertiefende Analysen zu Selbst-, Welt- und Fremdbilder der Jugendlichen in der geschlossenen Unterbringung

Nachdem in den vorangegangenen fünf Kapiteln die Fragen, Analysen und Ergebnisse des Forschungsprojektes im Vordergrund standen, werden in diesem Kapitel weitere Fragestellungen und zentrale Ergebnisse vertiefender Analysen erläutert, die im Rahmen zweier Dissertationen entstanden sind. Beide greifen auf das empirische Material der Studie LAKRIZ zurück. Die für die vertiefenden Analysen ausgesuchten „Fälle" bieten neben den bisherigen Ergebnissen weitere Anhaltspunkte für die sozialpädagogische Forschung und Praxis.

Im Zentrum beider Forschungsarbeiten stehen dabei die jungen Menschen und die (Re-)Konstruktionen ihre Bilder. Die Bilder, die sie von sich selbst haben, die Bilder der Welt, in der sie leben, und der Einfluss von Erwachsenen auf ihre Selbstbilder und ihren Entstehungsprozess. Der Begriff der „Bildung" junger Menschen steht bei beiden Forschungsarbeiten im Fokus und wird als ein aktiver Prozess der Aneignung und Auseinandersetzung mit sich selbst und mit der umgebenden Welt verstanden.

Zunächst erfolgt eine Darstellung der Konstruktionen und des Veränderungsprozesses der Selbst- und Weltbilder von vier jungen Menschen, die im Mittelpunkt der Dissertation von Sandra Menk standen. Auch Überlebensmuster der jungen Menschen werden dargelegt. Im Zentrum dieser Arbeit steht die Frage nach dem Zusammenspiel und nach Veränderungsprozessen von Selbst- und Weltbildern sowie Überlebensmustern.

Daran schließt sich die Darstellung der Dissertation von Vanessa Schnorr an. Zentraler Aspekt dieser Arbeit sind die Bezüge zwischen den Selbstdeutungen von zwei jungen Menschen und den Fremdbildern „ihrer" Erwachsenen. Sind die verschiedenen Darstellungen der Erwachsenen anschlussfähig an die der jungen Menschen? Welchen Einfluss haben die Bilder der Erwachsenen auf den Bildungsprozess der Heranwachsenden?

6.1 „Vergangenheitsträume" – Veränderungsprozesse von Selbst- und Weltbildern junger Menschen[24]

Der Begriff „Vergangenheitsträume" mag zunächst für Irritation sorgen. Träume werden eher mit der Zukunft in Verbindung gebracht. Auch fällt es wohl leichter, junge Menschen und Zukunftsträumen in Verbindung zu bringen, als mit Vergangenheitsträumen. Karsten, einer von vier jungen Menschen [Anni, Ben, Julia und Karsten], mit denen Interviews geführt wurden, berichtet in einem dieser Interviews, dass er angefangen hat zu rappen. Die Texte handeln von Erlebnissen und Erfahrungen seines Lebens. Er blickt gemeinsam mit seinem jüngeren Bruder zurück und hält Gedanken und Gefühle hierzu fest. Ein Titel trägt den Namen „Vergangenheitsträume". Sowohl das Rappen als Tätigkeit als auch der Name des Songs, vereinen die beiden zentralen Begriffe dieser Arbeit: Bildung und Biographie.

„Bildung" soll verstanden werden, als eine kritische Auseinandersetzung mit sich und der Welt; „Biographie" als ein soziales Konstrukt. Ereignisse und Handlungen werden in eine Ordnung, in einen Zusammenhang gebracht. Der Prozess, sich aktiv mit seinem Leben, mit Erlebtem auseinanderzusetzen, dient dem Selbstverstehen und dem Fremdverstehen. Dies kann z. B. durch das Schreiben von Tagebüchern oder durch Texten und Komponieren von Raps erfolgen.

Primär geht es bei den Begriffen „Bildung und Biographie" um das eigene Leben. Die Beschäftigung und kritische Auseinandersetzung mit eigenen Erfahrungen und mit (alten und neuen) Träumen. Diese Aspekte sind im Titel „Vergangenheitsträume" enthalten. Das Ordnen, Zusammenführen, in-Beziehung-setzen und Verstehen von Erlebnissen, Erfahrungen und Träumen des eigenen Lebens steht im Vordergrund von Bildungs- und Biographisierungsprozessen.

Im Fokus dieser Studie stehen Veränderungsprozesse der Konstruktionen von „Selbstbildern" und „Weltbildern" vier junger Menschen sowie von ihren Handlungsmustern. Ihr Bildungs- und Biographisierungsprozess wird näher betrachtet.

Die Begriffe „Selbstbild" und „Weltbild" enthalten die Vorstellung, dass Menschen die Bilder, die sie von sich selbst und von der Welt in sich tragen, im Laufe des Lebens entwickeln. Vielfältige Faktoren tragen zur Entstehung und Entwicklung dieser konstruierten Selbst- und Weltbilder bei (vgl. beispielhaft zu Traumaerlebnissen Dillig 1983). Diese Konstruktionen sind

---

24 Im folgenden Beitrag finden sich Auszüge der Dissertation von Sandra Menk (2011). Der gesamte Text kann abgerufen werden unter http://kola.opus.hbz-nrw.de/volltexte/2011/683/.

nicht einfach gegeben. Es ist die „Selbständigkeit – also des Sich-Bildens der Persönlichkeit" (Hentig 1996, S. 41). Es handelt sich um einen Prozess „des Bildens". Dieser Prozess geschieht in wechselseitiger Abhängigkeit mit anderen Personen. Es wird in dieser Arbeit versucht nachzuzeichnen, ob bzw. wie sich diese Selbst- und Weltbilder der jungen Menschen und ihre Handlungsmuster im Verlauf verändern. Dies ist dadurch möglich, weil es sich bei der vorliegenden Untersuchung um eine Langzeituntersuchung handelt. Mit den vier jungen Menschen wurden zu verschiedenen Zeitpunkten Interviews geführt, in denen sie über ihr Leben berichteten. Die vier jungen Menschen verbindet, dass sie über eine begrenzte Dauer in einem sozialpädagogischen Kriseninterventionszentrum (KRIZ) untergebracht waren.

Laut § 1 SGB VIII hat jeder junge Mensch das Recht auf eine Erziehung „zu einer eigenverantwortlichen und gemeinschaftsfähigen Persönlichkeit" (§ 1 Abs. 1) und die Kinder- und Jugendhilfe soll „junge Menschen in ihrer individuellen und sozialen Entwicklung fördern" (§ 1 Abs. 3 SGB VIII). Das Recht junger Menschen auf Erziehung zu einer eigenverantwortlichen und gemeinschaftsfähigen Persönlichkeit ist eng mit dem Bildungsbegriff verknüpft. Das Ziel von Bildung ist, dem Menschen die Teilhabe am gesellschaftlichen Leben zu ermöglichen. Bildung beinhaltet einen individuellen Teil, als „Bildung der Persönlichkeit" und einen gesellschaftlichen Teil, in Form von „der Gesellschaft dienen und diese fortführen". Beide Aspekte werden im § 1 SGB VIII formuliert. Die Kinder- und Jugendhilfe hat den Auftrag, Einfluss auf den Prozess der Bildung zu nehmen und die Entwicklung der jungen Menschen zu fördern. Kinder- und Jugendhilfe soll Bildungsprozesse anstoßen.

„Eine an der Lebenswelt orientierte Jugendhilfe bedeutet, nach den Verhältnissen der jungen Menschen zu fragen, in denen sie sich vorfinden und behaupten, räumliche, zeitlich-biografische und soziale Erfahrungen zu berücksichtigen, ebenso wie pragmatische und alltägliche Deutungs- und Handlungsmuster, mit denen sich Jugendliche in ihren Verhältnissen arrangieren." (Maykus 2004 a, S. 168) Kinder machen vielfältige Erfahrungen in ihrem Leben. Sie lernen ihre „Lebenswelt" kennen und entwickeln in Auseinandersetzung mit der Welt, „eigene-sinnige" Vorstellungen von sich und von ihrer Lebenswelt (vgl. dazu Tenorth 2007; Marotzki 2004). Diese werden im o. g. Zitat mit dem Begriff der „Deutungsmuster" beschrieben. In der vorliegenden Arbeit wird der Begriff der „Konstruktion" anstelle des Deutungsmusters verwendet. Dieser erscheint treffender, denn in den Interviews konstruieren die jungen Menschen ein Bild von „Selbst und Welt".

Die Kinder- und Jugendhilfe muss sich mit den Selbst- und Weltkonstruktionen der jungen Menschen beschäftigen, wenn sie sich als eine an der Lebenswelt orientierte Jugendhilfe verstehen will. Sie muss sich mit den Lebensgeschichten ihrer Adressaten befassen, mit ihnen gemeinsam Biographiearbeit leisten. Dazu benötigt sie unbedingt einen verstehenden Zugang zu den jungen Menschen und ihren Interpretationen vergangener Erfahrungen (Vergangenheitsträume), um mit ihnen (neue) Lebensentwürfe, Zukunftsträume entwickeln zu können.

Darüber hinaus geht es im o. g. Zitat um Handlungsmuster, die von der Kinder- und Jugendhilfe berücksichtigt werden sollen. Neben den konstruierten Selbstbildern und Weltbildern stellen die Handlungsmuster junger Menschen einen weiteren wesentlichen Aspekt der vorliegenden Forschungsarbeit dar.

Im Verlauf der Untersuchung wurde zunächst der Begriff der „Bewältigungsstrategie" in Anlehnung an den Begriff der „Lebensbewältigung" (vgl. Böhnisch 2005) gewählt, um das Handeln junger Menschen begrifflich zu fassen. Nach ausführlicher Beschäftigung mit dem empirischen Material wurde dieser Begriff im Forschungsprozess durch den des „Überlebensmusters" ersetzt. Vielleicht ruft die Wahl des Begriffs Verwunderung oder Unverständnis hervor. Die Vorstellung, dass es um Muster geht, die das „Überleben" sichern sollen, mutet dramatisch an. Doch zeigen die Ergebnisse der Fallrekonstruktionen, dass dieser Vergleich durchaus angemessen erscheint (vgl. dazu auch Schrapper 2002).

Es hat sich gezeigt, dass bislang zu den o. g. Fragen noch keine Forschungsarbeiten vorliegen. Auch wenn die Anzahl der Forschungen mit und über Adressaten Sozialer Arbeit, hier insbesondere der Kinder- und Jugendhilfe, deutlich zugenommen hat und auch qualitative Verfahren, in denen Adressaten aktiv beteiligt werden, sich großer Beliebtheit erfreuen (vgl. Bitzan/Bolay/Thiersch 2006; Lamnek 2005), sind doch Langzeitstudien wie LAKRIZ selten. Insbesondere fehlt es an Langzeituntersuchungen, die versuchen, soziale Handlungen junger Menschen verstehend nachzuzeichnen.

Wenn davon ausgegangen werden kann, dass (öffentliche) Erziehung (nachhaltig) Einfluss auf das (Er-)Leben und Erzählen von Jugendlichen hat und damit auch auf die konstruierten Selbst- und Weltbilder und ihre Überlebensmuster, so bieten Interviews, die zu verschiedenen Zeitpunkten geführt wurden, die Chance, der Frage nachzugehen, ob und wie die Kinder- und Jugendhilfe ihrem Bildungsauftrag nachgekommen ist.

Die theoretische Rahmung erfolgt daher durch eine intensive Auseinandersetzung mit den Begriffen „Bildung und Biographie" in Bezug zur Sozialpädagogik. Es werden Anforderungen an die Kinder- und Jugendhilfe formuliert, die verdeutlichen, welche Aufgaben sie leisten muss, damit sie jungen Menschen Bildungserfahrungen ermöglichen kann.

Die methodologische Anlage der Untersuchung wird im darauffolgenden Abschnitt entfaltet. Er legt den Forschungsprozess der vorliegenden Arbeit offen. Die untersuchungsleitenden Fragestellungen werden konkretisiert und begründet. Das Forschungsdesign, die Instrumente zur Erhebung und die Auswertung der Daten werden vorgestellt.

Es schließt sich die Darstellung der Ergebnisse an. Die Konstruktionen der vier jungen Menschen werden jeweils kurz dargelegt. Zentrale Thesen fassen anschließend die Ergebnisse der Bilder und Muster zusammen. Der Abschnitt endet mit einem Rückbezug auf die formulierten Anforderungen an einen sozialpädagogischen Bildungsbegriff.

6.1.1 Bildung, Biographie und Jugendhilfe

Diese Forschungsarbeit beschäftigt sich mit dem Verlauf und den Veränderungen von konstruierten „Selbstbildern und Weltbildern" junger Menschen. Die im Laufe des Lebens entwickelten Bilder sind durch einen Prozess des „Sich-Bildens" geprägt. Daher stellt der Begriff der „Bildung" den theoretischen Bezugspunkt dar und steht im Mittelpunkt des folgenden Abschnitts.

Mit dem Bildungsbegriff sind vielfältige Vorstellungen und Inhalte verknüpft, was eine Eingrenzung und Konkretisierung des Begriffs dringend notwendig macht. Merkmale und Prinzipien eines sozialpädagogischen Bildungsverständnisses werden formuliert, sowie Aufträge für die Kinder- und Jugendhilfe benannt. Anschließend wird der Bezug zum Begriff der „Biographie" hervorgehoben, der nahezu untrennbar mit dem Bildungsbegriff, wie er hier verstanden werden will, verknüpft ist.

Zum Begriff der „Bildung"

Der Bildungsbegriff ist durch eine Doppelstruktur gekennzeichnet. Er enthält einen individuellen und einen gesellschaftlichen Aspekt. Es geht einerseits um ein „Sich-Bilden", ein innerer Prozess, der vom Individuum geleistet werden muss. Die intensive Auseinandersetzung mit einem bestimmten Thema wird als „Sich-Bilden" verstanden. Diese Auseinandersetzung kann von außen angestoßen werden (z. B. durch Schule), aber der innere Prozess kann allein vom Individuum geleistet werden.

Der gesellschaftliche Aspekt von Bildung ist durch bestehende Aufträge und Erwartungen der Gesellschaft geprägt. (Gebildete) Menschen sollen einen Beitrag für die Gesellschaft leisten, diese bereichern. Die gesellschaftliche Dimension wird vor allem durch die Schule – formelle Bildung – repräsentiert (vgl. Bundesjugendkuratorium 2001).

Das Wort „Bild" bedeutet seiner sprachgeschichtlichen Herkunft nach „Zeichen, Wesen", dann „Abbild, Nachbildung". Etwas bilden bedeutet: einer Sache Gestalt geben. Bildung bedeutet Schöpfung, Vertiefung (vgl. Schwenk 1998). Damit ist ein äußerer und beobachtbarer Vorgang mit einem sichtbaren Ergebnis am Ende gemeint. Erst später wurde der Begriff der Bildung auch auf innere und weniger gut beobachtbare Vorgänge bezogen, auf das „Sich-Bilden".

Bei der Beschäftigung mit dem deutschen Bildungsbegriff kann ein Name nicht unerwähnt bleiben: Wilhelm von Humboldt. Er ist mit dem Bildungsbegriff eng verknüpft und sein Verständnis von Bildung liegt im Wesentlichen dieser Arbeit zu Grunde.

Wilhelm von Humboldt verstand unter Bildung: „Bildung sei die Anregung aller Kräfte eines Menschen, damit diese sich über die Aneignung der Welt in wechselseitiger Ver- und Beschränkung harmonisch-proportionierlich entfalten und zu einer sich selbst bestimmenden Individualität oder Persönlichkeit führen, die in ihrer Idealität und Einzigartigkeit die Menschheit bereichere." (von Humboldt, zit. Hentig 1996, 40).

Diese Definition soll im Folgenden genauer beleuchtet werden, da viele einzelne Teile von zentraler Bedeutung sind:

- Zu Bildung kann nur angeregt, nicht gezwungen werden.
- Ein Entfalten von Kräften setzt voraus, dass die Kräfte schon angelegt sind und nicht erst gemacht oder eingepflanzt werden müssen. Damit wird eine (positive) Haltung dem Menschen gegenüber ausgedrückt. Weniger tritt in den Vordergrund, dass etwas in einen Menschen hinein gepflanzt werden muss, sondern das, was der Mensch benötigt, ist in ihm schon vorhanden. Die Entfaltung ist kein „Vor-sich-hin-Wuchern, sie fordert Disziplin." (von Humboldt, zit. Hentig 1996, 41).
- Aneignung von Welt: Mit „Welt" ist tendenziell alles gemeint, ohne Wertung oder Normierung. Das Fremde an sich wird als Welt gesehen.
- Der Passage „in wechselhafter Be- und Verschränkung" liegt zugrunde: Die Welt bleibt in der Auseinandersetzung des Subjekts mit der Welt nicht unverändert, d. h. die Welt verändert sich durch das gebildete Subjekt und das Subjekt verändert sich wiederum nach der Auseinandersetzung.
- Harmonie und Proportionierlichkeit: Hentig deutet dies folgendermaßen: Bildung mildert Konflikte zwischen sinnlichen, sittlichen, intellektuellen und spirituellen Ansprüchen (vgl. Hentig 1996).
- Die Persönlichkeit oder eine selbstbestimmte Individualität ist das Ziel eines Bildungsprozesses. Diese Individualität ist jedoch nicht um ihrer selbst willen bereichernd, sondern sie soll, und damit schließt die Definition, die Menschheit bereichern.

Sowohl die individuelle Seite, als auch die gesellschaftliche Seite von Bildung spiegeln sich bereits in dieser Definition wider, die bereits erwähnte Doppelstruktur des Bildungsbegriffs. Das zentrale Element dieser Definition haftet ihr nach wie vor an, zumindest in der Erziehungswissenschaft. Es ist die *„Selbständigkeit – also des Sich-Bildens der Persönlichkeit"* (von Humboldt, zit. nach Hentig 1996, 41). Dieses Element bleibt auch in kürzeren Darstellungen enthalten. Dieser klassische Bildungsbegriff liegt der Forschungsarbeit zugrunde, weil er in besonderer Weise den Selbst- und Weltbezug enthält. Die Vorstellung, dass mit der kritischen Auseinandersetzung einer Person mit sich und der Welt auch „Selbstbilder und Weltbilder" konstruiert werden, ist damit anschlussfähig. Das eigene Leben wird damit zum Bildungsthema.

Herangehensweisen an einen sozialpädagogischen Bildungsbegriff

Mit der ersten PISA-Studie aus dem Jahr 2000 kam in Deutschland der „PISA-Schock" (BMFSFJ 2005, 57). Dieser kann wohl als Auslöser der seither anhaltenden Bildungsdebatte genannt werden, die auch für die Sozialpädagogik relevant ist.

Explizit wird im 12. Kinder- und Jugendbericht (BMFSFJ 2005) erklärt, dass Bildung mehr ist als Schulbildung und auf das Humboldt'sche Verständnis des Begriffs wird Bezug genommen: „Bildung hat deshalb immer zwei Funktionen im Blick: Auf der einen Seite die Selbstkonstitution des Subjekts, auf der anderen Seite die Konstitution der Gesellschaft. [...] Bildung in diesem Sinne meint die Entwicklung der Person in einem umfassenden Sinne. Alle Kräfte des Menschen sollen, so Wilhelm von Humboldt [...] in einem ausgewogenen Verhältnis zueinander gebildet werden. [...] Bildung als selbst bestimmter und aktiver Prozess der Entwicklung der Person ist, [...] auf die Freiheit der Person, sowie auf Verhältnisse angewiesen, die Anregungen ermöglichen und von der größten Armut und Not befreit sind." (BMFSFJ 2005, 107). Alle vorgestellten und wesentlichen Elemente des Humboldt'schen Bildungsbegriffs sind hierin enthalten. Der hier formulierte Auftrag lautet: (Wieder) mehr individuelle Prozesse und die Bedeutung der Bildung in den Blick nehmen und gleichzeitig dafür Sorge tragen, dass die Benachteiligung von Bildungsmöglichkeiten abnehmen. Damit wird schon ein direkter Bezug zur Sozialpädagogik deutlich.

Neben den unterdurchschnittlichen Leistungen ist dies vor allem dieser zweite Aspekt der Ergebnisse der PISA-Studie, der die sozialpädagogische Disziplin beschäftigt. Nämlich, dass der „Zusammenhang zwischen sozialer Benachteiligung und geringen Bildungschancen außergewöhnlich hoch ist." (Müller 2005, 155) Dieses Ergebnis ist für die Jugendhilfe von besonderer Bedeutung. Ansen (2004) macht in seinem Beitrag deutlich, wie eng der Zusammenhang zwischen sozialer Ungleichheit und Bildungsmöglichkeiten bzw. Bildungsbenachteiligung durch Armut ist und bezeichnet benachteiligte Lebensbedingungen als eine „Form von struktureller Gewalt" (Ansen 2004, 511). In diesem Zusammenhang von „Gewalt" zu sprechen, mutet zunächst seltsam an. Doch Armut bedeutet in aller Regel Einschränkung im Konsum, Freizeitmöglichkeiten und gesundheitliche Benachteiligung. Darüber hinaus Benachteiligung durch unterdurchschnittliche Bildungsabschlüsse und damit wird erneute Armut an die nächste Generation weitergegeben, weil adäquates Einkommen durch niedrige Bildungs- und Ausbildungsabschlüsse fehlt, was unter dem Schlagwort „Bildungsarmut" verhandelt wird (vgl. Ansen 2004). Wenn prekäre Lebenssituationen, Armut und ungleiche Bildungsmöglichkeiten zusammenhängen, ist es durchaus überlegenswert, hier von einer strukturellen Form von Gewalt zu sprechen.

Vor dem Hintergrund von Bildungsprozessen muss nun bedacht werden, dass „Aneignung von Welt" für junge Menschen, die in Armut leben, anders aussieht, als die Aneignung von Welt für Kinder und Jugendliche, die in materieller Sicherheit aufwachsen. Wenn Bildung als Aneignung und Verarbeitung von Lebensrealität, das Verstehen des eigenen Sozialisationsprozesses ist, dann sollten dafür auch bessere Voraussetzungen geschaffen werden. Schlechte strukturelle Bedingungen sollten verbessert werden, damit sich junge Menschen eine „andere Welt" aneignen und sich an dieser wechselseitig beteiligen können.

Junge Menschen müssen die Möglichkeit erhalten, sich anregen und sich bilden zu können. Wenn aber soziale Herkunft, insbesondere das Aufwachsen in Armut, formale Bildungsprozesse negativ beeinflusst, dann ist dies eine Aufgabe für den Staat als Sozialstaat und auch für die Kinder- und Jugendhilfe. „Soziale Dienste, wie die Jugendhilfe, stellen gesellschaftlich institutionalisierte und lebensweltlich orientierte Reaktionen auf soziale Probleme, Belastungssituationen und psychosoziale Bewältigungskonstellationen dar, die in ihrer Komplexität einen Aufforderungscharakter haben." (Maykus 2004a, 166) Soziale Arbeit soll das Subjekt dabei unterstützen, Lebenslagen (wieder) zu stabilisieren und bei der Subjektwerdung helfen. Handlungsfähigkeit soll hergestellt und Orientierung gegeben werden, insbesondere vor dem Hintergrund moderner Gesellschaftsbedingungen (vgl. Maykus 2004a). Auch hierin zeigt sich die Doppelstruktur der Bildung und der Auftrag an die Kinder- und Jugendhilfe, die sowohl die Subjekt-Bildung unterstützen soll, als auch für die Gesellschaft einen Beitrag leisten soll, damit das Subjekt in der Lage ist dem Staat bzw. der Gesellschaft zu nützen. Das Subjekt gibt die geleistete Unterstützung wieder zurück.

Die vorangegangenen Ausführungen zeigen die Notwendigkeit für die Kinder- und Jugendhilfe, sich mit dem Begriff Bildung auseinanderzusetzen. Im folgenden Abschnitt werden kurz drei Herangehensweisen einer solchen Auseinandersetzung skizziert. Hierbei erfolgt eine Konzentration auf drei Autoren (Stephan Maykus, Michael Winkler und Christian Schrapper), die m.E. für die Forschungsarbeit besonders ertragreich sind. Anhand der theoretischen Überlegungen eines sozialpädagogischen Bildungsverständnisses werden abschließend Aufträge für die Jugendhilfe formuliert und zusammengefasst. Die zu Schluss genannten Aspekte und Aufträge für die Kinder- und Jugendhilfe dienen als eine Reflexionsfolie zur Auswertung der Interviews, die in dieser Arbeit bearbeitet wurden.

Maykus (2004b) arbeitet spezifische Merkmale einer sozialpädagogischen Bildungsarbeit heraus und formuliert dann Aspekte einer Adressaten bezogenen Bildungsarbeit:

- Doppelstruktur der Bildung: Sozialpädagogik hat den Auftrag, die Subjekte bei ihren Bildungsprozessen/Subjektwerdung (individueller Lernprozess) zu unterstützen und steht dabei gleichzeitig in einem gesellschaftlichen Kontext (Vergesellschaftungs- und Integrationsformen, Bildungsprozesse im biografischen Lebenslauf) und hat einen gesellschaftlichen Auftrag zu erfüllen.
- Verbindung von erstens Hilfe als eine unspezifische Form von Unterstützung und zweitens Bildung als intentionale, zielorientierte Intervention zur Herausbildung von Mündigkeit. Mit dem Stichwort „Biographiemanagement" (Maykus 2004b, 313) ist das Üben von Reflexions- und Handlungskompetenzen der Subjekte gemeint. Darüber hinaus soll Sozialpädagogik eingeschränkte gesellschaftliche Teilhabe reduzieren.
- Sozialpädagogik muss die Kontexte und Bedingungen ihrer Adressaten analysieren. Dabei spielt der Ort für die Sozialpädagogik eine wichtige Rolle.
- Die eigene Sozialisation der Subjekte wird zum wesentlichen Aspekt von Bildung. Neben dem Aneignungsprozess müssen auch Orientierungshilfen zur Bewältigung gegeben werden.

Die Merkmale einer adressatenbezogenen sozialpädagogischen Bildungsarbeit sieht Maykus (2004b) vor allem in folgenden Punkten:

- *Vergegenwärtigend-haltend:* Das bisherige Denken und Handeln der Adressaten und ihre konkreten Erfahrungen muss berücksichtigt werden.
- *Analysierend-aufdeckend:* Die Biographie der Adressaten muss verstanden werden. Das „Problem" sollte für Adressat und Helfer dasselbe sein.
- *Informierend-klärend:* Dem gemeinsam ermittelten Problem werden Wege möglicher Hilfen gegenübergestellt. Pädagogen haben die Aufgabe, zu beraten.
- *Bewertend-selbstbestimmend:* Die Beurteilung der ermittelten Wahlmöglichkeiten für die Subjekte obliegt ihrer Beurteilung.
- *Aktivierend-regulierend:* Pädagogen sollen die Selbsttätigkeit der Subjekte anregen und sie unterstützen, Handlungsalternativen zu entwerfen.

- *Unterstützend-begleitend:* Wenn Handlungsentwürfe entwickelt wurden, ist es bedeutsam, die ersten Schritte gemeinsam mit den Adressaten zu gehen. Sozialpädagogik soll konkrete Handlungserfahrung ermöglichen. Auch soll die Möglichkeit gegeben werden, Verhaltensalternativen einzuüben und neu gefundene Strategien zu festigen. Am Ende dieser Bildungsarbeit steht die Aufhebung der sozialpädagogischen Interaktion.

Bildungsprozesse in sozialpädagogischen Kontexten bedeutet, dass sich die Fachkräfte mit der Lebenswelt ihrer Adressaten auseinandersetzen müssen. Doch über den Bildungsprozess hinaus stellt sich die Frage: Was passiert nach der Auseinandersetzung? Sozialpädagogik soll die Subjekte im Anschluss auch in der Bewältigung unterstützen. Denn Auseinandersetzung an sich bietet noch keine alternativen Möglichkeiten und Kompetenzen, Dinge zu ändern.

Michael Winkler (2001) geht in seinem Beitrag im „Handbuch Sozialarbeit Sozialpädagogik" zunächst auf das Höhlengleichnis von Platon ein. Damit werden gleich zwei neue Merkmale des Bildungsbegriffs eingeführt: Das schmerzhafte Lösen alter Trugbilder und die Anstrengung, die damit verbunden ist.

Platon beschreibt im Höhlengleichnis in aller Dramatik Bildung als eine „schmerzhafte Umkehr, bei der mit Anstoß von außen sich der einzelne von den Trugbildern löst, die noch im sozialen Zusammenhang Sicherheit gewähren. Bildung, so kann man interpretieren, geschieht nicht von selbst, muss aber doch allein als ein anstrengendes und riskantes Geschehen bewältigt werden." (Winkler 2001, 174, vgl. zum Höhlengleichnis auch ausführlich Dörpinghaus/Poenitsch/Wigger 2006) Auch spielt die Ungewissheit eine Rolle. Wie soll das Subjekt mit dem neuen Wissen umgehen?

Der Prozess der Bildung als eine schmerzhafte Wende, in dem zuvor gebildete Konstruktionen „über Bord geworfen" werden. Die Welt ist nicht mehr, wie sie früher war. Das ist ein durchaus schmerzhafter Prozess, denn die sozialen Zusammenhänge, die sich das Subjekt zuvor gebildet hatte, gehen verloren. Damit geht auch Sicherheit verloren. An ihren Platz rückt Unsicherheit.

Bildung ist zugleich Aneignung und Distanzierung: „Bildung lässt sich nun fassen als Selbstbewusstsein des Subjekts von der Konstitution der eigenen Subjektivität in der Auseinandersetzung mit der Welt. In dieser aber geht es [...] stets auch um Distanzierung. [...] Sie ist paradox, weil Bildung hier eine systematische Herstellung von Fremdheit bedeutet, die nur durch das Vertraute, genauer: durch Gewusstes hindurch gesehen werden kann." (Winkler 2001, S. 179). Das Subjekt muss in der Lage sein, neben sich zu treten und Distanz zu sich selbst herzustellen (vgl. dazu auch Maykus 2004b und Marotzki/Tiefel 2007).

Für die sozialpädagogische Dimension von Bildung sind es im Wesentlichen zwei Dinge, die Bildung und Sozialpädagogik ausmachen: Die Möglichkeit der Biographisierung zum einen und zum anderen die pädagogischen Orte.

Es müssen „Möglichkeiten eröffnet werden, damit Subjekte nicht nur die Welt sondern vor allem sich selbst so gegenüber dieser Welt begreifen und bestimmen, dass sie die Veränderungen ihrer Umgebung wie auch die Gestaltung der eigenen Biographie als ein eigenes Lebensthema erfassen können. Bildung bedeutet also, sich als labiles Ich zu beobachten, insofern reflexiv zu werden, dabei aber Vertrauen in die eigenen Fähigkeiten zu entwickeln." (Giddens, zit. nach Winkler 2001, 181)

Subjekte sollen hinreichend Stabilität erreichen, damit sie sich in einer tendenziell risikohaften und ungewissen Welt auf sich selbst verlassen können. Sicher keine leichte Aufgabe, weder für das Subjekt noch für Menschen, die diesen Prozess unterstützen sollen. Auch wenn der Prozess der Aneignung letztendlich durch das Subjekt selbst geleistet werden muss, so ist die Anleitung und Übung, dies zu tun, Aufgabe professioneller Pädagogen. Erziehung muss die Subjekte „davor bewahren, der Welt ausgeliefert zu sein." (Winkler 2001, 181) Mag diese Formulierung übertrieben anmuten, so scheint sie doch, nüchtern betrachtet, ein wesentlicher Kern moderner Sozialpädagogik zu sein.

„Wenn pädagogische Unterstützung den Subjekten hier Bildung zu eröffnen sucht, dann auch, weil sie gar keine andere Wahl mehr hat, als den Bezug auf die Subjekte selbst, denen sie zuerst in einem ganz elementaren Sinne das Überleben zu sichern sucht." (Böhnisch/Schefold, zit. nach Winkler 2001, 181) Darüber hinaus ist das Eröffnen von Teilhabe an sozialen Beziehungen wesentlich, die jedoch auch in der Sozialpädagogik kaum eine Verbindlichkeit darstellen. Daher stellt Winkler (2001) erneut den Ort in den Vordergrund, der jungen Menschen bereitgestellt werden muss, damit sie dort Perspektiven entwickeln können. Winkler argumentiert, dass insbesondere für den von ihm gewählten Zugang der „Dialektik von Ort und Subjektivität" (Winkler 2001, 180) eine Idee von Bildung unterstellt ist.

Christian Schrapper (2005) geht in seinem Beitrag „Hilfeprozesse als Bildungsprozesse?" zunächst auf die Begriffe Erziehung, Bildung und Hilfe ein und stellt dann die Frage, wie Hilfeprozesse gestaltet werden müssen, damit sich Kinder die „Welt" erfolgreich aneignen können. Im Anschluss daran formuliert er vier Aufgaben an die Kinder- und Jugendhilfe. Im Folgenden Schrapper (2005):

- Jugendhilfe muss verstehen, welche Bilder und Strategien sich Kinder und Jugendliche aneignen konnten oder mussten. Jedes Kind eignet sich Welt an und versucht zu verstehen, wie diese funktioniert. Die Welt und die Personen, die die Welt ausmachen, sind unterschiedlich. Für manche Kinder sind sie freundlich, für manche Kinder „verwirrend, unberechenbar oder feindlich und gefährlich" (Schrapper 2005, 64). Jugendhilfe muss den Eigen-Sinn der Deutungsmuster verstehen, um hilfreich für die jungen Menschen zu sein.

- Es muss der Jugendhilfe gelingen, erkennbar nützliche Unterstützung in der den Kindern bekannten Welt bereitzuhalten. Nur wenn es die Helfer schaffen, für die Kinder und Jugendlichen mit der Hilfe einen Gebrauchsnutzen zu schaffen, werden sie von ihnen ernst genommen. Nur wenn das Hilfsangebot gebraucht werden kann, wird es angenommen. Was nützen Regeln für friedliche Auseinandersetzung in einer Familie oder Clique, die diese Regeln nicht (an-)erkennt? Die Professionellen müssen einen Perspektivwechsel vollziehen und „durch die Augen der Kinder auf unsere Anstrengungen schauen" (ebd., 65). Die Gefahr der schmerzhaften Verstrickung ist dabei groß.

- Jugendhilfe muss eine Vorstellung davon haben, was Kinder wissen und verstehen müssen, um sich die Welt erfolgreich aneignen zu können. Auch wenn die Welt für viele Menschen anders ist und sie in ihrer Lebenswirklichkeit leben, ist es doch notwendig, „darauf zu bestehen, dass alle diese eigenen Welten einen gemeinsamen Nenner haben" (ebd., 65). Ein solcher Nenner kann die Menschenwürde und das Leben in einer menschenwürdigen Welt sein. Ohne eine positive Vorstellung von dem, wie Kinder in der Welt groß werden und leben können, ist die Gefahr groß, nur zu bestimmen, was fehlt. Nicht nur Kinder gegen Gefahren schützen, sondern auch ihr Wohl schützen. Pädagogen müssen wissen, was Kinder über die Welt wissen müssen, damit sie darin erfolgreich leben können.

- Erzieherinnen und Erzieher müssen gerade den Kindern in „öffentlicher Erziehung" auch verlockende Zugänge zu fremden Welten eröffnen. Menschen müssen zunächst lernen, in „ihrer Welt" zu leben. Doch der Reiz liegt im Entdecken „neuer Welten". Kinder, die damit beschäftigt sein müssen, sich mit dem Überleben in ihrer Welt auseinanderzusetzen, sind in besonderer Weise darauf angewiesen, zur Entdeckung fremder Welten ermutigt zu werden. Neben den Überlebensfragen können Bücher, Musik und andere Dinge der Welt spannend sein. Kinder sind begierig aufzunehmen, ähnlich „wie ein Schwamm" (ebd., 67).

Die ältere Generation hat den Auftrag, der jüngeren Generation die „Welt zur Entdeckung anzubieten" (ebd., 68). Dabei muss in Kauf genommen werden, dass die Jüngeren die Weltansicht der Älteren nicht unbedingt teilen und anderes schön und wichtig finden.

Anforderungen an die Kinder- und Jugendhilfe jungen Menschen, Bildungserfahrungen zu ermöglichen

Die drei hier vorgestellten Beiträge bieten unterschiedliche Herangehensweisen und Schwerpunkte für einen sozialpädagogischen Bildungsauftrag an. Sie formulieren dazu unterschiedliche Anforderungen an die Kinder- und Jugendhilfe. Dabei werden die individuelle und die gesellschaftliche Seite von Bildung und Sozialpädagogik berücksichtigt. Folgende fünf Punkte bzw. Anforderungen finden sich in diesen Ausführungen wieder:

- Die Anregung von Bildungsprozessen beim jungen Menschen setzt einen Perspektivwechsel der Sozialpädagogen voraus. Die Sozialpädagogik muss die Welt so verstehen können, wie sich die Kinder und Jugendlichen die Welt bislang angeeignet haben. Sie muss verstehen, was sie in dieser Welt gelernt haben, sie muss Kontexte analysieren.
- Die Sozialisation und die individuelle Lerngeschichte der jungen Menschen ist wesentliches Thema von Bildungsprozessen. Sozialpädagogik muss die Biographie bzw. die Biographisierung ihrer Adressaten in den Vordergrund ihrer sozialpädagogischen Bemühungen rücken und die Adressaten an diesem Prozess beteiligen.
- Die jungen Menschen bzw. jungen Erwachsenen sollen nach der Unterstützung durch sozialpädagogische Interventionen selbständig ihr Leben gestalten können. Sie sollen ihr Leben reflexiv hinterfragen können. Sozialpädagogik muss dafür Sorge tragen, dass ihre Adressaten gestärkt, stabil, selbstbestimmt, kritisch, selbstbewusst und reflexiv ihr Leben gestalten können.
- Sozialpädagogische Bildungsarbeit muss ihre Adressaten auf Ungewissheit vorbereiten und dabei helfen, dass sie mit risikobehafteten Lebenswelten erfolgreich umgehen können. Sozialpädagogische Bildungsarbeit muss einen erkennbaren Nutzen für die Kinder und Jugendlichen aufweisen.
- Sozialpädagogik muss Orte zur Verfügung stellen, an denen Bildungsprozesse stattfinden können und an denen junge Menschen „sich ausprobieren" können. Diese Orte müssen neue (Bildungs-)Erfahrungen ermöglichen, ihnen die Gelegenheit geben, neue Dinge zu entdecken.

Bildung und Biographie

Schon mehrfach wurde ein Zusammenhang zwischen den Begriffen „Bildung" und „Biographie" angedeutet. Dieser wird im folgenden Abschnitt vertieft.

Eine Definition von Biographie gibt Fischer (1982): „Biographien sind keine Einzelschicksale, sondern soziale Konstrukte zur Ordnung von Ereignis- und Handlungszusammenhängen im Rahmen der Lebenszeit von Gesellschaftsmitgliedern. Ihre vielfältigen sozialen Funktionen lassen sich mindestens drei Hauptfunktionen unterordnen; sie dienen dem Fremdverstehen, der Selbstdarstellung und dem Selbstverstehen." (Fischer, zit. nach Baacke 1993, 66)

Diese Definition enthält zwei wesentliche Elemente, die auch im Bildungsbegriff enthalten sind: Biographien ordnen Ereignisse und Zusammenhänge im Leben. Daraus ergibt sich ein Konstrukt des eigenen Lebens. Biographie ist keine Sache, die ein Mensch hat oder nicht hat, er erarbeitet sie sich. Er stellt sie selbst her. Biographie ist eine Leistung des Subjekts, die es selbst vollbringt. Analog zur Bildung, ist die eigene Biographie ein zu konstruierender Prozess, den das Subjekt alleine vollzieht.

Das zweite wesentliche Element der Definition ist, dass Biographien dem Fremdverstehen, der Selbstdarstellung und dem Selbstverstehen dienen. Menschen wollen von anderen Menschen verstanden werden, daher die Funktion des Fremdverstehens. Die eigene Biographie dient dazu, sich anderen zu erklären und von anderen Menschen verstanden zu werden. Eng damit verbunden ist das Selbstverstehen. Erst wenn ein Subjekt das eigene Leben mit Deutungen versieht und das eigene Leben für sich selbst verstehen und in Beziehung setzen kann, ist davon auszugehen, dass es das eigene Leben verstanden hat und somit auch anderen erzählen und erklären kann. Diese Selbstbesinnung der eigenen Lebensgeschichte kann immer wieder verändert und erneuert werden. Auch hierin gleicht die Biographie bzw. das Biographisieren Bildungsprozessen. Am Ende eines Bildungsprozesses kann das Subjekt sich und die Welt (anders) verstehen.

Doch dieser Prozess wurde zuletzt als anstrengend formuliert und darüber hinaus kann am Ende dieses Prozesses eine große Unsicherheit bzgl. des eigenen Lebens herrschen. Hinzu kommt, dass Menschen dazu neigen, ihre bisherigen Interpretationen eher zu bestätigen, als diese neu zu entwerfen: „Wir benötigen offenbar, um unsere Identität durchhalten zu können, eine Lebensgeschichte, die – trotz ihrer Fehler und Schwierigkeiten – sinnvoll bleibt, so dass nicht ganze Teile einfach gestrichen oder verdrängt werden müssen. Insofern sind allzu radikale pädagogische Bemühungen, unsere Einstellungen und Verhaltensweisen umzukrempeln, notwendigerweise Grenzen gesetzt." (Giesecke 1999, 58) Wichtig scheint hierbei vor allem der Hinweis für die Pädagogen, dass den pädagogischen Bemühungen hier Grenzen gesetzt werden, bzw. dass das Subjekt Zeit benötigt, den bisherigen Sinn seines Lebens auch anders verstehen zu können.

Auch in dieser Definition von Biographie, wird der Zusammenhang zwischen Bildung und Biographie deutlich: „Biographie kann allgemein als individuelle Lebensgeschichte definiert werden, die den äußeren Lebenslauf, seine historischen gesellschaftlichen Bedingungen und Ereignisse einerseits und die innere psychische Entwicklung des Subjekts andererseits in ihrer wechselseitigen Verwobenheit darstellt." (Alheit, zit. nach Baacke 1999, 244) Der Aspekt der Verwobenheit zwischen dem Subjekt und der Gesellschaft wird herausgestellt. Trotz einer individuellen Lebensgeschichte, ist das Subjekt immer mit der Gesellschaft verwoben.

Gezeigt werden konnte, dass zahlreiche Schnittstellen zwischen den Begriffen „Bildung" und „Biographie" hergestellt werden können, ohne dabei die Begriffe gleichzusetzen. Vor diesem Hintergrund verwundert es nicht, dass die erziehungswissenschaftliche Biographieforschung in den letzten Jahren scheinbar explodiert ist. Pädagogen haben es mit Menschen zu tun, die ihre eigene-sinnige Lebensgeschichte zu erzählen haben und wenn Pädagogen mit Menschen handeln wollen, ist es notwendig, diese zu verstehen.

„Wir entwerfen in Prozessen der Biographisierung ständig uns selbst und die Welt vom Blickwinkel einer bestimmten uns eigenen Seinsweise. Es ist berechtigt, ein solches Selbst- und Weltverhalten mit dem Begriff der Bildung anzusprechen. Moderne Qualitative Biographieforschung (in erziehungswissenschaftlicher Absicht) interessiert sich somit für konkrete Bildungsfiguren, ihr Entstehen und ihre Wandlungen." (Marotzki 2000, 185)

Sozialpädagogik ist häufig fallbezogene Arbeit. Ihre Adressaten zeichnen sich in der Regel durch erschwerte Lebensbedingungen aus, die eigene-sinnige Lebensgeschichten hervorbringen. Dies begründet das Interesse der Erziehungswissenschaft und Sozialpädagogik an Lebensgeschichten und Biographien. Dies wird auch im folgenden Abschnitt deutlich.

6.1.2 Anlage und Durchführung

Die Forschungsarbeit lässt sich nach ihrem methodischen Vorgehen der qualitativen Sozialforschung zuordnen. Dabei wird den erhobenen Daten Priorität gegenüber den theoretischen Annahmen eingeräumt, ohne dabei auf ein Vorverständnis über das zu untersuchende Feld zu verzichten. Im Kern beschäftigt sich die Arbeit mit den Selbst- und Weltbildern junger Menschen und ihren Überlebensmustern und so zielt sie darauf ab, „Lebenswelten, soziales Handeln oder Lebensgeschichten in den verschiedensten Bereichen von Erziehung und Bildung zu untersuchen" (Krüger 2002, 202). Anhand von Interviews wurde etwas über die Lebensgeschichten, die Lebenswelten und das soziales Handeln in diesen Lebenswelten der jungen Menschen in Erfahrung gebracht.

Menschen haben Selbstbilder. Sie tragen Bilder von sich selbst und der Welt in sich. Zum Selbstbild, oder auch Selbstkonzept gehören Vorstellungen zum eigenen Aussehen, also körperliche Eigenschaften ebenso wie „innere Bilder" über Eigenschaften und Fähigkeiten. Diese Bilder entstehen im Laufe des Lebens, sie werden in der Auseinandersetzung mit der umgebenen Welt entwickelt und verändert (vgl. Tenorth 2007). Weltbilder entstehen durch Interaktion mit der Umwelt. Menschen entwerfen Bilder von „ihrer Welt" und darüber wie diese Welt funktioniert. Verschiedene Lebensbedingungen bringen verschiedene Weltbilder in den Menschen hervor. Das Wechselspiel zwischen Mensch und Gesellschaft wird als „interpretativer Prozess gesehen. [...] Der Mensch lernt die Welt und sich grundsätzlich in interaktionsvermittelten und -gebundenen Deutungen kennen." (Marotzki 2004, 176)

Soziales Handeln, hier als Überlebensmuster tituliert, ist eng verknüpft mit den eigenen Selbst- und Weltbildern. Erziehung, Lernen und Sozialisation tragen durch wechselseitige Interaktionen zur Entwicklung und Veränderung dieser Bilder und der Überlebensmuster bei. Es finden Bildungsprozesse statt. Der Prozess der Auseinandersetzung und Aneignung mit sich und der Welt ist Bildung, wie ihn Humboldt postulierte.

Diese Selbst- und Weltbilder können, ebenso wie soziale Handlungen, in Gesprächen, z. B. in Interviews, in denen über das eigene Leben berichtet wird, präsentiert und dem Zuhörer/Interviewer vermittelt werden. Es findet Biographisierung statt, die auch für Außenstehende sichtbar, aufnehmbar und interpretierbar wird.

Leitende Fragestellungen
Selbst- und Weltbilder werden im Lebenslauf entwickelt und verändern sich. Im Fokus steht die Frage nach den Zusammenhängen und den Veränderungen dieser Bilder und den Handlungsmustern junger Menschen.

- Werden in den Interviews Konstruktionen der Selbstbilder, Weltbilder und Handlungsmuster deutlich und wie sehen diese aus?
- Können Beziehungen zwischen den Konstruktionen der Selbst- und Weltbilder hergestellt werden?
  - Wenn ja: Welche Beziehungen lassen sich herstellen?
- Können Veränderungsprozesse dieser Aspekte festgestellt werden?
  - Wenn ja: Welche Veränderungsprozesse lassen sich finden?
  - Wann treten diese Veränderungen auf?
  - Können die Veränderungsprozesse erklärt werden?
- Haben die Interventionen der Jugendhilfe erkennbaren Einfluss auf die konstruierten Bilder und Handlungsmuster und/oder auf etwaige Veränderungsprozesse?

Um diese Fragen beantworten zu können, insbesondere die Frage nach den Veränderungen der Bilder, ist es notwendig, über einen längeren Verlauf immer wieder die jungen Menschen dazu zu befragen. Dies ermöglicht es, zum jeweiligen Interviewzeitpunkt eine Zusammenfassung des derzeitigen Standes von Selbst- und Weltbild sowie Handlungsmustern zu erstellen, als im Verlauf von mehreren Interviews etwas über mögliche Veränderungsprozesse zu erfahren.

Datenerhebung

Interviews erfreuen sich im Rahmen qualitativer Sozialforschung immer größerer Beliebtheit. Sie bieten die Möglichkeit, Situationen, Handlungen und auch Deutungen der Befragten „in offener Form zu erfragen" (Hopf 2004, 350). Außerdem können sie leicht aufgenommen und verschriftlicht werden und tragen damit zur besseren Nachvollziehbarkeit bei, was wiederum ein wichtiger Aspekt der Gütekriterien von Sozialforschung darstellt.

In dieser Arbeit wurden mit den jungen Menschen Interviews geführt. Eine eindeutige Zuordnung zu einer bestimmten Interviewform ist nicht möglich. Das Spektrum verschiedener Interviewtypen und Verfahren in der qualitativen Sozialforschung ist groß. Es finden sich zahlreiche Unterscheidungskriterien, aber auch Überschneidungsformen, was eine eindeutige Zuordnung erschweren kann (zu den verschiedenen Interviewformen siehe ausführlich: Flick 2000; Lamnek 2005). Hinzu kommt, dass die Fragestellung die Art der Erhebung und Auswertung bestimmt.

So liegen dieser Forschungsarbeit zwei Interviewformen zugrunde: Das problemzentrierte Interview nach Witzel (1985) und das narrative Interview nach Schütze (1983).

Der Leitfaden ist wesentliches Merkmal des problemzentrierten Interviews. Er sorgt dafür, dass „insbesondere biografische Daten im Hinblick auf ein bestimmtes Problem" (Flick 2000, 105) Berücksichtigung finden. Gleichzeitig steht jedoch das Erzählprinzip im Vordergrund und einzelne Fragen sollen nicht „starr" nacheinander abgefragt werden. Der Leitfaden soll jedoch gewährleisten, dass alle relevanten Themenbereiche im Gespräch angesprochen werden. Die Fragen sind flexibel zu handhaben.

Narrative Interviews werden vor allem im Rahmen biografischer Forschung verwendet (vgl. hierzu insbesondere Kohli/Robert 1984; Krüger/Marotzki 1996). Kennzeichnend für narrative Interviews ist die Erzählaufforderung zu Beginn. Diese soll den Erzähler stimulieren, die Haupterzählung zu beginnen. Daran schließt der narrative Nachfrageteil und die Bilanzierungsphase an. Hierin wird der Sinn der Geschichte auf einen Nenner gebracht. Da der Hauptteil der Erzählung durch die erzählgenerierende Frage eingeleitet wird, muss überprüft werden, ob es sich hierbei um eine Frage handelt, die klar genug formuliert wurde und die Möglichkeit bietet, zu erzählen (vgl.

Lamnek 2005, 359). Ziel narrativer Interviews ist die Analyse „subjektiver Sicht- und Handlungsweisen" (Flick 2007, 237). Auch wenn die Methode einen guten Zugang zu Sicht- und Handlungsweisen bietet, so sind auch diesem Verfahren Grenzen gesetzt. Tatsächliche Erfahrungen und Ereignisse lassen sich hiermit nicht eruieren. Auch verändern sich Erinnerungen bzw. deren Präsentation.

Darüber hinaus konnte bei der Erhebung der ersten Interviews mit den Kindern und Jugendlichen im KRIZ schnell festgestellt werden, dass die jungen Menschen Experten sind, was die Präsentation ihrer Lebensgeschichte angeht. Sie können auf zahlreiche Erfahrungen im Umgang mit ähnlichen Gesprächssituationen zurückgreifen und wissen „wie man sich präsentiert". Daher finden sich Aspekte des Experteninterviews, die durchaus auch auf die geführten Interviews zutreffen (siehe dazu ausführlich Meuser/Nagel 2002; Bogner/Menz 2002; Gläser/Laudel 2004).

Auswahl der Interviewpartner und Durchführung der Interviews

In der Regel bestimmen Fragestellung und Zugang zum Feld die Interviewpartner. Bei der Auswahl der Interviewpartner spielen verschiedene Kriterien eine Rolle, wie z. B. das Einverständnis der Interviewpartner, das hier als selbstverständlich betrachtet wird. Darüber hinaus waren pragmatische Überlegungen, äußere Rahmenbedingungen und das theoretische Sampling anhand der Grounded Theory von Bedeutung (vgl. Glaser/Strauss 1998; Strübing 2004).

Um die o. g. Forschungsfragen zu beantworten, wären prinzipiell alle Jugendlichen und alle zur Verfügung stehenden Interviews als Datengrundlage denkbar gewesen. Es gibt jedoch drei Kriterien, die an dieser Stelle besonders herausstechen und die der Auswahl der vier unten aufgeführten Jugendlichen zu Grunde liegen:

- Die Anzahl zur Verfügung stehender Interviews (mind. vier Interviews)
- Der Zeitraum in denen die Interviews durchgeführt wurden (mind. drei Jahre)
- Inhaltliche und intuitive Kriterien (vgl. Bude 2004) anhand erster Analysen

Abb. 28: Überblick über die Zeitpunkte der geführten Interviews
mit den jungen Menschen

	Anni (geb. Mai 1989)	Ben (geb. April 1987)	Julia (geb. Dez. 1989)	Karsten (geb. März 1990)
Erstinterview im KRIZ	Juni 2005	Feb. 2004	Nov. 2004	Feb. 2004
Abschlussinterview im KRIZ	Nov. 2006		Juni 2005	April 2004
Erstes Folgeinterview	Aug. 2007	Sept. 2004	Juli 2006	Okt. 2005
Zweites Folgeinterview	Juni 2008	März 2006	Juli 2007	Sept. 2006
Drittes Folgeinterview		März 2007	Juni 2008	Dez. 2007

Der Forschungsarbeit liegen damit 19 Interviews zugrunde. Die Erstinterviews wurden alle im KRIZ geführt und der Leitfaden war für diese ersten Interviews für alle Jugendlichen gleich. Die erzählgenerierende Frage zu Beginn lautete: „Erzähl doch mal, wie es dazu gekommen ist, dass Du jetzt/ heute hier bist." Es folgten die Themenbereiche: Familie, Freunde, Institutionen, Hilfegeschichte, geschlossene Unterbringung und Ausblick. Die Abschlussfrage war: „Wenn Du drei Wünsche frei hättest, was würdest Du Dir wünschen?"

In geringfügiger Abänderung wurde dieses Prinzip (gleiche Einstiegsfrage, angepasste Themen mit Bezug auf das vorangegangene Interview und Abschlussfrage nach drei offenen Wünschen) für alle folgenden Interviews beibehalten.

Alle Folgeinterviews wurden persönlich mit den Jugendlichen an den Orten geführt, wo sie gerade lebten: Eigenes Zimmer oder Besprechungsräume in Wohngruppen der Jugendhilfe, eigenes Zimmer oder Wohnzimmer der elterlichen Wohnung. Ein Interview wurde in einem Café eines Kaufhauses geführt.

Alle Interviews wurden auf Tonband aufgenommen und vollständig transkribiert.

Schritte der Datenauswertung

Die Analyse der Interviews wurde in Anlehnung an das Verfahren der Grounded Theory (vgl. dazu ausführlich: Mayring 2002; Strübing 2004; Strauss 1998; Böhm 2004; Flick 2007) und der qualitativen Inhaltsanalyse (vgl. dazu ausführlich Mayring 2002; Lamnek 2005; Flick 2007) durchgeführt.

Beide Verfahren stellen m. E. keinen großen Widerspruch zueinander dar und lassen sich im Forschungsprozess hervorragend ergänzen. Zu dieser Schlussfolgerung kommt auch Mayring (2004). Es lassen sich „Kombinatio-

nen denken, die in einzelnen Analysedurchgängen offenere und inhaltsana-
lytische Verfahren miteinander verschränken. Das Kriterium sollte in jedem
Fall nicht die methodische Machbarkeit, sondern die Angemessenheit der
Methode für das Material und die Fragestellung sein." (Mayring 2004, 474)
Damit wird zugleich auf die Gütekriterien qualitativer Sozialforschung hin-
gewiesen, die die Angemessenheit zwischen Fragestellung, Material und
Auswertung formuliert. Die Interviews wurden in folgenden Schritten aus-
gewertet:

- Kodieren der 19 Interviews unter Zuhilfenahme eines PC-Programms
  (MAXQDA) nach den Kategorien „Selbstbild", „Weltbild", „Überlebensmuster". Dabei wurden aus den Texten Unterkodes generiert, wie z. B.
  „Ich bin ängstlich" oder „Die Polizei ist der verlängerte Arm meiner Eltern" oder „Ritzen hilft".
- Schreiben von Memos zu den Unterkategorien.
- Erstellen von Fallportraits zu jedem Interview. In diesen Portraits wurden erste Annahmen formuliert, wie die Unterkategorien miteinander
  zusammenhängen könnten.
- Reduktion und Zusammenfassung der Interviewportraits auf ein Minimum. Typische Zitate der jungen Menschen wurden zusammengestellt
  und geordnet. Ziel dieses Schrittes war, eine aussagekräftige Zusammen-
  schau jedes Interviews zu erhalten.

Am Ende dieses Prozesses wurde von jedem Fall eine Plakatwand erstellt,
die alle diese Kurzzusammenfassungen beinhaltete, d. h., es gab für die vier
jungen Menschen je eine Plakatwand, die die wichtigsten Ergebnisse und typische Zitate zu den Kategorien enthielt. Strauss (1998) rät ausdrücklich dazu, sich schematischer Darstellungen oder ähnliches bei der Analyse zu bedienen (Strauss 1998, 193).

Das Herausarbeiten von Zusammenhängen zwischen den generierten
Unterkodes der Selbst- und Weltbilder und der Überlebensmuster der jungen Menschen wurde auf der Basis der Plakatwände deutlich erleichtert.

Die einzelnen Bilder und Überlebensmuster erhielten in diesem Auswertungsschritt konkrete Namen. Bislang waren viele Unterkodes nach Textpas-
sagen benannt. Dies war vor allem bei den Selbstbildern möglich. Die Titel
der Weltbilder und Überlebensmuster mussten hingegen entwickelt werden,
wie z. B. „Die Jugendhilfe handelt willkürlich" oder „Meine Mutter spielt
Spielchen mit mir". Die Bilder und Muster wurden miteinander in Beziehung gebracht.

Abb. 29: Beispiel der horizontalen und vertikalen Auswertungsebenen

Anni	Erstinterview	Abschluss-interview	Erstes Folge-interview	Zweites Fol-geinterview	
Selbstbilder (SB)					Selbstbilder im Verlauf
Weltbilder (WB)					Weltbilder im Verlauf
Muster					Muster im Verlauf
	Bezug zwischen SB, WB und Muster im Erstinterview	Bezug zwischen SB, WB und Muster im Abschluss-interview	Bezug zwischen SB, WB und Muster im ersten Folge-interview	Bezug zwischen SB, WB und Muster im zweiten Folge-interview	Gesamt FAZIT

Am Ende dieses Auswertungsprozesses stand das durch eine Graphik unterstützte Gesamtfazit. Dieses enthält eine Beschreibung des Verlaufs der einzelnen Selbst- und Weltbilder, sowie das Überlebensmuster des jungen Menschen. Dabei wird deutlich, dass diese drei Aspekte miteinander in Beziehung stehen und wie sie zusammenhängen.

6.1.3 Ergebnisdarstellung

Im Folgenden werden die Ergebnisse der Interviewauswertung vorgestellt. Dies umfasst eine Darstellung des Gesamtfazits zu den Selbst- und Weltbildern der vier jungen Menschen und ihrer Überlebensmuster. Im Anschluss daran erfolgen eine Zusammenfassung der fallübergreifenden Auswertung und der Rückbezug auf die Heraus- und Anforderungen an einen sozialpädagogischen Bildungsbegriff, die im zweiten Kapitel dieses Aufsatzes formuliert wurden.

Anni – Im Widerstand gewachsen

Annis Selbstbild lässt sich auf zwei wesentliche Bilder reduzieren, die miteinander korrespondieren: „Ich bin ein Kampfkind" und „Ich bin ein schlaues Kind".

Anni verfügt über die Fähigkeit, ihre Ziele und Wünsche zu verfolgen und sie ist bereit, für das Erreichen ihrer Ziele zu „kämpfen". Man könnte auch sagen, dass sie für die Welt „ausgerüstet" ist, um bei dem Bild der Kämpferin zu bleiben.

Anni beschreibt sich als eine Person, die Situationen und ihre Handlungsoptionen einschätzt, wobei die wesentliche Fragestellung lautet: „sich widersetzen?" oder „sich fügen?"

Dieses Bild korrespondiert mit verschiedenen Bildern der Welt, welche sich auf die Vorstellung zusammenfassen lassen, dass ihr die Welt nicht, oder nur sehr bedingt hilfreich ist. Gleichzeitig ist Anni als Kampfkind erfolgreich und, da ihr niemand (aus der umgebenden Welt) hilft, hat sich das Muster, „sich selbst helfen zu müssen", herauskristallisiert.

Abb. 30: Anni – Konstruktionen und Beziehungen zentraler Selbst- und Weltbilder

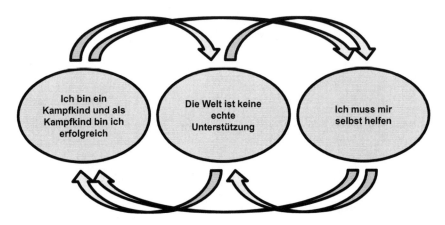

Das konstruierte Selbstbild „Kampfkind", das sich als eine Art „Lebensmotto" in vielen Situationen zeigt und durch alle Interviews hindurch herausgearbeitet werden konnte, bezieht sich auf die zwei Ebenen: Körperliches Kämpfen im wörtlichen Sinne von Gewaltanwendung und im übertragenen Sinne auf das hartnäckige Verfolgen eigener Ziele. Diese Ebenen des Kämpfens finden sich konstant in allen Interviews wieder. Körperliche Anwendung von Gewalt und hartnäckiges Verfolgen von eigenen Zielen und „sich durch das Leben schlagen".

Anni verfügt über ein extrem hohes Gewaltpotential, was sie an vielen Stellen durch Berichte aus ihrem Leben schildert. Dennoch zeigt sie sich in den Interviews keineswegs besonders gewaltbereit oder angsteinflößend.

Dabei erlebt sich Anni als Kampfkind erfolgreich, kreativ und nahezu immer auch als handlungsfähig, selbst wenn sie im hohen Maße durch Erwachsene fremdbestimmt ist. Anni stehen Mittel zur Verfügung, sich „durchzuschlagen". Dabei erlebt sie sich gleichzeitig als schlau, was ihr das Handeln erleichtert.

Offenbar hat Anni gelernt, dass sie kaum ausreichend Beistand von „der Welt" erhalten kann. Sie verlässt sich weitestgehend auf sich selbst. Anni kämpft aber nicht nur für sich selbst, sondern auch für die Familie. Die Familie ist ihr besonders wichtig und Anni will sie (vor allem ihre jüngeren Halbgeschwister) beschützen. Der Stiefvater hat ihre jüngeren Halbgeschwister vergewaltigt und Anni richtet ihre Energie darauf, nach Hause zu kommen und den Stiefvater erneut anzuzeigen. Wenig hilfreich ist die Welt, weil Anni dies bereits versucht hat, aber scheiterte. Die Welt hat ihr nicht geglaubt, war nicht hilfreich, sondern sogar hinderlich. Das Jugendamt verhindert darüber hinaus über einen langen Zeitraum, dass Anni wieder in ihre Familie zurückkehren kann, weil sie der Mutter drohen, die jüngeren Kinder aus der Familie zu nehmen, wenn Anni in den mütterlichen Haushalt zurückkehrt. So erlebt Anni gleich in doppelter Hinsicht, dass das System der Jugend-Hilfe keine Hilfe, sondern im Gegenteil sehr hinderlich ist. Auch das KRIZ bietet hier keine langfristige Unterstützung.

Im Hinblick auf den Stiefvater kann sie erst im zweiten Folgeinterview Hilfe durch die Welt, in Form von Justiz und schließlich auch durch das Jugendamt, erleben. In der Gesamtdarstellung wundert es nicht, dass sich das Muster „sich selbst helfen müssen" herauskristallisiert.

Ben – Rückzug, um eigene Ansprüche durchzusetzen

Von Beginn an stellt sich Ben als Jugendlicher vor, der ruhig, anspruchslos, genügsam, vernünftig, faul und unbegabt ist. Ben kann nicht viel und hat keinen Erfolg im Leben, weder schulisch noch beruflich.

Gleichzeitig konstruiert Ben Bilder von der Welt, die deutlich machen, dass alle Personen, mit denen er zu tun hat, nur ein Ziel für ihn verfolgen: Ben soll sich anstrengen, nicht faul sein und endlich erfolgreich arbeiten gehen.

Dieser Widerspruch ist für Ben schwer auszuhalten. Daher verwundert es nicht, dass Ben als übergreifendes Muster „Ruhe vor der Welt haben wollen" entwickelt hat.

Ben traut sich insgesamt nur wenig zu. Er nimmt sich selbst als wenig erfolgreichen Menschen wahr, beschreibt sich z. B. als handwerklich unbegabt. Der Leser erhält zunehmend das Bild eines „müden Jugendlichen", müde von einem schweren, anstrengenden Leben. Müde von der Welt, die zu hohe Ansprüche an ihn stellt – so ist Ben vor allem auf der Suche nach Ruhe. Auch kann ihm die Welt und die Menschen um ihn herum, nicht das bieten, was er braucht. Stattdessen werden hohe Ansprüche an ihn gestellt, denen er nicht gerecht werden kann.

Abb. 31: Ben – Konstruktionen und Beziehungen zentraler Selbst- und Weltbilder

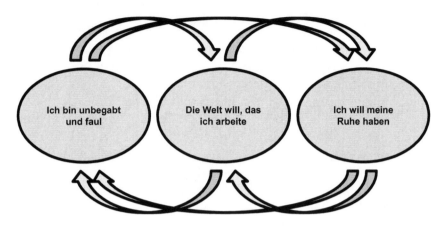

Das KRIZ konnte Ben als einen Ort erleben und beschreiben, der weniger hohe Ansprüche gestellt hat. Das KRIZ hat ihm die Möglichkeit gegeben, Einfluss zu nehmen und sein Leben aktiv zu gestalten. Ben konnte sich dort an Regeln halten und für sich somit viel Freiraum und Möglichkeiten ergattern. Diese Erfahrung scheint in guter Erinnerung zu sein und er beschreibt sie in allen Folgeinterviews. Er hat sich dort als einen erfolgreichen und besonderen Jugendlichen erlebt. Später jedoch hat das ihn Leben wieder im Griff und auch die positive Erinnerung an das Geleistete im KRIZ verblasst. Ben kann nicht länger davon zehren.

Das Thema „Arbeit und Geld verdienen" nimmt immer wieder weite Teile in den Interviews ein. Seine Eltern und auch professionelle Helfer verlangen, dass Ben arbeitet. Sie konzentrieren und reduzieren damit all ihre Bemühungen auf dieses Ziel.

Fatal ist dabei, dass allein dieses Ziel alle anderen Seiten von Ben „überschattet". Es wird nichts anderes mehr in ihm gesehen, als der „nicht-arbeitende-Ben".

Offenbar können weder Eltern noch Helfer sehen, dass sie Ben damit in einen großen Konflikt bringen. Er ist davon überzeugt, dass er für viele Dinge zu unbegabt ist. Mehrfach ist er in seinem Leben schon gescheitert. Misserfolg reiht sich an Misserfolg. Damit wächst die Angst, dieses Gefühl erneut zu erleben, und der Widerstand, sich diesen Zielen der Erwachsenen zu beugen. Doch der Widerstand ist nur selten offen sichtbar. Ben beschreibt, dass er ein ruhiger und genügsamer Jugendlicher ist. Nur im Zusammenhang mit exzessivem Alkoholkonsum hat er diese Seite nicht länger im Griff und ist gewalttätig.

Ben verliert jedoch nie die Hoffnung auf Verbesserung seiner Situation, obwohl er sich immer weiter einschränken muss und selbst das Gefängnis nicht mehr abschreckend ist. Die Ben zur Verfügung stehenden Möglichkeiten und Voraussetzungen sind, objektiv betrachtet, gering. Er hat keinen Schulabschluss, keine Ausbildung, keine feste Arbeitsstelle und ist vorbestraft. Sein „Plan vom Glück" ist: ein selbständiges Leben zu leben, möglichst eine eigene Wohnung und Ruhe vor den Eltern zu haben sowie einer Arbeit nachzugehen, die ihn nicht zu sehr anstrengt.

Er hält viele unliebsame Situationen aus, passt sich an, schraubt seine Ansprüche herunter und versucht, weitere Probleme zu vermeiden und neue Möglichkeiten für sich zu erschließen. Anpassung und Rückzug ist das Muster, mit dem er seine Ziele verfolgt. Jedoch verkleinert er zunehmend seinen Handlungsspielraum mit diesem Muster.

Im letzten Interview äußert Ben den Plan, sich für geschäftsunfähig erklären zu lassen. Er hofft, dadurch all seine Probleme zu lösen und sein Ziel zu erreichen. Das Gutachten würde ihm eine eigene Wohnung und Ruhe bescheren. Er versucht durch Abgabe von Autonomie, eben jene zu erlangen – die darin enthaltene Paradoxie kann er nicht erkennen. Die (längerfristigen) Folgen dieses Gutachtens sind Ben wohl nicht bewusst. Besonders tragisch ist m. E., dass ein erst 22-jähriger junger Mann bereits am „Ende seines Lebens" angekommen zu sein scheint.

Julia – Auf der Suche nach Anerkennung und Sicherheit, um maßloser Angst vor Verlust zu begegnen

Julias Selbstbild zeigt sich in den Interviews zwischen den Polen „unsicher und ängstlich" und „selbstbewusst", wobei der ängstliche Teil überwiegt.

Sie wurde früh in einem Heim untergebracht und anschließend adoptiert. Das Thema „Wo ist mein Platz auf dieser Welt" ist zu einem Lebensthema für sie geworden. Dieses zieht sich durch und prägt ihr Selbstbild, ihr Bild von der Welt und ihr Handeln.

Julias Beschreibung ihres bisherigen Lebens im Erstinterview und auch die Betrachtung ihrer Lebenssituation in den weiteren Interviews zeigen, dass die Welt für Julia keinen sicheren Ort bereithält.

Mit dem ersten Weglaufen aus der Adoptivfamilie beginnt die aktive und auch für Andere sichtbare Suche nach einer Welt, die ihr Sicherheit, Halt und ein Zuhause gibt.

Julia ist tief verunsichert und benötigt viel Zuspruch, Aufmerksamkeit und das Gefühl, dass sie von anderen gewollt und geliebt wird. Neuen Situationen steht sie äußerst skeptisch gegenüber und hat zunächst immer Zweifel, ob sie von neuen Personen (z.B. in Schule oder Wohngruppe) auch gemocht werden wird.

Abb. 32: Julia – Konstruktionen und Beziehungen zentraler Selbst- und Weltbilder

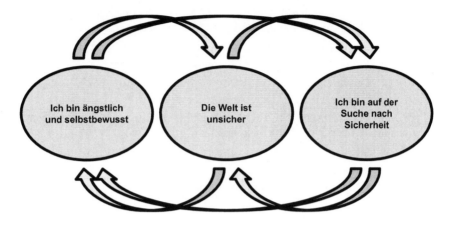

Diese Unsicherheit ist selbst noch in den Äußerungen spürbar, in denen sie von sich behauptet, dass sie selbstbewusster geworden ist. Gleichzeitig ist sie im hohen Maße darauf angewiesen, dass Menschen ihre diese positive Entwicklung „bescheinigen".

Julias Weltbild ist vor allem dadurch geprägt, dass sie keinen sicheren Ort hat. Das steht im ganzen Widerspruch zu dem Bedürfnis nach Sicherheit.

Die beiden Familien, die Julia zur Verfügung stehen – Adoptivfamilie und Herkunftsfamilie – bilden da letztendlich kaum eine Ausnahme. Der erste Verlust von Sicherheit ist durch den Entschluss ihrer leiblichen Eltern, sie (und ihre beiden jüngeren Geschwister) als Kind zur Adoption freizugeben, gekennzeichnet.

Das Aufwachsen in der Adoptivfamilie scheint über einen langen Zeitraum positiv zu verlaufen. Doch es nehmen Streitereien zu, vor allem mit der Adoptivmutter, die schließlich dazu führen, dass Julia ab ihrem 12. Lebensjahr in verschiedenen Wohngruppen lebt, manchmal auch auf der Straße. Julia möchte nicht wieder in der Adoptivfamilie leben und so gewinnt der Wunsch, die leiblichen Eltern kennenzulernen, immer mehr an Bedeutung. Dies gelingt schließlich und sie zieht mit 18 Jahren glücklich zu ihren leiblichen Eltern. Zu diesem Zeitpunkt denkt Julia, dass ihre Adoptiveltern sauer auf sie sind, weil sich Julia entschieden hat, bei ihren leiblichen Eltern zu wohnen. Es besteht kein Kontakt mehr zu ihnen.

Ein Jahr später – enttäuscht von den leiblichen Eltern – kehrt sie in die Nähe ihrer Adoptivfamilie zurück. Auch die Herkunftsfamilie konnte ihr die notwendige Sicherheit und den dringend benötigten Halt nicht geben. Jedoch entschließt sie sich nach einiger Zeit (wenige Wochen), wieder zu ihren leiblichen Eltern zurückzukehren. Acht Monate später bekommt Julia ein Kind und lebt mit dem Vater des Kindes in der Nähe ihrer leiblichen Eltern.

In Bezug auf die Familie verliert auch die nächstjüngere Schwester an Bedeutsamkeit. Julia wirft ihr vor, dass sie nur noch über ihr tolles Leben spricht. Nur noch wenn Probleme mit ihrem Freund auftreten, sind sich die beiden Geschwister nahe.

Auch das System der Jugendhilfe ist nicht in der Lage, ihr eine sichere Welt zu sein, die hinreichend für sie da ist und sie unterstützt. Im KRIZ wird dieser Aspekt vor allem dadurch deutlich, dass sie dort nicht vor einer Vergewaltigung geschützt werden konnte. Sie versucht, sich mit Tabletten das Leben zu nehmen. Die Jugendhilfe war nicht in der Lage, sie vor Anderen oder vor sich selbst zu schützen.

Die Wohngruppe, in der Julia nach dem KRIZ (ab Juli 2005) für zwei Jahre lebt, wird von ihr als hilfreich beschrieben. Sie fühlt sich dort sehr wohl. Ängstlich reagiert sie auf das Bestreben der Wohngruppe, Julia zu verselbständigen. Damit werden folgende Aspekte wiederholt deutlich: Julia ist ängstlich und auf der Suche nach einem für sie sicheren Ort. Doch ist die Jugendhilfe für Julia kein sicherer Ort, denn sie will, dass Julia selbständig wird und dieses Ziel löst in Julia wiederum Unsicherheit aus. Als Gesamtbild kann zusammenfassend von einer unsicheren Welt gesprochen werden, die Julia keinesfalls Stabilität und Sicherheit vermitteln kann.

Durchgängig zeigt sich in den Handlungsmustern, dass Julia auf der Suche nach Halt und Anerkennung anderer Personen ist. Fortwährendes Suchen und Weglaufen vor Situationen, in denen sie nicht das Gefühl hat, Rückhalt und Sicherheit gewinnen zu können, machen dies deutlich. Dabei versucht Julia, die Wünsche anderer Personen zu erfüllen. Wenn sie das Gefühl hat, dass sich andere um sie sorgen, gibt sie diese Sorge wieder zurück.

Julia lebt aus ihrer Sicht in einer vollkommen unsicheren Welt, die ihr keinen dauerhaften Platz bietet. Es ist nicht verwunderlich, dass sie versucht, sich diese Welt etwas sicherer zu machen. Sie ist auf der Suche nach Menschen, die sie mögen. Sie ist überaus glücklich, als sie bei ihren leiblichen Eltern wohnt. Liebe, Sicherheit und Halt qua Geburt. Das Leben in der „neuen alten Familie" ist, ihren Schilderungen folgend, sogar heilsam für all die Wunden, die die Welt Julia in der Zwischenzeit zugefügt hat. Die Angst vor Verlust solcher nahestehender Menschen ist gleichzeitig immens hoch. Im zuletzt geführten Interview (Juni 2008) hat Julia große Angst, ihre gerade erst (wieder-)gewonnene Familie zu verlieren. Mit der Geburt ihres Sohnes im Sommer 2009[25] schafft sie sich zumindest eine Sicherheit, dass dieses Kind immer zu ihr gehören wird.

Karsten – Andere auf die Probe stellen und niemandem vertrauen

Karsten bewegt sich im Spannungsfeld zwischen „gutem Jungen" und „bösem Jungen": Der gute Junge ist freundlich, hält sich an die Regeln, gelobt Besserung und berichtet über seine ersten Erfolge und wichtigen Schritte in diese Richtung. Der böse Junge schildert die Liste der Taten von denen er weiß, dass er sie nicht hätte tun sollen und erklärt, wie es dazu gekommen ist.

Karsten beschreibt, dass er sich oft von Erwachsenen ungerecht behandelt fühlt, wie bspw. durch einige Erzieher im KRIZ oder durch den Chef einer Praktikumsstelle. Auch die Jugendlichen im KRIZ oder in anderen Gruppen halten nicht zusammen und er kann ihnen nicht vertrauen. Er hat kaum engere Kontakte zu den Jugendlichen in seinen Wohngruppen. Jeder kämpft im KRIZ für sich alleine und es besteht kein Zusammenhalt. Karsten konstruiert Bilder von der Welt, die sich vor allem dadurch auszeichnen, dass er sich ungerecht behandelt fühlt und dass die Welt nicht hinreichend vertrauenswürdig ist.

Ein junger Mensch, der erlebt, dass die Welt ungerecht und nicht vertrauenswürdig ist, muss sich zuerst auf sich verlassen. Darüber hinaus muss er sich vergewissern und gut prüfen, wem er ggf. vertrauen kann. Zur Prüfung gehört, dass sich Karsten dabei eben nicht (länger), wie ein guter Junge verhält. Wer ist dann noch willens und in der Lage, ihn auszuhalten? Karsten stellt sein Umfeld auf die Probe.

Der „gute Junge" Karsten wird immer dann zu einen „bösen Jungen", wenn er sich ungerecht behandelt fühlt und sich aus dieser ungerechten Situation befreien will. Er läuft aus Wohngruppen weg, schlägt andere Jugendliche und verhält sich so lange aggressiv, bis die Jugendhilfe neue Helfer in einer neuen Wohngruppe zur Verfügung stellen. So sorgt er für Änderungen unliebsamer Lebenssituationen. Gleichzeitig nährt es das Bild der Welt, dass diese im Grunde nicht vertrauenswürdig ist. Der „böse Junge" testet seine Umwelt und gewinnt das Spiel zumeist, das heißt: „Wetten, Du gibst mich auf, also warum soll ich Dir vertrauen?" Erst mit dem zuletzt geführten Interview entsteht der Eindruck, dass Karsten alternative Handlungsmöglichkeiten erworben hat und Menschen gefunden hat, die ihn verstehen, ihm beistehen und denen er vertrauen kann.

---

25 Durch Anrufe und Kurzmitteilungen über Handy standen mir diese Informationen auch nach Abschluss der Forschungsarbeit zur Verfügung.

Abb. 33: Karsten – Konstruktionen und Beziehungen zentraler Selbst- und Weltbilder

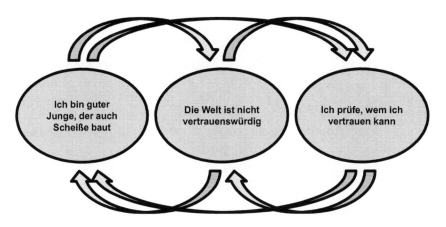

Karsten schildert seine Familie bzw. das Verhältnis zwischen ihm und seinen Eltern bis zum letzten Interview als normal und konfliktfrei. Er beschreibt sein Verhältnis zur Mutter als gut. Der Vater von Karsten ist trotz Trennung der Eltern an den Wochenenden häufig in der Wohnung der Mutter. Der Leser erfährt nichts über Schwierigkeiten. Dies ändert sich im dritten Folgeinterview. Seine Mutter spiele Spielchen mit ihm und der Vater kümmere sich nicht mehr um ihn, seit er mit seiner neuen Ehefrau ein weiteres Kind bekommen habe. Lediglich der Bruder bleibt in der Bedeutung stringent wichtig. Karsten sorgt sich um seinen Bruder, weil er befürchtet, dass die Mutter auch mit ihm „Spielchen spielen" könnte. So planen die Brüder eine gemeinsame berufliche Zukunft sowie eine gemeinsame Wohnung.

Dem System der Jugendhilfe kann Karsten schon gar nicht trauen. Diese Sichtweise verändert sich erst im dritten Folgeinterview. Karsten erlebt in der Pflegemutter, bei der er seit Februar 2006 lebt, eine stabile, ihm Sicherheit und Halt gebende Person, der er vertrauen kann. Sie drängt sich nicht auf, ist aber da und setzt sich für ihn ein. Karsten hat endlich das Gefühl, dass ihm jemand zur Seite steht. Es wird ihm langsam möglich, seine Handlungskompetenzen zu erweitern, über Probleme zu sprechen und sich verbal auseinanderzusetzen. Er gewinnt an Sicherheit und erhält gleichzeitig positive Rückmeldungen von der Umwelt. Karsten stellt seine Umwelt auf die Probe und prüft sie auf ihre Vertrauenswürdigkeit.

Im zuletzt geführten Interview zeigt sich Karsten der Interviewerin gegenüber ungewöhnlich redselig und ehrlicher bzgl. seiner Äußerungen, insbesondere zu seiner schwierigen Beziehung zu Mutter und Vater. Seine kürzlich erworbenen Erkenntnisse stellen einen großen Kontrast zu den bisherigen Schilderungen dar. Die emotional aufgeladene Art der Darstellung lässt vermuten, dass die beschriebenen Erkenntnisse für ihn tatsächlich neu waren. Vor dem Hintergrund, dass Karsten sein Umfeld prüft, stellt sich die Frage, inwieweit er auch die Interviewerin im Laufe der geführten Interviews auf ihre Vertrauenswürdigkeit geprüft hat.

Karsten lässt im letzten Interview keine Details zur Familienproblematik durchblicken. Er spricht zwar davon, dass seine Mutter mit ihm „Spielchen spiele" und dass sie „Sachen umdrehe und gegen ihn verwende", aber was genau er damit meint, erklärt er im Interview nicht. Als die Interviewerin ihm mitteilt, dass sie von seinem Umgang mit der familiären Klärung positiv beeindruckt ist und sich darüber freut, dass Karsten nicht die Augen davor verschließt, wird deutlich, dass Karsten sich über die Rückmeldung freut, aber es veranlasst ihn nicht dazu, ins Detail zu gehen.

Zusammenfassung der Selbstbilder, Weltbilder und Überlebensmuster

In diesem Abschnitt werden in die übergreifenden Befunde der empirischen Ergebnisse dargestellt. Zunächst werden die konstruierten Selbstbilder der Jugendlichen, dann die Weltbilder vorgestellt. Diese Darstellung wird die gefundenen Kategorien aufgeteilt und im Anschluss daran erfolgt eine übergreifende Darlegung der herausgearbeiteten Überlebensmuster.

Welche Selbstbilder werden deutlich?

Es wurden für alle jungen Menschen viele verschiedene Bilder in den Interviewtexten gefunden, die auf den ersten Blick sehr unterschiedlich wirken. Mit jedem Interview wurden bereits konstruierte Selbstbilder rekonstruiert, aber auch neue Bilder gefunden, teilweise vorangegangene Bilder verändert oder erweitert. Einige Bilder konnten unter andere subsumiert werden. Übergreifend ist festzuhalten, dass alle jungen Menschen oft schon im Erstinterview und zu unterschiedlichen Zeitpunkten darlegen, dass sie sich bereits positiv verändert haben.

Trotz der Vielfalt der konstruierten Bilder wurden in allen vier Fallrekonstruktionen einzelne zentrale Selbstbilder klar, die sich in besonderer Weise hervorhoben und durchgängig zu finden waren. Oft werden diese schon in der ersten Begegnung deutlich. Einige dieser generellen Bilder bewegen sich zwischen Polen, wie z. B. bei Karsten, der sich als „guten und bösen Jungen" schildert oder Julia, die sich gleichzeitig als „ängstlich und selbstbewusst" erlebt und darstellt.

Obgleich die jungen Menschen eine Vielzahl von Selbstbildern konstruieren und sich die zentralen Selbstbilder in den vier Falldarstellungen zunächst wesentlich voneinander unterscheiden, so ist doch festzuhalten, dass alle zentralen und sich durchziehenden Selbstbilder durch ein hohes Maß an Unsicherheit und Beschädigung ausgezeichnet sind:

Alle zentralen Selbstbilder der jungen Menschen sind geprägt von tiefer Verunsicherung und Beschädigung.

Sehr deutlich und durchgängig zeigt sich die Unsicherheit bei Julia. In ihrer Falldarstellung wird immer wieder sichtbar, wie ängstlich und verunsichert sie ist. Schon im Erstinterview wird dies in der Äußerung deutlich, dass sie auf der Suche nach einem Halt bzw. einem Heim ist. Dieses Motiv zieht sich durch und sie ist fast durchgängig auf der Suche nach einem Heim, einem Ort an dem sie leben kann, weil sie sie sich dort sicher und geliebt fühlen kann.

Julia steht neuen Situationen ausgesprochen ängstlich gegenüber. Sie fragt sich sehr skeptisch, ob sie in der noch unbekannten Umgebung gemocht und akzeptiert werden wird.

Ben beschreibt sich selbst als faulen, unbegabten jungen Menschen, der es nie zu etwas bringen wird. Hierin wird neben seiner Unsicherheit auch eine außerordentliche Beschädigung seiner Person erkennbar. Der Besuch einer Förderschule und das Verlassen dieser Schule ohne Abschluss bestätigen dieses Bild. Auch äußert er, dass er mathematisch unbegabt ist und dass Lehrer nicht wie Professoren sprechen sollten. Sein verunsichertes Selbstbild in Bezug auf sein Können scheinen sehr klare Bezüge zu haben. Erfolgreich war er nur im KRIZ, aber diese Zeit ist im Alltag schnell wieder vergessen und nicht anschlussfähig. Er hat die Vorstellung, dass er am Bahnhof die Koffer blinder Menschen tragen oder als Tierpfleger arbeiten könnte. Diese Beispiele zeigen, dass sich Ben kaum etwas zutraut, und machen seine Unsicherheit offensichtlich.

Karsten zeigt in erster Linie durch sein Verhalten, weniger durch seine verbalen Äußerungen, dass er ein unsicherer junger Mensch ist. So braucht es bspw. einige Überredungskünste durch den Leiter des KRIZ, um ihn dazu zu bewegen, für das Erstinterview von seinem Kleiderschrank herunter zu kommen. Auch hält er in den Gesprächen kaum Blickkontakt mit der Interviewerin. Erst im letzten Interview ändert sich dies ein wenig, obgleich Karsten selbst beschreibt, dass er das Gefühl, im Wohnzimmer zu sitzen und der Interviewerin etwas aus seinem Leben zu erzählen, unangenehm empfindet. Karsten benötigt viel positiven und freundlichen Zuspruch, das Gefühl, von „gehalten werden", damit er jemandem vertrauen kann. Das Weglaufen aus unangenehmen Situationen oder Hilfe-Settings, die für ihn schwierig sind, spricht ebenso für die Unsicherheit. Er sieht sich nicht in der Lage, sich auf andere Weise mit seinen Problemen auseinanderzusetzen.

Doch auch bei Anni, die gleich im ersten Interview erklärt, dass sie ein Kampfkind ist, wird deutlich, dass sie verunsichert ist. Hinter diesem „gut gepanzertem Kampfkind" wird ein verletzbarer und verletzter Kern sichtbar.

Anni kann diesen verletzbaren Anteil ihrer Person jedoch kaum zulassen. So beschreibt sie kurz, dass sie sich ritzt, wenn sie traurig ist, damit die Traurigkeit verschwindet und verpackt gleich darauf dieses Thema wieder. Anni kann ihre Unsicherheit und eigene Verletzlichkeit nicht zulassen. Sie zeigt sich lieber als erfolgreiches Kampfkind. Das Zulassen von Traurigkeit, Verletzbarkeit und Unsicherheit passt nicht in ihr Selbstbild, das sie konstruiert hat.

So unterschiedlich die Konstruktionen der Selbstbilder auf den ersten Blick auch sein mögen, so scheinen doch auf verschiedene Weisen Verletzbarkeit und Unsicherheit durch.

Welche Weltbilder werden deutlich?

Welche Bilder von „der Welt" von den jungen Menschen konstruiert werden, hängt davon ab, was sie als „ihre Welt" erleben. Es verwundert nicht, dass sich diese Welt im Wesentlichen durch die selben Kategorien zusammensetzt: Familie, Freunde, Schule und Beruf. Diese Kategorien würden wohl in den meisten Interviews mit jungen Menschen zu finden sein.

Darüber hinaus treten weitere Kategorien zu Tage, die deutlich machen, dass es sich bei den vier jungen Menschen um Personen handelt, die Erfahrung mit dem System der Jugendhilfe haben: KRIZ, Jugendamt und Träger der freien Jugendhilfe. Die „Justiz" als weitere Kategorie spielt ebenfalls in einzelnen Interviews eine Rolle.

Die einzelnen Konstruktionen nehmen in den Interviews unterschiedlich viel Raum ein und die vier jungen Menschen setzen zu unterschiedlichen Zeitpunkten andere Prioritäten. So spielt z. B. die Kategorie „Justiz" bei Julia eine eher untergeordnete Rolle in allen Interviews, bei den anderen Jugendlichen taucht diese immer wieder auf und nimmt z. T. lange Passagen in den Interviews ein.

Im Folgenden werden die einzelnen Konstruktionen der Weltbilder erläutert. Dabei wird insbesondere auf die etwaigen Veränderungen in den Konstruktionen eingegangen.

Konstruktionen der Welt „Familie"

Die Familie und ihre Mitglieder, insbesondere die Eltern, genießt bei allen vier jungen Menschen einen besonderen Schutz. Es kann in allen Fällen von der „heiligen Kuh" Familie gesprochen werden.

- *Es wird ein „normales" Familienleben konstruiert.*
- *Die Eltern werden geschützt, obwohl sie kaum dauerhafte und verlässliche Bezugspersonen sind.*
- *Eine schlechte Familie ist immer noch besser, als gar keine.*

- *Erst wenn eine adäquate Alternative zur Herkunftsfamilie auftaucht, kann die Familie kritisch hinterfragt werden.*

Die Jugendlichen sind bemüht, zu zeigen, dass ihre Familien „normal" sind und sie in diesen Familien einen Platz haben, auch wenn sie dabei oft Schwierigkeiten haben. Sie weisen an verschiedenen Stellen darauf hin, dass sie bereit sind, viel für ein unkompliziertes und „normales" Familienleben beizutragen. Hinzu kommt die Sorge um das Weiterbestehen der Familie und bei Anni, Julia und Karsten eine explizite Sorge um jüngere Geschwister. Diese stellen verlässliche und dauerhafte Personen dar. Sie sind in der unsicheren und nicht vertrauenswürdigen Welt Verbündete, Menschen, auf die Verlass ist.

Anni erklärt im Erstinterview, wie wichtig ihr die Mutter ist und dass sie sie beschützen will, sie wäre bereit dazu gewesen, einen Menschen zu töten. Ebenso versucht sie, die jüngeren Halbgeschwister zu schützen. Die Schilderung, dass sie bereit gewesen wäre, einen Menschen zu töten, um ihrer Mutter zu zeigen, wie wichtig sie ihr ist, zeigt aber auch, dass Anni stark darauf angewiesen ist, von ihrer Mutter „gesehen" zu werden und Anerkennung benötigt. Besonders irritiert es Anni, wenn Aussagen ihrer Mutter nicht zweifelsfrei glauben kann. Die Handlungen der Mutter werden von Anni erst zum Zeitpunkt des zweiten Folgeinterviews ernsthaft hinterfragt. Anni duldet nicht den sexuellen Übergriff des Stiefvaters und will diesen anzeigen. Es kommt zum Streit mit der Mutter und eine Wende zeichnet sich ab. Eine Veränderung ihres Weltbildes „Familie" wird zwar kaum kommuniziert, doch zeigen Annis Handlungen, dass sie sich auflehnt, sie den Schutz der Geschwister über die Erwartungen der Mutter stellt.

Auch Karsten konstruiert eine „normal (Scheidungs-)Familie": Er versteht sich mit der Mutter, hilft ihr an den Wochenenden und der Vater lebt zwar getrennt von der Mutter, ist aber häufig zugegen und kümmert sich liebevoll. Der jüngere Bruder ist für Karsten besonders wichtig und dieser Aspekt bleibt in allen Interviews konstant. Das gemeinsame Rappen wird als wichtige Möglichkeit der Verarbeitung von Geschehnissen deutlich.

Eine Wende tritt auch hier im zuletzt geführten Interview ein: Karsten äußert seine Enttäuschung über den Vater, der sich nicht mehr kümmert, seit er wieder Vater geworden ist. Darüber hinaus spricht er davon, dass seine Mutter „Spielchen" mit ihm spielt. Karsten erfährt Ablehnung und ist bereit, diese zu erkennen und im Interview zu verbalisieren. Gleichzeitig wird deutlich, wie sehr die Pflegefamilie an Bedeutung gewinnt, die ihn unterstützt.

Es ist zu vermuten, dass erst die neu gefundene Unterstützung und Anerkennung durch andere wichtiger werdende Personen dazu beitragen, dass das „alte Bild" der Familie verändert werden kann. Wenn die Herkunftsfamilie als fester Bezugspunkt und „sicherer Anker" ersatzlos wegfallen würde, so müsste sich Karsten die Frage stellen, wer dann noch für ihn da ist. Diese zweifellos schmerzhafte Frage kann er sich nicht stellen.

Eine ähnliche Wandlung kann bei Julia beobachtet werden. Mit dem Kennenlernen der leiblichen Eltern verändert sich zwar nicht grundlegend das konstruierte Bild ihrer Adoptivfamilie, doch ihre Äußerungen wirken „schärfer". Während die leiblichen Eltern im zweiten, aber vor allem im dritten Folgeinterview wie eine „Bilderbuchfamilie" dargestellt werden, verlieren die Adoptiveltern jegliche positive Konnotation. Schon im Erstinterview wurde die Adoptivmutter als eine Person beschrieben, mit der viele Streitereien verbunden sind, doch im letzten Interview gleicht die Beschreibung einer Furie. Die leiblichen Eltern werden extrem positiv dargestellt und sie scheinen auf Julia eine geradezu heilende Wirkung zu haben.

Ben jedoch äußert von Beginn an zurückhaltend seinen Unmut über das Verhalten der Eltern, so z. B. die Entscheidung der Eltern, ihn im KRIZ unterzubringen. Insbesondere seine Mutter beschreibt er als äußerst anstrengend. Gleichzeitig weist er immer wieder darauf hin, dass es neben der Familie kaum einen Ort gibt, an dem er sich wohlfühlen könnte und dennoch ist er auf der Suche nach einem Ort der Ruhe. Auch hier zeichnet sich im zuletzt geführten Interview eine Verschärfung der Bewertung ab. Ben steht kurz davor, sein Ziel zu erreichen: Durch das Gutachten, das ihn geschäftsunfähig erklärt, kann er eine eigene Wohnung beziehen. Endlich kann er auf seine lang ersehnte Ruhe vor der anstrengenden Welt hoffen und seine Eltern schließt er hierin ein. Die Schilderungen, wie anstrengend Ben seine Eltern, vor allem die Mutter erlebt, nehmen in diesem vierten Folgeinterview zu.

Konstruktionen der Welt „Jugendamt"

Das Jugendamt wird fast immer als Institution, als „das Jugendamt" von den Jugendlichen erwähnt. Sie nennen keine Namen, wenn sie von „ihren zuständigen Fachkräften" sprechen. Das Jugendamt bleibt anonym und erhält kein Profil durch besonders positive Beschreibungen einzelner Mitarbeiter.

Durchgängig wird von den Jugendlichen geschildert, dass sie „das Jugendamt" und seine Handlungsweisen als nicht hilfreich erlebt haben. Folgende Zuschreibungen erhält „das Jugendamt" in den Interviews: gemein; willkürlich; undurchsichtig; unverständlich; nicht vertrauenswürdig; nicht am Leben der jungen Menschen interessiert; ungerecht; erpresserisch fordernd gegenüber den Jugendlichen, drohen mit Hilfeabbruch; verhindern das Zusammenleben mit der Familie; macht es sich leicht; ist den Jugendlichen suspekt; unterstützt den Wunsch der Eltern; die reden viel, aber kümmern sich nicht.

Die Aufzählung macht deutlich, dass die jungen Menschen die Interventionen der fallzuständigen Mitarbeiter in den Jugendämtern nicht nachvollziehen können. Ganz im Gegenteil wird das Jugendamt als eine Institution erlebt, die nicht nur nicht hilfreich, sondern darüber hinaus noch hinderlich ist, wenn es um den Wunsch und das Ziel geht, wieder mit der Familie zusammen zu leben. Die Maßnahmen der Jugendämter werden zum größten Teil nicht verstanden. Es folgen Ablehnung, Widerstand und offene Abwehr. *Nur wer versteht, wird wirklich hilfreich erlebt.*

Hilfreich sind Fachkräfte des Jugendamtes und ihre Hilfen erst dann, wenn die Jugendlichen einen sofortigen Nutzen für ihre persönliche Situation sehen können. Bei Anni konnte das Jugendamt ihr erfolgreich bei der Wohnungssuche behilflich sein. Auch Julia schildert positive Erfahrungen erst im letzten Interview, ebenso Karsten und Ben.

Diese Befunde bzw. Bewertungen von Adressaten scheinen für die öffentliche Jugendhilfe nicht neu zu sein. Die Macht, das eigene Leben gestalten zu können, wird durch die machtvollen und machtvoll erlebten Interventionen des Jugendamtes massiv beschränkt (vgl. Wolf 1999; BMFSFJ 1998). Doch der Hinweis auf ein bekanntes Phänomen macht die Befunde nicht weniger bedenklich. Jugendhilfe muss sich die Frage stellen, wie ihre Interventionen für Familien und junge Menschen verstehbar und übersetzbar gestaltet werden können, ohne dabei ihr fachliches Handeln zurückzustellen. Der schmale Grat ist das Spannungsverhältnis zwischen den Polen fachlich notwendig und einvernehmlich (vgl. Ader 2002; Flösser/Oechler 2002).

Deutlich wird in den Interviews außerdem, dass die Art der Hilfen undurchsichtig ist und dass es selbst mit gezielten Fragen zur Hilfeform für die Interviewer schwierig ist, die Hilfeform zu identifizieren und zu rekonstruieren. Auch wenn das detaillierte Beschreiben von Hilfen als ein Indikator für Transparenz und Partizipation von Hilfen zur Erziehung darstellt, so berichten die Jugendlichen in den Interviews davon kaum etwas.

Diese Aussagen sollten vor dem Hintergrund folgender Punkte betrachtet werden: Zum einen befinden sich die jungen Menschen in einer Phase, die sich ohnehin durch Rebellion auszeichnet. Es gehört zum Entwicklungsprozess, sich zu widersetzen und sich der „älteren Generation" gegenüber aufzulehnen (vgl. Baacke 1983). Zweitens muss bedacht werden, dass Jugendliche Verantwortliche für ihre Situation suchen, mit denen sie in den wenigsten Fällen einverstanden sind. Es ist daher erklärbar, dass „das Jugendamt" in ihren Ausführungen weniger gut beurteilt wird. Hinzu kommt der Druck, „das Richtige zu sagen", der von anderen Jugendlichen ausgeht. Eine allzu gute Beurteilung des Jugendamtes bspw. innerhalb von Wohngruppen, kann zur Ächtung und zur Außenseiterposition innerhalb der

Gruppe führen. Daher ist das Wettern gegen das Jugendamt auch als Selbstschutz zu begreifen.

Konstruktionen der Welt „Freie Jugendhilfe"

Die Erfahrungen und die Konstruktionen der Welt zur Kategorie „Freie Jugendhilfe" sind sehr unterschiedlich und lassen sich nur in Bezug auf einzelne Aspekte auf einen gemeinsamen Nenner bringen. Zumeist wurden in den Interviews die Wohngruppen und z. T. auch einzelne Mitarbeiter in ambulanten und/oder stationären Hilfen zur Erziehung von den jungen Menschen beschrieben und bewertet. Einzelne Mitarbeiter treten jedoch in den Beschreibungen nur dann hervor, wenn sie für die Jugendlichen auch eine besondere Bedeutung haben, positiv wie negativ. Hilfreich sind sie vor allem dann, wenn für die jungen Menschen spürbar wird, dass die Betreuer „auf ihrer Seite" sind und mit ihnen Ziele verfolgen.

Kinder- und Jugendhilfe muss, wenn sie etwas erreichen will, die Ziele der jungen Menschen erkennen und unterstützen. Wird ihr „Plan vom Glück" von der Jugendhilfe nicht berücksichtigt, bleiben auch die Interventionen der Kinder- und Jugendhilfe von den jungen Menschen weitestgehend unberücksichtigt und werden bekämpft.

Für Ben zeichnet sich das System der freien Jugendhilfe durch Undurchsichtigkeit und Ungerechtigkeit aus und ähnelt damit dem Jugendamt. Wechselnde Ansprechpartner werden erwähnt, aber namentlich von ihm nicht genannt, auch nicht auf Nachfragen, so dass die Auswertung der Interviews hierzu erheblich erschwert ist. Gleichzeitig macht dies deutlich, wie wenig hilfreich ihm dieses Hilfesystem begegnet. Er selbst kann sich im „Dschungel" der Mitarbeiter und Institutionen nicht zurechtfinden.

Anni hat neben dem KRIZ Erfahrungen mit weitern Wohngruppen gemacht. Die Mitarbeiter zeichnen sich hier vor allem dadurch aus, dass sie Anni ungerecht behandeln und belügen. Ziele und Methoden sind für sie nicht transparent.

Julia hat in zahlreichen Wohngruppen gelebt und viele Wechsel von Hilfestationen zu verzeichnen. Julia erwähnt relativ viele Namen von Erziehern und wie oder ob sie diese als hilfreich erlebt. Sie erhält durch sie Bestätigung und positiven Zuspruch. Die Mitarbeiter sind für sie wichtig, da sie ihr ihre positive Entwicklung zurückmelden. Sie kann offenbar hier profitieren und äußert zugleich ihre Angst, diese Unterstützung zu verlieren. Der wichtigste Wunsch von Julia, das Kennenlernen ihrer Herkunftsfamilie, wird durch Mitarbeiter vorbereitet und begleitet. Dadurch erlebt sie die freie Jugendhilfe enorm wichtig, gleichzeitig macht man ihr deutlich, dass Selbständigkeit das Ziel aller Hilfen ist und damit beginnt das Ende einer scheinbar erfolgreichen Hilfe.

Auch Karsten hat seit seinem siebten Lebensjahr viele Wohngruppen und verschiedene Träger der Hilfen, ohne besondere Höhen und Tiefen erlebt. Erst mit der Pflegemutter findet er eine wichtige Bezugsperson, die zu ihm hält, sich für ihn einsetzt und ernsthaft seine Wünsche berücksichtigt. Die zuständige Fachkraft im Jugendamt erfährt im letzten Interview eine andere Bewertung, weil auch sie bereit war, Karstens „Plan vom Glück" zu hören und zu realisieren.

Konstruktionen der Welt „KRIZ"

Obwohl das KRIZ zum System der freien Jugendhilfe gehört, sollen die Konstruktionen hierzu separat dargelegt werden, da es das verbindende Glied zwischen den jungen Menschen ist und daher eine „Sonderstellung" im System erhält.

- *Das KRIZ ist durch Stigmatisierung und Gewalterfahrung geprägt.*
- *Das KRIZ reduziert Komplexität und ist daher überschaubar, aber zugleich weltfremd.*

Gemeinsam ist den Jugendlichen das Thema „Abgrenzung" und „Ausgrenzung" in Bezug auf das KRIZ. Sie sind damit beschäftigt, zu äußern, dass sie sich von den anderen Jugendlichen im KRIZ deutlich unterscheiden. Besonders bei Ben und Karsten kommt der Aspekt der Abgrenzung zum Tragen.

Julia hingegen verbündet sich mit den anderen Jugendlichen im KRIZ und äußert, dass sie sich mit ihnen gut versteht. Sie erlebt jedoch nach der Unterbringung im KRIZ, dass sie durch die Unterbringung im KRIZ zum Außenseiter wird. Annis Konstruktionen zum KRIZ unterliegen im Verlauf einer ständigen Wandlung.

Ein gemeinsames Thema ist „Gewalt und besondere Gefahren im KRIZ". Diese gehen von Erziehern und von anderen dort untergebrachten Jugendlichen aus und das KRIZ wird dadurch zu einem gefährlichen Ort für die jungen Menschen. So beschreiben Anni, Karsten und Ben, dass es kaum Solidarität unter den Jugendlichen gibt. Karsten bringt dies schon im Erstinterview auf den Punkt, indem er beschreibt, dass alle Jugendlichen für sich selber kämpfen müssen. Später schildert er, dass ihm die Hetzerei der älteren Jugendlichen zugesetzt hat. Anni berichtet von Brandstiftungen und von gewalttätigen Übergriffen der Jugendlichen untereinander, die den Erziehern nicht mitgeteilt werden, da die jungen Menschen sonst befürchten müssten, sofort wieder den Angriffen ausgesetzt zu sein. Ben beschreibt, dass die Jugendlichen solange randalierten, bis die Polizei mit Hunden gekommen ist, was ihm Angst gemacht hat. Eine besonders schreckliche Gewalterfahrung hat Julia durch die Vergewaltigung im KRIZ erlebt. Hinzu kam die Gängelung der Jugendlichen im Anschluss an diese Gewalterfahrung. Einige Merkmale der „totalen Institution", wie sie von Erving Goffman (1973) beschrieben wurden, treffen auf die Schilderungen der jungen Menschen, wie sie das KRIZ erleben, zu.

Die Darstellung der Erzieher ist fast ausnahmslos positiv konnotiert. Häufiger wurde erläutert, dass sich die Betreuer besonders um die Jugendlichen gekümmert haben. Besondere Freizeitaktivitäten wechselten sich mit intensiveren Gesprächen ab, die die jungen Menschen als hilfreich erlebt haben. Dabei werden einzelne engagierte Betreuer in den Interviews hervorgehoben. Ben bildet hier eine Ausnahme. Es lassen sich in keinem Interview Passagen finden in denen er durchblicken lässt, dass ihm die Erzieher geholfen haben könnten oder sie ihm für seine weitere Entwicklung wichtig waren.

Das KRIZ wird als „Besserungsanstalt" wahrgenommen. Es wird davon berichtet, dass die jungen Menschen dort lernen sollen, ihr Verhalten zu ändern. Die Liste ihrer Straftaten wird gleich dazu geliefert. Diese Konstruktionen verweisen darauf, dass ihnen dadurch vermittelt wird, dass sie so wie sie sind, nicht „richtig" sind.

Durch ein Punktesystem soll eine positive Verhaltensänderung herbeigeführt werden. Das Leben und der Alltag im KRIZ wird einfach und durchsichtig, eine wichtige Erfahrung für die jungen Menschen. Sie können sich schnell diesen neuen Anforderungen anpassen und sich in diesem System zurechtfinden. Die Übertragung in die „Welt außerhalb des KRIZ" gelingt jedoch nicht.

Die Jugendlichen können mit dem KRIZ nicht verbinden, dass es für sie mit der Unterbringung auch darum gehen kann, dass sie es in „der Welt" schwer hatten und dass die Liste der Straftaten auch vor dem Hintergrund der Fehler Erwachsener entstanden ist.

In der Betrachtung der hier dargestellten drei Teilbereiche öffentlicher Erziehung, öffentlicher und freier Jugendhilfe inklusive KRIZ stellt sich auch für diese vier jungen Menschen die Frage nach dem Erfolg. Gehres (1997) formuliert, dass eine erfolgreiche Heimunterbringung davon abhängt, „wie es den ehemaligen Heimkindern gelingt, die disparaten Erfahrungsfelder ihres Lebens selbst in Beziehung zueinander zu setzen" (Gehres 1997, 178). Die Leistung, den Erfahrungen Sinn zu verleihen und das Erlebte in einen Zusammenhang zu setzen, haben die jungen Menschen noch nicht abschließend vollzogen. Eine weitere Befragung der jungen Erwachsenen in fünf bis zehn Jahren wäre sicher ebenso hilfreich wie spannend, um die hier formulierten Befunde mit den neuen Ergebnissen zu verknüpfen.

Konstruktionen der Welt „Schule, Ausbildung, Beruf und Selbständigkeit"

Die Kategorien Schule, Ausbildung, Berufsleben und Selbständigkeit werden hier zusammen dargestellt, weil sie unmittelbar miteinander zusammenhängen. Gleichzeitig wird in allen vier Falldarstellungen erkennbar, dass sowohl die Schule bzw. ein adäquater Schulabschluss oder eine Ausbildung für die jungen Menschen an Bedeutung gewinnt. Während Selbständigkeit immer wichtiger wird, gewinnen auch die dafür notwendigen Bedingungen an Bedeutung, selbständig leben zu können. Dazu gehören ein Schulabschluss oder eine Ausbildung. Das o. g. Themenkonglomerat enthält sowohl die Aspekte „Chance" wie „Last".

Schule, Ausbildung und Beruf werden im Verlauf der Interviews als bedeutsame Faktoren für ein selbständiges und „normales" Leben erkannt, doch fehlen realistische Ideen zur erfolgreichen Umsetzung.

Für den im Erstinterview siebzehnjährigen Ben spielen die o. g. Themen eine ebenso wichtige wie belastende Rolle und beide Aspekte nehmen im Verlauf der Interviews stetig zu. So wie der Anspruch und der Druck der Erwachsenen wachsen, so wachsen auch seine Belastung und der Wunsch, sich zu entziehen. Er sieht sich nicht in der Lage, eine adäquate Arbeit zu finden und zu behalten, obgleich er weiß, dass ihn dies weniger abhängig von seinen (ihn nervenden) Eltern machen würde.

Bei Julia und Karsten entwickeln sich diese Themen im Verlauf der geführten Interviews zu wichtigen Themen, die sie aktiv verfolgen. Das Erreichen eines Schulabschlusses wird als bedeutungsvolles Ereignis angesehen und stellt quasi den notwendigen Grundstein für weitere berufliche und private Zukunftspläne dar. Dazu gehören auch Praktika, die von den jungen Menschen absolviert werden. Sie werden sowohl von Karsten, als auch von Julia als mühevoll geschildert werden. Eine Ausbildung zu machen oder Geld zu verdienen, werden als Chance begriffen, denn das System der Jugendhilfe stellt für die jungen Menschen auch klar heraus, dass dies das Ziel aller Bemühungen ist.

Für Anni spielen die o. g. Themen über einen langen Zeitraum eine eher untergeordnete Rolle. Sie erwähnt nicht, dass ihr ein Schulabschluss wichtig wäre. Sie arbeitet und verdient Geld in der Zeit, in der sie in der Wohngruppe lebt. Hierbei ist es ihr ausgesprochen wichtig, dass sie einer „normalen Arbeit" nachgeht und nicht in einer Werkstatt für behinderte Menschen, sondern in einem Café, in dem sie als verantwortungsbewusste Mitarbeiterin anerkannt ist. Das verdiente Geld benötigt sie, um ihren Plan zu realisieren: Das Bahnticket zur Familie.

Arbeiten gehen und selbständig leben scheint ein Indikator für ein „normales" Leben zu sein. Die jungen Menschen erkennen die Notwendigkeit von Schulabschluss und/oder Berufsausbildung, um ihre Ziele verfolgen zu können. Auch versuchen sie nach ihren Möglichkeiten, die notwendigen Bedingungen zu erfüllen. Jedoch werden die Voraussetzungen als sehr schwierig erlebt und ihre Bemühungen sind selten von Erfolg geprägt.

Konstruktionen der Welt „Freunde und Gleichaltrige"

Der Refrain eines Liedes der „Comedian Harmonists" bezieht sich auf die Bedeutsamkeit von Freundschaften: „Ein Freund, ein guter Freund, das ist das Beste was es gibt auf der Welt. Ein Freund bleibt immer Freund und wenn die ganze Welt zusammenfällt." Leider zeigen die Schilderungen der vier jungen Menschen andere Erfahrungen. In den Beschreibungen der jungen Menschen werden herbe Enttäuschungen beschrieben.

Freunde zu finden und Freundschaften zu pflegen, ist schwer, besonders in öffentlicher Erziehung und manche Freunde entpuppen sich als „falsche Freunde".

Verschiedene Arten von Freundschaften können in den Interviews herausgearbeitet werden:

- Jugendliche, die im KRIZ zu Freunden werden ggf. auch über die Intervention hinaus noch Bestand haben (bei Anni und Julia)
- „Alte Freunde", die schon vor der Unterbringung im KRIZ Freunde waren und es auch nach dem KRIZ noch sind (bei Ben, Anni und Karsten)
- „Alte Freunde", die sich als „falsche Freunde" entpuppen (Julia)
- Freunde, die erst nach dem KRIZ zu Freunden wurden (Karsten, Julia)

Anni und Julia haben während der Unterbringung im KRIZ miteinander Freundschaft geschlossen und diese Freundschaft hatte noch einige Zeit über das KRIZ hinaus Bestand. Sie haben sich in der Zeit im KRIZ auch mit den anderen Jugendlichen gut verstanden und haben zu ihnen Kontakt gehalten. Ben und Karsten hingegen haben innerhalb des KRIZ mit keinen anderen Jugendlichen Freundschaft geschlossen. Karsten äußert hierzu klar, dass er die anderen Jugendlichen als Personen sieht, mit denen er zusammenleben muss, ebenso argumentiert Ben.

Jugendliche, die in derselben Wohngruppe leben, werden nicht „automatisch" zu Freunden. Und wenn sie es werden, ist es schwer, diese Freundschaften aufrecht zu erhalten, weil mit dem Wechsel der Wohngruppe auch die Schwierigkeit zunimmt, den Kontakt zu pflegen.

Ben, Anni und Karsten berichten von Freunden, die sie aus der Zeit vor dem KRIZ kennen und die für sie auch nach der Unterbringung im KRIZ von besonderer Bedeutung sind. Freunde zeichnen sich besonders dadurch aus, dass sie keine Ansprüche stellen, nicht kritisieren und helfen, wenn es nötig ist. Bei Ben stellt sich die Frage, welche Rolle „Ehrlichkeit" in Bezug auf Freundschaft spielt. Seine Freunde wissen nicht, dass er im KRIZ war. Er hat ihnen erzählt, er wäre in ein Arbeitsprojekt aufgenommen gewesen.

Für Anni scheint „Freundschaft und Ehre" von Bedeutung, auch zeichnen sie und ihre Freunde sich durch „innere wie äußere" Gemeinsamkeiten aus: Sie gehören der Punkerszene an und sind auch rein äußerlich leicht zu erkennen.

Karsten berichtet von Freunden in seiner Heimatstadt, die er regelmäßig an den Besuchswochenenden bei seiner Mutter trifft. Daher verwundert es kaum, dass er mit Jugendlichen in den (zahlreichen) Wohngruppen keine Freundschaften eingeht.

Julias Schilderungen zeigen, dass sie zwischen „echten und falschen Freunden" unterscheiden musste. Die Erkenntnis, dass ihre Freunde von der Straße keine wirklichen Freunde waren, ist für sie sehr schmerzhaft.

Konstruktionen der Welt „Justiz"

Die Kategorie „Justiz" setzt sich aus folgenden Personengruppen zusammen: Polizei bzw. Polizisten, Anwälte, Richter und Bewährungshelfern. Diese Berufs- und Personengruppen werden unterschiedlich erlebt, so dass sich kaum ein einheitliches Bild zeichnen lässt. So werden z.B. Anwälte sowohl als Unterstützung als auch als wenig hilfreich beschrieben. Anders verhält sich dies bei der Polizei. Hier sind die Konstruktionen überwiegend negativ und werden kaum verändert.

Diese Repräsentanten der Gesellschaft werden fast ausschließlich als gewalttätig erlebt.

Die Jugendlichen berichten häufig über „die Polizei". Ähnlich wie bei der Institution „das Jugendamt" treten nur selten einzelne Personen hervor. Diese Anonymität verwundert nicht, da den Jugendlichen die Namen einzelner Polizisten wohl kaum bekannt sein dürften.

Die Polizisten werden als ausführende Organe erlebt. Karsten erklärt, dass die Polizei ihn in die Schule bringt, wenn er nicht selbst hingeht. Ben, Anni und Julia berichten, dass sie von der Polizei in die Psychiatrie oder in die Wohngruppe gebracht werden, wenn sie weggelaufen sind. In dieser Funktion stellen sie quasi den verlängerten Arm des Elternwillens oder des Gesellschaftswillens dar.

Die jungen Menschen beschreiben Situationen, in denen sie von der Polizei überwältigt wurden und sich dabei ohnmächtig fühlten. Die Polizeieinsätze im KRIZ scheinen für Ben besonders angsteinflößend gewesen zu sein. Er ist durch die Brutalität, die die Polizisten ihm gegenüber gezeigt haben, erschüttert. Besonders den Einsatz mit Polizeihunden erzählt er mehrfach in den Interviews und gerät dabei ins Stottern, was für die emotionale Betroffenheit spricht.

Für Anni kommt ein weiterer Aspekt hinzu: Sie will ihren Stiefvater anzeigen, doch die Polizei glaubt ihr zunächst nicht und erst im letzten Interview kommt der Stiefvater in Untersuchungshaft. Auch erklärt sie, dass die Polizei bei Schlägereien zwischen Punkern und Neonazis die Neonazis beschützt, was sie für ungerecht hält.

Insgesamt zeigt sich, dass die jungen Menschen die Polizei nicht als „Freund und Helfer" wahrnehmen können, eher als „Freund und Helfer" der Eltern und der Gesellschaft, von der sie in diesem Moment ausgeschlossen sind. Sie stehen auf der „falschen Seite" und werden zu „Gejagten".

Vor dem Hintergrund der dargelegten Konstruktionen der „verschiedenen Welten", insbesondere vor dem Hintergrund des Langzeitaspekts kann die abschließende und übergreifende These lauten:

Alle Weltbilder verweisen darauf, dass es im Verlauf der Interviews keine „relevanten Dritte" gibt. Es fehlen besondere Menschen, die auch auf lange Sicht für die Jugendlichen hilfreich sind. Nur punktuell gibt es Menschen, die sie unterstützen. Diese Beziehungen sind jedoch nur selten von Dauer.

Die Welt ist bzw. verhält sich den jungen Menschen gegenüber meist feindselig oder gleichgültig. Trotzdem versuchen die jungen Menschen, sich diese Welt auch positiv zu erschließen und darin zu bestehen. Sie kämpfen für einen Platz in dieser Welt.

Welche Überlebensmuster werden deutlich?

Die dargestellten Konstruktionen der Selbstbilder sind von Verunsicherung und Beschädigung geprägt. Die konstruierten Weltbilder machen deutlich, dass es auch im Verlauf betrachtet kaum verlässliche Menschen gibt, die über längere Zeit den Jugendlichen beistehen. Die jungen Menschen haben sehr unterschiedliche Erfahrungen gemacht, die letztendlich jedoch auf Beschädigung, Verunsicherung und fehlende dauerhaft relevante Personen hindeuten.

Die herausgearbeiteten sozialen Handlungen der jungen Menschen wurden im Verlauf des Forschungsprozesses als Handlungsmuster bezeichnet, schließlich aber zu Überlebensmustern umbenannt. Dies bringt zum Ausdruck, wie sehr die jungen Menschen damit beschäftigt sind, in der Welt klar zu kommen und tatsächlich in ihr zu überleben. Diese Muster lassen sich in Kürze folgendermaßen darstellen:

- Widerstand organisieren – kämpfen (Anni)
- Ruhe haben wollen – sich zurückziehen (Ben)
- Sicherheit und Halt organisieren – suchen (Julia)
- Skepsis an den Tag legen – prüfen (Karsten)

Alle Überlebensmuster der jungen Menschen sind geprägt durch anhaltende und anstrengende Versuche, ihr Plan vom Glück zu verfolgen. Dieser Plan ist gekennzeichnet durch die Suche nach einem sicheren Platz in der Welt.

Die jungen Menschen haben Erfahrungen gesammelt, wie sie am besten ihr Überleben sichern und dabei ihr Ziel, ihren „Plan vom Glück" verfolgen können. Die Konstruktionen der Selbstbilder und Weltbilder lassen dabei unterschiedliche Überlebensmuster entstehen, die jeweils „passend" sind. Der Platz in der Welt ist auf zwei Ebenen zu betrachten: Der „Platz als ein realer Ort", an dem die jungen Menschen leben möchten und können und der „Platz als emotionale Zugehörigkeit zu anderen Menschen".

So stellt sich für Anni das Kämpfen als geeignete Handlung heraus, weil sie die Erfahrung gemacht hat, dass sie mit aktivem Widerstand ihre Ziele erreichen kann. Ihr emotionaler Platz ist für lange Zeit die Familie. Ihr realer Lebensort wurde jedoch durch die Intervention des Jugendamtes zu einem Platz weit weg von ihrer Familie. Sie kämpft hart dafür, wieder zu ihrem realen und emotionalem Platz zurückkehren zu können.

Ben hat, ganz im Gegensatz zu Anni, die Erfahrung gemacht, dass er durch Rückzug und angepasstes, ruhiges Verhalten wenig auffällt und am besten seine Ziele erreichen kann. Sein Platz in der Familie scheint mehr ein realer Ort zu sein, als ein Ort emotionaler Zugehörigkeit und Nähe. Er hat in der Wohnung seiner Eltern einen Ort, der ihm seine Grundbedürfnisse sichert. Ob es sich hierbei auch um einen „emotionalen Platz" in der Familie handelt, ist fraglich. Sein Plan vom Glück ist ein Ort, an dem er seine Ruhe haben kann. Durch Rückzug will er versuchen, seinen Platz in der Welt zu finden.

Für Julia ist die Welt unsicher und bedrohlich. Sie ist auf der Suche nach Halt und nach verlässlichen Personen, die ihr zu verstehen geben, dass auch sie ein wichtiger Mensch ist, der es wert ist, gehalten zu werden. Sie sucht nicht nur sichere Menschen, sondern damit verbunden auch einen sicheren Ort, an dem sie bleiben kann.

Auch für Karsten steht die Frage nach verlässlichen und vertrauensvollen Bezugspersonen im Vordergrund. Die Erfahrung, immer wieder von Personen, die sich eigentlich um ihn kümmern sollten, enttäuscht zu werden, lässt ihn skeptisch werden. So prüft er sehr genau, wem er Vertrauen schenken kann. Über den realen Platz in der Pflegefamilie erhält Karsten auch einen emotionalen Platz. Dabei ist ihm sein Bruder besonders wichtig.

Der Begriff „Überlebensmuster" mag seltsam anmuten, doch zeigen die Falldarstellungen, dass sich hinter den Verhaltensweisen der Jugendlichen tatsächlich mehr verbirgt als soziale Handlungen. Er soll verdeutlichen, dass es sich bei den Fragen, mit denen sich die jungen Menschen beschäftigen, um existenzielle Fragen handelt. Sie suchen ein sicheres Zuhause.

Bei den Fallrekonstruktionen konnte gezeigt werden, dass die jungen Menschen viele Erfahrungen gemacht haben, die als kritische Lebensereignisse bezeichnet werden können (vgl. Filipp 1995, 2002). Einschneidende Veränderungen in ihrem Leben, vor allem ständig wechselnde Institutionen und Personen öffentlicher Erziehung prägen ihren Lebensweg (vgl. Lambers 1996). Die jungen Menschen stehen vor der Aufgabe, ihr Leben und ihre Schicksalsschläge zu bewältigen.

Lothar Böhnisch unterscheidet vier Grunddimensionen der Bewältigung, die zur Krisenbehebung aktiviert werden (im Folgenden Böhnisch 2001, 46):

- Such nach Wiedergewinnung des Selbstwerts bei Erfahrung des Selbstwertverlusts
- Suche nach Orientierung und Integration bei der Erfahrung von Orientierungslosigkeit
- Suche nach Halt und Unterstützung bei fehlendem sozialen Rückhalt
- Sehnsucht nach Normalisierung bei der Erfahrung von Ausgrenzung und Desintegration

Diese Grunddimensionen finden sich unterschiedlich ausgeprägt auch in den herausgearbeiteten Überlebensmustern der vier jungen Menschen wieder. Von besonderer Bedeutung scheint hier wohl die Feststellung, dass sich die tragenden Muster zur Bewältigung auch im Verlauf der geführten Interviews, über einen Zeitraum von mehreren Jahren, nicht geändert haben.

Welche Bildungserfahrung ermöglicht die Kinder- und Jugendhilfe jungen Menschen?

Im Anschluss an die theoretische Auseinandersetzung zum Begriff der „Bildung" wurden Anforderungen an die Kinder- und Jugendhilfe formuliert, die zu erfüllen sind, um jungen Menschen (neue) Bildungserfahrungen zu ermöglichen.

Im nun folgenden Abschnitt geht es abschließend um die Frage, inwieweit sich die Umsetzung dieser Anforderungen im empirischen Material wiederfinden lassen. Ob und wie kommen die Fachkräfte der Kinder- und Jugendhilfe dem o.g. Auftrag nach, bzw. was davon schlägt sich in den Äußerungen der jungen Menschen nieder? Vorausschickend ist daher zu bemerken, dass eine objektive Darstellung der tatsächlichen Bemühungen der pädagogischen Fachkräfte hier nicht geleistet werden kann. Bei der Beantwortung der Frage geht es ausschließlich um die Transparenz der pädagogischen Arbeit, nicht um eine objektive Beurteilung. Gelingt es den Fachkräften, die an sie gestellten Anforderungen ihren Adressaten zu vermitteln, damit ihr Handeln für die Beteiligten verständlich(er) wird?

Die Anregung von Bildungsprozessen beim jungen Menschen setzt einen Perspektivwechsel der Sozialpädagogen voraus. Die Sozialpädagogik muss die Welt so verstehen können, wie sich die Kinder und Jugendlichen die Welt bislang angeeignet haben. Sie muss verstehen, was sie in dieser Welt gelernt haben, sie muss Kontexte analysieren.

Die Frage nach einem vollzogenen Perspektivwechsel und der Beschäftigung mit der Lebenswelt zählt zu den grundsätzlichen Voraussetzungen pädagogischer Fachkräfte und wurde unter dem Stichwort der „biografischen Passung" von Finkel ausführlich dargelegt (vgl. Finkel 2004). Es stellt sich die Frage, inwieweit die Jugendlichen merken, dass sich die Jugendhilfe mit ihrer Lebenswelt beschäftigt hat und inwiefern Verständnis dafür geäußert wird, was sie sich in ihrer Welt angeeignet haben. Betont werden kann, dass die Forderung nach „Verstehen der Lebenswelt" und Verstehen von Handlungen nicht gleichzusetzen ist mit „Einverstanden sein".

Anni kann kaum verstehen, dass das „Streiten und körperliche Gewalt" kaum ein akzeptables Mittel zur Lösung und Bewältigung von Problemen ist. Sie deutet auch nicht an, dass sich pädagogische Fachkräfte mit ihr darüber unterhalten hätten.

Alle Fachkräfte, die mit Ben zu tun haben, versuchen, die Erwartungen seiner Eltern zu erfüllen. Es scheint niemanden zu geben, der versteht, warum Ben seine Ruhe haben will. Die Aneinanderreihung seiner Misserfolge und die damit verbundenen Gefühlslage wird scheinbar nicht thematisiert.

Julias größter Wunsch ist es, ihre leiblichen Eltern kennenzulernen. Die Betreuer der Außenwohngruppe begleiten sie bei der Umsetzung dieses Ziels. Auch wenn sie nicht ausdrücklich formuliert, dass sie sich durch diese Begleitung verstanden fühlt, so wird doch deutlich, dass die Betreuer sich erkennbar in ihre Lebenssituation einfühlen und ihre Perspektive einnehmen können. Auch berichtet sie, dass sie eine Erzieherin im KRIZ oft als hilfreich erlebt hat und mit ihr über ihre Probleme reden konnte.

Karsten fühlt sich über einen langen Zeitraum von der Jugendhilfe missverstanden. Es ist nicht ersichtlich, dass es die Jugendhilfe schafft, ihre Interventionen für ihn transparent zu machen. Erst mit der Unterbringung in der Pflegefamilie ändern sich seine Schilderungen zur Jugendhilfe.

Die Wahrnehmungen und Äußerungen der jungen Menschen bzgl. des ersten Punktes sind unterschiedlich. Es ergibt sich kein einheitliches Bild.

Die Sozialisation und die individuelle Lerngeschichte der jungen Menschen ist wesentliches Thema von Bildungsprozessen. Sozialpädagogik muss die Biographie bzw. die Biographisierung ihrer Adressaten in den Vordergrund ihrer sozialpädagogischen Bemühungen rücken und die Adressaten an diesem Prozess beteiligen.

Die zweite Anforderung ähnelt der ersten, doch steht im Vordergrund die Frage, ob Jugendhilfe die Biographie der jungen Menschen thematisiert und zwar *mit* den jungen Menschen. Die selbstkritische Distanz zum eigenen Leben und Handeln steht dabei im Vordergrund.

Für Anni und Ben finden sich in keinem Interview Anzeichen für eine ernsthafte und distanzierte Auseinandersetzung mit der eigenen Biographie.

Julia setzt sich intensiv mit ihrer Geschichte auseinander und kann dabei die Betreuer der Außenwohngruppe unterstützend erleben. Sie will wissen, wer ihre leiblichen Eltern sind und möchte diese kennenlernen. Auch will sie die „Lücken" in ihrem Lebenslauf schließen bzw. die Geschehnisse einordnen können. Im zuletzt geführten Interview wird dieser Aspekt sehr deutlich. Julia ist um einen Biographisierungsprozess bemüht, sie versucht, salopp formuliert, ihr Leben „auf die Reihe zu kriegen". Dauerhaft hilfreich kann ihr die Jugendhilfe jedoch nicht sein.

Auch bei Karsten wird im zuletzt geführten Interview deutlich, dass er sich kritisch mit dem eigenen Leben auseinandergesetzt hat. Der Leser gewinnt den Eindruck, dass er sich mit seinem Leben und dem Verhältnis zu seiner Familie, insbesondere zu seiner Mutter, intensiv beschäftigt hat. Er spricht in diesem Zusammenhang von „Spielchen spielen" und von wichtigen Erkenntnissen. Das Texten und Rappen scheint für Karsten eine geeignete Form von Auseinandersetzung zu sein, die er mit seinen Bruder gemeinsam gestaltet. Auch die räumliche Distanz zur Mutter scheint hierfür von Bedeutung für einen gelingenden Prozess der Biographisierung.

Aus den meisten Interviews geht hervor, dass es kaum um die Auseinandersetzung und Reflexion ihrer Lebensgeschichte geht. Vielmehr hören die jungen Menschen immer wieder, dass sie, so wie sie sind, „nicht gut" sind, und sich ändern sollen. Abschließend ist festzuhalten, dass aktive Biographiearbeit in der Jugendhilfe von den jungen Menschen kaum bemerkt wird bzw. in den Interviews kaum nachzuzeichnen ist.

Die jungen Menschen bzw. jungen Erwachsenen sollen nach der Unterstützung durch sozialpädagogische Interventionen selbständig ihr Leben gestalten können. Sie sollen ihr Leben reflexiv hinterfragen können. Sozialpädagogik muss dafür Sorge tragen, dass ihre Adressaten gestärkt, stabil, selbstbestimmt, kritisch, selbstbewusst und reflexiv ihr Leben gestalten können.

Anni zeigt deutlich, dass sie sich bereits zum Zeitpunkt des Erstinterviews als selbständig und erfolgreich erlebt. Da sie die Welt grundsätzlich als wenig unterstützend wahrnimmt, ist ihr zentrales Überlebensmuster die „Selbsthilfe". Die Jugendhilfe behindert sie bei ihrem selbständigen und eigenverantwortlichem Handeln. Vor allem in der Zeit nach dem KRIZ tritt dieser Aspekt hervor. Anni sieht der Selbständigkeit offenbar ohne Angst entgegen.

Die Arbeitssuche und die Selbständigkeit stehen im Vordergrund aller Bemühungen um Ben. Neben diesem Auftrag kommen quasi keine weiteren

Anforderungen, die die Jugendhilfe zu erfüllen hat, bei Ben an. Eine kritische Reflexion ist nicht erkennbar.

Auch Julia erklärt in den Interviews, dass die Mitarbeiter der Jugendhilfe versucht haben, sie auf ein selbständiges Leben vorzubereiten. Sie steht den damit verbundenen Aufgaben ausgesprochen ängstlich gegenüber. Das Ziel wirkt auf sie eher bedrohlich.

Karsten kommt mit 17 Jahren in eine Pflegefamilie und er kann sich ein Leben in „Eigenregie" gut vorstellen. Er vermittelt den Eindruck, dass ihm genügend Kompetenzen zur Verfügung stehen. Die Pflegemutter erlebt er als hilfreich und unterstützend und im letzten Interview wird erkennbar, dass er sein Leben auch kritisch hinterfragt.

Ein Ziel von Erziehungsprozessen ist, sich selbst überflüssig zu machen, gleiches gilt für die Kinder- und Jugendhilfe. Sie hat den Auftrag, ihren Adressaten geeignete Kompetenzen zu vermitteln, sie soll sie zu einem selbständigen Leben befähigen. Es ist im empirischen Material deutlich zu erkennen, dass diese Anforderung und die Bemühungen der Jugendhilfe bei den Jugendlichen „ankommen". Es scheint, dass die Volljährigkeit ein wichtiger Marker ist.

Bei der Beantwortung der Frage können darüber hinaus sehr eindeutige Bezüge zu den vorgestellten Selbst- und Weltbildern und Überlebensmustern hergestellt werden: Anni stellt sich in den Interviews bereits als selbständig dar und fühlt daher nur gering auf Jugendhilfe angewiesen. Bens Selbstbild hingegen führt dazu, dass er die Bemühungen nicht aktiv mitgestalten kann. Julia steht neuen Situationen ängstlich gegenüber und so werden die Bemühungen der Jugendhilfe, sie auf ein selbständiges Leben vorzubereiten, für sie geradezu zu einer Bedrohung.

Sozialpädagogische Bildungsarbeit muss ihre Adressaten auf Ungewissheit vorbereiten und dabei helfen, dass sie mit risikobehafteten Lebenswelten erfolgreich umgehen können. Sozialpädagogische Bildungsarbeit muss einen erkennbaren Nutzen für die Kinder und Jugendlichen aufweisen.

Im Zentrum dieser Anforderung an sozialpädagogische Bildungsprozesse steht der Nutzen für die Adressaten. Ein Nutzen ist der Umgang mit Ungewissheit. Nutzen von pädagogischen Interventionen ist für die jungen Menschen in einigen Interviews deutlich erkennbar.

Annis Falldarstellung und auch die von Ben zeigen, dass sie kaum Nutzen durch die Unterstützungsversuche der Jugendhilfe haben. Sie können beide im letzten Interview einen sehr zweckbezogenen Nutzen des Jugendamtes äußern – die eigene Wohnung. Anni schildert zuvor mehrfach, dass sie hinreichend erfolgreich auch mit risikobehafteten Lebenssituationen umgehen kann. Für Ben ergibt sich diesbezüglich ein ähnliches Bild. Ungewissen Situationen steht er eher abwartend gegenüber.

Die Jugendhilfe wird von Julia über einen längeren Zeitraum immer wieder auch als hilfreich und nützlich erlebt. Gespräche mit Erziehern des KRIZ oder der Wohngruppe haben einen hohen Nutzen für sie. Im Verlauf der Interviews scheint dies jedoch abzunehmen. Mit der Anforderung nach mehr Selbständigkeit durch die Jugendhilfe, nimmt der Nutzen der Jugendhilfe für Julia ab. Erst im letzten Interview hebt die ambulante Betreuung diesen Trend wieder auf. Das Vorbereiten und der Umgang mit Ungewissheit wäre ein extrem wichtiger Aspekt zur Verarbeitung mit Julia gewesen, da sie insbesondere auf neue – ungewisse – Situationen besonders ängstlich reagiert. Dies gelingt der Jugendhilfe kaum.

Karsten erlebt besonders die Pflegemutter als nützlich. Sie steht ihm bei und versucht, Verbesserungen für ihn und seine Situation herbeizuführen. Sie bietet ihm ihre Hilfe an, auch dann, wenn die Hilfe offiziell beendet sein wird.

Der Nutzen Jugendhilfe ist für die jungen Menschen besonders hoch, wenn sie mit einer sofortigen Bedürfnisbefriedigung und mit dem gemeinsamen Verfolgen ihrer Pläne verbunden ist.

Darüber hinaus kann bei Julia und Karsten vermutet werden, dass die Dauer der Hilfe ein Indikator für den subjektiv erlebten Nutzen sein kann. Beide leben für ca. zwei Jahre in der Außenwohngruppe, die sie als hilfreich erleben konnten. Auch der vergleichsweise lange Zeitraum, in dem Karsten in der Pflegefamilie lebt, spricht für diese Vermutung. Sie haben sich in dieser Zeit nicht durch Weglaufen entzogen.

Sozialpädagogik muss Orte zur Verfügung stellen, an denen Bildungsprozesse stattfinden können und an denen junge Menschen „sich ausprobieren" können. Diese Orte müssen neue (Bildungs-)Erfahrungen ermöglichen, ihnen die Gelegenheit geben, neue Dinge zu entdecken.

Die bereitgestellten Orte, die in dieser Arbeit vorkommen, sind im Wesentlichen Wohngruppen, das KRIZ und ambulante Hilfen. Diese stellen zwar, im wörtlichen Sinne, keinen separaten Orte dar, doch geht es Winkler (1999) nicht (nur) um Orte im Sinne von „Räumen", sondern vielmehr um „Gelegenheiten", in denen die Adressaten „sich ausprobieren" können. Die Orte sollen den jungen Menschen neue Bildungserfahrungen ermöglichen. Es stellt sich folglich für die Jugendhilfe die Frage: Welche Welt haben die jungen Menschen bislang kennengelernt und kann die Jugendhilfe bzw. der pädagogische Ort dazu beitragen, ggf. entgegen gesetzte Erfahrungen zu ermöglichen.

Für Anni wäre eine neue Bildungserfahrung gewesen, sich nicht nur auf sich selbst verlassen zu müssen. Doch das „Kampfkind" Anni hat im KRIZ und in der Wohngruppe erlebt, dass sie sich nur auf sich selbst verlassen kann.

Das KRIZ war für Ben ein Ort, an dem er sich (erstmals) selbstwirksam und erfolgreich erleben konnte und damit hat er eine extrem neue Erfahrung gemacht. Sein bisheriges Selbstbild geriet ins Wanken. Doch leider war diese Erfahrung nur von kurzer Dauer und Ben schafft es nicht, die neuen Erkenntnisse auf die Zeit nach dem KRIZ zu übertragen.

Julia kann punktuell erleben, dass es Menschen gibt, die sich mit ihr befassen, ihr positive Rückmeldungen geben, sie motivieren, begleiten und unterstützen, ihr Sicherheit geben. Sie kann zwar neue Bildungserfahrungen machen, doch macht ihr die Jugendhilfe auch klar, dass sie nicht dauerhaft für sie zuständig sind. Dadurch wird das „Neu entdeckte" zügig wieder zum „Altbekannten".

Karsten hat viel Erfahrung darin, dass die Welt nicht vertrauenswürdig ist und er genau prüfen muss, wem er Vertrauen schenken kann. Der von ihm genannte Betreuer des KRIZ stellt für ihn eine positive Erfahrung dar, die jedoch nicht von Dauer ist. Das Erleben von Fürsorge und Einsatz durch die Pflegemutter stellt er in den Interviews heraus und macht deutlich, dass dies eine neue Erfahrung ist.

Analog zum dritten Punkt, finden sich bei dieser Anforderung große Bezüge zu den Selbst- und Weltbildern der Jugendlichen. Es muss Jugendhilfe gelingen, die Selbst- und Weltbilder, sowie die Überlebensmuster der jungen Menschen zu erkennen und sie muss versuchen, entsprechend neue Erfahrungen bereit zu halten. Jugendhilfe sollte nach Möglichkeit nicht dieselben Muster, die „die Welt" bislang auszeichneten, wiederholen.

6.1.4 Fazit und Ausblick

Im Fokus standen die Konstruktionen der Selbstbilder und Weltbilder junger Menschen sowie ihre Überlebensmuster. Insbesondere wurde versucht, Veränderungen, die sich im Verlauf der geführten Interviews gezeigt hatten, herauszuarbeiten. Die Ergebnisdarstellung weist darauf hin, dass es sich um „normale" Befunde handelt, die nicht spezifisch für die geschlossene Unterbringung sind oder ausschließlich für „besonders schwierige Jugendliche" gelten.

Vielmehr können bekannte Spannungsfelder identifiziert werden, die Bestandteil aller Erziehungsprozesse sind. Dieses Ergebnis korrespondiert mit den Erkenntnissen, die auch in der Studie LAKRIZ gefunden werden konnten. Die geschlossene Unterbringung kann keine „besondere Pädagogik" bereithalten.

Auch bei jungen Menschen, deren Lebensgeschichte und Hilfegeschichte sich durch besondere Schwierigkeiten auszeichnen, sind „normale Befunde von Erziehung" zu erwarten. So lassen sich besonders die Spannungsfelder

„Autonomie und Abhängigkeit" und „Sicherheit und Unsicherheit" zeigen, die in allen in allen Erziehungs- und Bildungsprozessen zu finden sind. Autonomie gilt als ein allgemeines Ziel von Erziehungsprozessen. Die jungen Menschen wollen ein „normales" Leben führen, dazu gehört das Erreichen von Eigenständigkeit. Gleichzeitig geht es darum, einen „sicheren" Ort zu finden, wo sie diese Selbständigkeit (er-)leben können. Die Konstruktionen der Selbst- und Weltbilder zeigen dies deutlich. Ihr Leben ist jedoch gekennzeichnet durch Zwang und Abhängigkeit. Besonders die Konstruktionen zu dem Weltbild „Jugendhilfe" zeigen dies.

Erziehung soll in Autonomie und Selbständigkeit münden und ist gleichzeitig im hohen Maße durch Abhängigkeiten gekennzeichnet. Kinder sind von der Pflege und Sorge ihrer Eltern oder anderer Erwachsener abhängig. Eltern wollen durch planvolles Handeln und Arrangieren/Organisieren von Bedingungen erreichen, dass junge Menschen „Kontrolle über sich selbst und ihre Lebensbedingungen" erhalten (vgl. dazu Winkler 2003, 49). Bevor Kinder und Jugendliche unabhängig leben können, sind zu über einen langen Zeitraum hinweg abhängig. Immanuel Kant (1724–1804) formulierte hierzu, dass es das größte Problem der Erziehung sei, sich bei all dem Zwang, seiner Freiheit zu bedienen (vgl. Kant 2000). Ohne Zweifel zählt das Verhältnis von Freiheit und Zwang in der Erziehung zu den grundlegenden Fragen der wissenschaftlichen Auseinandersetzungen mit Erziehungsprozessen, wenigsten seit der Aufklärung. Für Dietrich Benner ist das „Pädagogische Handeln als sich negierendes Gewaltverhältnis über Unmündige" eines der drei zentralen Handlungsdimensionen pädagogischer Praxis (Benner 2001, 211 f.). Erziehung bewegt sich im Verhältnis von Freiheit und Zwang, auch ohne die Interventionen der Kinder- und Jugendhilfe. Dieser werden in der Maßnahme der geschlossenen Unterbringung jedoch besonders greifbar.

Das Verhältnis von Autonomie und Abhängigkeit spielt in „normalen" und auch in „besonderen" Erziehungsprozessen eine Rolle. Der Unterschied zwischen beiden besteht wohl darin, dass die „Welt", so die Befunde dieser Arbeit, für die jungen Menschen in besonderen Lebenslagen weniger positive Erfahrungen und Sicherheit bereithält, als für andere junge Menschen. Ihre Lebensgeschichten zeigen, dass es an dauerhaften, stabilen und unterstützenden Personen mangelt, es fehlen „relevante Dritte". Damit zeigt sich ein weiteres, zentrales Spannungsfeld von Erziehung: Sicherheit und Unsicherheit.

Dieses Spannungsfeld wird in allen vier Fallrekonstruktionen, sowohl in den Konstruktionen der Weltbilder als auch in den konstruierten Selbstbildern, deutlich. Besonders kristallisiert sich das Spannungsfeld in der Falldarstellung von Julia heraus.

Neben den konstruierten Selbstbildern konnten die Fallrekonstruktionen zeigen, dass die jungen Menschen von „der Welt", die sie umgibt, nur selten Sicherheit und Schutz erwarten konnten.

Hier fällt besonders auf, dass die Familie, insbesondere die Eltern, über lange Zeit hinweg einen besonderen Schutz erfährt. Es wird das „Bild der heilen Familie" konstruiert. Die Familie als ein Ort der Sicherheit und der emotionalen Geborgenheit ist jedoch oft mehr Wunsch denn Realität. Die öffentliche Erziehung kann die benötigte Sicherheit ebenso wenig bieten.

Besonders bedenklich scheint dieser Befund vor dem Hintergrund, dass die Aufgabe von Erziehung (auch) darin besteht, Kindern und Jugendlichen die notwendige Sicherheit und den notwendigen Schutz zu geben. Stattdessen zeigt es sich, dass Anni, Ben, Julia und Karsten „der Welt" in vielen Lebensphasen und Situationen schutzlos „ausgeliefert" waren.

Winkler (2001) formuliert, dass Erziehung Kinder und Jugendliche eben genau davor bewahren muss „der Welt ausgeliefert zu sein" (Winkler 2001, 181). Auch wenn Erziehung auf Ungewissheit vorbereiten soll und die jungen Menschen auch lernen müssen, mit Unsicherheit und Ungewissheit umzugehen, benötigen zu dazu eine stabile und sichere „Lernbedingung".

Im nun folgenden Ausblick soll ein Perspektivwechsel vorgenommen und der Frage nachgegangen werden, welchen Nutzen die Kinder- und Jugendhilfe hat, wenn sie sich mit den Konstruktionen von Selbstbildern, Weltbildern, Handlungs- bzw. Überlebensmustern junger Menschen beschäftigt und welche Konsequenzen sich daraus für die sozialpädagogische Handlungspraxis ergeben.

Die Forschungsergebnisse zeigen, dass die Auseinandersetzung mit diesen Konstruktionen der jungen Menschen dazu beitragen kann, dass die Kinder- und Jugendhilfe „Die Welt ihrer Adressaten" besser versteht.

Die Auseinandersetzung mit den Konstruktionen der Selbst- und Weltbilder sowie den Überlebensmustern junger Menschen, ist in der Kinder- und Jugendhilfe als zentrale Reflexionsfolie zu betrachten.

Die Beziehungen, die zwischen den konstruierten Selbst- und Weltbildern und den Überlebensmustern der jungen Menschen hergestellt werden konnten, verdeutlichen, dass diese Kategorien helfen können, den geforderten Perspektivwechsel zu vollziehen. Durch eine intensive Auseinandersetzung mit den Erfahrungen, die die jungen Menschen mit „der Welt" und mit „sich selbst" gemacht haben, kann die Kinder- und Jugendhilfe die jungen Menschen zunächst besser verstehen.

Die Fachkräfte der Sozialen Arbeit haben so die Möglichkeit, sich zu erschließen, „in welcher Welt" die jungen Menschen leben, welche „Selbst-Bildungsprozesse" sie bislang gemacht haben und welche Wünsche und Ziele sie aus welchen Gründen verfolgen. Die Ergebnisse zeigen, dass die Kinder und Jugendlichen zentrale Selbstbilder und relativ stabile Weltbilder konstruieren und ihre Verhaltensweisen zu diesen Bildern passen.

Da die Fachkräfte der Kinder- und Jugendhilfe häufig damit konfrontiert werden, dass diese Verhaltensweisen/Überlebensmuster nicht immer mit den gesellschaftlichen Erwartungen und Anforderungen an die heranwachsende Generation harmonieren, stehen die Fachkräfte vor der Herausforderung, den jungen Menschen neue Erfahrungen und damit „neue Bilder der Welt" zu ermöglichen, alternative, aber vor allem hilfreiche Erfahrungen mit der Jugendhilfe zu arrangieren. Diese können zu veränderten Konstruktionen der Welt führen. Das Erkennen der Selbstbilder und Weltbilder junger Menschen ist für die Jugendhilfe relevant, damit sie den jungen Menschen neue Bildungserfahrungen ermöglichen können.

Alte Verhaltensmuster sollen nach Möglichkeit nicht wiederholt werden. Eine erste Voraussetzung hierzu ist, dass diese Muster der jungen Menschen erkannt werden. Des Weiteren sollten die Fachkräfte der Sozialen Arbeit ihre eigenen Handlungsmuster überprüfen. Sie sollte nicht auf die Muster zurückgreifen, die auch den jungen Menschen schon seitens der Jugendhilfe bekannt sind. Eine Irritation oder paradoxe Intervention seitens der Fachkräfte könnte einen Einstieg bieten, den jungen Menschen „anders" zu begegnen.

Regina Rätz-Heinisch formuliert in ihrer Dissertation, dass die Jugendhilfe den jungen Menschen ein Setting schaffen soll, „welches die biografischen Handlungsstrukturen der Jugendlichen unterstützt und gleichzeitig minimale Modifikationen ermöglicht" (Rätz-Heinisch 2005, 309). Dieses Ergebnis und die Anforderung an ein solches Setting sind anschlussfähig an die Ergebnisse dieser Arbeit.

Die Fachkräfte der Kinder- und Jugendhilfe sind gefordert, den „Plan vom Glück" der jungen Menschen zu erkennen und diesen, soweit vertretbar, zu unterstützen. Auch hierzu ist die Auseinandersetzung mit den Konstruktionen von Selbst- und Weltbildern der jungen Menschen hilfreich.

Wenn Jugendhilfe als nützlich und förderlich erlebt werden will, was als Voraussetzung für die Mitarbeit der jungen Menschen gelten kann, sollten die Fachkräfte versuchen, den „Plan vom Glück" zu unterstützen. Wird die Jugendhilfe von den jungen Menschen nicht hilfreich erlebt, stellt sie auch keine Hilfe dar. Auch hierzu ist es förderlich für die Praxis Sozialer Arbeit, sich mit den Konstruktionen der jungen Menschen und ihren Bildungsprozessen zu beschäftigen.

Nur allzu häufig sind das Ziel und der „Plan vom Glück" der jungen Menschen die Rückkehr in die Herkunftsfamilie. Doch die Rückführung in das Herkunftssystem kann nicht immer realisiert werden.

Die empirischen Befunde zeigen, dass die Eltern/Familie geschützt werden/wird, obwohl sie für die jungen Menschen keine dauerhaft verlässlichen und sicheren Menschen bereithalten. Die Konstruktionen zu dieser „Welt" sind häufig durch Versuche geprägt, eine „normale und heile Familienwelt" darzustellen. An diesen Konstruktionen wird solange festgehalten, bis sich hinreichend gute Alternativen für die jungen Menschen zeigen. Aufgabe der Fachkräfte Sozialer Arbeit kann es nur sein, diese hinreichend guten Alternativen mit den jungen Menschen gemeinsam zu entwickeln. Es kann nicht darum gehen, die Herkunftsfamilie zu denunzieren und den Beziehungsabbruch zwischen Jugendlichem und Herkunftsfamilie zu erzielen. Stattdessen sollte eine Klärung der innerfamiliären Beziehung erfolgen. Die Fachkräfte und die Jugendhilfe kann den jungen Menschen nicht die Familie ersetzen. Aber sie können und sollten den Prozess der Auseinandersetzung mit der Familie begleiten und den jungen Menschen den notwendigen Rückhalt und die Sicherheit vermitteln, die sie dazu benötigen.

Die jungen Menschen sind auf der Suche nach einem realen und emotionalem sicheren „Platz in der Welt". Deutlich wird dies vor allem bei den Überlebensmustern. Begrenzt scheinen hier die Möglichkeiten der Kinder- und Jugendhilfe, langfristig solche Orte für die Jugendlichen zur Verfügung zu stellen.

Die Maßnahmen und Hilfen der Kinder- und Jugendhilfe sind ein endlicher Prozess. Analog zum Erziehungsprozess ist auch Soziale Arbeit auf ihre Auflösung angelegt. Darüber hinaus ist Soziale Arbeit von Schichtdienst und (ständig) wechselnden (Bezugs-)Personen in Heimen gekennzeichnet.

Die Endlichkeit der Beziehung zwischen Kindern und Betreuern muss für die jungen Menschen auch transparent sein. Doch sollte sie ihnen die notwendige Sicherheit vermitteln, solange sie sich in Maßnahmen der Kinder- und Jugendhilfe befinden. Es geht darum, die Jugendlichen zu halten und sie auszuhalten. Die Erfahrungen, dass sie „schwierig" und eben nicht „zu halten" sind, haben die jungen Menschen zur Genüge gemacht. Eine neue Erfahrung für die Jugendlichen und damit auch eine positive Bildungserfahrung wäre durch „gehalten-werden" der Jugendhilfe möglich.

Es nützt der Kinder- und Jugendhilfe, sich mit den Konstruktionen der Selbst- und Weltbilder auseinanderzusetzen und sich die Überlebensmuster der jungen Menschen zu erschließen. Dies kann zu einer gelingenden Beziehung zu den Kindern und Jugendlichen und zu erfolgreichen Hilfen beitragen.

6.2 „Wer kann ich werden? Wer soll ich sein?" Selbstbildungsprozesse junger Menschen in der Jugendhilfe[26]

„Wer kann ich werden? Wer soll ich sein?" – Mit diesen beiden grundlegende Lebensfragen resümieren die beiden Jugendlichen (Julia und Erik), deren individuellen Verarbeitungsprozesse Gegenstand der Untersuchung sind, ihren (Selbst-)Bildungsprozess. Sie verweisen dabei auf ein wesentliches Ergebnis dieser Studie: Selbstbildungsprozesse formieren sich als einen aktiven Balanceakt der jungen Menschen zwischen individuellen Selbstkonstruktionen und Fragen der Sozialintegration. Diese Annahme rückt die Selbsttätigkeit des Menschen in den Fokus, denn Bildungsprozesse konstituieren sich in einem ambivalenten Spannungsgefüge, welches sich darin ausdrückt, dass einerseits „von außen (durch den Erzieher) geleitet" und andererseits „von innen (durch den Jugendlichen) gesteuert" wird. Mit dem Blick auf die subjektiven Bildung*sprozesse* zeigt sich, dass es hier um die individuellen Erzählungen und Geschichten der Jugendlichen geht und weniger um die lückenlose Aufdeckung objektiver Fakten (vgl. dazu auch Baacke 1993, 74 ff.).

Neben den Selbstdeutungen der Jugendlichen geht es vor allen Dingen um die Bezüge zwischen den Konstruktionen der jungen Menschen und den Fremddeutungen relevanter Erwachsener, sowie die sich daraus entwickelten Muster jugendlicher Lebensbewältigung. Ob und wie die unterschiedlichen Deutungsfolien anschlussfähig sind und welchen Einfluss die Konstruktionen der Erwachsenen auf jugendliche Selbstbildungsprozesse nehmen, ist hier von Interesse. So wird es möglich, einen Einblick in die Verarbeitungsmuster und die Bewältigungsstrategien junger Menschen zu gewinnen.

Gesamtgesellschaftliche Modernisierungs- und Wandlungsprozesse beeinflussen individuelle Lebensverläufe und damit auch subjektive Deutungen unterschiedlichster Lebensereignisse. Biographische Werdungsprozesse weichen von vermeintlichen „Normalbiographien" ab. Aufgabe pädagogischer Fachkräfte ist es, die selbstreflexiven Verarbeitungsprozesse junger Menschen zu begleiten und zu unterstützen. Von daher scheint es erforderlich, dass Fachkräfte ihre Kompetenzen zur Entschlüsselung individueller Bildungsbemühungen und zur Wahrnehmung biographischer Deutungskonzepte weiter entwickeln und schulen, um einen verstehenden Zugang zu den Wirklichkeitskonstruktionen junger Menschen zu gewinnen. Welche

---

26 Im folgenden Beitrag finden sich Auszüge der Dissertation von Vanessa Schnorr (2011). Der gesamte Text kann abgerufen werden unter http://kola.opus.hbz-nrw.de/volltexte/2011/622/.

subjektive Bedeutung die Heranwachsenden den Einflüssen der Jugendhilfe zusprechen, ist entscheidend für die Frage, inwieweit sie diese Erfahrungen als Unterstützung für ihre individuellen Bildungsprozesse begreifen.

„Selbstbildungsprozesse junger Menschen in der Jugendhilfe" setzen sich mit der Frage auseinander, über welche Bewältigungsstrategien und Interaktionsmuster die Heranwachsenden verfügen. „Mit diesem Zugang wird der Blick auf die ‚Eigensinnigkeit' subjektiver Äußerungen in ihren biografisch verorteten und gesellschaftsrelevanten Bezügen gelegt." (Normann 2003, 10) Die Jugendlichen werden als aktiv Handelnde und als Experten ihrer Lebenswelt verstanden, die in der Interaktion mit Anderen die Balance zwischen sozialer Anpassungsleistung und Entwicklung ihres individuellen Lebenskonzeptes finden müssen.

Das empirische Material der Untersuchung basiert auf zwei exemplarischen Fallrekonstruktionen mit insgesamt 15 qualitativen Interviews, die im Rahmen der Längsschnittuntersuchung erhoben und analysiert wurden. Mit der Analyse der Wahrnehmungs-, Deutungs- und Konstruktionsprozesse der jungen Menschen, die im Rahmen ihrer Lebensgeschichte Adressaten pädagogischer Interventionen wurden, und relevanter Erwachsener, die am Fall beteiligt waren, knüpft die Arbeit theoretisch an die Biographieforschung und an die fachlichen Diskurse von Bildungsprozessen und Strategien der Lebensbewältigung an.

Die Idee zu der vorliegenden Untersuchung entwickelte sich im Verlauf der Evaluationsstudie LAKRIZ. Im Laufe der Forschungsarbeit zeigte sich, dass Fallrekonstruktionen ein geeignetes Instrument zur Erkenntnisgewinnung darstellen. Über die Beschäftigung mit Aneignungs- und Verarbeitungsmuster der Jugendlichen lassen sich deren individuellen Selbstbildungsprozesse nachvollziehen und verstehen. Bislang liegen kaum Studien und Forschungsarbeiten zu (Selbst-)Bildungsprozessen junger Menschen in der Jugendhilfe vor. In diesem Zusammenhang interessiert besonders, welchen Einfluss die Bilder der relevanten Erwachsenen auf die Bildungsprozesse der Heranwachsenden nehmen. Schlagen sich in den Erzählungen der Jugendlichen diese Bilder nieder?

Zum Aufbau des Beitrags

In einem ersten Schritt werden wesentliche Begriffe und theoretischen Konzepte gefasst und erläutert, um die Beschäftigung mit dem empirischen Material vorzubereiten. Es soll gezeigt werden, wie junge Menschen subjektive Bilder von sich entwerfen. Der Konstruktivismus hat eine theoretische Grundlage geschaffen, um den biographischen Verarbeitungsprozess von lebensgeschichtlichen Ereignissen zu verstehen. Welche Rolle individuelle Lebenswelten in Bildungsprozessen spielen, soll ebenso beschrieben werden wie die grundlegende Vorstellung, das Bilder, die relevante Erwachsene von den Jugendlichen entwerfen, als pädagogische Einflussnahme zu verstehen sind. Letztlich soll Bildung als ein Prozess der Selbstbildung verstanden und begründet werden. Damit wird hervorgehoben, dass sich „Bildung" als aktiver Prozess der Aneignung und Auseinandersetzung mit sich und der Welt vollzieht.

Anschließend wird die methodische Anlage der Untersuchung eingeführt und wesentliche Aspekte zur Durchführung beleuchtet.

Die folgende Fallgeschichte dient zum einen der Illustration der sich daran anschließenden übergreifenden Ergebnisse. Zum anderen kann so plausibel nachvollzogen werden, wie die Erkenntnisse erarbeitet wurden. Die Arbeit mit dem empirischen Material stellt den Hauptanteil der Forschungsarbeit dar. Es geht dabei nicht um die „Anwendung" eines theoretischen Konzeptes auf Material aus der Praxis. Die Fallgeschichten sind Ausgangs- und Bezugspunkte gleichermaßen. Die Erzählungen der interviewten Personen werden mit einem bestimmten Erkenntnisinteresse (bestimmt durch die entwickelten Forschungsfragen) bearbeitet. Dabei wird „aus dem Material" heraus interpretiert, um die inneren Ideen und Bilder der interviewten Personen „zur Sprache zu bringen".

In einem weiteren Schritt werden übergreifende Ergebnisse der Fallanalysen präsentiert. Vor allen Dingen das Konzept der kritischen Lebensereignisse von Filipp hat dazu beigetragen lebensgeschichtliche Erfahrungen als sinnstiftende Handlungsmotive zu begreifen. Welche Bedeutung das für pädagogische Interventionen hat, wird ebenso erläutert wie die spezifische Interventionslogik der Helfer in solch komplexen Hilfeverläufen.

Der Beitrag schließt mit einem Fazit, indem die erarbeiteten Erkenntnisse in Konsequenzen für die Praxis der Sozialen Arbeit und Auswirkungen für (sozialpädagogische) Forschung überführt werden.

6.2.1 Selbst- und Fremddeutungen in Erziehungs- und Bildungsprozessen

Zunächst wird in sechs Aspekten der fachlich-theoretische Bezugsrahmen skizziert, um vor diesem Hintergrund eine exemplarische Fallgeschichte einzuführen:

Selbstdeutung als Konstruktion
Die Art und Weise, wie sich die Jugendlichen darstellen, welche Bilder sie von sich entwerfen, wie sie sich ihre Um-Welt aneignen und wie die umgebenden Erwachsenen sie sehen, soll empirisch untersucht werden. Dabei interessieren insbesondere die Verarbeitungsprozesse der Selbst- und Fremdbilder. Die Selbstdeutungen der Jugendlichen werden dabei als Kon-

struktion verstanden, die es zu verstehen und nachzuzeichnen gilt. Die Jugendlichen entwerfen ein Bild von sich; wie sie sich selbst sehen und wie sie von anderen Menschen gesehen werden wollen. Sie verleihen ihrer Geschichte einen Sinn und konstruieren ihre Sicht der Dinge. Diese Bilder entwickeln sich im Laufe ihres Lebens, inwieweit sie sich verändern oder aber stabil bleiben, hängt von unterschiedlichen Faktoren ab. Um solche Bilder oder auch Muster herausarbeiten zu können, muss grundsätzlich davon ausgegangen werden, dass es sich um individuelle Konstruktionen[27] handelt, die wiederum vom Gegenüber entschlüsselt und re-konstruiert werden müssen. Hirschauer nennt dies den Reflexivitätseffekt (2003, 103). Er meint damit das Involviert-Sein des Forschers in den Prozess der Konstruktion. Der Wissenschaftler kann sich nicht in eine externe Position zurückziehen und von außen auf das Geschehen blicken. Diese Voraussetzung hat einen wesentlichen Einfluss auf den Erkenntnisprozess und beeinflusst damit den Umgang mit dem empirischen Material.

In den narrativ-orientierten Interviews (die mit den Jugendlichen geführt worden sind) lassen sich solche Selbst-Bilder herausarbeiten. Dabei geht es nicht um die Suche nach der objektiven Wahrheit, sondern darum, zu verstehen, welche Deutungen die Jugendlichen in der jeweiligen Interviewsituation anbieten.

Auf diesem Hintergrund lässt sich in Bezug auf den Soziologen Giddens herausarbeiten, was Selbstkonstruktionen (vgl. dazu Große 2008 in Bezug auf Giddens) kennzeichnet:

- Selbstkonstruktionen zeichnen sich durch ihre Reflexivität aus. („Wir sind nicht was wir sind, sondern was wir aus uns machen".)
- Die Reflexivität des Selbst ist kontinuierlich und alles durchdringend. („Was geschieht gerade mit mir? Was denke ich? Was tue ich? Was fühle ich?")
- Selbstkonstruktionen entstehen in einem narrativen Prozess. („Ich erzähle mich selbst".)
- Selbstverwirklichung wird im Spannungsfeld von Chancen und Risiken verstanden. („Was kann ich erreichen? – Was traue ich mir nicht zu?")
- Die Verlaufskurve der Identitätsentwicklung ist selbstreferentiell. („Ich muss meine Lebenserzählung in sich stimmig präsentieren.")

Ortmann weist in diesem Zusammenhang bezugnehmend auf Kierkegaard darauf hin, dass das Selbst nicht im Subjekt existiert, sondern sich als Ge-

---

27 Ein guter Überblick zur Theorie des Konstruktivismus ist bei Hirschauer 2003 zu finden.

schehen zwischen begegnenden Subjekten entfaltet. „Dieses Selbst entfaltet sich deshalb als ein System ständig neuer Kontakte. Die gelingenden Kontakte erschaffen dann jenen ‚Stoff‘, durch den wir wachsen und uns bilden und ausbilden." (Ortmann 2001, 1553)

In den Geschichten, die die Jugendlichen aus ihrem Leben erzählen, lässt sich immer auch eine „Jugendhilfegeschichte" nachzeichnen. Daraus lässt sich u. a. ihr ausgesprochen hohes Maß an Jugendhilfeerfahrungen ablesen. Man kann nur erahnen, wie oft die jungen Menschen ihre Geschichte verschiedenen Pädagogen, Psychologen, Psychiatern und Mitarbeitern der unterschiedlichen Jugendhilfeeinrichtungen und nicht zuletzt den wechselnden Fachkräften in den für sie zuständigen Jugendämtern erzählt haben bzw. erzählen müssen. Sie werden dabei nicht nur zu Experten für ihr eigenes Leben, sondern vor allen Dinge zu Experten für die Version ihres Lebens, die die pädagogischen Fachkräfte zu interessieren scheint. Dahinter verbergen sich offenbar ihre subjektiven Konstruktionen, ihre persönliche Sicht auf sich selbst und ihre individuellen Deutungen der Welt. Wenn Schulze also im Rückgriff auf Alheit mehr „Biographizität" (Schulze 1993, 27) fordert, meint er jene Vermittlungskompetenz, die mit dem Bezug von Selbst- und Fremddeutungen gefasst werden kann. Er geht weiterhin davon aus, dass Biographie „als eine Folge von Herausforderungen durch kritische Lebensereignisse und deren Bewältigungen und Verarbeitungen verstanden" (ebd., 27) werden kann. Mit diesem Phänomen korrespondiert der bildungstheoretische oder lerntheoretische Ansatz, der die Biographie als Bildungsschicksal bzw. Lerngeschichte und in Folge dessen als Prozess, Produkt und Potential in einem versteht (vgl. ebd., 33).

Wer kann aus, an und in Lebensgeschichten lernen? Biographische Werdungsprozesse bieten wesentliche Erfahrungsräume für zwei unterschiedliche Bezugsgruppen: für die Biographieträger, die Kinder und Jugendlichen selbst, und für die Pädagogen, die sich praktisch, aber auch theoretisch, mit Fragen von Erziehung und Bildung beschäftigen.

(1) Lebensgeschichten können demnach als Lerngeschichten interpretiert werden, wenn Lernen als ein Prozess der Ich-Werdung, der Selbstvergewisserung und Selbstbildung verstanden wird. Biographische Erzählungen werden folglich im Rahmen der Biographieforschung als Lerngeschichten begriffen. Lebensgeschichten sind nicht etwas was Menschen per se haben oder ihnen von der Gesellschaft zugewiesen wird, sondern sie „werden von Subjekten aktiv hergestellt und in konkreten Situationen immer wieder neu konstruiert und rekonstruiert" (Finkel 2004, 42). Die Re-Konstruktionen können als Lernerfahrungen begriffen werden. Bereits Henningsen (1981) verweist auf das autobiographische Verstehen und den Prozess der Aneignung, der als Lernen am eigenen Leben verstanden werden kann.

Grundsätzlich geht die Erziehungswissenschaft davon aus, dass Kinder und Jugendliche immer „lernen". Sie eignen sich im Laufe ihres Lebens an, wie sie sich und ihre Welt begreifen, welche Anforderungen an sie von außen herangetragen werden und entwickeln darüber eine Vorstellung, wer sie sind und sein können. Auf dem Hintergrund basierend sollten sich Pädagogen mit solchen Lerngeschichten auskennen. Das Interesse muss in diesem Fall auf Lebensverläufe, Belastungen und Probleme ausgerichtet sein: Sie müssen verstehen, was junge Menschen brauchen, um in ihrer Welt zu Recht zu kommen und wie sich Kinder und Jugendliche das aneignen können, was in ihrem Leben subjektiv Sinn macht. Der Einfluss der Pädagogen zeigt sich darin, dass sie Angebote machen und dass Kinder und Jugendliche daraus um- und neu-lernen können, was sie zum Leben brauchen.

In diesem Zusammenhang geht es vor allen Dingen um Vergewisserung und Reflexion der individuellen Erfahrungen. Lebensgeschichten haben auch die Funktion, sich seiner Geschichte als „Gesamtkunstwerk" vergewissern zu können. Köckeritz geht davon aus, dass junge Menschen, die in der Lage sind, eine kohärente Lebensgeschichte zu erzählen, den Ereignissen in ihrem Leben einen Sinn verleihen können (vgl. Köckeritz 2004). Lebensgeschichten, verstanden als Bildungsgeschichten, können auch als Geschichten von und über Bilder verstanden werden. Über die konstruierten Bilder kann erfahren werden, wie der Mensch zu dem geworden ist, der er ist, welchen Sinn er sich gibt und welchen Sinn er Ereignissen zuspricht. Im Verlauf des Lebens gilt es im Rahmen des Rekonstruktionsprozesses zu entschlüsseln, ob sich die Bilder über die Jahre entwickeln, verändern oder stabil bleiben. Im Weiteren lässt sich so erschließen, welchen Einfluss die Bilder der Erwachsenen auf die Sinndeutungen der jungen Menschen nehmen.

(2) Pädagogen können an und von lebensgeschichtlichen Deutungsprozessen mehr darüber lernen, wie Menschen sich in ihrer Welt begreifen. Über Geschichten oder auch Bilder erfahren Pädagogen von anderen Lebenswelten, anderen Versionen und unterschiedlichen Vorstellungen. Schulze spricht von der Lust der Pädagogik oder Lust des Pädagogen an Geschichten. Er erfährt durch sie mehr über die Welt und deren Bedeutungen, da die eigenen Deutungen und Erlebnisse der Pädagogen immer begrenzt sind. Der Pädagoge bringt diese jedoch zwangsläufig in den Erziehungsprozess mit hinein (vgl. Baacke/Schulze 1993). So lässt sich über die Bilder, die die Beteiligten im Fallverlauf konstruieren, mehr über deren Deutungen und Verarbeitungsprozesse erfahren. Auch wenn in dem empirischen Material, im Speziellen die Interviews mit den Erwachsenen, die Deutungen und Konstruktionen von Interesse sind, die den Jugendlichen beschreiben, lässt sich darin auch etwas darüber erfahren, wie sie sich selbst sehen, welche Bilder sie von sich entwickeln und wie sie ihre Welt begreifen.

Lebensthemen und biographische Ereignisse junger Menschen

In der Auseinandersetzung mit den Geschichten, die junge Menschen von und aus ihrem Leben erzählen, erfährt der Zuhörer von persönlichen Erlebnisse und Erfahrungen mit dem Jugendhilfesystem. Die befragten Jugendlichen verfügen über eine langjährige Erfahrung mit der Jugendhilfe. Was erachten sie in diesem Zusammenhang als bedeutsam? Welche Erfahrungen haben sie geprägt und sind für ihren biographischen Werdungsprozess maßgeblich?

Die Themen, die die Jugendlichen ansprechen, zeugen von einer inneren Bereitschaft, ihre Kompetenzen der Lebensbewältigung auch in schwierigen Phasen aufrecht zu erhalten und weiter zu entwickeln. Welche Funktion haben also Lebensereignisse in biographischen Sinnkonstruktionen? Sie dienen der Strukturierung der eigenen Lebensgeschichte und der Orientierung im Lebensverlauf, und erfüllen damit die Funktion, sich seine selbst zu vergewissern. Die Strukturierung der eigenen Geschichte ermöglicht (auch) das Fremdverstehen (vgl. Kohli 1980), indem der Zuhörer sich den Mustern und Erzählweisen hingibt und nachvollziehen kann. Darüber hinaus münden die subjektiven Deutungen und Zuschreibungen in (Lebens-)Bewältigungsstrategien, die ihre Handlungsperspektiven und -möglichkeiten darstellen und über die sich die Jugendlichen die Welt aneignen.

Bildungsanlässe stellen diese Ereignisse jedoch nur dann dar, wenn sie ihnen Gegenerfahrungen zu ihren gewohnten Bewältigungsstrategien und Deutungsmustern eröffnen.

Lebenswelten in Bildungsprozessen

Marotzki geht davon aus, dass sich jeder Mensch in mehreren Welten aufhält, und diese durchaus real erlebt. „Die Palette möglicher Welten reicht von der Alltagswelt über die Welt der Wissenschaft bis zur Traum- und Phantasiewelt, […]. Jede dieser Welten bildet einen eigenen Sinnhorizont und ist auf ihre eigene Weise real. In jedem Wirklichkeitsbereich gibt es Sinnmuster, die untereinander nicht kompatibel sein müssen. Wir haben jedoch die Fähigkeit, zwischen ihnen zu wechseln." (Marotzki 2009, 227) Es gilt, die unterschiedlichen Welten, obwohl sie untereinander nicht kompatibel sein müssen, in Bezug zu setzen. Allein die Fähigkeit, zwischen diesen Welten wechseln zu können, reicht nicht aus. Für das Subjekt scheint es nötig, in Form von Selbstvergewisserung und in der Fremdwahrnehmung der anderen eine Verbindung oder eine Art roten Faden zu entwickeln, der die unterschiedlichen Lebenszusammenhänge nicht auseinander diffundieren lässt. Die Sozialpädagogik kann im Kontext von Lebenswelten auf ein bekanntes Konzept zurückgreifen, das die Bedingungen von subjektiven Lebenswelten und gesellschaftlichen Anforderungen darstellt: Das Konzept der Lebensweltorientierung. Es „verweist auf die Notwendigkeit einer konsequenten Orientierung an den Adressaten mit ihren spezifischen Selbstdeutungen und individuellen Handlungsmustern in gegebenen gesellschaftlichen Bedingungen" (Grunwald/Thiersch 2001, 1136). Hier gilt es, einen verstehenden Zugang zu dem Eigensinn subjektiver Lebenswelten zu entwickeln. In der Deutung ihrer Lebenswelt behalten die Adressaten ihre Autonomie und gestalten ihren Alltag selbst. Sie werden als Experten ihres Lebens betrachtet, denen es mit respektvoller Haltung zu begegnen gilt. Der Mensch wird dabei nicht als ein abstraktes Individuum betrachtet, sondern als agierend in seiner subjektiven Bedeutung und in der Erfahrung einer konkreten Wirklichkeit. Defizitäres und abweichendes Verhalten wird als Ergebnis einer Anstrengung verstanden, sich in gegebenen Verhältnissen zu Recht zu finden. Die Strategien, die ein Mensch entwickelt, sich in seiner Lebenswelt als handelndes Subjekt zu erleben, reichen von Anpassungsleistung bis hin zu der Fähigkeit, sich selbst darzustellen und zu inszenieren. Grunwald und Thiersch gliedern die Lebenswelt in unterschiedliche Lebensräume und Lebensfelder auf (vgl. ebd., 1139). Dazu gehören Familie, Schule, Jugendgruppe, Gleichaltrigengruppe und Orte der Jugendhilfe. Das Konzept der Lebenswelt rekonstruiert die konkreten Bedingungen in den verschiedenen Lebensfeldern und zeigt sich sensibel für das Verhältnis von Anpassung und Vermittlung als Herausforderung für den einzelnen Menschen. Zudem fragt es nach vorhandenen Ressourcen, individuellen Ausprägungen, aber auch Hemmnissen in der Lebensgestaltung. Lebenswelten spiegeln nicht nur individuelle Konstruktionsleistungen und Deutungsmuster wider, sondern werden durch gesellschaftliche Strukturen mitbestimmt. Folglich kann Lebenswelt als Schnittstelle von Objektivem und Subjektivem, von gesellschaftlich geprägten Mustern und subjektiv bestimmten Handlungsstrukturen (vgl. ebd., 1139 ff.) erfasst werden. Subjektive Lebenswelten zeichnen sich nach Grunwald und Thiersch dadurch aus, dass Ressourcen, Deutungen und Handlungsmuster der Adressaten widersprüchlich sein können. Einerseits bieten sie Schutz und Entlastung. Andererseits grenzen sie aber auch aus, stigmatisieren und blockieren das handelnde Subjekt.

Im Rahmen von Bildungsprozessen spielt die Lebenswelt der Adressaten eine wesentliche Rolle. Nur wenn es möglich wird, einen verstehenden Zugang zu den individuellen Deutungs- und Verarbeitungsprozessen der Adressaten zu eröffnen, gelingt der Blick auf die grundlegenden subjektiven Konstruktionsmuster ihrer Lebenswelt. Die Art und Weise, wie die Jugendlichen zwischen ihren Lebenswelten vermitteln, wie sie unterschiedliche Lebensräume ausgestalten, lässt darauf schließen, dass sie sich Welt aneignen und begreifen. Diese Sinnmuster gilt es zu entschlüsseln. Hier sei die Frage erlaubt, inwieweit pädagogische Orte von Kindern und Jugendlichen als Lebenswelten antizipiert werden. Davon ausgehend, dass pädagogische Interventionen in das Leben der jungen Menschen eingreifen, bleibt offen, welchen Einfluss diese Eingriffe auf das subjektive Erleben und die Konstruktion ihrer Lebenswelten haben.

Fremdbilder als pädagogische Einflussnahme

Neben der Frage, mit welchen Mustern und Strategien junge Menschen ihr Leben bewältigen und gestalten, d. h., wie sie Erlebnisse und Erfahrungen in ihre Biographie integrieren, interessiert insbesondere, wie pädagogische Interventionen diese Verarbeitungs- und Bildungsprozesse beeinflussen. Die vorliegenden Lebensgeschichten zeichnen sich durch viele, zum Teil sehr massive, pädagogische Interventionen aus. Sie sind als Versuch zu verstehen, auf die Lebensverläufe junger Menschen Einfluss zu nehmen.

Neben der familiären Einflussnahme berichten die Jugendlichen von Maßnahmen der Jugendhilfe, die durch das SGB VIII gesetzlich geregelt sind. Es geht in den Fallrekonstruktionen nicht um (normative) Bewertung der erlebten Interventionen. Von Interesse ist vor allem der Schritt vor der eigentlichen Intervention. Die Bilder, die die Erwachsenen von der Jugendlichen entwerfen, sind von zentraler Bedeutung. Als pädagogische Interventionen gelten demnach (auch) die Bilder der Erwachsenen, die diese wiederum den Jugendlichen (im besten Fall) zur Verfügung stellen und eventuell auch sprachlich „zumuten". Die Art und Weise, wie die jungen Menschen diese Bilder verarbeiten und ob eine Rückkopplung (zwischen Jugendlichen und Erwachsenen) stattfindet, soll im Folgenden untersucht werden.

Als relevante Erwachsene gelten in diesem Kontext die Eltern, die zuständigen Fachkräfte im Jugendamt und die Pädagogen in der Krisenintervention. Mit diesen Personengruppen wurden ebenfalls Interviews geführt, die auf deren Deutungen und Konstruktionen hin analysiert werden. So stehen für die Fallrekonstruktionen drei weitere Perspektiven zur Verfügung, die in ihrem individuellen Bezug Aussagen erwarten lassen:

1. zu den Konstruktionen der Sinnzusammenhänge der Jugendlichen
2. über die jeweilige Beziehungsdynamik als auch
3. über sich selbst

Die Bilder und Deutungen der Erwachsenen können als reduziertes Kondensat komplexer Realität betrachtet werden, auch wenn sie diese nicht abbilden. Ebenso wie die Auslegungen der Erwachsenen stellen die Selbstauskünfte der Jugendlichen Konstruktionen dar, die als Deutungsfolie verstanden werden können. Der Untersuchungszeitraum umfasst insgesamt fünf Jahre. In diesem Zeitraum besteht die Chance, etwas über die mögliche Veränderung der subjektiven Bilder und Deutungen der Erwachsenen im Verlauf zu erfahren. Da es für die Interviews mit den Erwachsenen nur einen Erhebungszeitpunkt gibt, kann der Frage nach der Entwicklung und/oder

Veränderung der Bilder nur über ihren „Niederschlag" in den subjektiven Konstruktionsmuster der Jugendlichen nachgegangen werden.

Die Bilder der Erwachsenen beinhalten neben dem retrospektiven Blick der Prozessbeschreibung immer auch eine Auseinandersetzung mit zukünftigen Erwartungen, d.h., sie beschreiben in Erklärungsversuchen der Vergangenheit (warum der Jugendliche so geworden ist) zukünftige Muster und Strategien (wie der Jugendliche sich verhalten könnte).

Über die Fremddeutungen hinaus begründet sich das Erkenntnisinteresse auf die Passungsfähigkeit von Selbst- und Fremddeutungen, denn *„Fremddeutungen, die sich nicht an Selbstdeutungen von Adressaten zurück binden, übergehen die Autonomie ihrer Lebenspraxis und stehen in der Gefahr, Begründungen zu entwerten"* (Treptow 2006, 175).

Jugendliche entwerfen Bilder von sich im Zusammenspiel von pädagogischen Interventionen und biographischen Sinnkonstruktionen

Die Tatsache, dass es einen Zusammenhang von pädagogischen Interventionen und biographischen Sinnkonstruktionen gibt und auch geben muss, ist nicht erst seit den Forschungsarbeiten von Finkel und Rätz-Heinisch bekannt. Finkel, die sich mit Einflüssen öffentlicher Erziehung und biographischen Perspektiven junger Frauen beschäftigt hat, geht von der Anschlussfähigkeit zwischen biographischer Erfahrung und institutioneller Unterstützung (Finkel 2004, 314ff.) aus. Rätz-Heinisch beschreibt diesen Zusammenhang als „Dialogisches Passungsverhältnis" (Rätz-Heinisch 2005, 297ff.). Beiden Konzepten ist die Idee der Verbindung von erzieherischem Einfluss und subjektiver Verarbeitung gemeinsam.

Im Kern beschäftigt sich diese Arbeit mit pädagogischen Interventionen, die von den Betroffenen als einen massiven Eingriff in ihre Autonomie und Lebensgestaltung erlebt werden. Die Frage, wie die Jugendlichen diesen Eingriff biographisch verarbeiten und in ihr Lebenskonzept integrieren, steht im Vordergrund. Gehres hat dazu festgestellt, „dass dem Verstehen und der Akzeptanz der eigenen Entwicklungsgeschichte ein breiter Stellenwert für die Integration von Heimerziehungserfahrungen zukommt" (Finkel 2004 im Rückgriff auf Gehres, 197).

Ist es jedoch überhaupt möglich, Zusammenhangsvermutungen von gezielten pädagogischen Interventionen und biographischen Sinnzuschreibungen zu rekonstruieren? Auch wenn viel dagegen spricht, muss der Versuch gewagt werden, denn ohne diese Voraussetzung scheint kein pädagogisches Handeln möglich. Gedacht werden darf dieser Versuch nicht als eindimensionale „Wenn-Dann-Beziehung". Vielmehr muss es darum gehen, zu verstehen, inwiefern sich pädagogische Interventionen „niederschlagen", bzw. wie die jungen Menschen diese Eingriffe verarbeiten und welche Bedeutung sie dieser Intervention verleihen. Damit geht es um das Nachzeichnen und Herausarbeiten von Sinnzuschreibungen und Lebenskonstruktionen, um u. a. auch die Erfahrungen durch die institutionellen Unterstützungsleistungen „in ein Gesamtbild der eigenen Biographie [zu] integrieren" (Finkel 2004, 318).

Bildung als Prozess der Selbstbildung

Bildung und Bildungsprozesse gehören zu den grundständigsten Themen und Fragen der allgemeinen Erziehungswissenschaft und ihrer unterschiedlichen Teildisziplinen, wie der Sozialpädagogik. Zu dieser Diskussion kann auf vielfältige Diskussionsstränge und unterschiedliche Themenfacetten verwiesen werden. Die Frage, was unter Bildung verstanden werden kann, wie Bildungsprozesse sich entwickeln und wie diese Prozesse von außen arrangiert, beeinflusst und gesteuert werden können, bietet genügend Auseinandersetzung und Raum für vielfältige Diskussionen. Aus den zuvor erwähnten Gründen ist es notwendig, eine Eingrenzung zu finden, die zugleich bearbeitbar und weiterführend scheint, um das Erkenntnisinteresse dieser Arbeit nicht aus dem Blick zu verlieren. Große (2008) definiert zur Eingrenzung und detaillierten Betrachtung des Terminus „Bildung" zwei Merkmale. Zum einen soll das Subjekt selbst im Rahmen der Lern- und Bildungsprozesse im Mittelpunkt der Aufmerksamkeit stehen. Zum anderen soll der Terminus in den erziehungswissenschaftlichen Kontext implementiert werden können. Die Bildungsdebatte als solche weist eine Vielzahl differenter Verständnisse des Begriffes „Bildung" auf, die dennoch nicht zu einer tendenziellen Einigung auf eine für alle geltende Definition hinausläuft. Tenorth (Tenorth in: Große 2008, 52) weist in diesem Zusammenhang auf den Containerbegriff der Bildung hin, der in verschiedenen Disziplinen verwendet wird und der einen rein pädagogischen oder erziehungswissenschaftlichen Zugang schwierig macht. Er konstatiert dennoch einen Minimalkonsens, den er in der Subjekt-Welt-Relation nach Humboldt sieht (ebd.). Der Mensch entwickelt sich prozesshaft und stetig in der Wechselwirkung von Subjekt und Welt, sodass Bildung zu Menschbildung wird. Anfang 2000 generiert Bock auf diesem Hintergrund ein zentrales Muster, das Bildung als einen ausschließlich subjektiven Prozess der „Welterweiterung" (Bock, zit. nach Große 2008, 53) sieht, in dem Sprache als Hauptmedium gilt.

Bildung vermittelt dem Subjekt weitere Perspektiven und gibt ihm die Möglichkeit, sich zur Welt abzugrenzen, sie zu reflektieren und eine Wahl für sich zu treffen. Subjektwerdung durch Bildung verweist demnach auf einen Ort, „an dem Lernprozesse, verstanden als Prozesse der Aneignung von materieller, sozialer und intrasubjektiver Welt, durch Auseinandersetzung und Reflexion des Subjekts zu einer Positionierung des Subjekts zu der Welt transformiert werden. Dabei wird individuell ausgehandelt, welche Bedeu-

tung die soziale und intrasubjektive Welt für das Subjekt hat und wie es sich
– als Ergebnis dieser Aushandlungsprozesse – ihnen gegenüber verhält."
(Große 2008, 54)

Marotzki unterscheidet in seiner strukturalen Bildungstheorie Selbstbildungsprozesse von formaler Bildung, im Sinne des Wissenszuwachses,
welche die Lernprozesse als solche verändern. „Bildungsprozesse sind daher
immer eng mit Wandlungsprozessen verknüpft, durch die bestehende Weltkonstruktionen, sowie letztendlich auch Selbstkonstruktionen, verändert
werden. In diesen Momenten, in denen sich ‚die Perspektive erweitert'
durchleben biographische Akteurinnen einen qualitativen Sprung, der die
Veränderung von Ordnungsschemata beinhaltet." (Marotzki, zit. nach Große 2008, 54)

Selbstbildung wird in diesem Kontext als Aneignung von Selbst und Welt
verstanden. Thiersch stellt dazu fest: „Lebensbildung – Selbstbildung und
der Erwerb von Lebenskompetenzen im Alltag des informellen Lernens in
der Lebenswelt – ist ambivalent, geprägt zum einen durch gesellschaftliche
Strukturen, durch ihre Ressourcen und Einschränkungen und zum anderen
durch die Eigensinnigkeit und Eigenkräftigkeit der Bewältigungsaufgaben
und -leistungen [...]" (Thiersch 2008, 36). Er beschreibt das reziproke Verhältnis zwischen Subjekt und Umwelt. Es scheint ein wichtiger Hinweis zum
Verständnis von Selbstbildung zu sein, dass die Bildung des Subjektes sich
dabei in der Spannung von eigenen Vorstellungen und Bedürfnissen und
den gesellschaftlichen Verhältnissen vollzieht.

Ortmann weist in diesem Zusammenhang auf die Eigenverantwortung
hin. „Selbstbildung legt die Verantwortung für das eigene Leben unter allen
Umständen in die Hand der einzelnen zurück. Das bedeutet nicht die Ver-
weigerung von Hilfe und Fürsorge; es bedeutet aber die Ausrichtung des
Handelns auf das Sichtbar- und Erfahrbarwerden von Wachstums- und
Lernprozessen." (Ortmann 2001, 1556)

Im Rückgriff auf Scherr lässt sich für den Prozess der Selbstbildung zusammenfassen:

- Bildungsprozesse setzen die Eigentätigkeit des Subjektes voraus und werden als Prozess verstanden, indem es (das Subjekt) sich sowohl Wissen
  als auch Wahrnehmungs- und Bewertungsmuster aneignet. Darüber entwickelt das Subjekt ein „individuell-besonderes Selbst- und Weltver-
  ständnis" (Scherr 2004, 90).
- Bildungs- und Sozialisationsprozesse sind zeitlich, räumlich und sozial
  nicht eingrenzbar. Ein Bildungsanlass kann, unabhängig von den oben
  genannten Einschränkungen vorliegen, wenn „Kommunikations- und
  Handlungszusammenhänge [...] dazu geeignet sind, Veränderungen im
  Individuum auszulösen" (ebd.). Jedoch bedeutet das nicht zwangsläufig,

dass pädagogische Angebote per se Bildungsprozesse auslösen. Sie müssen von dem Subjekt als solche interpretiert und verstanden werden.

● Bildungsprozesse bilden Lernverläufe ab. Allerdings sind sie von formalen Lernprozessen in dem Punkt zu unterscheiden, als dass Subjektbildung „die Grundstrukturen des individuellen Selbst- und Weltverständnisses konturieren, verfestigen, bzw. verändern" (ebd., 91).

● Bildungsprozesse zeichnen sich dadurch aus, dass die Individuen „ein reflexives Selbstverständnis entwickeln, d.h. ihr Selbst(wert)gefühl, ihr identitätsstiftendes Selbstbewusstsein [...] und ihren Lebensentwurf zudem Gegenstand der Reflexion erheben." (ebd.) Damit treten sie zu sich in kritische Distanz, um unterschiedliche Möglichkeiten des Denkens und Handelns abwägen zu können. Nur mit Alternativen eröffnen sich Entscheidungsmöglichkeiten, die den eigenen Handlungsspielraum erweitern.

● Die Fähigkeit und Bereitschaft zur reflexiven Auseinandersetzung mit sich und der Welt setzt voraus, dass das Individuum sich diese Kompetenzen zuspricht und sich als jemand wahrnimmt, der „über die Fähigkeit zu einer kompetenten Auseinandersetzung mit hochkulturellen Produkten verfügt" (ebd., 92).

● „[I]ndividuelle Subjektivität entwickelt sich in ihren unterscheidbaren Dimensionen in Abhängigkeit von sozialen Prozessen und Strukturen [...]" (ebd.). Scherr verweist auf das soziale Gefüge, dass die kompetente Auseinandersetzung mit sich und der Welt beeinflusst und nicht ohne diese Rahmung betrachtet werden kann.

Vor diesem Hintergrund sind den Bildungsprozessen besondere Aufmerksamkeiten zu widmen, die im Sinne des erweiterten Begriffsverständnisses die Verarbeitung von Lebens- und Lernerfahrungen (vgl. dazu Marotzki 2006b) aufnehmen.

6.2.2 Anlage und Durchführung

Pädagogische Fachkräfte haben meist diffuse Vorstellungen davon, wie die Adressaten der Hilfen die pädagogischen Interventionen erleben, bewerten und deuten. Empirisch gesicherte Erkenntnisse dazu gibt es nur wenige. Bisherige Studien setzen eine erfolgreiche Heimerziehung mit einer größtmöglichen Transparenz der erlebten Situation in Verbindung. Offensichtlich liegt der Schlüssel zum Erfolg darin, dass die jungen Menschen sich erklären können, warum sie aus ihrem gewohnten Lebensumfeld herausgerissen wurden. Können sie dieser Erfahrung einen Sinn verleihen und erleben sie sich dabei handlungsfähig, bewerten sie – im Nachhinein – die Intervention als erfolgreich. Jedoch lässt sich diese Schlussfolgerung kaum empirisch belegen. Man weiß zu wenig darüber, wie solche Verarbeitungsprozesse ablaufen, um sie empirisch fassen zu können.

Forschungsarbeiten und Studien zu diesem Thema stützen methodisch ihre Befunde meist auf Erhebungs- und Auswertungsstrategien der Retrospektive, um die Selbstentwürfe der Jugendlichen zu rekonstruieren. Prozesse der Verarbeitung, Deutung und Konstruktion lassen sich jedoch in der Regel nur über prozessorientierte Verfahren erschließen.

Um eine Vorstellung davon zu entwickeln, wie junge Menschen Lebensereignisse und Erfahrungen im Entwicklungsverlauf beschreiben, wie sie ihre erfolgreiche Lebensgestaltung bewerten und welchen Einfluss pädagogische Interventionen darauf nehmen, braucht es neben einem entsprechenden Design (welches diesen Prozess in den Blick nimmt) ein klar umrissenes Erkenntnisinteresse. Im Folgenden wird dies anhand von drei Fragestellungen herausgearbeitet:

(1) Wie beurteilen und deuten die Jugendlichen (in Bezug auf ihre persönliche Entwicklung und Lebensgestaltung) *ihren Erfolg?*

Die Lebensgeschichten der jungen Menschen geben Aufschluss über das Zusammenwirken von biographischen Erfahrungen und institutioneller Unterstützung. Von besonderem Interesse erscheinen in diesem Kontext die Bilder und Konstruktionen, die die Jugendlichen von sich entwerfen. Ihre Selbstdeutungen gilt es, empirisch auszuarbeiten. Retrospektiv berichten sie sowohl von erfolgreichen Entwürfen als auch von Misserfolgen. Das Hauptaugenmerk dieser Arbeit liegt auf den Lebensverläufen, in denen sich die Jugendlichen erfolgreich beschreiben. Dabei erscheint es erst einmal nicht von Bedeutung, ob ihre Lebensgestaltung auch von anderen Personen als erfolgreich eingestuft wird. Es gilt die Aspekte und Faktoren herauszuarbeiten, die die Jugendlichen selbst für eine erfolgreiche Lebensgestaltung benennen. Bemerkenswert an diesem Forschungszugang ist die prozessbegleitende Perspektive. Das wiederum erfordert eine Datenerhebung zu mehreren Zeitpunkten und keine einmalige Statuserhebung. Die Untersuchung beginnt mit dem Eintritt in die geschlossene Unterbringung der Jugendlichen und setzt sich mit jährlich folgenden Interviews fort. Es werden keine äußeren Fragekategorien zur Lebensbewährung gebildet, sondern die befragten Jugendlichen erhalten die Gelegenheit, ihre Sichtweise und persönliche Erfahrungen eigenständig zu formulieren. Aus dem so gewonnenen Material heraus werden Suchstrategien zur weiteren Analyse erarbeitet.

(2) Von zentraler Bedeutung sind darüber hinaus empirisch fundierte Erkenntnisse zum Einfluss der Fremddeutungen (der Erwachsenen) auf den jeweiligen Jugendlichen und der Ermöglichung bzw. Verhinderung selbstreflexiver Vergewisserung und ggf. Veränderung der Vorstellungen und Ideen über die eigene Person und die Welt.

Die Arbeit beschäftigt sich deshalb mit der Frage: *Welche Rolle spielen die Erwachsenen in den Deutungs- und Konstruktionsprozessen der jungen Menschen?* Die Fremdperspektive auf junge Menschen ist nicht neu. Bildungsprozesse, die sich als Aneignung von Selbst und Welt verstehen, konstituieren sich in der Spannung von eigenen Vorstellungen, Wünschen und Bedürfnissen und den Anforderungen und Erwartungen, die die Um-Welt an den Einzelnen richtet. Die Interviews mit der Erwachsenen stehen hier stellvertretend für die „äußeren Einflüsse". Über die Bilder und Fremddeutungen der Erwachsenen lassen sich Anforderungen und Erwartungen an die Jugendlichen ableiten. In diesem Kontext interessiert die Frage, welche Rolle diese Deutungen in den Bildungsprozessen der Jugendlichen spielen. Ader hat in ihrer Arbeit in diesem Zusammenhang auf die Komplexität solcher Fallkonstellationen hingewiesen. Sie konnte den Einfluss des Helfersystems auf den Fallverlauf nachweisen und belegt eindrücklich, wie die Jugendhilfe zur Verschärfung der Fallverläufe beitragen kann (vgl. Ader 2006, 226).

(3) Nicht nur die Sichtweisen der jungen Menschen sind für die Fallanalysen von Bedeutung. Die Ideen und Begründungsfiguren der Erwachsenen (der Eltern, der zuständigen – einweisenden – Jugendämter und der Pädagogen, die in der geschlossenen Gruppe arbeiten) in ihrer jeweiligen Interventionslogik spielen eine entscheidende Rolle. *Welche Zusammenhänge zwischen Biographie und pädagogischer Intervention lassen sich herausarbeiten?* Welche Erklärungen haben beispielsweise die Mitarbeiter der zuständigen Jugendämter für ihre Intervention? Die Interviews mit den zuständigen Mitarbeitern der Krisenintervention sind eine wichtige Ergänzung zu den biographischen Erzählungen der Jugendlichen. Die Schilderungen der Professionellen bieten eine weitere Perspektive auf die Lebens- und Hilfegeschichten des jungen Menschen.

Die subjektiven Deutungen der interviewten Jugendlichen stellen den Kern dieser Arbeit dar. Dieses implizite Wissen gilt es, methodisch sauber in explizites Wissen zu überführen. Worin liegen nun die Vorteile einer Rekonstruktion solch komplexer Fallverläufe?

Von dem Erkenntnisinteresse geleitet, empirische Befunde über die Zusammenhangsvermutungen von Selbst- und Fremdbildern in (Selbst-)Bildungsprozessen zu erarbeiten, kann dies methodisch nur gelingen, wenn in einem ersten Arbeitsschritt die unterschiedlichen Perspektiven der einzelnen Personen in einem Fall beleuchtet und „nebeneinander gelegt" werden. Diese Komplexität ist nötig, um die Fälle im Ganzen erfassen zu können. Der Abstand zum untersuchenden „Objekt" wird vergrößert. Bildlich gesprochen heißt das, einen Schritt zurückzutreten, aus einer distanzierten Haltung den Fall in seiner Gesamtgestalt zu betrachten. Die nun eingenommene Distanz ermöglicht den Blick auf noch „Unbekanntes" und „Neues" im Fall. Im zweiten Schritt wird diese Distanz verringert. Eine weitere bildhafte Metapher ist ab diesem Zeitpunkt wie durch die Lupe genau hinzusehen. Die Aufmerksamkeit ist jetzt auf einen Fallausschnitt gerichtet. Analysierbar und interpretierbar sind jeweils nur einzelne Aspekte, Phänomene oder Strukturen, Motive und Effekte.

In einem weiteren Schritt bedarf es schließlich der erneuten Einordnung in den Gesamtzusammenhang. Um die Symbolsprache noch einmal zu bemühen, begibt sich der Betrachter zur Erkenntnisgewinnung erneut in Distanz, um schlussendlich zur Gesamtgestalt zu gelangen. Das entworfene Bild verdeutlicht zweierlei. Zum einen zeigt es, dass Erkenntnisprozesse keinen „Endpunkt" haben, sondern eher zyklisch aufeinander bezogen sind. Das Modell des hermeneutischen Zirkels (vgl. dazu z.B. Kron 2009) greift eben diese Prozesshaftigkeit und die Kontextgebundenheit auf. Zudem wird die Beweglichkeit deutlich, die ein solcher Erkenntnisprozess von dem Forscher fordert.

Der dynamische Prozess der Rekonstruktion hat jedoch Grenzen in dem Versuch, Lebens- und damit Bildungsgeschichten zu verstehen und zu interpretieren. Es erfordert Professionalität, nicht mit einer „starren Brille" an die Fälle bzw. das empirische Material heran zu gehen. Wenn es jedoch gelingt, neben den vorläufigen Suchstrategien, den Blick offen zu halten – offen für das, was das empirische Material an weiteren Sinnzusammenhängen anbietet – können die einzelnen Deutungsmuster (verstanden als Selbst- und Fremdbilder) als wechselseitiger Gewinn im Verstehens- bzw. Analyseprozess genutzt werden.

Die methodische Besonderheit dieses Forschungsdesigns liegt in der Dokumentation des narrativen Materials zu unterschiedlichen Erhebungszeitpunkten[28]. Bisherige Forschungsarbeiten rekonstruieren Lebens- und Hilfegeschichten vom Ende her. Es gilt, den Blick nicht *nur* vom Ende her auf biographische Konstruktionen der jungen Menschen zu richten, sondern vielmehr zu unterschiedlichen Zeitpunkten (maximaler Zeitraum in dieser Forschungsarbeit: fünf Jahre). Die damit entstehende Komplexität wird nicht nur durch die verschiedenen Erhebungszeiträume deutlich, sondern insbesondere durch die unterschiedlichen Bezugsräume[29] der befragten Jugendlichen.

---

28 Dies bezieht sich auf die Interviews mit den Jugendlichen. Die Interviews mit den anderen Beteiligten liegen nur zu einem Erhebungszeitraum vor.

29 Die Jugendlichen erinnern und erzählen aus drei unterschiedlichen Zeiträumen, nämlich der Vergangenheit (V), der Gegenwart (G) und der Zukunft (Z).

Abb. 34: Versprachlichte Erinnerungsdimensionen der jungen Menschen im Verlauf

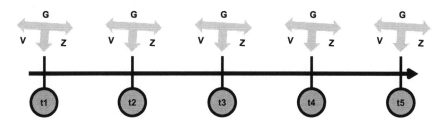

Das Schaubild[30] verdeutlicht die Bezugsräume der Jugendlichen in den jeweiligen Interviews. Die Komplexität wird dadurch erhöht, dass die unterschiedlichen Zeitpunkte der Befragung (t1–t5) auf jeweils andere Zeiträume[31] hin orientiert sind. Damit wird der Verlauf menschlicher Entwicklung und „erfolgreicher" Lebensgestaltung rekonstruiert. Die Herausforderung besteht darin, einzelne Erinnerungssequenzen im Rahmen der jeweiligen Bezugspunkte zu analysieren. Sowohl die Instrumente zur Datenerhebung als auch die darauf aufbauende Auswertungsstrategie nehmen dabei im Minimum folgende Fragen in den Blick:

- Welche Erinnerungen und Geschichten erinnert und präsentiert ein Jugendlicher (beispielsweise anhand seiner Familiengeschichte)?
- Bleiben Bewertungen und Bezüge ähnlich?
- Verändern sich die Dimensionen (beispielsweise in Bezug auf seine Selbstwirksamkeit)?
- Welche Bedeutung misst er diesen Veränderungen bei?

Anders als bei den Interviews mit den Jugendlichen existiert für die Interviews mit den Erwachsenen nur ein Erhebungszeitpunkt. Die Fremdbilder werden nicht in einem zeitlichen Verlauf analysiert, da mit den Erwachsenen jeweils ein einzelnes Interview geführt wurde. Das Schaubild (Abb. 35) bildet die versprachlichten Erinnerungsdimensionen der am Fall beteiligten Erwachsenen ab.

---

30 „V" bezeichnet die Vergangenheit; „G" die Gegenwart und „Z" die Zukunft.

31 Was im ersten Interview (t1) beispielsweise mit Blick auf die Zukunft erzählt wird, kann im zweiten Interview (t2) als Vergangenheit erinnert werden.

Abb. 35: Versprachlichte Erinnerungsdimensionen der beteiligten Erwachsene

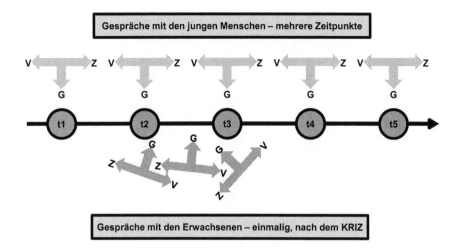

Abb. 36: Übersicht über das empirische Fallmaterial

Name, Alter	Interviews mit dem jungen Menschen	Interviews mit den Fallbeteiligten	Falldokumente
Julia Fischer, geb. 12.1989	Erstinterview (11/04) Abschlussinterview (06/05) 1. Folgeinterview (07/06) 2. Folgeinterview (07/07) 3. Folgeinterview (06/08)	Interview mit der Mutter (01/06) Interview mit der Fachkraft im Jugendamt (09/05) Interview mit dem Bezugserzieher (09/05)	EVAS-Bögen Abschlussbericht aus der szp. Krisenintervention Gesprächsnotizen mit Julia Gutachten
Erik Krämer, geb. 03.1989	Erstinterview (02/05) 1. Abschlussinterview (05/05) 2. Abschlussinterview (12/05) 1. Folgeinterview (04/07)	Interview mit dem Vater (10/06) Interview mit der Fachkraft im Jugendamt (06/06) Interview mit dem Bezugserzieher (01/06)	EVAS-Bögen Abschlussbericht aus der szp. Krisenintervention Gesprächsnotizen mit Erik Gutachten

In der Interviewanalyse geht es insbesondere darum, die Komplexität auf der zweiten Ebene (Interdependenzen von Selbstbildern (der Jugendlichen) und Fremdbildern (der Erwachsenen)) aufzuarbeiten. Allerdings findet auch hier eine Verdichtung der Komplexität statt, indem drei unterschiedliche Perspektiven (die der Personensorgeberechtigten; die der zuständigen Fachkraft im Jugendamt und die der Bezugserzieher) in den Rekonstruktionsprozess einbezogen werden.

Abbildung 36 gibt eine Übersicht über das empirische Material, welches in den Fallrekonstruktionen bearbeitet wird.

Sozialwissenschaftliche Interpretationsmuster erfreuen sich in den letzten Jahren vermehrter Beliebtheit. Es geht, auch mit dem Verweis auf das Theorie-Praxis-Dilemma, um die Frage: Was wird unter welchen Bedingungen gesehen, methodisch fokussiert, formuliert und schließlich als disziplinäres Wissen formiert? Es handelt sich um den Transformationsprozess von handlungspraktischem in wissenschaftliches Wissen, wobei dieser Prozess als der wissenschaftliche Re-Konstruktionsprozess verstanden werden soll. Letzterer bedarf einer methodischen Fundierung und dessen Anwendung. Über den Einsatz von Methoden schreibt Stickelmann: „Mit dem Einsatz von Methoden soll Erfahrung sichtbar und darüber hinaus sagbar gemacht werden. Eine Aussage wird so vorbereitet, die im Kontext eines Interpretationsrahmens einer Theorie mit anderen Aussagen verknüpft und zu einem systematisierenden Ganzen entwickelt wird. So gesehen ist es die Aufgabe der Methoden, Aussagen vorzubereiten, indem durch die Methode eine Verknüpfung zu den Erfahrungen hergestellt wird." (Stickelmann 2000, 179)

In der Langzeitstudie LAKRIZ wurden mit Jugendlichen sowohl narrativ-orientierte Interviews, als auch problemzentrierte Interviews mit den am Fall beteiligten Personen (Personensorgeberechtigten, den zuständigen Fachkräften im Jugendamt und den Bezugserziehern in der Jugendhilfeeinrichtung) geführt (näheres dazu in Kapitel 3.1). Die Interviews wurden im Rahmen dieser Forschungsarbeit einer eigenständigen Analyse zugeführt.

Die Analyse der narrativ-orientierten und problemzentrierten Interviews beschäftigt sich mit Kategorien, die während des Auswertungsprozesses entwickelt werden und immer wieder zu überprüfen sind. Welche Auswertungstechnik im Rahmen der Datenanalyse herangezogen wird, hängt u. a. von der Art des empirischen Materials und damit vom Ziel der Untersuchung, der damit verbundenen Fragestellung und dem methodischen Konzept ab. In aktuellen Wissenschaftsbeiträgen lassen sich immer wieder Anmerkungen finden, einer Untersuchung das passende Forschungskonzept individuell anzupassen. Die von Schmidt (2000) beschriebene Auswertungsstrategie stellt für die empirische Untersuchung eine sinnvolle Rahmung dar. So sollen in der Auseinandersetzung mit dem empirischen Material Auswertungskategorien entwickelt werden, die in einen Auswertungsleitfaden münden und gefolgt sind von einer inhaltsanalytischen Auswertung. Um den Austausch zwischen theoretischem Vorverständnis und empirischem Material zu gewährleisten, ist enge Arbeit „am Text" zu beachten. Dieser Weg sichert in erhöhtem Maße eine Adressatenorientierung, da keine vorgefertigten theoretischen Vorstellungen den Blick des Forschers zu eng werden lassen. Schmidt (1997) beschreibt die Funktion des theoretischen Vor-Verständnisses als eine Art Brille. Diese kann „je nach Entfernung zum Betrachten hilfreich sein, um hindurchzuschauen, um klarer zu sehen; aber es kann notwendig sein, über den Brillenrand hinweg zu blicken, die Brille zu putzen oder zu erneuern" (Schmidt 1997, 565 f.).

Die Auswertungsstrategie orientiert sich an dem biographischen Verlauf der Jugendlichen. Insgesamt kann auf drei Referenzpunkte verwiesen werden.

(1) Es erfolgt die Auswertung in Anlehnung an ein Analyseverfahren, welches Birgit Hofgesang 2006 bereits im Rahmen eines Forschungsprojektes[32] beschrieben hat und auf die gut dokumentierten methodischen Ausführungen von Rosenthal und Fischer-Rosenthal (vgl. z.B. Rosenthal/Fischer-Rosenthal 2000, 456 ff.) aufbaut.

(2) Darüber hinaus orientieren sich die Suchstrategien zur Auswertung an dem selektiven Codieren wie es Strauss und Corbin (1996) skizziert haben.

(3) Die konkrete Textanalyse lehnt sich an die vorgeschlagenen Arbeitsschritte der Textinterpretation von Bohnsack an. Er unterscheidet zwischen einer *formulierenden* und einer *reflektierenden Interpretation* (vgl. dazu Bohnsack 1999, 148 ff.). Beide Arbeitsschritte können nicht getrennt voneinander ablaufen, sondern sind miteinander verwoben. Daraus lassen sich weiterführende Erkenntnisse erarbeiten, die nicht auf einer deskriptiven Ebene verbleiben, weil Struktur *und* Inhalt der Interviews aufeinander bezogen werden können.

Das Auswertungsverfahren in der hier vorgestellten Forschungsarbeit setzt sich im Kontext der drei Referenzaspekte aus folgenden fünf aufeinander aufbauenden Arbeitsschritten zusammen:

---

32 Das Forschungsprojekt trägt den Titel „Sozialisations- und Erziehungshilfen für junge Menschen in extremen individuellen und sozialen Problemlagen" und wurde im Auftrag des Sozialministeriums Baden-Württemberg von Hans Thiersch, Maria Bitzan und Eberhard Bolay federführend geleitet (vgl. dazu Hofgesang 2006). An der Universität Tübingen konnte das Forschungsvorhaben in den Jahren 2001 bis 2004 realisiert werden. Ähnlichkeiten zwischen diesem Forschungsprojekt, der Langzeituntersuchung LAKRIZ und damit auch der hier vorgestellten Forschungsarbeit liegen nicht nur in der Auswertungsstrategie, sondern auch in der Beschäftigung mit einer ähnlichen Ziel- bzw. Adressatengruppe (vgl. dazu Hofgesang 2006, 74).

1. Es wird das Interview mit der/dem jeweiligen Jugendlichen analysiert, um an den subjektiven Deutungen der jungen Menschen anzuknüpfen. Dazu werden die *biographischen Daten analysiert* und zu einer Fallbeschreibung zusammengeführt. Danach folgt in Form von Themenfeldanalysen die *Auswertung der Haupterzählung.* In diesem Zusammenhang liegt der Fokus auf den Selbstbildern der Jugendlichen (in der Differenz von Selbstwahrnehmung und -darstellung). Griese beschreibt diesen Vorgang als *„gezielte Interpretation der Eigenthematisierungen"* (Griese 2000, zit. nach Hanses 2003, 273).
2. Auf der Ebene der Fremdbilder wird zuerst das Interview mit dem Personensorgeberechtigten analysiert, da diese zum Familiensystem gehören. In diesem Arbeitsschritt wird mit der Themenfeldanalyse gearbeitet. Die Elterninterviews werden dementsprechend unter dem expliziten Fokus der Fremdbilder gedeutet.
3. Innerhalb dieses Arbeitsschritts wird die Perspektive des Jugendamtes als institutioneller Vertreter des Jugendhilfesystems themenfeldbezogen analysiert und
4. im nachfolgenden Auswertungsschritt mit der Perspektive der Bezugserzieherinnen in Bezug gesetzt.
5. Im letzten Arbeitsschritt ergeben sich methodisch zwei Interpretationsebenen: die Ebene der Selbstbilder der Jugendlichen und die Fremdbilder der Erwachsenen auf der Ebene der Differenz zwischen Familien- und Helfersystem.

Die Forschungslogik für die fallimmanente Auswertung lässt sich systematisch wie folgt darstellen:

Abb. 37: Auswertungsstrategien im Überblick

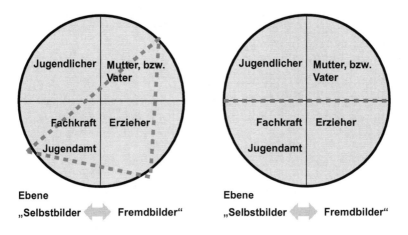

Wie in Abbildung 37 dargestellt, bietet der komplexe Rekonstruktionsversuch eine Chance, die Auswertung und Analyse an den Themen, Phänomenen, Bewertungen aber auch Sichtweisen und Zuschreibungen der einzelnen Interviews zu orientieren, die sich aus der jeweiligen subjektiven Perspektive heraus ähneln, konträr zueinander positionieren oder auch diskursiv Bezug aufeinander nehmen.

6.2.3 Fallanalysen

In der Dissertation, die für diesen Beitrag als Basis dient, wurden zwei Fallrekonstruktionen erarbeitet. Um plausibel und nachvollziehbar verfolgen zu können, wie Befunde und Ergebnisse „entstanden" sind, ist der Blick in das empirische Material nötig und wichtig. Darüber hinaus lebt dieser Erkenntnisprozess von der Arbeit an und mit dem Fallmaterial. Aus diesem Grund wird einer der beiden Fälle aus der Dissertation vorgestellt.

Die Fallrekonstruktionen setzen sich aus folgenden Bausteinen zusammen:

- Eine chronologische Lebens- und Hilfetabelle, um einen ersten Überblick über wichtige Ereignisse, Stationen, Anlässe und Zeitpunkte zu erhalten
- Erste Interpretationsschleife zu bedeutsamen Aspekten und kritischen Lebensereignissen → Was ist das Motto des Falls?
- Selbstbilder der/des Jugendlichen in Form von Spannungsfeldern[33]
- Bilder der Erwachsenen (Eltern, Mitarbeiter im Jugendamt und Mitarbeiter der Krisenintervention) → erst perspektivimmanent
- Übergreifende Deutungsmuster der Erwachsenen
- Wie beurteilt die/der Jugendliche seinen Erfolg?
- Einfluss der Fremdbilder auf die Selbstdeutungen der Jugendlichen;
- Schlussbemerkungen zum Fall[34]

Der Fall „Julia" zeigt eindrucksvoll, wie innere Bilder als Motor für jugendliche Bewältigungsstrategien verstanden werden können und welchen Einfluss sie auf das Handeln der pädagogischen Fachkräfte nehmen.

---

33 Für jedes erarbeitete Spannungsfeld werden die wichtigsten Aspekte in thematischen Überschriften zusammengefasst.
34 Auf einer abstrakteren Ebene wird der Fall noch einmal auf drei Aspekte beleuchtet: Lebensbewältigung als Selbstbildungsprozess; Kritische Lebensereignisse; Einfluss pädagogischer Interventionen.

Bereits in Kapitel 4.3.2 findet sich ein erster lebensgeschichtlicher Überblick von Julia. Aus diesem Grund werden hier bedeutsame Aspekte aus Julias Biographie präsentiert, ohne die gesamte Fallgeschichte darzustellen.

Bedeutsame Aspekte und kritische Lebensereignisse in Julias Biographie

Julia wird im Dezember 1989 als zweites Kind in einer ostdeutschen Familie geboren, die dem Jugendamt zu diesem Zeitpunkt bereits bekannt ist. Sowohl der Vater als auch die Mutter bewegen sich in der Drogenszene. Als Julia auf die Welt kommt, lebt ihr Bruder, dessen Alter unbekannt ist, bereits bei den Großeltern väterlicherseits. Weiteres ist über die Herkunftsfamilie nicht bekannt. In den Jahren 1991 und 1992 werden Julias Schwestern geboren. In vier Jahren (von 1989 bis 1992) wechseln die drei Mädchen zwischen Herkunftsfamilie, Heim und Pflegefamilie. Bekannt ist nur, dass die drei Mädchen jeweils zusammen untergebracht werden. Einzelne Hilfen und genaue Zeitfenster sind nicht zu rekonstruieren. Über ihre frühe Zeit im Heim und in der Pflegefamilie erzählt Julia wenig. Zum einen mag es daran liegen, dass sie sich faktisch nicht daran erinnern kann; schließlich handelt es sich hier um Ereignisse aus ihren ersten vier Lebensjahren. Zum anderen kann dies jedoch ein Hinweis darauf sein, dass sie über diese Zeit nicht sprechen möchte. Beides scheint denkbar. Diese frühen Erfahrungen von Heimat- und Bindungslosigkeit ziehen sich wie ein roter Faden durch ihre weitere Lebensgeschichte. Im Jahr 1994 werden die drei Mädchen von den Eheleuten Fischer adoptiert. Über die genauen Umstände ist auch hier nichts bekannt. Das für Julia heute zuständige Jugendamt findet in seinen Akten keine Informationen über die Zeit der Adoption. In dem Interview mit der fallführenden Mitarbeiterin im Jugendamt deutet sich an, dass die Umstände der Adoption nebulös sind. Deutlich wird jedoch, dass das aktuell zuständige Jugendamt die Adoption kaum nachvollziehen kann. Frau Fischer berichtet in ihrem Interview davon, dass sie mit ihrem Mann auf Geschäftsreise in die neuen Bundesländer gefahren sei und sich dort nach Kindern „umgesehen" habe. Auch Julia selbst erzählt nichts darüber. Bereits hier deutet sich an, dass die Adoption ein Thema ist, das von allen Beteiligten stillschweigend behandelt wird und so zu einem Tabuthema wird, obwohl alle Betroffenen in ihrer subjektiven Deutungen sehr damit beschäftigt scheinen. So lässt sich Julias innere Zerrissenheit verstehen, da mit ihr über diese Umstände vermutlich nie besprochen wurden. Der Fachliteratur ist zu entnehmen, dass im Regelfall Kinder, die sehr früh adoptiert werden, ein ähnlich ausgeprägtes Bindungsverhalten ausbilden können wie Kinder, die bei ihren leiblichen Eltern aufwachsen. So stellt sich die Frage, warum das in Julias Fall nicht zutrifft? Auch wenn die Suche nach einem Platz im Leben formal erst einmal zu Ende scheint, zeigt ein Blick in Julias Lebens- und Hilfetabelle, dass sie nicht zu finden scheint, was sie sucht. De facto findet sie auch in der Adoptiv-Familie keinen Platz. Es zeigt sich bald, dass sich Julias jüngere Schwestern gut in die Adoptiv-Familie integrieren, während Julia in ihren Erzählungen zum Ausdruck bringt, dass sie sich dort deplatziert fühlt. Ihre Integrationsversuche haben als grundlegendes Motiv die Sorge um ihre beiden Schwestern. Dies bemerkt Frau Fischer bereits zu einem frühen Zeitpunkt. Sie kann Julias Sorge allerdings nur schwer akzeptieren. Die Adoption kann als Julias kritischstes Lebensereignis betrachtet werden, welches ihre frühen Erfahrungen der Bindungslosigkeit verstärkt. Julias Lebens- und Hilfetabelle zeigt über die folgenden sieben Jahre wenige Ereignisse. Aus dem Interview mit der Adoptiv-Mutter ist zu erfahren, dass Julia im Laufe dieser Zeit in die Waldorfschule geht. Wie harmonisch sich das Familienleben in dieser Zeit gestaltete, bleibt offen. Julias Zustand lässt erst einmal nicht auf ein harmonisches Familienleben schließen. Im Jahr 2001 beginnt Julias auffälliges Verhalten nach außen hin sichtbar zu werden, da sie drei Mal von zu Hause wegläuft und dabei jedes Mal in einer Aufnahmegruppe untergebracht wird. Auch hier scheint über die genauen Umstände nichts bekannt. Das Jugendamt bietet der Adoptiv-Familie daraufhin eine ambulante Hilfe an, die die Adoptiv-Eltern jedoch ablehnen. Gegen Ende des Jahres 2001 verstärken sich Julias Auffälligkeiten. Sie stiehlt nun im Freundeskreis der Familie, zu Hause und in Lebensmittelmärkten und zerstört im häuslichen Umfeld Gegenstände. Ihr Verhalten lässt sich über die frühen Kindheitserfahrungen verstehen. Ihr inneres Gefühl, nicht versorgt zu werden, führt dazu, dass sie sich selbst versorgt. Die Zerstörungen im heimischen Umfeld können als Versuch gedeutet werden, ihre Beziehungen zu Erwachsenen zu testen. Wie verlässlich sind ihre Adoptiv-Eltern? Kann die neue Familie ein Ort sein, an dem sie (aus-)gehalten wird? Die Adoptiv-Eltern scheinen mit dieser Anfrage überfordert und wenden sich hilfesuchend an verschiedene Kinder- und Jugendpsychotherapeuten. Offensichtlich gelingt es nicht, Julias auffälliges Verhalten zu entschlüsseln und den Adoptiv-Eltern einen verstehenden Zugang zu Julias innerer Landschaft zu vermitteln. Fünf Monate später wird Julia in einer Kinder- und Jugendpsychiatrie zwecks diagnostischer Abklärung untergebracht. Nach fünfwöchigem Aufenthalt entlässt die Psychiatrie Julia mit der Diagnose: *„Auf den familiären Rahmen beschränkte Störung des Sozialverhaltens".* Sie empfiehlt den Adoptiv-Eltern, eine ambulante Hilfe in Anspruch zu nehmen, die Herr und Frau Fischer jedoch ablehnen. Julia kann sich nur schwer in den Alltag der Adoptiv-Familie integrieren und entweicht immer wieder; einmal nimmt sie ihre Schwester mit. Die beiden Mädchen werden aufgegriffen und in einer Notaufnahmegruppe untergebracht. In der Adoptiv-Familie dominieren weiterhin Probleme und Schwierigkeiten, so dass Julia für kurze Zeit in einer Außenwohngruppe stationär untergebracht wird. Ihre beiden Schwestern verbleiben in der Adoptiv-Familie. Auch während der Zeit der Fremdunterbringung beruhigt sich aus Sicht der Adoptiv-Eltern die Familiensituation nicht wesentlich. Bei Wochenendbesuchen bestiehlt Julia ihre Adoptiv-Eltern. Weitere kriminelle Delikte, wie zum Beispiel Einbrüche außerhalb der Familie, folgen. So kann auch im weiteren Verlauf gezeigt werden, dass Julias Fremdplatzierungen nicht an ihrem inneren Lebensthema (Wo ist mein Platz in dieser Welt?) anschlussfähig scheinen. Die Helfer versuchen, Julias externalisierende Verhaltensweisen zu korrigieren, ohne die Gründe oder die Funktion von Julias Verhalten verstehen zu können. Nachdem Julia eine Woche untergetaucht ist, kehrt sie in die Adoptiv-Familie zurück. In dieser Zeit kommt es zu einer Gerichtsverhandlung aufgrund diverser krimineller Delikte. Das Gericht fordert eine Unterbringung im Heim. Julia erklärt, dass sie in der Adoptiv-Familie bleiben möchte. Ihr Adoptiv-Vater stimmt dem zu und die Fremdunterbringung in der Außenwohngruppe wird entgegen pädagogischer Bedenken beendet. Zwei Monate hält es die Adoptiv-Familie mit Julia aus, dann stellen die Adoptiv-Eltern einen Antrag auf Hilfe zur Erziehung (Heimunterbringung). Julia erlebt ein weiteres Mal, dass sie keinen Platz findet, an dem sie bleiben kann und ihr keine Chance zur Beheimatung geboten wird. Ende August 2004 entweicht sie erneut. Die Adoptiv-Mutter bittet die Polizei um Hilfe. Julia wird schließlich in einem nicht ansprechbaren Zustand in einer Innenstadt-Toilette von Passanten aufgefunden und in ein Krankenhaus gebracht. Sie hat diverse Rauschmittel konsumiert. Einen Tag später wird sie aus dem Krankenhaus entlassen und wenige Tage später in die geschlossene Station einer Kinder- und Jugendpsychiatrie eingewiesen. Julias fortwährender Wechsel von Aufenthaltsorten lässt sich zahlenmäßig schwer fassen. Die Zeitspannen scheinen immer kürzer zu werden. Mitte Oktober 2004 wird sie aus der Psychiatrie entlassen und für acht Monate in der Krisenintervention untergebracht. Das ist die erste Phase in ihrem Leben, in der sie mehrere Monate am selben Ort bleibt. Nach der Entlassung aus der Krisenintervention wird Julia in einer Außenwohngruppe untergebracht. Nach fast zehn Jahren, in denen alle Fallbeteiligten dem Thema Adoption keinen Platz gegeben haben, rückt Julia das Thema in den Vordergrund, indem sie ihre leibliche Familie kontaktiert. Erst zu diesem Zeitpunkt tritt die Adoption so weit in den Vordergrund, dass sich auch die Erwachsenen damit beschäftigen müssen. Julia findet bis zu diesem Zeitpunkt in ihrem Leben keine Möglichkeit, der Adoption – als Teil ihrer Biographie – einen Sinn zu verleihen. Die Helfer haben es verpasst, ihr dabei behilflich zu sein. In der Außenwohngruppe findet das Thema einen Platz im Alltag. Die Gruppenleitung fährt schließlich im September 2006 mit Julia zusammen zu ihren leiblichen Eltern. Den Jahreswechsel verbringt Julia ebenfalls dort. Im Februar 2007 wechselt Julia von der Außenwohngruppe in das Betreute Wohnen. Bereits Wochen davor beschäftigt sie dieser Umzug sehr. Sie weiß nicht, so beschreibt sie es im Interview, ob sie in der Lage ist, alleine für sich zu sorgen. Ihr inneres Bedürfnis, umsorgt und versorgt zu werden, kann im Betreuten Wohnen nicht gestillt werden. So bittet Julia darum, in ihre alte Wohngruppe zurückkehren zu können. Im Mai 2007 zieht sie zurück in die Außenwohngruppe. Im Juli desselben Jahres wird sie für dreieinhalb Wochen in eine Kinder- und Jugendpsychiatrie verlegt; sie soll eine Drogentherapie machen. Diese Indikation überrascht erst einmal, da sich in ihrer Lebens- und Hilfetabelle kein früherer Hinweis auf regelmäßigen Drogenkonsum findet. Nach dem Psychiatrieaufenthalt kommt Julia in die Außenwohngruppe zurück. Mit ihr wird ein Vertrag ausgehandelt, der vorsieht, dass sie zur Schule geht und keine Drogen konsumiert. Sie lässt sich darauf ein, denn dieser Vertrag ist Grundlage dafür, dass sie in der Gruppe wohnen bleiben kann. Allerdings fällt es ihr schwer, die Vertragsbedingungen zu erfüllen. Die Schule kann sie nicht regelmäßig besuchen und der Drogenkonsum bleibt weiterhin Bestandteil ihres Lebens. Auch eine ambulante Psychotherapie kann sie nur schwer stabilisieren. Die Gruppe sucht immer wieder das Gespräch mit ihr. Julia flüchtet immer häufiger aus der Gruppe zu Freunden auf die Straße. Zwei Monate vor ihrem 18. Geburtstag erklärt Julia, dass sie nicht mehr in die Gruppe zurückkehren wird, sondern wieder in ihrer Adoptiv-Familie leben möchte. Ein abschließendes Hilfeplangespräch beendet die Unterstützung der Jugendhilfe. Doch auch in der Adoptiv-Familie beruhigt sich Julias Lebenssituation nicht. Immer häufiger entweicht sie auf die Straße. Es folgen in nicht datierbarer Folge drei Klinikaufenthalte in unterschiedlichen Institutionen, um Julias Drogenkonsum zu bearbeiten. Anfang Mai 2008 verlässt Julia die Adoptiv-Familie und zieht zu ihren leiblichen Eltern. Dort scheint sie zum ersten Mal zur Ruhe zu kommen. Sie berichtet im Interview davon, endlich einen Platz gefunden zu haben, an dem es ihr gut geht und sie Liebe und Geborgenheit spürt. Ihr großer Wunsch scheint in Erfüllung gegangen zu sein. Bereits vier Monate später verlässt Julia auf eigenen Wunsch ihre leiblichen Eltern und weist sich selbst in eine Suchtklinik ein. Im Rahmen des Klinikaufenthaltes bricht sie den Kontakt zu ihren leiblichen Eltern ab und nimmt wieder Kontakt zu ihrer Adoptiv-Familie auf. Nach einer Entweichung aus der Klinik lebt sie bei Freunden auf der Straße. Sie wird schwanger und entbindet im Sommer 2009 einen gesunden Jungen. Näheres ist aus dieser Zeit nicht bekannt. Ende Januar 2009 zieht Julia mit dem leiblichen Vater ihres Kindes in eine eigene Wohnung in der Nähe ihrer Herkunftsfamilie. Sie wird dort von einer Sozialpädagogischen Familienhilfe betreut.

Die Komplexität, in der sich Julias Lebensgeschichte präsentiert, verleitet dazu, den Blick auf das Wesentliche zu verlieren. Nicht nur, weil viele Interventionen in Julias Leben eingegriffen haben, sondern auch, weil Julias inneres Lebensthema zu Verstrickungen und Übertragungen geführt hat. Um den Blick für das Wesentliche zu schärfen, scheint es an dieser Stelle erforderlich, noch einmal die drei zentralen Themen in Julias biographischem Bildungsprozess herauszuarbeiten.

Zu nennen ist hier zunächst die übergreifende *Orientierungslosigkeit*. So scheint nicht nur Julia den Überblick verloren zu haben, sondern auch das Helfersystem mit seinen vielen Interventionen. In chronologischer Folge sind hier zu nennen: Heimunterbringung, Pflegefamilie, Adoption, Psychiatrie, Krisenintervention, ambulante Psychotherapie, Wohngruppe und Betreutes Wohnen. Alle diese Hilfen hatten das Ziel, Julia einen Platz zur Beheimatung anzubieten. Die logische Reaktion der Helfer scheint zu sein, Julias frühen biographischen Erfahrungen einen Gegenentwurf anzubieten. In diesem Kontext stellt sich die Frage, warum Julia diese Angebote nicht angenommen hat. Die Antwort darauf ist simpel und schwer zugleich. Es scheint ihr inneres Dilemma, welches sie orientierungs- und rastlos macht. Darüber hinaus konnte kein Erwachsener mit ihr über ihre innere Zerrissenheit sprechen. Bei ihrer Suche nach einem Lebensort waren die Helfer „nur" in der Lage, ihr den einen oder anderen Platz anzubieten. Dabei waren die Erwachsenen sehr breit in ihrem Angebot; von ambulanten Angeboten, über familienähnliche Settings bis hin zu hoch exklusiven Orten wie der Krisenintervention. Aber Julias Frage ist mit dem reinen Vermittlungsangebot nicht beantwortet. Hinzu kommt, dass sie mit ihren inneren Bildern und Themen immer dann abgewiesen wurde, sobald sie die Verlässlichkeit, aber auch die Grenzen der Angebote testete. Um die komplexen Fallverstrickungen sortieren zu können, kommt ein zweiter Aspekt hinzu.

Das Thema *Bindung* scheint in Julias Biographie ein ganz Wesentliches zu sein. Bereits in frühen Jahren, kann sie als hoch unsicher gebundenes Kind verstanden werden. Immer wieder hat sie Trennungen und Abbrüche erlebt. Die Brucherfahrungen, so der paradoxe Schluss, waren das einzig stetige, auf das Julia vertrauen konnte. Mit der Adoption hätte die Chance bestanden, verlässliche Bezugspersonen in Julias Leben zu verankern, die ihr Kontakt und Bindung anbieten. Diese Verbindung schien von Beginn an ein heikler Versuch zu sein, trafen in der Adoptiv-Familie zwei Menschen aufeinander, die vermutlich beide auf der Suche nach Verbindung und Zugehörigkeit waren. Und damit wird der dritte wesentliche Aspekt deutlich:

Sorge und *Versorgt werden*. Sowohl Julia, als auch ihre Adoptiv-Mutter scheinen mit dem Thema „Sorge" sehr verbunden zu sein. Aus Julias Lebensgeschichte ist bekannt, dass sie über die Sorge für andere Menschen ihr inneres Vakuum, nämlich das Bedürfnis danach, selbst versorgt zu werden, zu füllen versucht. In „besorgten" Momenten erlebt sie sich handlungsfähig und selbstwirksam. Ähnliches kann bei der Adoptiv-Mutter vermutet werden. Die fast ominösen Umstände der Adoption und die Befunde der Interviewanalyse lassen darauf schließen, dass sie über die Sorge für die drei

Mädchen ihre eigenen biographischen Motive und Muster zu bearbeiten versuchte. Mit dem Motiv der „Sorge" ist zu verstehen, dass Frau Fischer und Julia in der Konkurrenz miteinander verbunden sind. Julias innere Zerrissenheit zwischen Übermutterung und emotionaler Unterversorgung wurde durch die Suche nach einem Lebensort eher noch verschärft. Auch die folgenden Orte, welche die Jugendhilfe Julia zuwies, konnte sie nicht annehmen, da sie dort mit Anforderungen und Angeboten konfrontiert wurde, die sie nicht mit ihren biographischen Mustern zusammenbringen konnte.

Wer bin ich und wer will ich sein? – Julias Selbstdeutungen

Fünf Interviews, die mit Julia im Verlauf von insgesamt vier Jahren geführt wurden, bilden die empirische Grundlage. Im Kontext ihrer Selbstdeutungen wird gezeigt, welche Lebensbewältigungsstrategien Julia in Bezug auf ihre kritischen Lebensereignisse entwickelt hat und welche Bedeutung sie pädagogischen Interventionen in ihrem Bildungsprozess zuschreibt. In der Analyse der biographischen Muster, die Julias Auseinandersetzung mit sich und der Welt kennzeichnen, lassen sich *zwei* Spannungsfelder herausarbeiten, innerhalb derer ihre Suchbewegungen und ihre lebensgeschichtlichen Bewältigungsmuster verstanden werden können.

Erstes Spannungsfeld: Mein Platz – Kein Platz. Julias Suche nach einem Platz in der Welt spielt in allen fünf Interviews eine wesentliche Rolle. Ihre Suche nach einem Lebens-Ort ist als übergreifendes Thema präsent. Julia selbst deutet ihre Suche dahingehend, dass sie nicht weiß, was sie eigentlich will. Sie erklärt im Erstinterview, dass sie keinen Halt mehr gefunden hat. „Ich hab einfach, ich wollt' nicht mehr nach [...] ins Kinderheim, ich wollt nicht mehr nach [...] ins Kinderheim, dann wollt ich nicht mehr ins Mädchenheim, ich wollte einfach, ich weiß nicht. I: Weißt Du denn was Du willst? J: ((verneinend)) Em, em, ich möchte einfach eine normale Wohngruppe, ich möchte nicht hier so in so einer geschlossenen Gruppe sein." (EI 95–97) In ihrer Erzählung verdeutlicht sie, dass sie nicht benennen kann was sie sich wünscht, wohl aber, was sie sich nicht wünscht. In Julias Lebensgeschichte reihen sich die unterschiedlichsten pädagogischen Interventionen scheinbar unverbunden aneinander. Julia selbst deutet diese Orte als zeitlich begrenzte Aufenthaltsorte, die ihr von den Erwachsenen zugewiesen werden. An keinem Ort findet sie Halt und Orientierung. Beschreibbar ist dies mit einem Bild der Verinselung. Die verschiedenen Hilfsmaßnahmen stellen dabei einzelne Inseln dar, die in einem Ozean unverbunden voneinander existieren. Interessant an dieser Stelle erscheint der Befund, dass Julia diese Inseln nicht als einen Ort deutet, an dem sie sich sicher und beheimatet fühlt. Im zweiten Folgeinterview berichtet sie von der Außenwohngruppe, in die sie aus dem Betreuten Wohnen zurückkehrt. In einer äußerst kurzen Textsequenz erklärt sie: „Ich weiß nich', hier is' das erste Mal wo ich sagen kann: ‚Hier fühl ich mich zu Hause.'" (2 FI 800) Sie beschreibt die Wohngruppe als Ort, an dem sie sich sicher fühlt. Mit fast 17 Jahren hat sie einen Platz gefunden, an dem sie sich aufgehoben fühlt. Mit Blick auf ihre biographischen Lebensereignisse akzentuiert dieser Satz ihre Sehnsucht und ihren Wunsch, irgendwo anzukommen und dies als ihr zu Hause zu bezeichnen.

Schon sehr früh von den leiblichen Eltern getrennt und in einem Heim untergebracht, wird sie mit fast vier Jahren adoptiert und fühlt sich von Beginn an dort fehl am Platz, wogegen sich ihre beiden Schwestern in die Adoptiv-Familie integrieren können. Mit 16 Jahren lernt sie dann ihre leibliche Familie kennen. Ihre innere Gefühlswelt deutet sie als ein Leben „zwischen den Stühlen". Diese Äußerung lässt den Wunsch nach einem Zuhause in einem besonderen Licht erscheinen. Der Wunsch nach einem normalen Familienleben deutet sich auch an anderen Stellen an. Julia beschreibt in einer Textpassage den Tagesablauf in der Heimgruppe und stellt besonders die Betreuer heraus, mit denen man gut reden kann. Besonders gefällt ihr, dass regelmäßige Gruppenausflüge auf dem Programm stehen. Diese Art der Alltagsgestaltung deutet sie als das „normale" Familienleben. Sie schätzt die Möglichkeiten, nutzt diese für sich in der Gruppe und fasst abschließend zusammen: „[…] is' das hier perfekt in der Gruppe" (2 FI 828).

Zusammenfassend lässt sich für dieses Spannungsfeld festhalten: Die Suche nach einem Platz scheint zentrales Thema in Julias Lebensgeschichte. Die Ambivalenz zwischen ihrer bewegten Lebensgeschichte und den Versuchen, diese Erfahrungen zu ordnen und zu normalisieren, zeigt sich hier besonders. So kann mit diesem Spannungsfeld gezeigt werden, dass Julia in ihren Konstruktionsleistungen die kritischen Lebensereignisse aufnimmt, auch wenn sie die Adoption eher zu bagatellisieren versucht. Die Adoption, gedeutet als eben dieses kritische Lebensereignis, muss im Kontext ihrer subjektiven Deutungen als Platzangebot der Erwachsenen verstanden werden. Allerdings kann Julia dieses Angebot nur bedingt annehmen. Früh merkt sie, dass sie in der Adoptiv-Familie nicht willkommen ist und entwickelt im Laufe der Zeit ihre eigene Idee von Beheimatung. Ihr Plan, die leiblichen Eltern kennen zu lernen, kann als Versuch gedeutet werden, ihren biographischen Erfahrungen Sinn zu verleihen.

Die Interventionen der Erwachsenen deutet Julia als biographische Erfahrungen, die sie in ihr Lebenskonzept integrieren muss; ihr allerdings auf der Suche nach einem Platz in der Welt wenig hilfreich sind. In ihren Deutungen scheint ihre innere Zerrissenheit den Erwachsenen nicht zugänglich. So fügt sie sich eher in die Erfüllung der äußeren Erwartungen, ohne diese jedoch tatsächlich erfüllen zu können. Ihr grundlegendes Motiv, das Leben zu bewältigen und sich einen Platz in der Welt zu erstreiten, scheint ihr innerer Antrieb zu sein.

Im Verlauf des Untersuchungszeitraumes zeigt sich in Julias Selbstdeutungen bezogen auf ihren Wunsch, ihre leibliche Familie kennen zu lernen, eine Veränderung. Im Erstinterview merkt sie bereits, dass sie sich in die Adoptiv-Familie nur schwer einfinden kann, weil sie sich dort fehl am Platz fühlt. Im Verlauf der folgenden Interviews ist sie in der Lage, dies expliziter zu benennen. Der Gegensatz bietet das dritte Folgeinterview als letztes Interview in der Untersuchungsreihe. Hier scheint sie mit sich und ihrer Geschichte im Reinen, weil sie erreicht hat, was sie die Jahre über angetrieben hat. Ihre Idee, dass sie (nur) in der leiblichen Familie einen Platz finden kann, ist für sie zur Realität geworden. Sie hat ihr Ziel erreicht. Mit dem Wissen um ihren weiteren Lebensweg kann dieses Ereignis als Phase großer Zufriedenheit verstanden werden. Mit Blick auf ihre Lebens- und Hilfetabelle zeigt sich, dass ihre Selbstdeutungen im Kontext der Beheimatung nur temporär zufrieden stellend sind. Bereits einige Zeit später wird sie die leibliche Familie wieder verlassen.

Zweites Spannungsfeld: Ich beherrsche die Welt – Die Welt beherrscht mich. In Julias Selbstbild zeigt sich auch in diesem zweiten Spannungsfeld ihre Ambivalenz zwischen der inneren Selbstwahrnehmung und der nach außen agierten Selbstdarstellung. Julia präsentiert sich handlungsmächtig und durchsetzungsstark. Das ist ihre Strategie, um ihr (Über-)Leben zu sichern.

Das Gefühl der Überwältigung bezieht sie auf ihre nach innen gerichtete Selbstwahrnehmung. Hier scheint sie orientierungslos und kann sich selbst nur schwer als einen liebenswürdigen Menschen beschreiben.

Zusammenfassend lässt sich für dieses Spannungsfeld festhalten: Julias Selbstdeutungen beziehen sich sowohl auf Erfahrungen von Überwältigung, die ihren Aneignungsprozess von Welt mindestens erschweren, als auch auf Anteile, die ihre Lebenskompetenzen im Kontext von Bewältigung beschreiben. In diesem Zusammenhang zeigt sich, dass sie ein Bild von ihrer Lebens-Welt konstruiert, in der sie ihre Umwelt scheinbar ohne eigene Gestaltungsmöglichkeit erlebt. Julia eignet sich ihre Welt an, um darin ihre eigene Lebensgestalt zu finden. Nach außen stellt sie sich äußerst handlungsmächtig dar. Ein Blick auf die darunter liegende Emotionen zeigt die Divergenz. Sie nimmt sie selbst kaum als wirksam wahr, auch wenn sie durch entwickelte Bewältigungsstrategien den Anschein erweckt, als wäre es so.

Im Verlauf des Untersuchungszeitraums verschieben sich in Julias Selbstdeutungen die Positionierungen innerhalb des Spannungsfeldes. Während sie in den ersten Interviews vor allen Dingen Bilder der Überwältigung und Ohnmacht entwirft und wenig Selbstbewusstsein und eigene Wirkung spürt, verändert sich mit Blick auf die letzten beiden Interviews der Fokus. Hier treten die überwältigenden Erfahrungen in den Hintergrund. Julias Deutungen beziehen sich vermehrt auf ihre Ressourcen und ihre Handlungsfähigkeit, die sie sich durch ein positives Selbstbewusstsein erarbeiten kann. Julias Aneignung von Welt erfolgt durch die Bewältigung überwältigender Erfahrungen, um ihr eigenes Lebenskonzept zu finden, welches sich durch Anpassung, Entwicklung und Selbstwirksamkeit auszeichnet.

Bereits in frühster Kindheit hat Julia erfahren, dass die Welt für sie unberechenbar ist und wenig Verlässlichkeit bietet. Die unterschiedlichen pädagogischen Interventionen scheinen in ihrer Erinnerung diese Erfahrung verstärkt zu haben. Sie hat gelernt, dass sie nur einem Menschen auf der Welt vertrauen kann, nämlich sich selbst. Die Momente, in denen sie ihre Welt sicher und gestaltbar erlebt, führen in ihrer Wahrnehmung zu einer persönlichen Entwicklung und zu einem positiven Selbstwert. Ihr kritisches Lebensereignis – die Adoption – führt in der Folge dazu, dass der Unterschied zwischen der Darstellung nach außen und der Wahrnehmung nach innen Julia dazu bringt, dass sie massive Anstrengungen unternehmen muss, um dieses Gefüge in der Balance zu halten.

Abb. 38: Gesamtübersicht der Fremddeutungen

	Adoptiv-Mutter (Frau Fischer)	Jugendamt (Frau Ottmann)	Erzieher (Herr Röhrig)
	„[…] Julia, die hat […] von so 'nem Schicksal her die wenigsten Chancen gehabt. […]" (M 218)	„[…] Also dass die irgendwann mal Störungen bekommt […] so als Adoptivkind […], mit 'ner Adoptivmutter, mit der man nicht so die Beziehung hat, das das finde ich, ist nachvollziehbar. […]" (JA 100)	„[…] diese Fröhlichkeit die war […] so ein Deckmantel äh den sie überlegt hat […] was zur Folge hatte, dass sie innerlich ziemlich […] problembelastet war. […]" (FFM 17–19)
Ressourcen orientierte Deutungsmuster	Das gute Kind Das Kind hatte es nicht leicht Wünsche für die Zukunft	Das kompetente Kind Eltern-Kind-Beziehung	Das kompetente Kind Das adoptierte Kind Das mitarbeitende Kind
Defizit orientierte Deutungsmuster	Mutter-Kind-Beziehung Es ist nicht unser Kind Das kranke Kind Das schwache Kind Das asoziale Kind Unerfüllte Wünsche	In dieser Familie hätte es ein gutes Ende nehmen können eigene Beziehung zu Julia Das beeinträchtigte und unnahbare Kind	Das schwierige Kind Das Kind, das sich opfert Das ambivalente Kind

Übergreifende Fremdbilder der Erwachsenen. Knapp die Hälfte der Fremdbilder finden ihre Anknüpfungspunkte untereinander. Das Verhältnis von ressourcen- und defizit-orientierten Bildern ist augenscheinlich fast ausgeglichen, wobei der Blick auf Julias Defizite etwas überwiegt. In den Einzeldarstellungen der Deutungen der Erwachsenen zeigt sich diese Verschiebung hin zu den Defiziten ebenfalls auf der qualitativen Ebene. So scheinen die Erwachsenen einiges über Julias Probleme und Schwierigkeiten in Form von Bildern ausdrücken zu können. Ihre gelingenden Versuche von Bewältigung und Lebensgestaltung scheint den Erwachsenen verborgen, bzw. nur schwer zugänglich.

In den Bezügen untereinander fällt auf, dass die Deutungen der Mitarbeiterin im Jugendamt und die des Erziehers aus der Krisenintervention kaum eine gemeinsame Ebene findet. So lassen sich für die Auswertungsebene Familiensystem-Helfersystem keine übergreifenden Befunde herausarbeiten.

Insgesamt lassen sich drei Deutungsmuster herausarbeiten, die alle drei Erwachsenen gemeinsam anbieten. Zum einen handelt es sich dabei um das konstruierte Bild des *guten* und *kompetenten Kindes*. Zum zweiten um den gemeinsamen Blick auf die *Adoption als Auslöser* von Julias Schwierigkeiten und zum dritten um ein eher defizit-orientiertes Deutungsangebot, die den Blick auf Julias *schwierige Verhaltensweisen* legen und diese als *Folge von Krankheit und Beeinträchtigung* begründen.

Die Suche nach Kompetenzen. Allen drei Erwachsenen gemeinsam ist die Suche nach Julias Kompetenzen und Ressourcen. Während die Adoptiv-Mutter bemüht ist, ein wohlwollendes Bild von Julia zu zeichnen, gelingt dies Frau Ottmann (Mitarbeiterin des Jugendamtes) und Herrn Röhrig (Mitarbeiter der Krisenintervention) rascher. Frau Fischer betont besonders die Solidarität und die Hilfsbereitschaft, die Julia auszeichnet. Insgesamt scheint sie jedoch hauptsächlich mit ihren eigenen Ideen beschäftigt zu sein, wodurch Julia aus dem Blick gerät. Frau Ottmann und Herr Röhrig heben Julias Voraussetzungen hervor, indem sie auf die Aspekte Intelligenz, Kreativität und das gute Elternhaus verweisen.

Übergreifend zeigt sich hier, dass die Erwachsenen vermehrt auf Julias Probleme und Schwierigkeiten blicken und in ihren Deutungen protektive Faktoren außer Acht lassen. Im Analyseprozess fällt auf, dass wenig Material für die ressourcenorientierten Bilder zusammengetragen werden kann. Die Erwachsenen erzählen in ihren Interviews kaum Erfolgsgeschichten von Julia. Dieses Phänomen könnte als Spiegel von Julias innerer Leere verstanden werden. So ließe sich erklären, warum sich die Erwachsenen in ihren Erklärungen eher auf die äußeren Verhaltensweisen von Julia beziehen. Welcher Zusammenhang lässt sich diesbezüglich zu Julias Selbstdeutungen herstellen? Der verhaftete Blick in Probleme und Schwierigkeiten kann an Julias Aussagen anknüpfen. Während die Erwachsenen Julias nach außen gerichtete Verhaltensweisen als störend und schwierig deuten, beschreibt Julia ihre innere Verfasstheit wenig positiv. Ohnmacht der Welt gegenüber und das Gefühl der Einsamkeit prägen ihre inneren Bilder. Im Gegensatz zu den Fremddeutungen der Erwachsenen scheint Julia jedoch in der Lage, ihre individuellen Fähigkeiten und Fertigkeiten zu erkennen und zu deuten.

Die Adoption und ihre Folgen. Die genauen Umstände der Adoption bleiben nach allen Interviews mit den unterschiedlichen Beteiligten in diesem Fall und trotz weiterer Recherchen unklar. Dieser Befund hat für das Verstehen der Fallgeschichte wesentliche Bedeutung. Neben der zeitlichen Einordnung bleiben auch Motive und Entscheidungsprozesse sowie reflexive Erinnerungsschleifen der einzelnen Personen diffus. In der näheren Betrachtung erstaunt gerade diese Tatsache besonders. Die Fachliteratur weist auf Adoptionsprozesse als einschneidende Erlebnisse im Leben aller Beteiligten hin. Was bedeutet es also, wenn ein solch wichtiges Ereignis in den Erinnerungsaufschichtungen (vgl. Schütze 1984) der Beteiligten nicht rekonstruierbar ist? Vielleicht ist dies ein Hinweis darauf, dass die Adoption von den Beteiligten bewusst nicht als treibendes Motiv wahrgenommen wurde. Dennoch ist sie in allen Deutungen implizit als zentrales Motiv zu finden, welches interessanterweise von allen Beteiligten bagatellisiert wird.

Ein übergreifender Befund ist darüber hinaus, dass Julia in diesem Kontext aus dem Blick gerät. Die Adoptiv-Mutter beschreibt die Adoption vor allen Dingen in ihren Auswirkungen auf sich selbst als problematisch.

Herr Röhrig und Frau Ottmann nennen Frau Fischer und beschreiben an ihr die belastete Arbeits-Beziehung zu den Adoptiv-Eltern. Deutlich wird hier insbesondere, dass die Mitarbeiterin im Jugendamt sowie der Erzieher das Problem nicht bei Julia begründet sehen, sondern die Eltern und besonders die Adoptiv-Mutter in der Verantwortung sehen. Sie deuten Julias Verhalten als Reaktion auf die belastete Beziehung zwischen Julia und den Adoptiv-Eltern und sehen in der Adoption den Grund für die schwierige Beziehung untereinander. Die Adoptiv-Mutter beschreibt die Adoption als Hilfe für Julia und ihre Schwestern, um den schwierigen Start ins Leben besser meistern zu können.

Julias biographische Erfahrungen deutet sie vor allen Dingen als Überforderungserlebnisse, da sie sehr früh für ihre Schwestern die Mutterrolle übernommen habe. Aus diesen Erfahrungen heraus sieht sie für Julias weitere Entwicklung kaum Chancen.

Die Fremdbilder passen zu Julias Selbstdeutungen. Vor allen Dingen die Erkenntnis, dass alle Beteiligten, die Erwachsenen wie auch Julia selbst, die Adoption als vermeintlich „normales" Lebensereignis interpretieren. So ist

Julias Suche nach einem Platz in dieser Welt in der Deutung der Erwachsenen mit der Adoption beendet. Sie beschäftigen sich ab diesem Zeitpunkt damit, wie Julia sich in die Adoptiv-Familie einfinden kann und stellen fest, dass sie diese Erwartung nicht erfüllt. Sie beschäftigen sich auch damit, dass die schwierige Beziehung zwischen der Adoptiv-Mutter und Julia nicht zu einer Integration führt. Die Erwachsenen interessieren sich allerdings nicht für die Gründe bzw. die Folgen und Konsequenzen. So bewerten sie die Adoption und ihre Folgen eher an der äußeren Oberfläche und gewinnen keinen verstehenden Zugang zu Julias inneren Bildern.

Gründe und Motive für „schwieriges" Verhalten. Alle drei Erwachsenen entwickeln Erklärungen für Julias Verhalten. Den Motiven gemeinsam ist der Versuch, dieses Verhalten über Krankheit und Beeinträchtigung zu deuten. Motive also, die alle Beteiligten entlasten. Diese negativen Zuschreibungen implizieren sowohl das Fehlen einer Chance zur positiven Weiter-Entwicklung, als auch den Versuch einer rationalen Erklärung für das Scheitern des Familienangebotes in Form einer Adoption. Mit dem Bild der Krankheit ist die Vorstellung des Heilens oder technischer ausgedrückt, des Reparierens, verwoben. Julias „falsches" Benehmen soll in „richtiges" transformiert werden. Julias „schwieriges" Verhalten wird so per se als individuelles Defizit gedeutet. Das Julias Verhalten es den Erwachsenen schwer macht, mit ihr in Kontakt zu kommen und eine Bindung zu ihr aufzubauen, wird in deren Deutungen kaum berücksichtigt. Die eigenen Anteile an Julias Schwierigkeiten scheinen den Erwachsenen nicht zugänglich. Frau Fischer sieht Julias Verhalten in ihren frühkindlichen Erfahrungen begründet, infolgedessen sie keine Chance hat, sich „normal" zu entwickeln. Frau Fischers Vorstellungen von Normalität entsprechen dabei nicht denen ihrer Adoptiv-Tochter, die sich ebenfalls wünscht, normal zu leben.

Die Mitarbeiterin im Jugendamt und der Erzieher bemerken Julias „schwieriges" Verhalten, beschäftigen sich aber kaum mit den dahinter liegenden Phänomenen. Eher oberflächlich deuten sie Julias Verhalten entweder als Reaktion auf ihre Labilität und Verletzlichkeit oder als Suche nach Anerkennung. So erklärt Frau Ottmann, dass die Erwachsenen Julia schützen müssen. Wovor genau sie geschützt werden muss bleibt jedoch unklar. Interessant erscheint in diesem Zusammenhang, dass die Erwachsenen als Grund für Julias herausfordernde Verhaltensweisen nicht die Adoption anführen. Dies scheint ein Hinweis darauf zu sein, dass in ihren Begründungen die Adoption keinen außergewöhnlichen Platz einnimmt.

Im Kontext von Julias Selbstbildern zeigt sich nur eine begrenzte Anschlussfähigkeit der Bilder der Erwachsenen. Passungsfähig scheinen sie dort zu sein, wo es um Julias äußere Anpassungsleistung geht. Im Gegensatz dazu finden die Erwachsenen keinen Zugang zu Julias innerem Lebensthema, nämlich der Suche nach einem Platz in dieser Welt. Julias „schwieriges" Verhalten kann als Suchbewegung und Belastungstest verstanden werden. Die Erwachsenen beziehen sich in ihren Bildern lediglich auf die äußeren Anforderungen und wünschen Anpassung an gesellschaftliche Normen und Konventionen.

In den Konstruktionen der Adoptiv-Mutter und der Mitarbeiterin im Jugendamt ergeben sich zwei gemeinsame Deutungsmuster. Zum einen geht es dabei um die Rettungsidee als Motiv der Adoption. Zum anderen beschäftigen sie sich mit Julias Scheitern in der Adoptiv-Familie.

Die Adoption als Rettungsidee. Beide Frauen deuten die Adoption als notwendige Intervention, um Julia eine Chance zur weiteren Lebensgestaltung zu bieten. Dabei entwerfen sie die Idee der Rettung der Kinder aus dem belasteten Milieu der Herkunftseltern. Sowohl Frau Fischer als auch Frau Ottmann kommen zu dem Schluss, dass Julia die Chance, die ihr mit der Adoption angeboten wurde, nicht genutzt hat. Das Unverständnis darüber prägen ihre Bilder diesbezüglich. Die Fachkraft im Jugendamt betont aus ihrer professionellen Perspektive heraus die Hoffnung, Julia mit der Adoption ein „funktionierendes" Familiensystem anzubieten, indem sie nachreifen und lernen kann. In dieser Familie hätte Julias Geschichte ein gutes Ende nehmen können; so ihre Deutung. Dass Julia dieses Angebot nicht angenommen hat, scheint beide Frauen zu beschäftigen. Dies deuten sie als Scheitern und sozialen Abstieg. So wirken sowohl die Adoptiv-Mutter als auch die Mitarbeiterin im Jugendamt mehr mit Julias Misserfolgsgeschichte verbunden und weniger mit Julias subjektiven Verarbeitungsprozessen im Kontext ihrer (kritischen) Lebensereignisse. Gemeinsam ist den beiden Erwachsenen der fehlende verstehende Zugang zu Julias biographischen Verarbeitungsmustern und ihrem eigentlichen Lebensthema, für sich keinen Platz in dieser Welt zu finden. Was es für Julia bedeutet, von Erwachsenen immer wieder Plätze zugewiesen zu bekommen, scheint ihnen verborgen.

Die Art und Weise, wie Julia um einen Platz in ihrer Welt kämpft, deutet Frau Ottmann als nicht „normal". Frau Fischer erlebt die Beziehung zu ihrer Adoptiv-Tochter belastet und unbeständig. Sie sieht sich in Konkurrenz zu Julia bei der Frage, wer für die beiden jüngeren Schwestern sorgt. Infolgedessen, so erlebt es Frau Fischer, wendet sich Julia von der Familie ab. Sie bedauert es, keine bedeutende Rolle in Julias Leben zu spielen. Diese Belastung resultiert aus der verworrenen Lebensgeschichte. Frau Fischer bemerkt die Diskrepanz zwischen der Herkunftsfamilie und ihrer eigenen Familie. Welche Bedeutung diese Erfahrung für Julia hat, scheint ihr nicht zugänglich. Der Wunsch, den drei Kindern eine gute Familie zu bieten, scheint sie anzutreiben. Die Konfrontation mit dem Milieu der Herkunftseltern erschreckt sie.

Das Scheitern in der Adoptiv-Familie. Das Motiv der beiden Frauen, Julia in der Adoptiv-Familie zu beheimaten, scheitert aus den oben genannten Gründen. Frau Fischer betont in diesem Kontext vor allen Dingen die milieuspezifische Fremdheit und die schwierigen Umstände, in die Julia hineingeboren wurde. Julias inneres Gefühl, zwischen den beiden Familiensystemen hin und her gerissen zu sein, kann Frau Fischer rational benennen. Julias emotionale Verfasstheit, so zeigen ihre Deutungen, bleibt ihr jedoch verborgen. Die beiden Erwachsenen sind vereint in der Idee, dass sie die soziale Herkunft und die Beschäftigung mit dem Herkunftselternsystem ablehnen. Frau Fischer merkt an, dass sie froh sei, dass wenigsten zwei der drei Kinder in ihre Familie finden konnten. Aufgrund dessen, so schlussfolgert sie, verlässt Julia die Familie. Frau Ottmann beschreibt diese Entwicklung mit Julias ambivalenten Wesen. Sie sei eine Tochter aus gutem Hause, die gleichzeitig etwas „Rumtriebiges" habe. Die Deutungen der beiden Frauen unterscheiden sich hier in einem Aspekt. Während Frau Fischer Julias Scheitern in der Adoptiv-Familie in Julias Herkunft begründet sieht, die Julia keine Chance auf ein konventionelles Leben eröffnen, deutet Frau Ottmann Julias Scheitern als Folge ihres Verhaltens.

Aufgrund des Scheiterns verlässt Julia die Adoptiv-Familie. Frau Fischer betrachtet sie fortan als Gast in ihrem Haus. An dieser Stelle rückt die Frage in den Mittelpunkt, wie willkommen Julia in der Adoptiv-Familie grundsätzlich ist. Mit ihrem Scheitern wird die Rettungsidee der beiden Frauen ad absurdum geführt. So scheint es in der Idee der Erwachsenen nötig, die Verantwortung für den misslungenen Versuch auf Julia zu projizieren, um ihrem Hilfemotiv weiterhin Nachdruck verleihen zu können.

In den Fremddeutungen der Adoptiv-Mutter und des Erziehers lässt sich nur eine gemeinsame Konstruktionen herausarbeiten. Dabei handelt es sich um das Bild von Julias Suche nach Orientierung und Aufmerksamkeit.

Die Suche nach Orientierung und Aufmerksamkeit. In diesem Kontext bezieht sich Frau Fischer auf Julias Schwächen und Schwierigkeiten, während Herr Röhrig ein Bild von ihr entwirft, welches Julias Opferbereitschaft in den Fokus rückt. Beiden Deutungen gemeinsam ist Julias Suche nach Orientierung und Zugehörigkeit. Frau Fischer merkt kritisch an, dass Julia, ihrer Meinung nach, zu fremdbestimmt lebt und sich von starken Persönlichkeiten leiten lässt. Damit kehrt sie ihr Gefühl heraus, in Konkurrenz zu anderen Helfern zu stehen. Sie reiht sich damit, auch in ihrer Deutung, in die Reihe der Helfer ein, die Julia professionell unterstützen. Gleichzeitig bedauert sie, keinen Einfluss mehr auf Julia ausüben zu können.

Julias Suche nach Orientierung deutet auch Herr Röhrig als Handlungsmotiv. In seiner Wahrnehmung begibt sich Julia in unmögliche Situationen, um sich darüber Selbsterfahrung zu verschaffen. Julias Suche wird von beiden Erwachsenen negativ konnotiert. Sie scheinen kaum in der Lage, das Bedürfnis nach Anerkennung und Orientierung über seine Funktion zu entschlüsseln. Sie belassen es vielmehr bei dieser Feststellung. Erstaunlich erscheint in diesem Zusammenhang, dass sie Julias Bedürfnis nach Sorge und Aufmerksamkeit nicht im Kontext ihrer biographischen Erfahrungen deuten. Diese defizitäre Sichtweise zeigt, wie scheinbar zusammenhangslos Julia als Person betrachtet wird. Julias innere Verfasstheit, die nach außen gerichteten Verhaltensweisen, ihre Wünsche, Bedürfnisse und Sorgen, aber auch Kompetenzen, Erwartungen und Erfahrungen scheinen situationsabhängig isoliert voneinander betrachtet zu werden. Der rote Faden in Julias Geschichte scheint den beiden Erwachsenen kaum auffindbar zu sein.

Welchen Einfluss haben die Bilder der Erwachsenen auf Julias Selbstbild? Um den Einfluss der Fremdbilder auf Julias Selbstbilder zu beschreiben, wird im Folgenden für jedes der beiden Spannungsfelder in Julias Selbstdeutungen die Anschlussfähigkeit der Fremddeutungen herausgearbeitet.

In dem Spannungsfeld *Mein Platz – Kein Platz* erzählt Julia ihre Lebensgeschichte als Suche nach einem Platz in ihrer Welt. Dabei thematisiert sie ihre *innere Zerrissenheit,* die sich in Rastlosigkeit und Unruhe äußert. Julia kann nicht lange an einem Ort bleiben und scheint von dem Bedürfnis getrieben, einen Ort zu finden, an dem sie sich zu Hause fühlen kann. Sie folgt dabei ihrem inneren Leitmotiv, *dem großen Plan,* der darin besteht, ihre leiblichen Eltern kennen zu lernen. Früh merkt sie, dass sie in der Adoptiv-Familie nicht willkommen ist. Im Laufe der nächsten Jahre verlässt sie die Adoptiv-Familie, lebt in unterschiedlichen Maßnahmen, die ihr die Jugendhilfe anbietet und zieht schließlich zu ihren leiblichen Eltern. Ihre Suche nach einem Platz, an dem sie sich sicher und geborgen fühlt, ist von dem Wunsch nach größtmöglicher *Normalität* geprägt. Sie konstruiert in diesem Kontext ein überaus konventionelles Lebenskonzept. Selbst den Umstand, dass sie ihre Herkunftsfamilie kennenlernt, versucht sie als normales Ereignis zu deuten. Ein großes Thema in diesem Spannungsfeld scheint die *Sorge* zu sein. Dabei ist die Sorge auf zwei Ebenen angesiedelt. Die Sorge um andere Personen und die Sorge um sich selbst. Ihr unbefriedigtes Bedürfnis, versorgt und umsorgt zu werden, äußert sich in ihrer Sorge um andere Personen. So hat sie beispielsweise sehr früh die Mutterrolle für ihre beiden jüngeren Schwestern übernommen. Bei ihrer Suche nach Zugehörigkeit und tragfähigen Beziehungen scheint sie von einer inneren Entschlossenheit getrieben. Sie möchte in dieser Welt eine *Chance* geboten bekommen. Dieser innere Antrieb scheint eine bedeutende Ressource für die Gestaltung ihres Lebens zu sein. Trotz vieler Abbrüche, Misserfolge und widriger Umstände gibt Julia nicht auf.

An dieses Spannungsfeld scheinen fünf Fremddeutungen der Erwachsenen anschlussfähig zu sein:

Die Adoption als Rettungsidee (Adoptiv-Mutter, Jugendamt): Julias Suche nach einem Platz in der Welt knüpft augenscheinlich an die Adoption als Rettung aus dem belastenden Milieu an. Damit weisen die Erwachsenen Julia einen Platz zu, an dem sie sich beheimaten kann. Julias gedeutete Diskrepanz zwischen den unterschiedlichen Lebenswelten in den beiden Familiensystemen bemerken die Erwachsenen. Sie fragen jedoch nicht nach der Bedeutung und den Auswirkungen. Die Idee der Rettung als solche nimmt Julia auf, jedoch rebelliert sie dagegen. In ihrer Deutung ist sie in der Adoptiv-Familie fehl am Platz. Ihre „Ausflüge" zu ihren Freunden auf die Straße können darüber hinaus als Milieuflucht gedeutet werden.

Die Adoption und ihre Folgen (alle Erwachsenen): Implizit beschäftigen sich alle Fallbeteiligten intensiv mit dem Ereignis der Adoption. Die daraus resultierenden Folgen bemerken die Erwachsenen, scheinen sich jedoch kaum für die dahinter liegenden Motive zu interessieren. So bemerken sie Julias innere Zerrissenheit, verpassen es allerdings, ihr ihre Deutungen und Bilder dazu zur Verfügung zu stellen.

Das Scheitern in der Adoptiv-Familie (Adoptiv-Mutter, Jugendamt): Das Scheitern in der Adoptiv-Familie bewerten die Erwachsenen offensichtlich als Julias individuelles Versagen. Sie hat sich, im Gegensatz zu ihren Schwestern, nicht in die Adoptiv-Familie integrieren können. Dieses Bild scheint passungsfähig zu Julias großem Plan. Jedoch scheint diese Passung kein absichtsvoller respektive intendierter Vorgang zu sein. Es entsteht vielmehr der Eindruck, als würden die Erwachsenen Julias Rückzug aus der Adoptiv-Familie einen Sinn geben, damit ihre eigene Handlungsintention unberührt bleibt. In diesem Zusammenhang stellt sich die Frage, ob der Prozess des Scheiterns nicht als ein durchgängiges Motiv in Julias Biographie gedeutet werden kann. Mit Blick auf ihre Lebens- und Hilfetabelle zeigt sich eine Vielzahl an Abbrüchen und Neuanfängen. So liegt die Vermutung nahe, dass das Scheitern in der Adoptiv-Familie unter diesen speziellen Umständen in Julias Deutungskonzept eine weitere Station in ihrer Lebensgeschichte darstellt, welche insgesamt als eine Lebensgeschichte voller Misserfolge verstanden werden kann. Erst als Julia ihre leibliche Familie kennen lernt, scheint in ihren subjektiven Bildern die erfolgreiche Lebensgestaltung in den Vordergrund zu treten.

Gründe und Motive für „schwieriges" Verhalten (alle Erwachsenen): In den Deutungen der Erwachsenen liegen die Gründe für Julias herausfordernde Verhaltensweisen darin begründet, dass sie krank und beeinträchtigt ist. Mit dieser Idee versuchen die Erwachsenen, keinem der Fallbeteiligten die Verantwortung für Julias Misserfolge zuzuschreiben. Allen gemeinsam ist, dass sie Julias Verhalten als nicht „normal" deuten. Der Aspekt der Normalität findet seinen Anschluss an Julias Selbstdeutungen. Ihr Wunsch nach Normalität zeigt sich in ihren Deutungen der Familienkonstellationen und ihren zukünftigen Vorstellungen darüber, wie sie leben möchte. Es findet sich jedoch in den individuellen Deutungen von Normalität keine Deckungsgleichheit. So entwickelt Frau Fischer eine andere Auffassung von Normalität, als Julias dies tut.

Das asoziale Kind (Adoptiv-Mutter): Die Adoptiv-Mutter beschreibt Julia als Jugendliche, die aufgrund ihrer frühkindlichen Erfahrungen nicht in der Lage ist, mit anderen Menschen in Kontakt zu treten und Bindungen aufzubauen. Aus diesem Mangel heraus hat Julia, in der Wahrnehmung der Adoptiv-Mutter, bereits sehr früh die Mutterrolle übernommen. Diese Deutung scheint, in Grundzügen, an Julias Selbstdeutungen anschlussfähig zu sein. Julia konstruiert ihr Bild von sich ebenfalls über den Aspekt der Sorge. Was Julia als Bewältigungsstrategie nutzt, um ihre eigene Bedürftigkeit nicht spüren zu müssen, deutet Frau Fischer allerdings als verpasste Chance in frühster Kindheit.

In einigen Variationen konstruiert Julia ihr eigenes Bild in der Auseinandersetzung mit der *Welt,* die sie *überwältigt* und ihren subjektiven *Lebensbewältigungsstrategien.* Insgesamt beschreibt sie über sechs Aspekte dieses ambivalente Verhältnis. Das Gefühl der *Ohnmacht,* der *Einsamkeit* und der *Unsicherheit* beschreiben dabei den Pol der Überwältigung. Interessant an dieser Stelle erscheint der Befund, dass die Deutungen der Erwachsenen, an diesen Pol nicht anschlussfähig scheinen. Die Fähigkeit, sich *anzupassen,* hat es Julia ermöglicht, an der Welt teilzuhaben und sich im Laufe ihrer *Entwicklung* handlungsfähig zu erleben. Julia kann wenig darüber berichten, wodurch genau Veränderungen möglich wurden. Sie kann jedoch sehr genau beschreiben, was ihre Entwicklung bewirkt hat. In ihren Bildern zeigt sich, dass sie das Gefühl entwickelt hat, ihr Leben eigenständig gestalten zu können, indem sie sich einen positiven Selbstwert erarbeiten konnte. Für sie scheint die Erfahrung bedeutsam, sich selbst als Ursache von Wirkung begreifen zu können.

Vier Fremddeutungen der Erwachsenen scheinen hier passungsfähig:

Das ambivalente Kind (Erzieher): Die Spannung aus Überwältigung und Bewältigung nimmt der Erzieher in seiner Konstruktion des ambivalenten Kindes mit auf. So erlebte er Julia in der ersten Zeit in der Krisenintervention als ein fröhliches und aufgewecktes Kind. Nach kurzer Zeit gelingt es ihm, unter den Deckmantel, wie er die Ambivalenz begrifflich fasst, zu blicken und erkennt die Belastungen und Beeinträchtigungen von Julia. Damit scheint hier eine Deckungsgleichheit aufzutreten, die in der Spannung von Julias Darstellung nach außen und der Wahrnehmung nach innen eine Diskrepanz aufweist.

Suche nach Orientierung und Aufmerksamkeit (Adoptiv-Mutter, Erzieher): Frau Fischer und Herr Röhrig deuten Julias Suche nach Orientierung und Aufmerksamkeit ablehnend. Sie lebe fremdbestimmt und bringe sich vermehrt in die Opferrolle, um darüber Aufmerksamkeit zu erlangen. Thematisch scheint hier eine Passungsfähigkeit zu Julias Deutung der Anpassung vorzuliegen. Julia erlebt sich von den Erwachsenen fremdbestimmt. Sie sieht für sich die Chance, über die äußere Anpassung, Strategien zu entwickeln, die ihr eine selbständige Lebensführung ermöglichen. Erstaunlich ist hier, dass sowohl Julia, als auch die Erwachsenen die Fremdbestimmung negativ konnotieren. Julia erlebt sich den Erwachsenen gegenüber chancenlos. So bleibt ihr nur die Möglichkeit der Anpassung in der Hoffnung, darüber Eigenständigkeit herzustellen. Die Erwachsenen deuten Julias Suche nach eindeutigen Erwartungen als schwierig, weil sie dadurch keine selbständige Lebensführung entwickeln könne. Hier zeigen sich die Auswirkungen des fehlenden Austauschs untereinander. Julia versucht, die an sie gestellten Erwartungen und Anforderungen zu erfüllen. Die Erwachsenen deuten diese Anpassungsleistung als „schwierige" Handlungsstrategie.

Das mitarbeitende Kind (Erzieher): Wenn auch reduziert auf den äußeren Rahmen, konstruiert der Erzieher ein Bild von Julia, welches ihre Kompetenzen und Ressourcen in den Vordergrund rückt. So beschreibt er sie als eine Jugendliche, die in der Krisenintervention gut mitgearbeitet habe, die Gespräche und Angebote angenommen habe und darüber hinaus ein schlaues Mädchen sei. Er resümiert am Ende, dass Julia sich entwickelt habe und Fortschritte bemerkbar gewesen seien. Diese Deutung passt zu Julias eigener Wahrnehmung. Sie selbst erkennt offensichtlich ihre Entwicklungsfortschritte.

Die Suche nach Kompetenzen (alle Erwachsenen): Auffällig in den Deutungen der Erwachsenen ist die Suche nach Julias Fähigkeiten und Fertigkeiten. Nachdem sie dazu aufgefordert werden, gelingt es allen drei Erwachsenen, einige Ressourcen von Julia zu benennen. Thematisch passt dies zu ihren Selbstwirksamkeitserfahrungen. Im Laufe ihrer Lebensgeschichte hat sie Strategien entwickelt, die ihre Handlungsfähigkeit nach außen repräsentieren. Durch Erfolgserlebnisse hat sie für sich einen positiven Selbstwert erarbeitet. Obwohl die beiden Deutungsebenen thematisch zueinander zu passen scheinen, unterscheiden sie sich doch in ihrer Aussagekraft. Während die Fremdbilder eher an der Oberfläche Julias Ressourcen und positiven Merkmale benenne, entwickelt Julia in ihrer eigenen Wahrnehmung ein gesättigtes Bild ihrer eigenen Möglichkeiten und Fähigkeiten.

Was folgt aus der Erkenntnis, dass fast alle Fremddeutungen ihr Gegenüber in Julias Selbstdeutungen finden? Das zentrale Muster in Julias Selbstdeutungen scheint ihre Ambivalenz zwischen Erfolgs- und Misserfolgsgeschichten zu sein. Der Erfolg stützt sich vermehrt auf die Strategien und

Muster, die Fähigkeiten und Fertigkeiten nach außen hin handlungsfähig zu wirken. Julia präsentiert sich stark und durchsetzungsfähig. Ihre Misserfolgsgeschichten beziehen sich auf ihre inneren Bilder, die eher von Ohnmacht, Einsamkeit, Bedürftigkeit und Überwältigung gekennzeichnet sind. Ihre Suche nach einem Platz in der Welt, an dem sie das Gefühl der Heimat entwickeln kann, stellt darüber hinaus eine weitere Ambivalenz dar.

Im Großen und Ganzen scheinen die Fremddeutungen diese Ambivalenzen nicht aufzunehmen. Eine Ausnahme bildet hier ein Deutungsangebot des Erziehers, der Julia als ein ambivalentes Kind beschreibt.

So bleibt festzuhalten, dass die Fremdbilder der Erwachsenen einen Einfluss auf Julias Selbstentwurf haben, jedoch schnell an ihre Grenzen geraten. Die Fremddeutungen docken jeweils an Julias Deutungen der äußeren Darstellungsebenen an und erlauben keine Verbindung zu ihrer inneren Verfasstheit. So lässt sich schlussfolgern, dass Julia sich entwickelt hat und ihre Lebensgestaltung trotz der Zuschreibungen erfolgreich beschreibt.

Insgesamt fällt auf, dass die Fremddeutungen eher negative Zuschreibungen sind, die den Blick auf das lenken, was es Julia schwer macht, wo sich Defizite abzeichnen oder wo sie in Konflikte gerät. Gegen die Bilder der Erwachsenen scheint sich Julia zur Wehr zu setzen. In der Analyse ist nicht möglich gesichert zu sagen, wie und ob die Erwachsenen ihre Bilder und Deutungen ihr zur Verfügung gestellt haben. Es lässt sich auch nicht herausarbeiten, was die Erwachsenen über Julias Selbstbilder wissen. Im Blick auf ihre Lebens- und Hilfegeschichte lässt sich jedoch vermuten, dass der Austausch über die subjektiven Konstruktionen und Deutungen, wenn überhaupt, eher sporadisch gewesen sei muss. Die Deutungen der Erwachsenen lassen sich über Julias Verhalten, ihre Auffälligkeiten und Schwierigkeiten rekonstruieren. Daraus lässt sich ebenfalls schließen, dass sie an Julias inneren Bildern nicht anschließen können.

Es gibt zwei mögliche Lesarten dafür. Zum einen existieren wenige positive Selbstbeschreibungen, so dass sich die Frage stellt, an was die Erwachsenen Anschluss finden sollen. Zum anderen scheinen die Erwachsenen mehr mit Julias Anpassung und dem regelkonformen Verhalten beschäftigt.

Darüber hinaus zeigt sich in der Analyse, dass Julia als Person an wesentlichen Stellen aus dem Blick gerät. In den Interviews mit den Erwachsenen sind die Gesprächssequenzen, die von Julia handeln, nicht reflexiver Art, sondern rein deskriptiv. Zur Folge hatte dies, dass Julia nur noch sich selbst Glauben schenken kann. Ihre Zweifel darüber, ob die Erwachsenen mit ihren Bildern und Zuschreibungen nicht doch Recht haben, scheint sie intensiv zu beschäftigen. Die Frage, welchen Einfluss die Bilder der Erwachsenen auf Julias Deutungen haben, kann nur im Zusammenhang mit Julias kritischem Lebensereignis betrachtet werden. Die Fremdbilder greifen das kritische Lebensereignis implizit auf, jedoch versuchen sie vordergründig die

Normalität herauszustellen. Die Adoption ist nicht nur der „rote Faden" in Julias Biographie, sondern kann darüber hinaus als ein besonderes Lebensereignis verstanden werden.

Bereits sehr früh hat Julia erlebt, unter schwierigen Umständen ihr Über-Leben zu sichern. Ohne die Bindung zu festen Bezugspersonen und der fehlenden Verlässlichkeit pendelt sie bereits in ihren ersten vier Lebensjahren zwischen der Herkunftsfamilie, einer Pflegefamilie, einem Heim und der Adoptiv-Familie hin und her. Mit der Adoption wird versucht, ihren wechselnden Aufenthaltsorten und der Suche nach Zugehörigkeit, eine gegensätzliche Erfahrung zu ermöglichen. Ihr wird das Modell einer Familie angeboten, um sich gesund weiterentwickeln zu können und die schädigenden Erfahrungen zu verarbeiten.

Das Familienmodell, welches sie bei den Eheleuten Fischer kennenlernt, zeichnet sich durch ein äußerst konventionelles Familienbild aus. Mit dem Wissen um ihre Herkunft und den Lebenswelten, die sie bis dato kennengelernt hat, muss dieser Familienentwurf ihr erst einmal befremdlich vorgekommen sein. Das Tragische an dieser Situation scheint zum einen die gute Absicht der Helfer, und dazu zählt in diesem Kontext auch die Adoptiv-Familie, zu sein. Zum anderen ist es die Vermutung, dass Julia in dieser Familie nicht willkommen war. Ihre beiden Schwestern finden mit der Zeit in die Situation hinein. Julia bleibt außen vor und wird in den Deutungen der Adoptiv-Mutter damit zum „schwarzen Schaf" der Familie. Den anderen beteiligten Erwachsenen scheint dies nicht vordergründig bewusst zu sein. Sie haben Julias grundlegendes Handlungsmuster nicht verstanden. In ihren Deutungen zeigt sich darüber hinaus, dass sie sich mehr an der eigenen Beziehungsgestaltung zu der Adoptiv-Mutter abarbeiten, die für sie schließlich einen Teil von Julias Problem darstellt. Damit gerät Julia wiederholt aus dem Blick.

In jeder weiteren Station der Jugendhilfe, die Julia versucht, einen Platz anzubieten, wiederholt sich für sie die Erfahrung, keinen Platz finden zu können und dem Leben gegenüber ohnmächtig ausgeliefert zu sein. Sie reagiert auf die Anforderungen der Erwachsenen und wird innerlich in ihrem großen Plan gestärkt, sich selber helfen zu müssen, indem sie zu ihrer leiblichen Familie (zurück) findet.

Julia erlebt sich handlungsfähig durch ihre positive Darstellung nach außen. Die Erwachsenen deuten dies als Fassade. So scheinen sie jedoch bestenfalls erkannt zu haben, dass dieser Deckmantel existiert. Was sich jedoch dahinter verbirgt und was das für Julia bedeutet, scheint ihnen nicht zugänglich. Julias Erleben der Unverbundenheit und des Hin-und-Her-Gerissen-Seins zwischen der Adoptiv-Familie und ihrer leiblichen Familie führt nicht dazu, dass die Erwachsenen ihr dabei behilflich sind, ihre gegensätzlichen Erfahrungen miteinander in Verbindung zu bringen, um so ihr eigentliches Lebensthema zu entschlüsseln.

Die pädagogischen Interventionen, die in Julias Leben eingegriffen haben, können als Katalysator verstanden werden, die die dramatische Zuspitzung in ihrem Lebenslauf erklärt. Mit fast 22 Interventionen in 19 Jahren kann nicht davon ausgegangen werden, dass sich Julias Lebenssituation durch den Eingriff der Erwachsenen entscheidend beruhigt hat. Darüber hinaus spricht viel dafür, dass Julias Suche nach einem Lebensort noch nicht erfolgreich abgeschlossen ist. So kann auch hier im Fazit festgehalten werden, dass das Jugendhilfesystem viel dafür getan hat, dass aus einer Jugendlichen in schwierigen Umständen ein schwieriger Fall geworden ist, der alle Beteiligten vor große Herausforderungen stellt, weil scheinbar „nichts mehr geht". Liegt hier ein fast typischer Fallverlauf vor, der mit einer geschlossenen Unterbringung einen seiner Höhepunkte erreicht hat, stellt sich die Frage, welchen Einfluss insbesondere die Krisenintervention auf Julias Bildungsprozess hat. Julia bewertet die Maßnahme als Erfolg. Hat sie mit dieser Intervention erlebt, dass Erwachsene verantwortlich handeln und ihr, wie sie es deutet, einen „Schlussstrich ziehen". Darüber hinaus ist die Krisenintervention ihr dabei behilflich, eine angemessene Tagesstruktur zu erarbeiten. Auch hier wird deutlich, dass die Erfolge sich auf ihre Verhaltensweisen beziehen und weniger ihre innere Verfasstheit thematisieren.

Ihren Erfolg macht Julia an ihren eigenen Erfahrungen von Selbstwirksamkeit fest. Damit sieht sie sich selbst dafür verantwortlich. Die Deutungen der Erwachsenen scheinen ihr eher als negativen Abgleich zur Verfügung zu stehen.

Mit Blick auf ihre Lebensgeschichte, und im Speziellen auf die Lebens- und Hilfetabelle, zeigt sich, dass auch nach der Krisenintervention die Dynamik in diesem Fallverlauf zwar „entschleunigt", jedoch nicht gestoppt werden konnte. Auch nach der Krisenintervention wandelt Julia zwischen den Welten: zwischen Adoptiv-Familie und leiblichen Eltern, zwischen Jugendhilfe und Psychiatrie, zwischen ihrer kompetenten Außendarstellung und der inneren Leere und zwischen der Hoffnung, das alles gut werden möge, und der Unsicherheit, dieses Ziel zu erreichen. Ihr inneres Leitmotiv kann in diesem Zusammenhang als übergreifender Antrieb verstanden werden, der dafür sorgt, dass Julia nicht aufgibt.

Ihren Erfolg deutet sie auch nicht über scheinbar erfolgreiche pädagogische Interventionen, sondern über ihre individuelle Erfahrung von Selbstwirksamkeit und Einflussnahme. Das Gefühl, etwas zu schaffen und Einfluss auf den Lauf der Welt zu nehmen, scheint ihr Halt zu geben. So hat auch in diesem Fall die Jugendhilfe das Glück gehabt, dass Julia mit einem inneren Willen zur Entfaltung eine Idee zur zukünftigen Lebensgestaltung entwickelt hat. So hat die Krisenintervention eine Spur in ihrer Biographie hinterlassen. Wie tragfähig diese bedeutsamen Erfahrungen von Selbstwirksamkeit im Rahmen der Intervention sind, kann nur gemutmaßt werden.

Schlussbemerkungen zum Fall

Um noch einmal von einer abstrakteren Ebene auf die Befunde blicken zu können, erscheit es sinnvoll, anhand der drei zentralen Stichworte, wesentliche Aspekte zu beleuchten.

(1) Lebensbewältigung als Selbstbildungsprozess. Lebensbewältigungsstrategien sind als Teilbereiche von Bildungsprozessen zu verstehen. Die Strategien, die Julia im Laufe ihres Lebens entwickelt hat, um ihr Über-Leben zu sichern, zeichnen sich vor allen Dingen durch eine ambivalente Struktur aus, dessen Balance Julia regelmäßig vor Herausforderungen stellt. Nach Außen präsentiert sie sich handlungssicher und durchsetzungsfähig. Ihr inneres Bild ist von Überwältigung und Unsicherheit geprägt. Sie passt sich an, wenn sie keine andere Wahl hat und scheint auf der Suche nach einem Ort, an dem sie leben kann. Mit der Adoption steigert sich ihre Suchbewegung. In der Adoptiv-Familie wird ihr ein Familienleben präsentiert; die Möglichkeit, sich hier zu integrieren, bleibt ihr jedoch versagt. Die Erwachsenen bemerken, dass sich Julia nicht auf die neue Familie einlässt, können die genauen Umstände jedoch nicht herausfinden. Für Julias Bildungsprozess bedeutet es, dass sie die Erfahrung, außen vor zu sein, in ihr Bild von sich integrieren muss. Alle Beteiligten erwarten von Julia, dass sie sich „normal" verhalten soll. Auch in ihren Selbstdeutungen ist der Wunsch nach einem normalen Leben zu finden. Die Vorstellung davon, was als normal gilt, differiert jedoch von der Vorstellung der Erwachsenen.

So scheint dennoch der Befund bedeutsam, dass im Rahmen von Bildungsprozessen die Frage nach Normalität bearbeitet wird. Als normal gilt das, was funktional scheint. Was geschieht also, wenn Normalitätserwartungen dysfunktional werden, weil sie in einem anderen Kontext keinen Erfolg versprechen? Welche Auswirkungen solche dysfunktionale Normalitätsvorstellungen auf Bewältigungsstrategien haben, kann in dieser Fallrekonstruktion gezeigt werden.

Was lässt sich also aus dem Fall „Julia" an Erkenntnissen für die Entfaltung von Selbstbildungsprozessen ableiten? Bildungsprozesse müssen Ambivalenzen ertragen und austarieren können, anstatt sie zu einer Seite hin auflösen zu wollen. Julia befindet sich in einen ambivalenten Zustand, den sie gestalten muss. Bedeutsam erscheint hier insbesondere, dass Selbstbildungsprozesse nicht nur dann erfolgreich sind, wenn im Austausch mit anderen versucht wird, die Ambivalenz wegzudeuten, sondern wenn es den Jugendlichen gelingt, auch mit Hilfe von Erwachsenen diesen Ambivalenzen, trotz existierender Differenzen, einen Platz in ihren Bildungsprozessen einzuräumen.

(2) Kritische Lebensereignisse. In subjektiven Bildungsprozessen nehmen die Selbstbilder der Jugendlichen die Funktion ein, kritische Lebensereignisse zu verarbeiten. In dem vorliegenden Fall kann die Adoption als kritisches Lebensereignis gedeutet werden. Im biographischen Verarbeitungsprozess muss der Adoption ein Sinn verliehen werden, um dieses Ereignis in die Lebensgeschichte integrieren zu können. Julia deutet die Adoption als eine Station ihres Lebens auf dem fremdbestimmten Weg zu ihren leiblichen Eltern. So erhält die Adoption als Erfahrung einen Platz in Julias Biographie. Interessant erscheint hier insbesondere in Julias Deutungen der kleine und eher am Rande stehende Platz, den sie der Adoption vordergründig einräumt. Tatsächlich überspannt die Adoption in den Auswirkungen und Folgen ihr gesamtes Lebenskonzept. Warum ist das so? Vielleicht muss Julia dieses Ereignis in ihren Erinnerungen an den Rand drängen, weil es als unverstandener Teil ihrer Geschichte für sie belastend erscheint. Kein Erwachsener hat sich in diesem Kontext an ihre Seite gestellt; jedenfalls lassen ihre Konstruktionen dies vermuten. Damit stellt die Adoption für ihren Bildungsprozess ein kaum erklärbares Ereignis dar.

Julias Anstrengungen, ihr Äußeres und ihr Inneres in Balance zu halten, gelingt ihr nicht durchgehend. Sie erlebt immer wieder Phasen der Überwältigung, in denen sie keine Handlungssicherheit erfährt. Ihre Lebensgeschichte gleicht einer Berg- und Talfahrt. Nach Phasen der Bewältigung und einem gelingenden Alltag erlebt Julia den Absturz, der sich in ihren Deutungen aus Ohnmachtserfahrungen und dem Gefühl der Einsamkeit zusammensetzt. An anderer Stelle wurde bereits das Bild der Verinselung für Julias Lebensgeschichte eingeführt. Im Rückgriff darauf lässt sich ihre Unverbundenheit zeigen. Die einzelnen Plätze, die ihr das Helfersystem, bzw. allgemeiner gesagt, die Erwachsenen zugewiesen haben, symbolisieren dabei die einzelnen Inseln. Julia ist kurzfristig in der Lage, sich den Gegebenheit und Anforderungen an dem jeweiligen Ort anzupassen. Ein Gefühl der Beheimatung stellt sich jedoch nicht ein, so dass sie die Insel wieder verlässt und die nächste ansteuert, die in Sicht ist. Die Adoptiv-Familie stellt ebenfalls eine dieser Inseln dar. In der Gesamtbetrachtung scheinen die einzelnen Inseln miteinander nicht verbunden. Die Helfer haben versucht, Julia auf eine Insel zu bringen und sie dort zu halten. Julia selbst verlässt die Inseln jedoch immer wieder, da sie ihren inneren Plan, die Herkunftsfamilie kennen zu lernen, dort nicht realisieren kann. Ziel kann in Julias Fall also nicht sein, alle Inseln zu einer großen zusammenzuführen, sondern es braucht vielmehr ein „Boot" für Julia, damit sie unbeschadet „reisen" kann. Die unterschiedlichen Lebenswelten stellen Julias Wirklichkeit dar und können nicht vordergründig angeglichen werden. Die Jugendhilfe hat lange Jahre versucht, an den Inseln festzuhalten und neue zu schaffen, wenn deutlich wurde, dass Julia es dort nicht aushält. Julia muss unterschiedliche Fähigkeiten und Fertigkeiten entwickeln, um sich in ihren unterschiedlichen Lebens-Welten zu Recht zu finden. Sie benötigt im übertragenen Sinne ein sicheres Boot; nämlich die Fähigkeit, auch in schwierigen Situationen den Überblick zu behalten, Seekarten, damit sie die unterschiedlichen Inseln wieder findet und einen inneren Kompass, der ihr den Weg weist.

(3) Einfluss pädagogischer Interventionen. Wenn pädagogische Interventionen Spuren in den Lebensgeschichten junger Menschen hinterlassen wollen, müssen Pädagogen etwas davon verstehen, wie die Jugendlichen die Einwirkungen deuten und verarbeiten, sprich in ihren Bildungsprozess integrieren. In dem vorliegenden Fall ist nicht bekannt, ob die Erwachsenen etwas darüber wissen, wie Julia die Interventionen deutet. Auch speziell über die Krisenintervention ist nichts bekannt. Aufgrund der wenig passungsfähigen Fremddeutungen kann jedoch vermutet werden, dass die Erwachsenen nicht viel davon verstanden haben, welche Bilder Julia von sich selbst entwickelt.

Julia selbst spricht der Krisenintervention eine positive Wirkung zu; sie beschreibt sich in ihrer Lebensgestaltung als erfolgreich. Die Befunde der Fallrekonstruktion zeigen, dass Julia ihre erfolgreiche Lebensgestaltung nicht als Folge pädagogischer Interventionen begreift. Ihren Erfolg knüpft sie an das Gefühl, etwas erreicht zu haben. Sie deutet dies jedoch unabhängig von konkreten pädagogischen Angeboten. So hat sie beispielsweise auf eigenen Antrieb ihre leibliche Familie kennen gelernt. Das ist ein Wunsch, der sie bereits früh in ihrem Leben antreibt. Darüber hinaus hat sie es geschafft, zu ihren leiblichen Eltern zu ziehen. Neben einem erfolgreichen Praktikum kann sie einen Hauptschulabschluss vorweisen. Diese Erfolge bewirken in ihrer Wahrnehmung ein positives Selbstwertgefühl. Sie kann sich Selbstbewusstsein erarbeiten. Die pädagogischen Interventionen wirken in ihrer Deutung einer erfolgreichen Lebensgestaltung eher als schmückendes Beiwerk und etwas, was es zu erledigen gilt. In Julias Selbstdeutung hätte eine pädagogische Intervention Aussicht auf Erfolg gehabt, wenn sie ihr bei der inneren Suche nach einem Lebens-Ort behilflich gewesen wäre. Dies geschah jedoch nicht auf die Art und Weise, wie es die Jugendhilfe tatsächlich versucht hat, indem sie ein Angebot nach dem anderen realisiert, scheinbar ohne sich für Julias innere Motive und ihr Lebensthema zu interessieren. Julias grundsätzliche Frage, neben dem wer sie ist und wer sie sein kann, ist vor allem: „Wo kann ich sein?"

6.2.4 Übergreifende Ergebnisse

Selbstdeutungen – Lebensmuster und deren individuelle Verarbeitungsprozesse

In den Fallrekonstruktionen zeigt sich, dass eine erfolgreiche Lebensgestaltung und die Bewältigung biographischer Erfahrungen maßgeblich durch das subjektive Gefühl der eigenen Wirksamkeit geprägt sind. Der eigene Selbstwert bedingt die Fähigkeit zur Handlungssicherheit. Gerade Heranwachsende, deren Lebensgeschichten durch Verlust, Bedürftigkeit und Orientierungslosigkeit geprägt sind, leben in zunehmend unübersichtlichen Lebenswelten. Pädagogische Einrichtungen und deren Helfer können durch institutionsimmanente Regeln und Stabilität versuchen, Orientierung anzubieten. Durch eine steigende Anzahl positiv besetzter erfolgreicher Momente, einer positiven Bindung und einer Beziehung zu den Erziehern kann die Selbstdeutung, wie Lambers sie beschreibt, wieder in eine funktionale Balance zwischen Welt und Person gebracht werden (vgl. Lambers 1996, 39).

Die Interviewanalysen zeigen, dass tragfähige Erfahrungen von Selbstwirksamkeit und Selbstwert kaum zu finden sind. Die Jugendlichen berichten eher von überwältigenden, konfrontierenden und willkürlichen Erlebnissen. Sie bringen ihre erfolgreiche Lebensgestaltung nicht mit den Interventionen der Helfer in Verbindung. Den Erfolg schreiben sie ihren eigenen Handlungen zu. Damit erscheint der in der sozialpädagogischen Diskussion altbekannte Grundsatz von der Hilfe zur Selbsthilfe in einem anderen Licht. Demnach hat der Pädagoge das Ziel, sich langfristig überflüssig zu machen. Interventionen und Unterstützungsleistungen sollen so initiiert werden, dass die Betroffenen sich in die Lage versetzen können, ihr Leben selbständig zu gestalten. Dafür stehen unterschiedliche sozialpädagogische Haltungen, wie beispielsweise das Empowerment-Konzept. Auf dieser Folie ließen sich Julias und Eriks Fähigkeiten zur Lebensgestaltung als Erfolg deuten. Sie haben Strategien entwickelt, um ihr Leben zu bewältigen und in diesem Zusammenhang Bilder von sich entworfen, in denen sie sich handlungsmächtig darstellen. Beide sprechen sich den Erfolg selbst zu. Sie haben ihr Leben selbst (wieder) „auf den rechten Weg gebracht" und dazu Lösungswege erarbeitet. Die Nutzung ihrer eigenen Kräfte und ihrer Fähigkeiten zur Selbstorganisation können als erfolgreiche Strategien verstanden werden. Soweit kann von Ermächtigung und Kompetenzentwicklung gesprochen werden. Tragisch erscheint in diesem Zusammenhang das Fehlen der Helfer an den entscheidenden Stellen. Zusammenfassend kann festgestellt werden, dass der subjektiv gedeutete Erfolg nicht auf die absichtsreichen Interventionen der Professionellen zurückgeführt werden kann. In diesen Fällen müsste es folgerichtig also: Selbsthilfe *trotz* Hilfe heißen.

Die Fallrekonstruktionen zeigen, wie individuell die Jugendlichen mit der Aufgabe der Sozialintegration umgehen. Aktuelle gesellschaftliche Strukturen scheinen durch plurale, wie auch entgrenzte Lebenswelten charakterisiert zu sein. Jedoch existieren auch heutzutage normativ geprägte Vorstellungen davon, wie Jugendliche zu sein haben. Mit diesen Vorstellungen sehen sich die jungen Menschen konfrontiert. Sie müssen ihre individuelle Rolle innerhalb der bekannten Normen suchen und ihren Platz finden. In den beiden Fallgeschichten lässt sich nachvollziehen, wie Erik und Julia an der Herausforderung scheitern, sich adäquat in gesellschaftliche Verhältnisse einzupassen. Sie gestalten ihr Leben mit den ihnen zur Verfügung stehenden Mitteln. Das hat wiederum zur Folge, dass ihr (auffälliges) Verhalten an gesellschaftlich akzeptierte Grenzen stößt und Normierungsinstanzen in Aktion treten. So scheint die Bedeutung individueller Verarbeitungsprozesse für die Frage nach gesellschaftlicher Integration in den Vordergrund zu rücken.

Neben der Anpassung an gesellschaftliche Normen und Werte beschreiben Selbstbildungsprozesse ebenfalls die Entwicklung von Individualität. Erikson nennt dies den stabilen Kern der Persönlichkeit. Keupp dagegen bezweifelt, dass diese Vorstellung in aktuellen Identitätskonzeptionen Sinn macht. Er geht davon aus, dass Jugendliche eine „Passung von innerer und äußerer Welt suchen" (Keupp 2002, 53). Diese Balance von Außen und Innen – so zeigen die Fallrekonstruktionen – findet sich in den Selbstbildern der Jugendlichen wieder. Eriks Suche nach Orientierungen und klaren Anforderungen sind genau wie bei Julia die Suche nach einem Lebens-Ort, Merkmale dieses Verarbeitungsprozesses.

Für die Jugendphase hat Schefold gezeigt, dass das Risikoverhalten eine spezifische Bedeutung für individuelle Entwicklungsprozesse einnimmt (vgl. dazu Schefold 2004). Darüber lässt sich auch Eriks und Julias Verhalten deuten. Um Entwicklung fördern zu können, braucht es die Chance zu riskanten Versuchen sich selbst ausprobieren zu können. Diese Versuche sind immer und notwendigerweise riskant, da ein erfolgreicher Ausgang nicht sicher feststeht. Die Fremdbilder der Erwachsenen zeigen deutlich, dass sie diese riskanten Verhaltensweisen nur schwer akzeptieren können. In den Deutungen der Erwachsenen spielen Normalitätsanforderungen, wie auch Normierungswünsche, eine übergeordnete Rolle. Für das Verständnis jugendlicher Verhaltensweisen gilt jedoch: Als normal gilt, was funktional ist. Eriks ambivalentes Verhältnis von innerer Wahrnehmung und äußerer Anpassungsleistung kann aus seiner subjektiven Wahrnehmung heraus als „normal" betrachtet werden. Der äußeren Erwartung nach Anpassung nachzugehen, macht in seinem Lebenskonzept durchaus Sinn. Darüber erhält er Anerkennung, auch wenn sein zentrales Lebensthema damit außen vor bleibt.

Nur wenn es gelingt, das Verhalten der jungen Menschen über seine Funktion zu verstehen, können professionelle Helfer an den Lebensthemen der Jugendlichen „anknüpfen", um darüber tragfähige Hilfen zu initiieren.

Verarbeitung kritischer Lebensereignisse als sinnstiftendes Handlungsmotiv

Kritische Lebensereignisse können als „spezifische biographische Erfahrung" (Große 2008, 16) verstanden werden. Dabei ist zweitrangig, ob diese Erfahrungen negativ oder positiv zu beurteilen sind. Im Vordergrund steht vielmehr die individuelle Deutung und Bewertung des Betroffenen. Wird die Erfahrung als lebensverändernd wahrgenommen, kann von einem kritischen Lebensereignis gesprochen werden.

Für die Verarbeitung kritischer Lebensereignisse hat u. a. die Bindungstheorie von Bowlby (2008) eine Bedeutung. Bowlby geht davon aus, dass die menschliche Entwicklung an die Entwicklung einer sicheren Bindung im Kleinkindalter geknüpft ist. Sicher gebundene Kinder und Jugendliche verfügen demnach über ausreichende Kompetenzen, ihre Entwicklungskrisen adäquat bearbeiten zu können. Folgt man den Ausführungen Bowlbys, so zeigt sich in Julias Fall, dass ihre frühen Erfahrungen von Unverlässlichkeit und Unsicherheit u. a. dazu geführt haben, dass sie Strategien zum Über-Leben entwickeln hat, die ihre Suche nach Bindung und Zugehörigkeit unterstreichen.

Es handelt sich bei kritischen Lebensereignissen um *„einschneidende Veränderungen im Leben eines Menschen, durch die sich antizipierte oder sogar einschlagende Lebenswege verändern können, bzw. müssen"* (Große 2008, 16). In den Fallanalysen wird beschrieben, wie beide Jugendliche solche Erfahrungen in ihre Lebensgeschichte integrieren. Die Adoption (bei Julia) und die Scheidung der Eltern (bei Erik) stellen solche Ereignisse dar. Mit dem Konzept der Lebensbewältigung (Böhnisch) lässt sich zeigen, wie kritische Lebensereignisse als Anstoß für Bewältigungsstrategien betrachtet werden können. Die Adoption wie auch die Trennung der Eltern haben einen wesentlichen Einfluss auf die Lebenskonzepte der beiden Jugendlichen.

Die von Große (2008) entwickelten Merkmalsbeschreibungen „kritischer Lebensereignisse" scheinen hier zutreffend. Besonders bedeutsam erscheinen

- die soziale Relevanz der Ereignisse,
- das Ausmaß der dadurch eintretenden Lebensveränderungen,
- der Wirkungsgrad,
- die emotionale Reaktion der Jugendlichen und
- der dadurch erlebte Kontrollverlust.

Im Rahmen von Bildungsprozessen gilt es, diese Erfahrungen zu verarbeiten und ihnen einen Sinn zu geben, damit sie als Teil der eigenen Lebensgeschichte verstanden werden können. Kritische Lebensereignisse als „Anstoß von Lern- und Bildungsprozessen" (Große 2008, 22) zu interpretieren heißt, offen zu sein, um Ereignisse als „kritisch" deuten und um pädagogische Interventionen daran auszurichten zu können.

Wo können die Jugendlichen einen Platz finden, an dem sie ihre biographischen Erfahrungen aufarbeiten können? Davon ausgehend, dass (kritische) Lebensereignisse verarbeitet werden, um als sinnstiftendes Handlungsmotiv in die Biographie integriert zu werden, stellt sich die Frage, ob die Jugendhilfe solche Orte der Reflexion und der Selbstvergewisserung im pädagogischen Alltag schaffen kann. Daraus lässt sich nicht ableiten, dass Menschen ihre kritischen Lebensereignisse durcharbeiten müssen, um handlungsfähig bleiben zu können. Für Erik kann jedoch gezeigt werden, welche Anstrengungen nötig sind, damit er die Balance halten kann. Für die Bewältigungsversuche solch kritischer Ereignisse brauchen die Jugendlichen Ressourcen und Fähigkeiten, auf die sie zurückgreifen können. Die Strategien der Verarbeitung solcher Erfahrungen sind individuell verankert. Das bedeutet jedoch nicht zwangsläufig, dass auch kommende Ereignisse nach demselben Muster verarbeitet werden.

Aus den kritischen Lebensereignissen haben sich im Laufe der Zeit übergreifende Lebensthemen entwickelt. Julia erlebt beispielsweise seit frühster Kindheit unbeständige Bezugspersonen und Lebenssituationen die durch Unsicherheiten geprägt sind. Ihre Suche nach einem Platz in der Welt wird mit der Adoption nicht – wie von den Erwachsenen absichtsvoll arrangiert – eingestellt. Julia erlebt stattdessen, dass sie in ihrer Adoptiv-Familie nicht akzeptiert wird. Perspektivisch muss davon ausgegangen werden, dass Julias Suche nach Heimat und einem „Zuhause" weiter andauert. Ihr innerer Antrieb, im Leben etwas zu erreichen, sichert ihr das Über-Leben.

Auch Eriks kritisches Lebensereignis – die Scheidung seiner Eltern – bleibt unverstanden. Damit entwickelt sich für seinen weiteren Entwicklungsprozess sein (Lebens-)Thema, oder besser seine durchgängige Frage: Wie kann ich sein, damit ihr mich gut findet? Für die Jugendhilfe wäre es erforderlich, über das kritische Lebensthema hinaus, zu verstehen, welche Folgen sich aus diesen (kritischen) Erfahrungen für die Heranwachsenden ergeben.

Fremddeutungen der Erwachsenen

In den Fremdbildern, die Erwachsene von den jungen Menschen entwickeln, ist zu erkennen, dass ihnen die Selbstdeutungen der Jugendlichen kaum bewusst sind. Es gilt zu bedenken, dass in einem Hilfeverlauf mehr Fremddeutungen auf die Jugendlichen einwirken, als die Konstruktionen der Eltern, des Jugendamtes und der Erzieher aus der Krisenintervention. Zu nennen sind hier mindestens noch die Schule, die Peers, Verwandte sowie andere Professionelle, mit denen die Jugendlichen im Laufe ihres Lebens in Kontakt getreten sind. Umso ernüchternder erscheint der Befund, dass pädagogische Fachkräfte in Ämtern und Einrichtungen sich offenbar nur wenig für die Verarbeitungsprozesse von Selbst- und Fremddeutungen interessieren. Ihr Interesse gilt vor allem dem störenden und schwierigen Verhalten, das verändert und „abgestellt" werden soll. Nach wie vor bestimmt dabei die Suche nach den Defiziten den diagnostischen Blick der Jugendhilfe. In den „schwierigen" Fällen wird die Diagnose durch psychiatrische Einschätzungen, Urteile und/oder Behandlungsvorschläge unterstützt oder auch gänzlich ersetzt. Die Fachkräfte der Jugendhilfe sind mit ihren eigenen Idealen und Ärgernissen beschäftigt, mit ihren Erwartungen an eine „gute Mutter" beispielsweise oder mit den Wünschen für eine „glückliche Kindheit", aber vor allem mit den unzureichend erlebten Realitäten ihrer Organisationen und Arbeitsfelder. Angesichts der oben skizzierten Realität dieser Kinder und Familien können solche Sichtweise auch als Versuch verstanden werden, wenigstens in der Idealvorstellung am Recht jedes Kindes auf Unversehrtheit und gesundes Wachstum festzuhalten.

Bemerkenswert erscheint darüber hinaus der Befund, dass die Fremdbilder der am Fall beteiligten Erwachsenen nur begrenzt an die Selbstbilder der Jugendlichen anschlussfähig sind. Im Kontext der Selbstdeutungen zeigt sich in den beiden Fallanalysen die größtmögliche Varianz. Während bei Erik die Deutungen der Erwachsenen passungsfähig scheinen – er integriert die Bilder der Erwachsenen in seinen Bildungsprozess – scheint sich Julia gegen die Deutungen der Erwachsenen abzugrenzen. Sie reagiert auf die Deutungsangebote eher mit Abwehr, um ihr inneres Lebensthema zu schützen.

Auch innerhalb eines Falles scheinen die Bilder der Erwachsenen nur an wenigen Stellen passungsfähig. Es zeigt sich eher eine breite Palette an unterschiedlichen Bildern. Vordergründig scheint diese Varianz weiterführend, da so verschiedene Facetten der Jugendlichen beleuchtet werden könnten. Es fällt jedoch auf, dass die Deutungen der Erwachsenen eher defizit-orientiert sind. Die Jugendlichen müssen an den Negativzuschreibungen wachsen, um sich selbst wertzuschätzen und ein gesundes Selbstbewusstsein zu entwickeln.

Interessant erscheint hier der Befund, dass die Vertreter der Jugendhilfe (Erzieher und Mitarbeiter im Jugendamt) in beiden Fällen die Eltern als Problem beschreiben. Sie arbeiten sich an der schwierigen Beziehungsgestaltung zu ihnen ab, was dazu führt, dass die Jugendlichen fast gänzlich aus dem Blick geraten. Die Erwachsenen sind damit beschäftigt untereinander Fragen der Beziehungsgestaltung und Möglichkeiten und Grenzen einer lohnenden Zusammenarbeit zu verhandeln. In beiden Fällen laufen sie Gefahr, die beiden Systeme gegeneinander aufzubauen, so dass die Jugendlichen in Loyalitätskonflikte geraten. In beiden Fallverläufen gehen die Professionellen unterschiedlich mit dieser Problematik um.

Erik erhält nach der Unterbringung in der Krisenintervention eine Nachbetreuung, damit er die Erfahrungen aus der geschlossenen Gruppe in den Alltag übertragen kann. Die Pädagogin arbeitet dabei sowohl mit ihm, als auch mit seinem Vater.

In Julias Hilfeverlauf wird im Gegensatz dazu die problematische Beziehungsstruktur zu den Adoptiv-Eltern bemerkt. Diese Erfahrung hat jedoch im weiteren Hilfeverlauf scheinbar keine Konsequenz. Das Familien- wie auch das Helfersystem konkurrieren dabei um die Frage, wer mit seinen Sichtweisen denn nun Recht hat. Es muss davon ausgegangen werden, dass die beiden Systeme in ihren Deutungskonstruktionen diese Gegensätzlichkeit aufnehmen und sich diese Problematik im weiteren Fallverlauf weiter verschärfen kann.

Auch die Helfer untereinander können im Konflikt stehen. Gerade bei Jugendlichen mit so genannten „Hilfekarrieren" zeigt sich in ihren lebens- und hilfegeschichtlichen Verläufen mangelnde Kooperation der verschiedenen Hilfen darin, dass jede Einrichtung wieder „von vorne anfängt". Angefangen bei Diagnosen und Anamnesen bis hin zu der Frage, wer den Fall „richtig" deutet, fehlt es an Absprachen und einem gemeinsamen Hilfeverständnis. Für die Jugendlichen bedeutet das, sich immer wieder auf die Hilfeversprechen der Professionellen einzulassen und das Risiko einzugehen, erneut enttäuscht zu werden (vgl. Blandow 1997).

Zur Bedeutung pädagogischer Interventionen als Einflussfaktor auf Lebensbewältigungsstrategien

Die beiden Fälle zeigen mögliche Antworten der Fachkräfte in Form von pädagogischen Interventionen auf „schwierige" Verhaltensweisen. Sie nehmen die kritischen Lebensereignisse der jungen Menschen nicht in den Blick, sondern reagieren lediglich auf deren Folgen. Damit steht nicht der/ die Jugendliche und sein Bildungsprozess im Mittelpunkt, sondern sein störendes Verhalten (vgl. z.B. Niemeyer 1998). Lambers verweist in diesem Kontext auf Peukert, der feststellt, dass bereits die Jugendfürsorge versucht hat, auf das „gesellschaftlich auffällige Verhalten" mithilfe eines „korrigierenden Umgangs mit Minderjährigen, deren normale Sozialisation gestört scheint, gesellschaftlich restrukturierend" (Lambers im Rückgriff auf Peukert 1986, 33 f.) zu wirken. Mit der Krisenintervention in Form der geschlossenen Gruppe, wird ein weiteres normierendes Element in das Leben der Jugendlichen eingeführt.

Ausgehend davon, dass kritische Lebensereignisse die Jugendlichen vor neue Herausforderungen stellen, scheint es notwendig, dass sich Helfersys-

teme mit individuellen Verarbeitungs- und Konstruktionsprozessen beschäftigen. Wichtig scheint dies insbesondere dann, wenn als pädagogische
Intervention eine geschlossene Gruppe als Reaktion auf krisenhafte Lebensereignisse folgt. Pädagogische Interventionen brauchen fundierte Verstehensprozesse, um komplexe Fallkonstellationen einzuschätzen.

Was lernen Jugendliche in der Heimerziehung? Gelernt – wie ihre Welt
funktioniert – haben die Heranwachsenden bereits bevor die Jugendhilfe
Teil ihres Lebens geworden ist. Sie haben sich auf ihre eigene Art und Weise
angeeignet, was sie zum Über-Leben benötigten und darüber hinaus Bewältigungsstrategien entwickelt. Dass dies nicht immer mit den Erwartungen
und Zielen der Erwachsenen konform gegangen ist, liegt auf der Hand. Die
Frage scheint doch eher zu sein, wie die Erwachsenen diese Bewältigungsmuster deuten und verstehen. Böhnisch weist in seinem Konzept der Lebensbewältigung darauf hin, dass auch missliches Bewältigungsverhalten eine aktuelle positive Bedeutung haben kann (vgl. Böhnisch 1992, 19). In den
beiden Fällen kann gezeigt werden, dass den am Fall beteiligten Erwachsenen diese Deutung, d. h. der Blick auf die positiven Anteile und die Ressourcen, kaum gelungen ist. Die Erwachsenen sind eher mit dem normwidrigen
Verhalten der Jugendlichen beschäftigt. Dabei geht es nicht darum, schwierige Verhaltensweisen umzudeuten, sondern den Blick darauf zu lenken, wie
diese Haltung erklärt werden kann und welche Funktion dieses Verhalten
im Leben der Jugendlichen einnimmt bzw. eingenommen hat.

Die Fallanalysen zeigen, was Jugendliche in der Krisenintervention erleben und erfahren. Daran ist die Frage gekoppelt, welchen Einfluss diese
pädagogische Intervention auf die Selbstbildungsprozesse der Jugendlichen
nimmt. Lernen sie dort, sich und ihr Verhalten anzupassen, oder können
dort Lernprozesse angestoßen werden, in denen eine internalisierende Auseinandersetzung stattfindet? In aktuellen Konzeptionen geschlossener Gruppen der Jugendhilfe finden sich meist transparente Regeln und verbindliche
Anforderungen. Das Ziel ist für die Jugendlichen erreicht, wenn sie die Anforderungen, die im so genannten Stufenplan festgehalten sind, erfüllen.
Was bedeutet das jedoch für die individuellen Auseinandersetzungsprozesse
der Heranwachsenden mit sich selbst und der Welt? Die Krisenintervention
stellt eine Maßnahme dar, die eher kurzfristig angelegt ist. In einem Zeitkor-
ridor von ca. sechs bis zwölf Monaten sollen sich die Jugendlichen das aneignen (können), was sie benötigen, um sich in ihrer Lebens-Welt zu Recht
zu finden, um ihr Leben möglichst selbständig zu gestalten. Was sie dort
lernen kann kaum über eine Anpassungsleistung hinausgehen.

Frühzeitig sollten sich die einzelnen Fallbeteiligten über ihre Wünsche
und Erwartungen an eine solche Intervention austauschen, damit die Maßnahme nicht an überhöhten Anforderungen scheitert.

In Eriks Fall kann die entwickelte Anpassungsleistung durchaus als *sein* Bildungsprozess beschrieben und positiv konnotiert werden. Über die Anpassung erarbeitet er sich positive Rückmeldungen und Anerkennung. Damit wiederum kann er sich wirksam erleben. Im Rahmen von „schwierigen" Hilfeverläufen kann davon ausgegangen werden, dass die Anpassungsfähigkeit der Jugendlichen bereits durchaus ein Erfolg sein kann.

In diesem Kontext lässt sich fragen, wie in einem geschlossenen Setting individuelle Selbstvergewisserung und Aneignung von Welt gestaltet werden kann und wie die Professionellen mehr über die subjektiven Verarbeitungsprozesse erfahren können. Es bleibt fraglich, wie und ob die Erfahrungen der jungen Menschen in ihren Alltag übertragbar sind. Diese Frage stellt sich nicht nur bei der geschlossenen Unterbringung, sondern generell für Aufenthalte in pädagogischen Einrichtungen, weil nicht davon ausgegangen werden kann, dass die Jugendlichen die Erfahrungen, die sie in den bereitgestellten Erfahrungsräumen machen, nachhaltig und wirkungsmächtig interpretieren.

Ausgehend von der Theorie der Lebensweltorientierung (Thiersch), stellt sich die Frage, ob pädagogische Orte nicht generell durch das Kriterium der Exklusivität ausgezeichnet sind. Es zeichnen sich in den meisten Fällen die Räume durch eine gewisse Selektion aus, in denen professionell Tätige meist verbindliche Arrangements bereitstellen. Wolf (2003) beschreibt für die Jugendhilfe zwei theoretische Vorstellungen von Heimerziehung.

- Die erste Vorstellung geht davon aus, dass stationäre Erziehungshilfen eine Art pädagogisches Krankenhaus darstellen. „Danach sollen Kinder, die sich in ihrem Verhalten von ‚normalen Kindern' erheblich unterscheiden, in einer spezialisierten Einrichtung durch spezifische Behandlungsmethoden in Richtung auf das ‚Normalverhalten' verändert werden." (ebd., 28).
- Die zweite theoretische Vorstellung geht von der Lebensweltorientierung aus. „Hier ist das Heim als ‚lohnender Lebensort' (Hervorhebung im Original) für eine kurze Zeit oder als Ort des Aufwachsens bis zum Übergang in das Leben als Erwachsener konzipiert." (ebd., 29).

Historisch gesehen, können die beiden Theorien von der Normalisierung der Person bis hin zur Normalisierung der Lebensumstände verstanden werden. Beiden Vorstellungen liegt die Annahme zugrunde, dass die Kinder und Jugendlichen vom „rechten Pfad" abgekommen, oder wie Julia es beschreibt, „aus der Spur" geraten sind. Sollte es hier nicht darum gehen, sich den Heranwachsenden in den Weg zu stellen, ihnen Alternativen zu eröffnen, auch in einer normierenden und begrenzenden Funktion, aber vor allen Dingen in der motivierenden Intension ihnen fremde Welten zu eröffnen? Wie sollte pädagogische Beeinflussung gestaltet werden, damit junge Menschen sich erfolgreich aneignen können, was sie für ihr Leben brauchen? Dazu müssen Pädagogen verstehen, mit welchen Ideen und Bildern junge Menschen sich bisher die Welt angeeignet haben. Sie benötigen eine tragfähige Vorstellung davon, was Jugendliche wissen und verstehen müssen, um in *ihrer* Lebenswelt erfolgreich handeln zu können. Sie müssen für die jungen Menschen erkennbare Unterstützung bereithalten und an jugendliche Lebenswelten anschlussfähig sein.

Wenn nach der Bedeutung pädagogischer Interventionen als Einflussfaktor auf Lebensbewältigungsstrategien gefragt wird, scheint es unabdingbar, sich damit zu beschäftigen, wie junge Menschen ihren biographischen Werdungsprozess deuten und welche Bedeutung sie den erlebten pädagogischen Interventionen zusprechen. In den Fallrekonstruktionen zeigt sich, dass die Jugendlichen die erzieherischen Einflüsse eher wie lebensgeschichtliche Episoden deuten, die unverbunden nebeneinander zu stehen scheinen. Anhand der Erzählformen und der erinnerten Erfahrungen lässt sich nachvollziehen, wie schwer es Ihnen fällt, eine kohärente Geschichte von sich zu entwerfen. Scheinbar punktuell greifen sie auf Erfahrungen beispielsweise mit dem Jugendhilfesystem zurück. Die Unverbundenheit mit der eigenen Geschichte wird in diesen Szenen greifbar.

Auch den Fachkräften der Jugendhilfe scheint es schwer zu fallen, den roten Faden in den Lebensgeschichten der jungen Menschen zu finden und zu halten. Ihre Ideen und Bilder sind in dem jeweiligen pädagogischen Setting davon geprägt, mit viel Engagement und Einsatz die Jugendlichen zu begleiten. Nach Beendigung der Hilfe wird der Fall abgegeben und andere Professionelle übernehmen die Zuständigkeit dafür. Damit reiht sich in lang laufenden Hilfeprozessen häufig Maßnahme an Maßnahme, ohne einen übergreifenden oder übergeordneten Blick auf den Fall mit seinen individuellen Deutungen und Bewältigungsstrategien.

Es soll hier kein Urteil darüber gefällt werden, ob speziell die Krisenintervention als „gute" der „schlechte" Maßnahme gilt der „Erfolg" einer Maßnahme spielt dahingehend eine Rolle, als dass die Jugendlichen selbst der Maßnahme Erfolg zusprechen. Das lässt sich über die individuell erfahrenen Erfolgserlebnisse rekonstruieren, die wesentliche Erfahrungen von Selbstwirksamkeit ermöglicht haben. So ist es beispielsweise in Eriks Fall geglückt, an die Krisenintervention anzuknüpfen, indem eine Nachbetreuung für ihn und seinen Vater installiert werden konnte. Hier liegt der Schluss nahe, dass die geschlossene Unterbringung keine Episode in seinem Leben darstellt.

Die Krisenintervention kann unter einer pädagogischen Perspektive als erfolgreiche Intervention betrachtet werden, wenn deutlich wird, dass die Professionellen einen ernsthaften Versuch gestaltet haben, sich dem Jugendlichen in den Weg zu stellen. „In den Weg stellen" meint hier nicht das Einschließen und die Verhinderung von Entweichungen. Vielmehr ist damit das Interesse an den Lebensthemen der Jugendlichen gemeint und die Anschlussfähigkeit an die inneren Bilder und die Selbstdeutungen der jungen Menschen. Die lebensgeschichtlichen Erzählungen der jungen Menschen zeigen, dass sie in der Vergangenheit nicht oft erleben konnten, dass sich Erwachsene ihnen (in einem positiven Sinne) in den Weg stellen. Allerdings ist die Krisenintervention durch den Auftrag des „Wegsperrens", den sie vermeintlich ebenfalls hat, belastet. Mit einem pädagogischen Blick auf die Krisenintervention ist der ernsthafte Versuch bereits ein Zeichen für gute Arbeit, was jedoch wohlbedacht werden muss. Dass gesellschaftlichen Ansprüchen damit Genüge getan ist, wenn „schwierige" (gewalttätige) Kinder vor der Gesellschaft und die Gesellschaft wiederum vor ihnen geschützt werden, lässt sich an aktuellen Diskussionen in Funk und Fernsehen verfolgen. Damit bekommt die Krisenintervention einen faden Beigeschmack, der nicht ohne Wirkung ist. Diese Zuschreibung hat wiederum Einfluss auf die Bewältigungsstrategien der Jugendlichen, da sich an der Stelle sehr zentral die Frage herauskristallisiert: Inwieweit können Bewältigungsstrategien in solch einem geschlossenen Rahmen verändert, weiterentwickelt oder auch neu gelernt werden?

Zur Interventionslogik der Helfer

Beide Fallgeschichten zeigen, wie die Jugendlichen und ihre biographischen Muster den Fachkräften an wesentlichen Stellen aus dem Blick geraten sind. Die Professionellen arbeiten sich an der schwierigen Beziehung zu den Eltern ab, verhandeln Fragen der Zuständigkeit oder der einrichtungsbezogenen und organisatorischen Strukturen. Das Helfersystem beschäftigt sich mehr mit sich selbst als mit den Fällen. Es kann davon ausgegangen werden, dass das Helfersystem mit pädagogischen Interventionen wie der Krisenintervention, seine eigenen Krisen und nicht die Krisen der Jugendlichen bearbeitet. Die Untersuchungen von Schrapper-Thiesmeier, die er bereits Mitte der 1980er Jahre durchführte, stellen fest, dass Jugendhilfemaßnahmen fast willkürlich und bedingt durch strukturelle, finanzielle und personelle Ressourcen ausgewählt werden (vgl. Schrapper-Thiesmeier 1986). „Heimunterbringungen sind demnach Entscheidungsprozesse, die je nach Zusammenkunft der organisatorisch materiellen Bedingungen, sowie der hierauf aufbauenden subjektiv-fachlichen Argumentation unterschiedlich ausfallen. Ihre Indikatoren unterliegen gesamtgesellschaftlich betrachtet einer gewissen Willkür." (Lambers 1996, 36) Lambers stellt mit den Untersuchungen von Jungblut zu Sprachakten im Laufe eines Hilfeprozesses fest, dass die Gespräche an sich von justiziellen und bürokratischen Vorentscheidungen geprägt sind und nicht am Einzelfall angepasst sind (ebd., 37).

Ebenso begreift Thiersch Amtshandeln als eine latente Ambivalenz zwischen pädagogischem und administrativem Handeln (Thiersch 1977).

Bleiben allerdings die Probleme und Entwicklungen von Kindern und deren Familien unverstanden, verschärfen sie sich durch die Interventionen der Jugendhilfe (vgl. dazu Ader 2006; Schrapper/Henkel/Schnapka 2002), so die Erfahrung aus den Fallrekonstruktionen. Zu dieser Verschärfung der Lebenssituationen und den Konflikten von jungen Menschen trägt vor allem eine Eigenart der Jugendhilfe bei, die ansonsten so hoch geschätzt wird: ihre Vielgestaltigkeit und Pluralität. Es gibt öffentliche und freie Träger, unterschiedlichste Einrichtungen und Dienste mit spezifischen Konzepten, Arbeitsweisen, Organisationsstrukturen und trägerspezifische Eigenarten. Auch Behörden und weitere Einrichtungen sind nicht nur komplex; sie sind auch in sich widersprüchlich und bieten in der Arbeit mit schwierigen Jugendlichen viel Projektionsfläche für Konflikte, Spaltungen und Streit. Vor allem wenn es schwierig wird, sind diese vielgestaltigen Organisationen und ihre Mitarbeiter mit sich selbst und ihren Problemen der Zuständigkeit und Überlastung, der Abgrenzung und Selbstbehauptung beschäftigt. Dies hat nicht selten zur Folge, dass das System der Jugendhilfe gerade dann an den eigenen Schwierigkeiten kollabiert, wenn es von Kindern in massiven Schwierigkeiten besonders gebraucht würde. (Schrapper/Henkel/Schnapka 2002).

Die Interaktionskonzepte der jeweiligen Eltern gilt es, von den Mitarbeitern der Jugendhilfe zu verstehen, um ihr Interventionskonzept dauerhaft darauf abstimmen zu können. Das Helfersystem muss die Bilder der Eltern dechiffrieren können und es braucht eine tragfähige Idee davon, an welchen Stellen die Eltern wie und warum in das Leben ihrer Kinder intervenieren. Nur wenn die Helfer diese Bilder und Deutungen kennen, können sie daraufhin ihre Maßnahmen abstimmen. Dann besteht Grund zur Annahme, dass die Hilfen wirksam sein können. Ansonsten werden die Pädagogen in Konkurrenz zu den Eltern treten und die Jugendlichen werden im schlimmsten Fall, in der Ambivalenz zwischen Eltern und Helfersystem, den familiären Bund aufrechterhalten.

So hat die Langzeituntersuchung LAKRIZ gezeigt, dass die bestimmende Größe in der Lebens- und Hilfegeschichte der jungen Menschen die Herkunftsfamilie war, ist und vermutlich in Zukunft auch bleiben wird. Mit dem Bild eines Rucksacks, den die Jugendlichen auf ihrem Lebens-Weg tragen, kann dieser Befund verdeutlicht werden. Jahrelang, so die Logik der Jugendhilfe, haben die Verantwortlichen versucht, die Jugendlichen von der Familie zu emanzipieren und Distanz zwischen sie und die Familie zu bringen. Mit dem Zeitpunkt an dem Jugendhilfe endet, kehren die jungen Menschen in ihrer Herkunftsfamilie zurück. Um noch einmal das Bild zu bemühen: Den Rucksack der Jugendlichen kann die Jugendhilfe nicht abnehmen, sondern bestenfalls neu packen. Selbst hoch belastende Erfahrungen im Kontext der Herkunftsfamilie nehmen die jungen Menschen in Kauf. So stellt das Herkunftselternsystem einen nicht zu unterschätzenden Einfluss auf die Jugendlichen dar. Die jungen Menschen nehmen viele Anstrengungen in Kauf, diese Allianz aufrecht zu erhalten. Mit Blick auf ihre individuellen Bildungsprozesse bedeutet dies, dass „Familie" einen wesentlichen Aspekt darstellt, den die Jugendlichen in ihren Selbstdeutungen und biographischen Werdungsprozesse integrieren müssen.

Zum reziproken Verhältnis von Selbst- und Fremddeutungen in Erziehungs- und Bildungsprozessen

In den Fallrekonstruktionen können wesentliche empirische Bezugspunkte zwischen Selbst- und Fremddeutungen herausgearbeitet werden. Abbildung 39 veranschaulicht in drei Varianten (A, B, C) die analytischen Bezugsebenen.

Abb. 39: Schematische Darstellung empirischer Bezugspunkte der Selbst- und Fremddeutungen

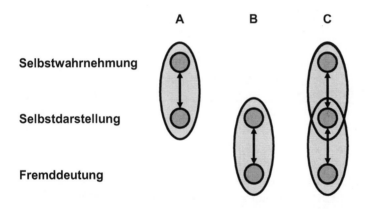

In Beispiel A zeigt sich, aus welchen Komponenten die Jugendlichen ihr Selbstbild konstruieren. Die Selbstwahrnehmung meint hier die innere Verfasstheit der jungen Menschen, ihre Wünsche und Bedürfnisse, Ängste, Unsicherheiten, aber auch ihre Hoffnungen und Erwartungen an sich selbst. Mit der Selbstdarstellung soll die Präsentation nach Außen und ihre gewünschte Wirkung anderen Personen gegenüber beschrieben werden. In den Fallrekonstruktionen kann anschaulich nachvollzogen werden, wie different subjektive Wahrnehmungen und Darstellungen sind. Die Diskrepanz lässt sich über die grundlegenden Lebensthemen der jungen Menschen erschließen. Ein kaum ausgeprägtes Selbstwertgefühl und ein fast labil wirkendes Selbstbewusstsein charakterisieren die inneren Bilder der beiden untersuchten Jugendlichen. Im Gegensatz dazu demonstrieren beide Heranwachsenden nach Außen ihre Handlungsfähigkeit und ihr Durchsetzungsvermögen. Welche Bedeutung dieser scheinbaren Unvereinbarkeit von Selbstwahrnehmung und -darstellung zukommt, hat sich in den Fallanalysen gezeigt.

Beispiel B präsentiert den empirischen Befund der fehlenden Passungsfähigkeit bezüglich der inneren Wahrnehmung der Jugendlichen sowie zwischen den Fremd- und den Selbstbildern. Ebenfalls kann gezeigt werden, dass die Bilder der Erwachsenen zum größten Teil an die Deutungen anknüpfen, in denen die Jugendlichen ihre Außenwirkung präsentieren. Die inneren Bilder, die die Jugendlichen von sich entwerfen, sind den relevanten Erwachsenen kaum zugänglich.

Im letzten Beispiel C schließlich zeigt sich das analytisch gefasste Ideal bezüglich des Verhältnisses von Selbst- und Fremddeutungen. Ein Ideal stellt es aus dem Grund dar, weil in der praktischen pädagogischen Arbeit nicht davon ausgegangen werden kann, dass dieser Zustand dauerhaft zu leisten ist. Die Schnittmenge zeigt den gemeinsamen Austausch über die jeweiligen Bilder und Deutungen. Damit wird der Jugendliche in die Lage versetzt, die Fremdbilder und seine Außenwirkungen zu reflektieren. Den Erwachsenen scheint es so möglich, mehr über die inneren Mechanismen der individuellen Verarbeitungsprozesse zu erfahren. Aus den drei Dimensionen von Selbstwahrnehmung, Selbstdarstellung und Fremddeutung entwickelt der Jugendliche im besten Falle sein Selbstbild. Ergänzungsbedürftig scheint diese theoretische Vorstellung um die Perspektive des eigenen Fremdbildes. In der zweiten Fallrekonstruktion zeigt sich, welche Konstruktionen Julia davon entwirft, wie sie denkt wie die Erwachsenen sie wahrnehmen. Hier ist der Begriff des eigenen Fremdbildes gemeint.

Die Jugendlichen gehen in ihrem individuellen Verarbeitungsprozess von Selbst- und Fremddeutungen mit den Bildern der Erwachsenen sehr unterschiedlich um. Erik nutzt beispielsweise die Fremdbilder, um die geforderte Anpassung zu gewährleisten. Die Erfahrungen dienen ihm zur Selbstaufwertung. Er macht nachhaltige Erfahrungen von Selbstwirksamkeit, was sich wiederum auf sein Selbstbewusstsein und seinen Selbstwert auswirkt.

Im Gegensatz dazu scheint Julia die Fremddeutungen der Erwachsenen zu boykottieren, da diese für sie nicht an ihr inneres Lebensthema anschlussfähig scheinen. Sie nimmt den Boykott als Selbstschutz, um ihr Thema erhalten zu können.

Um die Wechselwirkungen von Selbst- und Fremddeutungen in Balance zu halten, müssen die Jugendlichen den Verarbeitungsprozess aktiv gestalten.

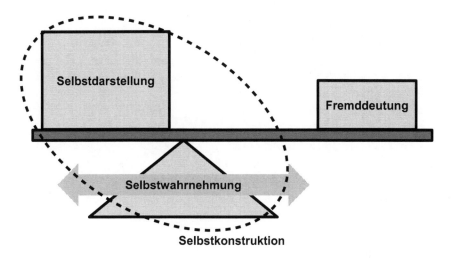

Das Bild der Wippe oder Waage zeigt den Balanceakt der Jugendlichen im Kontext ihrer Bildungsprozesse (vgl. Abb. 40). Um das Gleichgewicht von Selbst- und Fremddeutungen zu balancieren zu können, sind aktive Verarbeitungsprozesse nötig. Die Graphik zeigt, dass die Konstruktionen, die der Selbstdarstellung der Jugendlichen dienen und die Fremddeutungen der Erwachsenen, auf das Brett der Wippe einwirken. Die Selbstwahrnehmung befindet sich unterhalb dieser Ebene. Die Selbstwahrnehmung muss entsprechend der Last, die sich auf dem Brett befindet, zu der einen oder anderen Seite ausweichen, damit die Gesamtkonstruktion nicht aus dem Gleichgewicht gerät. Dieses verdeutlicht die innere Misere der jungen Menschen. Die einzige Stellschraube, die ein Ausbalancieren möglich machen könnte, ist die innere Wahrnehmung. Die Graphik verdeutlicht die nötige Passungsfähigkeit zwischen den Fremdbildern (der Erwachsenen) und der Außendarstellung der Jugendlichen. Die darunter liegende Selbstwahrnehmung (die inneren Bilder der Jugendlichen) bleibt davon unberührt.

Die Bilder der Erwachsenen sind Wesensbeschreibungen und Reflexionsangebote für die Jugendlichen zugleich. Die Verarbeitungsprozesse bezüglich der Reflexionsangebote sind individuell verschieden. Damit dienen sie ebenfalls der Erhaltung des Gleichgewichtes auf der Wippe oder Waage.

Selbstbildungsprozesse lassen sich nicht daran messen, ob es dem Jugendlichen gelingt, ambivalente Anforderungen und Wünsche zu einer Seite hin aufzulösen. Es geht vielmehr um die Balance insbesondere im Kontext von Autonomiewünschen und gesellschaftlicher Anpassung.

Bildungsprozesse lassen sich nur über die Interaktion mit anderen herstellen. Erst in der Spannung zwischen den Erwartungen und Ansprüchen der Anderen und den eigenen inneren Wünschen, Bedürfnissen und Konflikten entwickeln sich tragfähige Selbstbilder. Schon Dilthey hat gezeigt, dass wir unsere Realität durch Widerstände in der Wirklichkeit konstruieren. Damit zeigt sich, dass Strategien der Lebensbewältigung immer auch Teile von Bildungsprozessen darstellen.

6.2.5 Fazit und Ausblick

Konsequenzen für die Praxis der Sozialen Arbeit

Die empirische Beschäftigung mit Bildungsprozessen junger Menschen in der Jugendhilfe zeigt, welchen Einfluss das reziproke Verhältnis von Selbst- und Fremdbildern auf subjektive Verarbeitungsprozesse (verstanden als Bildung) nimmt. Die Balance zwischen Innen (Selbstwahrnehmung) und Außen (Selbstdarstellung), zwischen Persönlichkeitsentwicklung und Sozialintegration stellt hierbei die zentrale Herausforderung für die Heranwachsenden dar. In beiden Fallverläufen kann verfolgt werden wie sich individuelle Bildungsprozesse vollziehen. Gemeinsam ist beiden Jugendlichen, dass sie in ihrem Lebensverlauf bereits mehrere Hilfen in Anspruch genommen haben, die in der geschlossenen Unterbringung im Rahmen einer Krisenintervention – zunächst – endeten.

Wie junge Menschen pädagogische Interventionen in ihre Biographie integrieren, hat bereits Normann (2003) in ihrer Studie herausgearbeitet. Sie konstatiert, dass fast alle der befragten Jugendlichen ihren Heimaufenthalt als sinnvolle Phase in ihre Biographie integrieren. Sie machen dort nachträglich Erfahrungen von Stabilisierung des Selbstwertgefühls und von Stärkung des Selbstvertrauens als Voraussetzung für das Erlernen von Selbständigkeit (vgl. ebd., 151). Die empirischen Befunde sind an Julias und Eriks Deutungen anschlussfähig. In beiden Fällen erfahren wir, dass erzieherische Hilfen dann wirken, wenn diesen Erfahrungen (Selbstwirksamkeit und -vertrauen) Raum gegeben wird.

Es erscheint wohl zweitrangig, welche Hilfen tatsächlich in Anspruch genommen werden. Neben dem Gefühl von Selbstwirksamkeit ist wesentlich, dass die jungen Menschen die Erfahrung machen können, dass sie (aus-)gehalten und ihre Bedürfnisse und Entbehrungen erkannt werden, selbst wenn sie immer wieder mit ihrem Verhalten alle Beteiligten an die Grenzen bringen.

Wie können Bildungs- und Erziehungsprozesse gestaltet werden, damit junge Menschen lernen können, was sie zum Leben benötigen? In den letzten Jahren wurden zu dieser Frage verschiedene wissenschaftliche Arbeiten vorgelegt. Finkel (2004) und Rätz-Heinisch (2005) beziehen dazu in ihren Beiträgen eine klare Haltung. Erzieherische Hilfen müssen an die biographischen Muster der jungen Menschen anschlussfähig sein. „Es ist entscheidend, die biographische Handlungsstruktur der Jugendlichen [dabei] nicht zu zerstören. So trivial dies klingen mag, geschieht dies doch recht schnell durch wohl gemeinte Hilfemaßnahmen." (Rätz-Heinisch 2005, 310) Die Frage der Entwicklungsfähigkeit jugendlicher Selbstreflexivität muss grundsätzlich angenommen werden, ohne die Hoffnung auf völlige Wandlung. Jugendhilfe kann biographische Handlungsstrukturen bei jungen Menschen nicht neu erzeugen (vgl. ebd.). Der Mensch kann sich nicht von Grund auf ändern und auch Jugendhilfe darf das nicht erwarten. Pädagogische Einflussnahme muss darauf hoffen, dass Jugendliche an den Bildern der Professionellen anknüpfen und sich mit Hilfe dieses Angebotes weiterentwickeln. „Entscheidend in diesem Prozess ist jedoch, sie ‚alleine machen zu lassen' und sie dabei ‚nicht alleine zu lassen.'" (ebd., 316). Rätz-Heinisch zeigt, dass ein solcher Satz eine gewisse Leichtigkeit erwarten lässt, Die Forderung der Wissenschaftlerin ist ernst zu nehmen und hat weitreichende Konsequenzen für die Praxis der sozialpädagogischen Fachkräfte. Damit junge Menschen in die Lage versetzt werden, sich ihre Welt anzueignen, brauchen sie Handlungsräume, in denen sie dies selbständig lernen können. Davon ausgehend, dass Erziehungs- und Bildungsprozesse an den Lebenswelten und Lebenswirklichkeiten junger Menschen anknüpfen, ist für die Jugendhilfe zu fragen, welche Handlungsräume sie den Heranwachsenden zur Verfügung stellen kann. Pädagogische Orte zeichnen sich dadurch aus, dass sie an den jeweiligen Lebenswelten und Wirklichkeitskonstruktionen und damit an den biographischen Bildungsprozessen der Jugendlichen anknüpfen. Es braucht einen Raum für Aneignung und Auseinandersetzung. Innerhalb dieser pädagogischen Arrangements gilt es, die Jugendlichen dort nicht „allein" zu lassen. Junge Menschen brauchen Erwachsene, die sie bei ihren Aneignungs- und Bildungsprozessen unterstützen, begleiten, eventuell auch begrenzen und konfrontieren, vor allen Dingen aber präsent sind und sich nur schwer „abschütteln" lassen.

Schulze hat die Frage gestellt, welche Konsequenzen lebensgeschichtliche Lernerfahrungen für pädagogisches Denken und Handeln haben (vgl. Schulze 1993). Lebensgeschichtliche Lernerfahrungen erweitern nicht nur die Handlungsalternativen der Biographieträger, sondern in einem erheblichen Maße auch die Kompetenzen der pädagogischen Fachkräfte. Menschen lernen verstehen, was sie kennen, und entwickeln davon ein Bild. Was der eigenen Erfahrungswelt nicht zugänglich ist, kann nicht verstanden werden. Allerdings sind die individuellen Vorstellungen und Bilder begrenzt. In der Jugendhilfe gilt es, sich immer wieder auf „fremde" Lebenszusammenhänge und unbekannte biographische Erfahrungen und Sinnzuschreibungen einzulassen. Das bedeutet, das Repertoire an neuen Bildern und Erfahrungen ständig zu erweitern. Über lebensgeschichtliche Lernerfahrungen anderer Menschen lassen sich Horizonte eröffnen, die für den pädagogischen Prozess wertvoll sein können.

Innerhalb pädagogischer Interaktionen sind die Fachkräfte der Jugendhilfe gefordert, den jungen Menschen ihre Bilder zur Verfügung zu stellen und in einen wechselseitigen Austausch über diese Bilder zu treten. So werden die Jugendlichen in die Lage versetzt, mit „ihren" Pädagogen darüber in Kontakt zu kommen. Sie können dann mehr darüber erfahren, wie sie die für sie relevanten Erwachsenen sehen und es besteht Grund zur Hoffnung, dass sie ihre subjektiven Deutungen und Konstruktionen erweitern können.

Die beiden Fallrekonstruktionen zeigen exemplarisch, wie sich Selbstbildungsprozesse als aktive Handlungen in der Auseinandersetzung mit sich und der Umwelt formieren. Wenn es darum geht, auf den Lebensverlauf der Jugendlichen nachhaltig Einfluss zu nehmen, brauchen Pädagogen eine tragfähige Idee davon, was den jungen Menschen im Inneren antreibt, mit welchen Strategien er sein Leben bewältigt und welche Funktion sein Handeln einnimmt. Erst dann wird nachhaltiges Handeln möglich und die Helfer können an den Ressourcen der Jugendlichen positiv anknüpfen. Dies stellt ohne Zweifel eine große Herausforderung dar. Können Heranwachsende oft nicht einfach danach gefragt werden, da sie ihr Verhalten und Teile ihrer Biographie selbst nicht immer verstehen. Jugendliche handeln so, wie sie es in der Vergangenheit gelernt haben und bleiben damit bei ihren Handlungsmustern, weil sie keine besseren Alternativen kennen. Hier sind die professionell Tätigen gefragt, Lernprozesse anzuregen und, wenn nötig, auch stellvertretend für die Jugendlichen Deutungen anzubieten, um damit Entwicklung zu ermöglichen.

Konsequenzen für (sozialpädagogische) Forschung

Die empirische Beschäftigung mit Selbstbildungsprozessen junger Menschen in der Jugendhilfe ist von hoher Komplexität gekennzeichnet. Dies gilt es, in ein Forschungsdesign zu führen, welches einerseits in der Lage ist, komplexe Konstruktions- und Deutungsprozesse zu analysieren und andererseits die nötige Reduktion zulässt, um erkenntnisgeleitete Befunde erarbeiten zu können. Die Herausforderung für sozialpädagogische Forschung ist es, aufgrund dieser komplexen Erkenntniszusammenhänge ein abgestimmtes Methodendesign zu entwickeln. Es geht hierbei um methodische Verfahren, die einen verstehenden Zugang zu Deutungs- und Konstruktionsprozessen eröffnen.

In dieser Arbeit wurde ein Methodendesign entwickelt, um vier unterschiedliche Perspektiven auf einen Fall zu beziehen. Der empirische Gewinn dieses komplexen Methodendesign liegt in der Möglichkeit, erkenntnisleitende Verstehensprozesse in Gang zu setzen und Sinnmuster aus unterschiedlichen Perspektiven heraus im jeweiligen Kontext zu analysieren. Ader weist darauf hin, dass Forschungsvorhaben selten „den Prozesscharakter des sozialpädagogischen Geschehens, die Interaktionen zwischen den Akteurinnen und die dabei wirkenden (Eigen-)Dynamiken und Systemrationalitäten in den Blick nehmen" (Ader 2006, 249). Damit skizziert sie die forschungspraktische Grundlage dieser Arbeit.

Die biographisch-orientierten Interviews mit den Jugendlichen wurden auf ihre Selbstdeutungskonstruktionen hin ausgewertet; die Interviews mit den relevanten Erwachsenen dienten der Auseinandersetzung mit den Fremdbildern. In einem weiteren Schritt wurden die einzelnen Perspektiven miteinander in Bezug gesetzt. Nur in der Verknüpfung von Perspektiven und Sinnzuschreibungen war es möglich, den Selbstbildungsprozess des jeweiligen Jugendlichen empirisch herauszuarbeiten. Die Grenzen liegen dabei in den Fähigkeiten und der Sensibilität des Forschers, bei gleichzeitig notwendiger Begrenztheit, offen für verschiedenen Deutungskonstruktionen zu sein.

Das Besondere an dieser Forschungsarbeit ist die Konzeption als Längsschnittuntersuchung. Für zukünftige Forschungszusammenhänge, die prozessuale und dynamische Aspekte von Bildung und Erziehung in den Blick nehmen, zeigt sich der Nutzen eines solchen Methodendesigns.

Lebensgeschichtliche Sinnzusammenhänge und Bildungsprozesse können nicht in ihre einzelnen Facetten zerlegt und getrennt voneinander analysiert werden. Es braucht dazu Kontextwissen, wie beispielsweise biographisches Wissen, Kenntnisse über Verarbeitungsprozesse gesellschaftlicher Anforderungen und Fremddeutungen. Ohne diese Wissensbestände stünden jegliche Rekonstruktionsversuche unverbunden nebeneinander. Werden Prozesse und Abfolgen von Ereignissen untersucht, braucht es methodisch gesicherte prozessorientierte Verfahren. Bezogen auf die Forschungsstrategie dieser Arbeit kann – besonders an Julias Lebensgeschichte – gezeigt werden, wie prägende und grundständige Muster der Lebensgestaltung vom Forscher erst in der Retrospektive und über einen längeren Zeitraum prozessorientiert und differenziert verstanden werden können.

Erst durch mehrere Erhebungszeitpunkte können Deutungs*prozesse* bezogen auf die zeitlichen Dimensionen (Vergangenheit, Gegenwart, Zukunft) analysiert werden. Es kann damit gezeigt werden, dass stellvertretende Deutungen der Fachkräfte nicht willkürlich in Lebensgeschichten „hineinpicken", sondern den Entwicklungsverlauf in den Blick nehmen. So ist es gelungen, stabile Deutungsmuster zu identifizieren, die in ihrer Ausprägung Varianzen aufzeigen und unterschiedlich prägnant auftreten, aber immer erkennbar und plausibel bleiben.

Im Laufe der Auseinandersetzung mit Bildungs- und individuellen Verarbeitungs- und Konstruktionsprozessen zeigt sich mit Blick auf die bestehende Forschungsdichte im Bereich der Jugendhilfeforschung der Bedarf an prozessorientierten Forschungszugängen, die möglichst auf eine Langzeitperspektive ausgerichtet sind. Es existieren kaum Forschungsarbeiten, die sich in dem gerade skizzierten Kontext mit Selbstbildungsprozessen im Bereich der Jugendhilfe auseinandersetzen. So kann auf drei Ebenen ein zukünftiger Forschungsbedarf skizziert werden:

- Forschungsarbeiten zu der Frage, wie anschlussfähig die Deutungen der Erwachsenen an die Selbstdeutungen der Jugendlichen sind. Empirische Erkenntnisse über Verarbeitungsprozesse junger Menschen scheinen dringend erforderlich, um die Fragen der Anschlussfähigkeit pädagogischer Interventionen bearbeiten zu können.
- Längsschnittuntersuchungen zu Selbstbildungsprozessen, um empirisch gesichertes Wissen zu erarbeiten, wie junge Menschen sich Selbst beschreiben und sich ihre Welt aneignen.
- Empirische Studien zu der Frage, welche (kritischen) Ereignisse im Leben von jungen Menschen Bildungsanlässe anstoßen, wie sie diese Erfahrungen verarbeiten und in ihren biographischen Gesamtkontext integrieren.

Ausblick

Ausgangspunkt der vorliegenden Studie ist die Frage nach subjektiven Bildungs- und Verarbeitungsprozessen junger Menschen in der Jugendhilfe und den Einfluss der Fremddeutungen relevanter Erwachsener darauf. Es wurden Lebensgeschichten und die individuellen Strategien der Lebensbewältigung der Heranwachsenden untersucht. Im Kontext der subjektiven Deutungsmuster kann so gezeigt werden, wie sich Erfahrungsverarbeitungen über viele Jahre hinziehen und dem Versuch unterworfen sind, die inneren und äußeren Eindrücke, Erwartungen und Bedürfnisse in Balance zu halten. Dieser aktive Prozess der Jugendlichen kann als Selbstbildungsprozess begriffen werden. Die Heranwachsenden stehen vor der Herausforderung, dieses ambivalente und durchaus fragile Gefüge stabil zu halten, ohne Gefahr zu laufen die zwiespältige Aufgabe zu der einen oder anderen Seite hin aufzulösen. Sie erleben sich dabei durchaus als handlungsfähige und aktive Akteure ihrer eigenen Lebenswelt(en).

Über die differenzierte Analyse der Bezüge zwischen individuell entworfenen Selbstkonstruktionen und den Fremdbildern der Erwachsenen wird deutlich, dass sich Selbstbildungsprozesse junger Menschen nicht nur auf subjektive Merkmale reduzieren lassen, sondern im Kontext von äußeren Einflüssen und Erwartungen zu verstehen sind. So kann in den beiden exemplarischen Fallrekonstruktionen gezeigt werden, dass sich Selbstbildungsprozesse nicht nur aufgrund von pädagogischen Interventionen, sondern auch trotz dieser entwickeln.

Das hat für die pädagogische Arbeit wesentliche Bedeutung. Fachkräfte der Jugendhilfe müssen nachvollziehen, verstehen und wahrnehmen können, in welchen individuellen Gegebenheiten und Lebenswelten sich Jugendliche bewegen und wie sich ihre Lebensgeschichten in diesem Kontext vollziehen. Dabei gilt es, ein besonderes Augenmerk auf die grundlegenden Lebensthemen der Jugendlichen zu richten, die – von außen betrachtet – allzu oft scheinbar verschüttet sind. Zu prägnant stehen die schwierigen Verhaltensweisen der Jugendlichen im Vordergrund und der Wunsch nach Normalisierung und Normierung verstellt den Blick nicht nur auf Ressourcen und Kompetenzen, sondern ebenfalls auf die grundsätzlichen Strategien und Muster, die sich jungen Menschen im Laufe ihres Lebens angeeignet haben.

Fachkräfte, aber vor allen Dingen die Jugendlichen selbst müssen sich und ihre Geschichte verstehen, um den komplexen Anforderungen gewachsen zu sein. Aufgabe der Jugendhilfe wäre es hier, in diesen Prozessen der Selbstvergewisserung den Heranwachsenden Geleitschutz anzubieten. Dafür braucht es neben einer tragfähigen Idee auch das gegenseitige Vertrauen in die Kompetenzen des Gegenübers. Für diese Interaktionsmuster müssen die Fremdbilder der Erwachsenen an die Selbst- und Wirklichkeitskonstruktionen der Jugendlichen anschlussfähig sein. Die Erwachsenen sollen sich eingeladen fühlen, ihre Bilder, Ideen und Deutungen den Heranwachsenden zur Verfügung zu stellen und mit ihnen in einen Austausch darüber zu treten.

Erst mit der Passungsfähigkeit bzw. in der reflexiven Auseinandersetzung von Selbst- und Fremdbildern besteht Grund zur Annahme, dass entwickelte Hilfekonzepte tragfähig sind und einen ernsthaften Versuch darstellen, die Bildungsbemühungen der Jugendlichen beeinflussen und fördern zu können; denn Wirkungen erzielen Erwachsenen mit ihren Handlungen und sie hinterlassen Spuren in den Lebensgeschichten der jungen Menschen.

Kapitel 7
Zentrale Befunde

Ein Forschungsprojekt über insgesamt sechs Jahre zu bearbeiten, bedeutet auch, viele Erfahrungen und Ergebnisse in diesem Zeitraum zusammenzutragen und zu dokumentieren. Damit der berühmte „rote Faden" nicht verloren geht, werden im folgenden zentrale Erkenntnisse dieser Langzeituntersuchung skizziert, um wesentliche Befunde zu bündeln und zusammenzuführen.

Anlass und Auslöser für die geschlossene Unterbringung sind vor allem die Krisen des Jugendhilfesystems – weniger die Belastungen junger Menschen.
Das Kriseninterventionszentrum versteht sich als ein Angebot der Jugendhilfe für Kinder und Jugendliche, „die in einer (Heim-)Einrichtung leben und sich in einer Krisensituation befinden, die durch die bestehenden Rahmenbedingungen kurz- bzw. mittelfristig nicht aufgefangen werden kann, d.h. die momentanen Lebens- bzw. Gruppenbedingungen lassen einen weiteren Verbleib des Kindes/Jugendlichen in dieser Situation vor Ort nicht zu" (Leistungsbeschreibung KRIZ, 1). Damit geht um individuelle Krisenverläufe, auf die institutionell reagiert wird bzw. werden muss. Im Laufe der sechs Untersuchungsjahre ist es möglich geworden, rund 20 Lebensgeschichten inklusive ihrer institutionellen Hilfegeschichte zu analysieren. In der intensiven Auseinandersetzung mit dem empirischen Material hat sich gezeigt, dass die Unterbringung der jungen Menschen in der Krisenintervention eher als eine Reaktion des Jugendhilfesystems auf seinen eigenen krisenhaften Verlauf verstanden werden muss. Ohnmacht, Hilflosigkeit und chronisches Scheitern im Helfersystem sind in diesem Kontext als Indikatoren für freiheitsentziehende Maßnahmen zu verstehen. In den Fallanalysen zeigt sich, dass die Ursachforschung – um Lebens- und Fallverläufe verstehen zu können – weiterhin individualisiert wird.

Auch wenn in der öffentlichen Diskussion um die geschlossene Unterbringung diesem Aspekt kaum Beachtung geschenkt wird, ist er dennoch nicht neu. Bereits Ader hat in ihren Forschungen darauf hingewiesen, dass Hilfesysteme maßgeblich zur Verschärfung von Lebens- und Hilfegeschichten beitragen (vgl. Ader 2006). Lutz fordert im Rückgriff auf Urban-Stahl, dass die Anwendung von Zwang als Problemanzeiger gedeutet wird. „Und zwar weniger für Probleme der Jugendlichen, sondern als Problem der ‚Situationen und Strukturen von Einrichtungen und Hilfesystemen‘" (Lutz 2010, 158).

Es zeigt sich insbesondere für das Feld der geschlossenen Unterbringung, dass die Konzentration der Helfer und Fachkräfte auf die Jugendlichen und ihre Familien dazu führt, dass krisenhafte Verläufe in Lebens- und Betreuungsgeschichten als individuelle Probleme verstanden und verhandelt werden, statt selbstkritisch die eigene Position und Funktion zu reflektieren.

Das KRIZ bewerten die meisten Jugendlichen nach anfänglicher Empörung über die „Freiheitsberaubung" durchweg positiv.
Die Erfahrung der Jugendlichen, an der Entscheidungsfindung zur geschlossenen Unterbringung nur in wenigen Fällen tatsächlich beteiligt zu werden, führt meist zu ablehnendem Verhalten der Einrichtung gegenüber. So erleben die jungen Menschen die erste Zeit in der Krisenintervention als Zumutung und Strafe. Mit ihrer Empörung darüber gehen sie jedoch sehr unterschiedlich um. Im Verlauf der Unterbringung beschreiben und bewerten die Heranwachsenden ihre Erfahrungen äußerst differenziert. Die meisten Jugendlichen bewerten nach Abschluss der Maßnahme das KRIZ positiv. Diese Einschätzung bleibt auch über die folgenden Jahre hinweg meist konstant. Die Jugendlichen bewerten die Maßnahme dann als erfolgreich, wenn sie dort etwas lernen und erfahren können, das sie in ihre eigene Lebensgeschichte integrieren können, ihnen Handlungsoptionen ermöglicht und Perspektiven eröffnet.

Ihre Mitwirkungsbereitschaft wird in der geschlossenen Unterbringung vorausgesetzt und eingefordert, gleichzeitig können die Fachkräfte dies nur begrenzt erwarten. Schrapper stellt dazu fest, dass Erziehungsprozesse in Zwangskontexten immer Erziehung „an der Grenze" sei. „Die Bereitschaft eines jungen Menschen, sich einzulassen, weil er sich nicht wehren kann, wird durch die Erwartung, dieser Zumutung auch noch – zumindest nachträglich – zuzustimmen, stark strapaziert." (Schrapper 2004, 31) Unter diesem Gesichtspunkt lässt sich festhalten, dass es dem KRIZ in den meisten Fällen gelungen ist, dieses ambivalente Gefüge im Kontakt und unter einer angemessenen Beteiligung der jungen Menschen zu balancieren.

Allerdings – und hier müssen wiederum Einschränkungen gemacht werden – sagt dies noch wenig über den Erfolg der Maßnahme und deren Niederschlag im weiteren Lebensverlauf der Jugendlichen aus. Der Einfluss, den die Krisenintervention auf die lebensgeschichtlichen Entwicklungen nimmt, scheint mindestens abhängig von den subjektiven Wirksamkeitserfahrungen der Heranwachsenden zu sein.

Junge Menschen beschreiben nachträglich oft bedeutsame Erfahrungen von Selbstwirksamkeit in der geschlossenen Unterbringung.
Die jungen Menschen, die geschlossen untergebracht wurden, haben im Verlauf ihres Lebens reichliche Erfahrungen mit Hilfsangeboten und (pädagogischen) Interventionen gesammelt. In den Lebens- und Hilfegeschichten finden sich viele Kontakte mit unterschiedlichen Fachkräften und erwachsenen Personen, die Einfluss auf ihr Leben genommen haben. So lässt sich wohl erahnen, an wie vielen Stellen in ihrem biographischen Verlauf die jungen Frauen und Männer aufgefordert und eingeladen wurden, sich einzulassen, sich zu beteiligen und mitzuarbeiten, um ihrem Lebensweg eine – hoffentlich – positive Wende zu geben. Die Analyse der Fallverläufe hat jedoch auch gezeigt, wie oft diese Versprechungen und Erwartungen enttäuscht worden sind. Insofern erstaunt der vorherige Befund, dass sich die meisten Jugendlichen auf den geschlossenen Kontext einlassen konnten.

So paradox es erscheint, gelernt haben die Jugendlichen in der geschlossenen Unterbringung vor allen Dingen, dass sie mit ihrem Verhalten verlässliche Reaktionen und konstante Rückmeldungen bewirken können. Diese Erfahrung, so beschreiben es die Jugendlichen selbst, konnten sie in vergangenen Jugendhilfeangeboten und in ihren familiären Kontexten kaum machen. Ihre Erfahrungen schienen eher von Willkür und Unverlässlichkeit geprägt zu sein. Das die Welt nach Regeln funktionieren kann und sie sich wirksam erleben können, zählt zu den bedeutsamsten Erfahrungen, die das KRIZ ihnen ermöglicht hat. Durch klare Anforderungen und transparente Regeln können sie sich in diesem Kontext erfolgreich erleben. Der subjektive Erfolg hat wiederum einen positiven Einfluss auf ihr Selbstbild.

Um diese Lernerfahrungen zu ermöglichen, scheint die Begrenzung ein nicht unwesentlicher Aspekt zu sein. Der geschlossene Rahmen entlastet und fordert die Jugendlichen gleichzeitig heraus.

So dient die Erfahrung von Selbstwirksamkeit in dem geschlossenen Rahmen vor allem der reflexiven Auseinandersetzung mit grundsätzlichen Lebensfragen: Wer bin ich? Wer will ich sein? und Was kann ich? Durch die konkrete und direkte Rückmeldung zu ihrem Verhalten können die jungen Menschen ihre Überlebens-Muster reflektieren und gegebenenfalls weiterentwickeln, wenn ihnen lohnende Alternativen aufgezeigt werden.

Das Verstehen jugendlicher Lebensthemen und Entwicklungspotentiale durch die Pädagogen des KRIZ ist durchgängig deutlich besser und reflektierter als in den zuständigen Jugendämtern
Die empirischen Befunde der Fallanalysen zeigen, dass das Vertrauen der Jugendlichen in die Fachkräfte nicht das Problem zu sein scheint, sondern, dass es eher an den Wahrnehmungs-, Verstehens- und Deutungsprozessen der Erwachsenen mangelt, die immer wieder vor der Herausforderung ste-

hen, den „roten Faden" der lebensgeschichtlichen Verarbeitungsprozesse in der Biographie der Heranwachsenden zu suchen und zu halten. Die Strategien und Muster, die Jugendliche im Laufe ihres Lebens entwickelt haben, um ihr Leben zu bewältigen, gilt es zu verstehen und sich den Wirklichkeitskonstruktionen der Heranwachsenden anzunähern. Gerade bei langfristigen Betreuungsarrangements in der Jugendhilfe scheint dies von Bedeutung. Die Selbstäußerungen der Jugendlichen dienen dabei den Professionellen als „Material" zur Selbstvergewisserung. Auch Normann weist darauf hin, dass es weiterhin der Qualifizierung der Wahrnehmungs- und Deutungskompetenzen der Fachkräfte zur Entschlüsselung subjektiver Verarbeitungsprozesse junger Menschen bedarf (vgl. ebd., 2003, 160).

Insgesamt fällt auf, dass sich die Verstehensprozesse der Fachkräfte im KRIZ auf einem fachlichen Niveau befinden, die als Voraussetzung für tragfähige Hilfearrangements gelten können. Im Vergleich zu den zuständigen Jugendämtern ist es den Mitarbeitern im KRIZ möglich, die Lebensthemen der jungen Menschen und die Verstrickung der Helfer in die jeweilige Falldynamik reflektierter zu bearbeiten. Die Gründe hierfür sind äußerst vielschichtig. Zum einen stehen die Ämter als Letztverantwortliche in der Jugendhilfe unter großem Druck. Gerade Fallverläufe von sogenannten „schwierigen" Jugendlichen zeichnen sich dadurch aus, dass „vieles versucht wurde", „kaum etwas gegriffen hat" und nun scheinbar „nichts mehr geht". Ohnmacht und Hilflosigkeit führen in vielen Fällen dazu, dass die zuständigen Mitarbeiter in den Jugendämtern die geschlossene Unterbringung als letztes Mittel der Wahl in Erwägung ziehen. In dieser Situation sind sie vor allen Dingen damit beschäftigt, freiheitsentziehende Maßnahmen zu legitimieren (vgl. dazu in diesem Forschungsbericht Kapitel 5.3). Mit der Krisenintervention verbinden die Kollegen in den Sozialen Diensten hohe Erwartungen, die das KRIZ kaum erfüllen kann. Hinzu kommt – so zeigen die Fallanalysen –, dass die Mitarbeiter in den Jugendämtern gerade in diagnostischen Prozessen und im Fallverstehen eher an den äußeren Verhaltensweisen der Jugendlichen orientiert sind. In dem Verstehen der Falldynamiken scheinen sie sich kaum mit der Position und den Verstrickungen des Helfersystems zu beschäftigen. Mit der Frage, wie es dazu gekommen ist, dass der Fall sich so entwickelt hat, wird das Helfersystem und deren Handlungen kaum reflektiert.

Unterschiedliche Aufträge der Fall-Beteiligten erhöhen die Komplexität.
Die verschiedenen Fallbeteiligten (Jugendliche, Eltern, Fachkräfte in der Krisenintervention und Mitarbeiter der zuständigen Jugendämter) treten mit äußerst unterschiedlichen Erwartungen an die Krisenintervention heran. Konfrontiert mit solch komplexen Aufträgen, werden die Erfolgserwartungen der Maßnahme erheblich strapaziert. Die Fallanalysen belegen ein-

drücklich, dass dies zu einer Zuspitzung führt, die fast zwangsläufig nicht das Halten kann was sie vermeintlich verspricht. So hängt der Erfolg der Krisenintervention auch davon ab, wie die unterschiedlichen Beteiligten in einem Fall zusammenarbeiten und die gegenseitigen Erwartungen und Wünsche erfüllen können.

Die Rahmenbedingungen für eine erfolgreiche Maßnahme sind insbesondere durch die komplexen Anforderungen beeinflusst. Die geschlossene Unterbringung bewegt sich so einem äußerst ambivalenten und spannungsreichen Feld, das Erfolge nicht zwangsläufig erzeugt, sondern diese eher verhindert.

Fragen nach Schuld und Verantwortung beschäftigen in besonderem Maße Eltern, Jugendliche und Jugendämter.

Keine Jugendhilfemaßnahme lädt die Beteiligten so zu kontroversen Diskussionen und Positionen ein wie die geschlossene Unterbringung. Besonders die Frage danach, wie es zu der Unterbringung gekommen ist, beschäftigt die Beteiligten. Allen gemeinsam ist der Versuch, eine befriedigende Antwort zu finden, die Erklärungen und Begründungen bieten.

In den Interviewanalysen lässt sich zeigen, wie sehr die Antworten durch Rechtfertigungen und gegenseitige Schuldzuweisungen geprägt sind. Während die Jugendlichen und ihre Eltern für die Unterbringung in der Krisenintervention eher die Mitarbeiter in den zuständigen Jugendämtern verantwortlich machen, erleben sich die Fachkräfte in einer schwachen Position. Sie müssen das „ausbaden", was Eltern und andere Helfer meist zu einem früheren Zeitpunkt in der Lebens- und Hilfegeschichte positiv wie negativ „angerichtet" haben. In der fachlichen Entscheidung für eine Krisenintervention, verantworten sie sich nicht nur – intern – im Amt, sondern rechtfertigen sich ebenfalls in der (Fach-)Öffentlichkeit. Das erhöht den Druck auf die Fachkräfte.

In den Fällen, in denen es gelungen ist, die Zeit in der Krisenintervention als Chance zu begreifen, zeigt sich rückblickend, dass es allen beteiligten Personen gelungen ist, diese durchaus ambivalente Spannung aus Schuldzuweisungen und Rechtfertigungen zu verstehen und auszuhalten. Hier konnten die Familien und die Helfer trotzdem im Kontakt und damit handlungsfähig bleiben.

Die Geschlossenheit des KRIZ ist für die Jugendlichen im nachhinein kaum Thema, eher, dass die Welt wieder nach berechenbaren Regeln funktioniert.

Die paradoxe Erfahrung von Selbstwirksamkeit, die die jungen Menschen in der geschlossenen Unterbringung machen können, stellt für die weitere Entwicklung und Verwirklichungschancen der Jugendlichen ein großes Potential dar. Sich selbst als handlungsmächtig erleben zu können, ist für die Jugendlichen ein wesentliches Thema, dass in den Folgeinterviews immer wieder geäußert wird.

Es erstaunt der Befund, dass die Geschlossenheit an sich für die Heranwachsenden – vor allen Dingen in den Folgeinterviews – kaum Thema ist. In den Erstinterviews sind sie noch sehr mit der aktuellen Begrenzung beschäftigt. Die Beschäftigung mit dem Rahmen lässt jedoch schnell nach.

Je länger das KRIZ zurück liegt, umso mehr werden „Geschichten" erzählt (wie von alten „Schulstreichen").

Eine weitere wichtige Erkenntnis aus den Folgeinterviews ist, dass die jungen Menschen, je länger ihre Unterbringung in der Krisenintervention zurück liegt, Geschichten und Episoden wie von „Schulstreichen" erzählen. In ihren Erzählungen stellen sie sich als handelnde Personen dar, die Einfluss haben und diesen auch nutzen. Sie berichten davon, wie man das Sicherheitssystem „austricksen" kann, welche Erfahrungen und Erlebnisse sie mit den anderen Jugendlichen teilen und welche Mitarbeiter sie besonders beeindruckt haben. Darüber versuchen sie, der unfreiwilligen Situation der Krisenintervention einen Sinn und Gewinn zuzuschreiben.

Das KRIZ hat nicht geschadet, aber auch kaum etwas genützt – es war (zu oft) nur eine Episode.

Geschlossene Unterbringung wird auch heute meist noch mit Erziehungskonzeptionen der 1950er/1960er Jahre in Verbindung gebracht. Schnell entstehen Assoziationen von Verletzung, Machtmissbrauch und Ohnmacht. Die geschlossene Unterbringung heute hat damit kaum mehr etwas zu tun. Was auch heute bleibt, ist der Moment des Zwangs und der Freiheitsentziehung bzw. -beschränkung, jedoch zeigen die Befunde dieser Langzeituntersuchung, dass die jungen Menschen in der Krisenintervention keine traumatisierenden Erfahrungen gemacht haben. Diese Erkenntnis ist für sich genommen eine äußerst wichtige, wenn sie auch nicht ausreicht, um die Krisenintervention als erfolgreiche Hilfe beschreiben zu können. So kommen wir zu dem Schluss, dass das KRIZ nicht geschadet hat. Allerdings – und hier folgt sogleich die Einschränkung – lassen sich auch kaum Hinweise darauf finden, dass es etwas genützt hat, im Sinne einer nachhaltigen pädagogischen Beeinflussung. In vielen Fällen, die analysiert wurden, musste festgestellt werden, dass die Maßnahme „KRIZ" eine vereinzelte Episode in den lebensgeschichtlichen Verläufen darstellt. Sie reiht sich ein, wie die anderen Jugendhilfeangebote, die vorher und/oder nachher initiiert wurden. Dies bedeutet nicht zwangsläufig, dass sie wirkungslos war. Genauso wie die anderen Angebote hinterlässt sie ihre „Spuren" in den Lebensgeschichten der jungen Menschen.

Ein „Wendepunkt" ist das KRIZ nur dann, wenn die Anschlusshilfen gut gewählt und mit viel Geduld gestaltet werden.

Nur für wenige Heranwachsende stellt das KRIZ eine Art „Wendepunkt" in ihrer Biographie dar. In unserer Untersuchungsgruppe lassen sich in höchstens drei von 24 Fällen erkennen, dass die Krisenintervention einen nachhaltigen positiven Effekt für die Jugendlichen darstellt.

Was ist also in den drei Fällen gelungen, was in den restlichen 21 Fallverläufen nicht geglückt ist? In diesen Fällen ist es den Fachkräften der Jugendhilfe gelungen, für und mit den Jugendlichen den „roten Faden" ihrer Lebensthemen und Familiendynamiken zu halten und die Lernerfahrungen aus der Krisenintervention in die Anschlusshilfen zu überführen.

Dazu zählt auch die Zusammenarbeit der Fachkräfte aus den unterschiedlichen Einrichtungen, die ein gemeinsames Hilfekonzept entwickelt haben. So lässt sich festhalten: Wenn die Anschlusshilfen gut gewählt und mit viel Geduld gestaltet werden, können die Jugendlichen die geschlossene Unterbringung als pädagogische Intervention begreifen, um ihren bisherigen Lebensweg zu reflektieren. Sie können die Jugendhilfe als einen Ort begreifen, an dem sie Angebote zum Um- und Neulernen erfolgreicher und respektierter Überlebensstrategien zur Verfügung gestellt bekommen.

Damit ist ein entscheidender Unterschied zu den bisherigen Hilfsangeboten beschrieben worden. Die Jugendlichen beschreiben in den Interviews, wie sie in jeder einzelnen Maßnahme der Jugendhilfe, die in ihr Leben eingegriffen hat, immer wieder „von vorne" begonnen haben. Ohne den „roten Faden" der eigenen Lebensgeschichte zu kennen und zu verfolgen, kann kaum Entwicklung stattfinden; und nur Entwicklung – das wissen Pädagogen – wirkt. Dazu brauchen junge Menschen die Gelegenheit, ihre (Über-)Lebensstrategien zu reflektieren und ggf. zu erweitern und/oder zu verändern. Damit Fachkräfte ihnen dabei behilflich sein können, müssen sie diese möglichst umfassend verstehen und deren Bedeutung und Dynamik einschätzen können.

Den Erfolg pädagogischer Interventionen lässt sich kaum in einem begrenzten Zeitrahmen nachweisen. Im Anschluss an Wolf deuten auch die Befunde dieser Langzeituntersuchung darauf hin, dass die Bewährungsprobe für die Qualität pädagogischer Interventionen in der *Zeit nach Abschluss der Betreuung* stattfindet (Wolf 2007).

Die bestimmende Größe war, ist und bleibt die Herkunftsfamilie (der Rucksack der Jugendlichen, den Jugendhilfe bestenfalls neu packen, aber niemals abnehmen kann).

Auch wenn Jugendhilfe immer wieder versucht, den jungen Menschen eine Alternative zu ihren Familien anzubieten, darf sie dabei nicht die familiären Dynamiken vergessen. In Kapitel 5 wurde bereits detaillierter auf die Bedeutung der Familie für die Jugendlichen eingegangen. Auch das Bild des Rucksackes wird dort skizziert und ausgeführt. Im Zusammenhang mit der Frage, wie pädagogische Interventionen nachhaltig gestaltet werden können, soll der Aspekt der familiären Verbindungen und Verpflichtungen jedoch noch einmal in den Vordergrund gestellt werden.

Pädagogische Beeinflussung kann dann nachhaltig wirken, wenn Fachkräfte die familiären Bindungen und Verstrickungen ernst nehmen, diese kritisch reflektieren und in ihre Hilfearrangements integrieren. Der allzu verständliche Impuls der Professionellen, den Jugendlichen alternative Erfahrungen außerhalb des familiären Einflussbereiches zu ermöglichen, führt in vielen der untersuchten Fallverläufe dazu, dass die Jugendhilfe in Konkurrenz zum Familiensystem tritt. Dies geschieht meist unbeabsichtigt und implizit. Für die Jugendlichen entsteht so das Gefühl, sich entscheiden zu müssen. Auch in Fällen, in denen es viele Jahre gelungen ist, die Jugendlichen vor den familiären Verletzungen und Brüchen zu schützen, zeigt sich, dass die jungen Frauen und Männer nach Beendigung der Jugendhilfe zu und in ihre Herkunftsfamilien zurückkehren. Ob sie dort etwas „nachholen" wollen, bleibt im Bereich der Spekulation. Für Einige stellt die Herkunftsfamilie meist die einzige Alternative dar; Andere beschreiben dies als „normale" Entwicklung; wieder Andere kehren nach Hause zurück, um dort ihre Beziehung zu den Eltern zu klären.

Zusammenfassend bleibt das KRIZ eine Maßnahme, die für alle Beteiligten sehr anstrengend und aufregend ist – aber ob sich diese Anstrengungen „gelohnt" haben?
Nach allem was wir über die geschlossene Unterbringung im Rahmen dieser Langzeituntersuchung erfahren und verstehen konnten, müssen wir anerkennen, dass die Krisenintervention mit viel Engagement von den Fachkräften vor Ort gestaltet, umgesetzt und reflektiert wurde; aus pädagogischer Perspektive eine beachtliche Leistung.

Die Fall- und Interviewanalysen zeigen auch, dass die geschlossene Unterbringung für *alle* Beteiligten sehr aufregend und anstrengend war. Das Konzept der Krisenintervention mutet sowohl den Jugendlichen und ihren Familie, wie auch den Fachkräften der öffentlichen und freien Jugendhilfe viel zu. Die Herausforderung wie auch die Finanzierung der Maßnahme sind im Vergleich zu anderen Angeboten der Jugendhilfe hoch. Ob es sich tatsächlich lohnt?

Die Beantwortung dieser Frage knüpft an die Wirkungsdebatte öffentlicher Erziehung an. Wie kann pädagogische Beeinflussung so gestaltet werden, dass sich langfristige positive Wirkungen einstellen? Im Rückgriff auf das empirische Material haben wir kaum eindeutige Hinweise darauf finden können, dass durch die geschlossene Unterbringung eine positive Wendung in lebens- und hilfegeschichtlichen Verläufen erreicht werden konnte. Gleichwohl konnte auch gezeigt werden, dass die Jugendlichen dort bedeutsame Erfahrungen sammeln konnten.

Sprechen solche Befunde nun deutlich gegen geschlossene Unterbringung? Oder lassen sie doch Hinweise auf erstaunlich positive Wirkungen dieses Arrangements als Moratorium in Krisen finden? Liefert diese langwierige und komplexe Forschung Belege für oder gegen die GU? Wir haben lange gerungen, ob wir uns nicht zum Abschluss positionieren müssen, klar Stellung beziehen, das Gewicht empirischer Forschungsbefunde auf die eine oder andere Seite im scheinbar ewigen Streit um das für und wider geschlossener Erziehungssettings in die Waagschale zu werfen.

Aber so einfach es nicht. Genauer hinsehen und versuchen zu verstehen, führt selten zu eindeutigen Befunden und einfachen Einsichten. Meist wird die Sicht auf die untersuchten Zusammenhänge eher differenzierter und manchmal auch mehrdeutiger oder widersprüchlicher, so auch hier:

Pädagogische Settings mit „geschlossener Unterbringung" sind Interventionen in das Leben junger Menschen mit einem unwägbar hohen Risiko, eben diese jungen Menschen erneut und fortgesetzt zu verletzen, ihre positive Entwicklung eher zu verhindern, als zu befördern. „Geschlossene Erziehung" wird in den allermeisten Fällen vorgeschlagen und gewählt für Kinder und Jugendliche, deren Leben von vielfältigen Versagungen, Unberechenbarkeiten und Verletzungen ihrer grundlegenden Entwicklungsrechte geprägt ist. In den unausweichlichen Krisen dieser Entwicklungswege ist die Wahl einer geschlossenen Unterbringung vor allem und zuerst Ausdruck der Hilflosigkeit und Ohnmacht, reale und positive Chancen für Entwicklung und Erziehung zu gestalten, ein Ausweg, um wenigstens „Selbst- und Fremdgefährdung" zu verhindern, auch wenn dies oft genug nicht gelingt. Unsere Befunde aus den Analysen der Lebenswege junger Menschen bis zu acht Jahre nach dieser „letzten Chance" zur Erziehung liefern viele Belege dafür, wie gering die Erfolge sind, wie selten auch nur mittelfristig eine Umkehr zum Besseren gelingt.

Auf der anderen Seite beeindrucken auch in diesen Analysen so wie schon vor 30 Jahren in ersten Studien des DJI (vgl. Sprau-Kuhlen/von Wolfferdorf 1981) das Engagement, die Ernsthaftigkeit und die pädagogische Reflexivität der Fachkräfte, die diese Settings für Jugendliche heute gestalten. Sie sind sich des hohen Risikos ihrer Intervention bewusst, sie begreifen sich gerade nicht als pädagogische „Kerkergesellen", sondern wollen die massiven Strukturen ihres Settings nutzen, um Halt zu geben, um Beziehung anzubieten und aushalten zu können, was ihnen die Jungen und Mädchen an Enttäuschung und Misstrauen zeigen, aber auch in ihrer verzweifelten Suche nach Orientierung und Halt herausfordern. Sie versuchen diesen Jugendlichen, eine Welt anzubieten, die vor allem berechenbar und zuverlässig ist, auch in der Logik von Regeln und Sanktionen. Wie bedeutsam solche Erfahrungen für junge Menschen sein können, auch davon berichten unsere Analysen, vor allem die Erzählungen und Geschichten der jungen Menschen selbst.

Und zuletzt zeigen unsere Fallgeschichten und Analysen deutlich, dass die Kinder- und Jugendhilfe, die diese Settings „geschlossener Unterbringung" gestaltet und verantwortet, damit den vielleicht verzweifelten und untauglichen, aber trotz allem ernsthaften und unverzichtbaren Versuch unternimmt, ihre zumeist selbst produzierten Krisenfälle auch selbst zu bearbeiten und nicht abzuschieben zu den Nachbarn in Psychiatrie und Justiz. Es ist ein ernsthafter Versuch, Einrichtungen, Arbeitsweisen und pädagogische Settings zu entwickeln und zu erproben, die belastbar und stabil genug sind, Situationen auszuhalten, in denen „nichts mehr geht". Aufgestaute Hilflosigkeit und Ohnmacht, Überforderung und Erschöpfung, Wut und Verzweiflung waren die prägenden Gefühlslagen aller Beteiligten, ob Eltern, Jugendamtsmitarbeiter oder Fachkräfte pädagogischer Einrichtungen und nicht zuletzt der Mädchen und Jungen, wenn geschlossene Unterbringungen als „letztes Mittel" zu Diskussion stand. Mit welchen Widersprächen und Brüchen, mit wie viel verzweifelter Hoffnung auf endlich sichtbare Besserung dieser massive Eingriff verbunden ist, auch davon haben wir von den befragen Menschen eindrucksvoll erfahren. Einrichtungen wie das KRIZ sind ein ernsthafter Versuch, für Situationen „in denen nichts mehr geht" doch wieder eine Türe offen zu halten. Und dies tun sie, so paradox es ist, in dem zuerst die Türen geschlossen werden. Für ihre ernsthaften Anstrengungen, zu verstehen was sie da tun, wenn sie Türen schließen, um andere Türen zu öffnen, verdienen die Fachkräfte und Leitungen, die wir im KRIZ kennen gelernt und über fast 8 Jahre in ihrer Arbeit begleiten konnten, unseren Respekt und unsere Anerkennung. Und dies auch, wenn wir die erkennbaren Effekte ihrer Anstrengungen für die betroffenen jungen Menschen eher kritisch einschätzen. Die Titelfrage bleibt auch nach dieser Langzeitstudie zu Wahrnehmungen, Deutungen und Auswirkungen geschlossener Unterbringung in der Jugendhilfe unbeantwortet: *Woher die Freiheit bei all dem Zwange?*

Kapitel 8
Entwicklungen im neunten Jahr – Wirkungen der Langzeitstudie (LAKRIZ) aus Sicht der Praxis auf die Praxis[35]

Hans-Jürgen Kersting

Als wir vor ungefähr elf Jahren mit den ersten konzeptionellen Überlegungen zur Einrichtung eines Kriseninterventionszentrums begannen, stand die Frage der geschlossenen Unterbringung nicht im Vordergrund. Unserer Institutionsphilosophie folgend, versuchten wir, auch für die „schwierigsten" Kinder und Jugendlichen die richtige Hilfe zu schaffen. Obwohl wir dieses Ziel mit viel Energie verfolgten, mussten wir leider immer wieder feststellen, dass Hilfeprozesse trotz allem Engagements der Mitarbeiter scheiterten und abgebrochen werden mussten. Da wir aus der Jugendhilfeforschung wissen, dass gelungene Hilfeprozesse sich vor allem durch die Kontinuität der Hilfe und der Falltreue auszeichnen, galt es hier, nach Lösungen zu suchen.

Das Konzept des Kriseninterventionszentrum (KRIZ) musste also in erster Linie die Voraussetzung erfüllen, Jugendliche in Krisen so zu begleiten, dass Abbrüche und Institutionswechsel verhindert werden können. Krisen erhöhen bei allen Beteiligten den Druck, schnelle Lösungen zu finden. Unter Zeitdruck entstandene Lösungen erweisen sich als oft wenig tragfähig, da die Zeit für Reflexion und kreatives Querdenken nicht bleibt bzw. sinnvolle Hilfsmaßnahmen sich nicht sofort realisieren lassen. Entschleunigung stand daher auf unserem Wegweiser.

Wir entschieden uns aus diesen Überlegungen heraus zu einem pädagogisch geschlossenen Setting, um Schutz zu geben und Stabilisierung zu ermöglichen.

In dem Bewusstsein und mit dem Wissen, dass die pädagogisch geschlossene Arbeit ein in der Fachöffentlichkeit sehr kontrovers diskutiertes

---

35 Der Autor dieses Kapitels, Hans-Jürgen Kersting, Dipl. Sozialpädagoge und Supervisor, ist Teamleiter des Kriseninterventionszentrum von Schloss Dilborn – Die Jugendhilfe, einer pädagogischen Intensivgruppe für 12- bis 17-jährige Mädchen und Jungen, die unter geschlossenen Bedingungen arbeitet.

Thema ist, wir zudem unerfahren auf dem Gebiet waren und das Ganze für uns ein Schritt mit ungewissem Verlauf und Ausgang war, fiel die Entscheidung, das KRIZ von unabhängiger Seite auf seine Wirksamkeit hin prüfen zu lassen.

Evaluation über die Wirkungen der geschlossenen Arbeit im KRIZ – Der Forschungsauftrag

Wir konnten Herrn Prof. Dr. Christian Schrapper von der Universität Koblenz/Landau für die Evaluation unserer Arbeit im KRIZ gewinnen. Unser Auftrag bestand in der Untersuchung und Überprüfung der unmittelbaren, aber auch der der mittel- und langfristigen Wirkungen der Unterbringung im KRIZ auf die Jugendlichen.

Herr Prof. Dr. Schrapper und sein Team entwickelten das Forschungsprojekt *LAKRIZ,* das als Langzeitstudie über sechs Jahre angelegt war. Als Forschungsdesign wurden narrative Interviews gewählt, die die Betroffenen zu Wort kommen ließen, um Wirkungszusammenhänge zwischen der Hilfeform KRIZ und dem Verhalten von Jugendlichen untersuchen zu können.

Fokussiert: Gelingt durch geschlossene Unterbringung eine soziale Passung mit den Jugendlichen, damit diese für sich neue und nach Möglichkeit nachhaltige Perspektiven und Lösungen entwickeln können?

In den ersten drei Jahren, von 2003 bis 2006, haben die Forscher die Jugendlichen im KRIZ zu Beginn und zum Ende ihres Aufenthaltes interviewt. Darüber hinaus wurden die Eltern, die Mitarbeiter des Jugendamtes und die fallzuständigen Mitarbeiter des KRIZ befragt. Darüber hinaus wurde die Teamleitung in monatlichen Gesprächen zur Gesamtentwicklung des KRIZ befragt. Zugleich konnten die Forscher der Leitung unmittelbar und zeitnah Rückmeldungen zu den ersten Rückmeldungen der Jugendlichen bzgl. ihrer Unterbringung im KRIZ geben. Im Anschluss, in den Jahren 2006–2009, wurden die Jugendlichen einmal jährlich von den Forschern interviewt, um die nachhaltige Wirksamkeit der Unterbringung zu eruieren. Der Forschungsansatz wurde in dieser Form gewählt, weil die Jugendlichen als Experten ihrer eigenen Biographie verstanden werden. „Um überhaupt einen Zusammenhang pädagogischer Interventionen und möglicher Wirkungen untersuchen zu können, ist die Evaluationsstudie als Längsschnittuntersuchung angelegt. So sollen zum einen Veränderungen in Sicht- und/ oder Handlungsweisen dokumentiert und zum anderen Ausgangssituationen eines Prozesses unbeeinflusst von seinem Endzustand erfasst werden. Längsschnittdaten bieten so die Grundlage, die für die pädagogischen Prozesse zentralen zeitbezogenen Hypothesen zu prüfen und somit empirisch gestützte Aussagen über soziale Prozesse der Erziehung und Bildung zu erarbeiten." (Menk/Schneider/Schrapper 2005, 44).

Dir werden wir schon helfen

Von der Paradoxie, die Selbstwirksamkeit der Jugendlichen zu erhöhen zu helfen – Ergebnisse der Langzeitstudie „Lakriz", die sofort Eingang in die Praxis fanden

Ausgehend von den oben beschriebenen Annahmen, die zur Konzeptualisierung des KRIZ geführt hatten und unserem Anliegen, die Wirksamkeit, der von uns installierten Hilfe zu überprüfen, wollten wir jedoch nicht sechs Jahre auf Ergebnisse der Forschung warten, sondern nutzten das Forschungsdesign für die laufenden Weiterentwicklung unseres pädagogischen Praxis. Die Rückmeldungen und verschriftlichten Zwischenergebnisse der wissenschaftlichen Mitarbeiter nutzten wir für die laufende Praxis der Konzepterweiterung und Organisationsentwicklung. Diese unmittelbaren Wirkungen von Theorie auf Praxis können wir in den folgenden sieben Aspekten zusammenfassen.

Aspekt 1 – Bewältigungsstrategien der Jugendlichen. Als erstes lernten wir die emotionale Bedeutung der geschlossenen Unterbringung auf die Jugendlichen, Eltern und Mitarbeiter der belegenden Jugendämter zu verstehen. Sie ist stets ein dramatischer Einschnitt für alle Beteiligten. Dem Ankommen, das in erster Linie zur Entlastung aller Beteiligten führen soll, kommt besondere Bedeutung zu. In den Interviews konnten die Forscher drei verschiedene Bewältigungsstrategien der Jugendlichen als Reaktion auf die Unterbringung im KRIZ feststellen. So reagieren diese entweder mit offenem Widerstand – *die Rebellen.* Oder sie ziehen scheinbar logische oder notwendige Gründe für ihre Unterbringung ins Feld – *die Rationalen.* Zum Dritten finden wir Jugendliche, die sich in Lethargie und Passivität zurückziehen – *die Ohnmächtigen.* Dem pädagogischen Team half diese Ordnung, sich schneller auf die unterschiedlichen Verarbeitungsmuster Jugendlichen einzustellen und erste wichtige Hinweise auf die unterschiedlichen Lebensgeschichten, trotz ähnlicher Lebensläufe, zu erhalten.

Aspekt 2 – Entschlüsselung von Wirklichkeitskonstruktionen. Eine der wesentlichen Thesen des Projektes basiert auf der Erkenntnis, dass der Entschlüsselung der Entstehungsgeschichte der Krisen, die zur Aufnahme im KRIZ führen, besondere Bedeutung zukommt. So nehmen *Jugendliche und Mitarbeiter* oder *Eltern und Jugendamt* oder *Jugendliche und Eltern* – je nach Situation unterschiedliche Perspektiven, Deutungen und damit Konstruktionen von Wirklichkeit ein. Ziel einer gelungenen Krisenintervention kann daher nicht sein, gewissermaßen *die Wahrheit* herauszufinden. Vielmehr muss es im Laufe der Arbeit gelingen, die Bereitschaft der Beteiligten zu wecken, den eigenen Standpunkt wechseln zu können und sich auf gemeinsame lösungsorientierte neue *Wirklichkeitsversionen* einzulassen. Zusammengefasst haben die Forscher diesen Teil mit dem Schlagwort: „Ein Mensch, viele Facetten und nicht nur eine Wahrheit." (Menk/Schneider/Schrapper 2005, 45). In der Praxis erfuhren die Jugendlichen durch die Verinnerlichung dieser Erkenntnisse seitens der Mitarbeiter eine besondere Würdigung ihrer Person und Situation und konnten sich so deutlich mehr auf den Zwangskontext der geschlossenen Unterbringung einlassen.

Aspekt 3 – Verantwortung und Rolle des Personals. Die Mitarbeiter befinden sich vom ersten Moment der GU eines Jugendlichen in einer Doppelfunktion. „Sollen sie auf der einen Seite die Ängste und Wünsche der Eltern ernst nehmen und als Vermittler zwischen den Eltern und den Jugendlichen fungieren, müssen sie zeitgleich die Eltern in ihrer Erziehungsfunktion unterstützen und im Rahmen der Elternarbeit meist auch fordernd den Eltern gegenübertreten. Dem gegenüber stehen oftmals die Wünsche, Vorstellung und Erwartungen der jungen Menschen selbst." (Menk/Schneider/Schrapper 2005, 19).

Neben der Begleitung bei der Verarbeitung der GU und der Annahme, verschiedene Perspektiven zulassen zu können, stellen die Forscher das Engagement der Mitarbeiter im KRIZ in den Vordergrund. „Wenn es schon zum pädagogischen Alltag gehört, dass Kinder und Jugendliche in Zwangskontexten erzogen werden, muss es möglich sein, sich mit dem aktuell existierenden Status Quo auseinander zu setzen. Darüber hinaus müssen dann solch tief greifende Einschnitte in das Leben und der Eingriff in die bürgerlichen Grundrechte der jungen Menschen auf Freiheit, auch so attraktiv wie möglich gestaltet werden." (ebd., 44) Damit ist nichts anderes gemeint als der Umstand, sich mit den Jugendlichen permanent zu beschäftigen. Die Jugendlichen, die die Unterbringung im KRIZ im Nachhinein als positiv bewerten konnten, stellten v.a. heraus, dass die Mitarbeiter viel mit ihnen gesprochen und unternommen hatten.

Vor dem Hintergrund unterschiedlicher Interessenslagen von Jugendlichen, Eltern und Jugendämtern kommt den Mitarbeitern die Funktion zu, für einen Interessensausgleich und an der Formulierung eines gemeinsamen Zieles/Auftrages zu arbeiten. Das dies im Rahmen von GU besonders spannend ist, veranschaulicht ein immer wieder von den Jugendlichen formulierter Auftrag, der lautet: „Ich mag Sie; Machen Sie meinen Eltern bitte klar, dass ich nicht mehr so schlimm bin und ich nicht mehr im KRIZ sein muss." Dieser Auftrag verdeutlicht die gesamte Paradoxie der Interaktion zwischen den Mitarbeitern und den Jugendlichen im geschlossenen Kontext und wird durch die Aufträge der anderen Beteiligten nicht einfacher. Damit wird zugleich auch klar, dass die Mitarbeiter im KRIZ viel aushalten und sich den unterschiedlichen Interessenslagen aller Beteiligten stellen müssen, ohne selber den Faden zu verlieren. Wir lernten, dass Ambivalenz ein Schlüsselbegriff pädagogisch geschlossener Arbeit ist.

Aspekt 4 – Die Schwingungsfähigkeit erhalten und in Bewegung bleiben. Die für die pädagogische Praxis hilfreichste Rückmeldung der Forscher war für uns, dass es den pädagogischen Mitarbeitern im Laufe der Unterbringung der Jugendlichen gelingen muss, einen angemessenen Umgang mit Komplexitäten herzustellen. So bietet das KRIZ Schutz vor gefährdenden Einflüssen und beeinflusst somit die Wirklichkeit der Jugendlichen. Akzeptieren und annehmen können Jugendliche diesen Schutz jedoch nur, wenn ein ausreichendes Angebot an Wirklichkeit erweiternden Angeboten stattfindet. So helfen Einzelgespräche auf der einen Seite. Gleichzeitig kommt der Gruppenarbeit eine besondere Bedeutung zu, bietet sie die Chancen einer Erweiterung der eigenen Perspektiven und der Erweiterung von Sozialkompetenzen. Klärungsprozesse der Jugendlichen müssen manchmal ganz einfach dargestellt werden und zugleich die Jugendlichen in ihrer Komplexität ernst genommen werden. Das Gleiche gilt für die Polaritäten: *Reden und Handeln* und *Innen und Außen.*

Aspekt 5 – Wirklichkeit entschlüsseln und Sprechen in und über Bilder. Auch wenn es im pädagogischen Prozess, wie oben erwähnt, darum geht, die Beteiligten möglichst für den Anderen zu sensibilisieren, so bleiben die Jugendlichen die Protagonisten des Prozesses. *„In den Interviews mit den Mitarbeiterinnen des KRIZ und den zuständigen Mitarbeiterinnen der Jugendämter wurde deutlich, dass sich die professionellen Fachkräfte Bilder von den jungen Menschen machen, welche sie der Interviewerin in den Gesprächen vermitteln."* (Menk/Schneider/Schrapper 2005, 46). Somit scheint die Kommunikation darüber, was ein Jugendlicher bei bestimmten Menschen auslöst, wie er gesehen wird und welche Gefühle er auslöst sich wie „ein roter Faden" durch den Prozess zu ziehen. So ermöglichte das Sprechen und Lösen von Bildern (i.S. von Zuschreibungen) den Jugendlichen Zugänge, ihre Wirklichkeit zu verändern.

Aspekt 6 – Die Jugendämter im Brennpunkt der Öffentlichkeit. Mitarbeiter von Jugendämtern, die sich zu einer Unterbringung eines Jugendlichen im KRIZ entscheiden, sind besonderen Anforderungen und einem Druck nach Rechtfertigung und Legitimation ausgesetzt. Dieser Druck bestimmt ihr Handeln und beeinflusst damit den Hilfeprozess. Hierbei spielen wirtschaftliche, kommunale und politische Aspekte in den jeweiligen Jugendämtern eine maßgebliche Rolle, die die Dauer und das Tempo des Prozesses beeinflussen. Die Forscher ermöglichten uns, besonders auch auf diesen Umstand für das Gelingen einer Krisenbewältigung im pädagogisch geschlossenen Rahmen zu achten, da nur eine klare Trennung der Rollen von Auftraggeber und Auftragnehmer uns die Möglichkeit gab, das KRIZ als Schutzraum stimmig zu kommunizieren und den Jugendlichen die Botschaft „Krise als Chance" zu sehen.

Aspekt 7 – Schlüsselbegriff: Wirksamkeitsverlust. Wirksamkeitsverlust ist der Schlüsselbegriff an dem sich unsere Kommunikation und Reflexion seit den ersten Rückmeldungen durch die Forscher orientiert, reibt und löst. Wir konnten von den Forschern erfahren, dass der Verlust der Selbstwirksamkeit der Jugendlichen eng mit dem Entstehungskontext der „Krisen" verbunden war. Das Gefühl nicht gebraucht oder geliebt zu werden ist dabei von zentraler Bedeutung für die Arbeit mit den Jugendlichen. Wirksamkeitsverlust ist zugleich auch ein Phänomen, das sich wie ein roter Faden bei den Eltern, den Jugendämtern und den pädagogischen Fachkräften im KRIZ deutlich macht. Ziel musste es daher sein, diesem durch Stärkung der Ressourcen der Jugendlichen und Herkunftssysteme zu begegnen. Wir lernten daher, dass die Klärung von Krisen nie ohne die Befreiung aus dem Ohnmacht verursachenden Teufelskreislauf von Wirksamkeitsverlust geschehen kann.

Nach der Forschung – ist vor der Praxis

Was sich in den Jahren seit der Erhebung verändert hat?

Die Praxis des Kriseninterventionszentrums hat sich, seit der letzte Jugendliche interviewt wurde, erheblich weiterentwickelt. Angestoßen durch die oben beschriebenen Entwicklungen, die sich aus den Rückmeldungen der Forscher ergaben, folgten wesentliche konzeptionelle Erweiterungen in unserem Selbstverständnis einer lernenden Organisation.

Regeln und Struktur

Von Beginn an war uns klar, dass ein transparentes Regelwerk, das zwischen wünschenswertem und nicht wünschenswertem Verhalten unterscheidet, und eine klar strukturierter Tagesplan Voraussetzungen für einen funktionierenden Gruppenalltag in der geschlossenen Gruppe sind. Die Gruppenregeln und die Tagesstruktur gab es zwar von Anfang an, allerdings wurden sie mehrfach modifiziert. Wir gehen grundsätzlich davon aus, dass sie im Spannungsfeld der sozialen Kontrolle versus Partizipation und Eigenverantwortung zur emotionalen und sozialen Stabilisierung der Jugendlichen ihren Beitrag leisten. Dementsprechend werden Regeln und Struktur jährlich überprüft und der konzeptionellen Weiterentwicklung entsprechend angepasst. Insbesondere die Ausgangsregelung muss daher so konzipiert sein, dass die Jugendlichen motiviert werden, sich mit ihrem eigenen Tempo ihre Freiheit schrittweise zurück zu erarbeiten und ihre Selbstwirksamkeit zu erhöhen. Dabei gilt für uns der Grundsatz von so viel Geschlossenheit wie notwendig und so wenig Geschlossenheit wie möglich.

Kooperation von Jugendhilfe und Schule

Die Beschäftigung mit den Biographien der Jugendlichen machte uns deutlich, dass ihr „Scheitern" v. a. ein Scheitern im Lebensfeld Schule ist. Im KRIZ befinden sich ausschließlich Jugendliche, die aufgrund ihrer Lebensgeschichte massive schulische Probleme haben. Über längere Zeiträume hinweg wurde der Unterricht sporadisch oder gar nicht besucht (teilweise 2–3 Jahre).

Daher bilden Kriseninterventionszentrum (KRIZ) von Schloss Dilborn – Die Jugendhilfe und die Peter-Ustinov Schule (FÖS E/S) eine Kooperationspartnerschaft, die die Anforderungen an ein Kompetenzzentrum erfüllt. Auf der Grundlage einer gleichberechtigten Partnerschaft sehen beide sich dem Ziel verpflichtet, Benachteiligungen im Bildungsprozess der ihnen anvertrauten Jugendlichen abzubauen und schulische/berufliche Perspektiven zu eröffnen, um sie zu gemeinschaftsfähigen Persönlichkeiten wachsen zu lassen.

Die Jugendlichen, die im KRIZ leben, werden sowohl extern wie auch intern unterrichtet. Ein Gutachten im Rahmen des AO-SF wird für die Schüler und Schülerinnen eingeleitet und erstellt, deren Förderbedarf bislang nicht offiziell festgestellt wurde. In Absprache mit der zuständigen Dienstaufsichtsbeamtin sind alle Jugendlichen, die im KRIZ wohnen, Schüler der Peter-Ustinov Schule in Mönchengladbach und werden nach dem Betreuungsschlüssel für Schwerstbehinderte begleitet.

Deshalb liegt der schulische Fokus immer mehr auf der „diagnostischen Seite":

● Beratung
● Wo stehe ich?
● Was kann ich schon alles?
● Wo gibt es Probleme?
● Was hindert mich am Lernen?
● Was brauche ich, damit ich mich wieder in kleinen Schritten auf Lernen und Schule einlassen kann?

Die schulische Diagnostik ist konzeptionell, genauso wie die therapeutische Diagnostik, eine Verlaufsdiagnostik. Geht es im Prozess zum einen darum, die Jugendlichen zum Lernen zu motivieren, wird darüber hinaus der individuelle Förderbedarf im AO-SF für die Gestaltung einer tragfähigen schulischen Perspektive ermittelt und dokumentiert (vgl. Krettek/Kersting 2009, 7 f. und Kersting/Fremmer 2011, 1 f.).

Therapeutische Diagnostik als Verlaufsdiagnostik

Nach einigen Jahren der Erfahrung in der diagnostisch-therapeutischen Arbeit mit unfreiwillig untergebrachten jugendlichen Klienten im Zwangskontext der geschlossenen Unterbringung des KRIZ stellt sich ein *dialektisch-reduktionistisches* Arbeitskonzept als besonders förderlich für die Initiierung von Lernprozessen bei den Jugendlichen da. Dialektisch, da dieser Ansatz zwei therapeutische Ziele verfolgt, erstens eine *Ressourcenorientierung* und zweitens eine Reduzierung des *Symptomgewinns*. Reduktionistisch, da er die Ökologie von Symptomen und Lösungen in den Vordergrund stellt und sich damit auf Wirkungsfaktoren und die Effekte von Verhalten konzentriert.

Die therapeutische Diagnostik in der GU des KRIZ ist daher folgerichtig eine *Verlaufsdiagnostik,* die sich prozesshaft an den Themen und Auffälligkeiten, dem biographischen Hintergrund, dem Herkunftssystem, den Ressourcen und *Resilienzfaktoren* der Jugendlichen orientiert. Sie wendet sich von einem klassischen, statischen Diagnosemodell ab und bezieht sich vor allem auf Entwicklungspotentiale und deren Beeinflussung im Sinne einer flexiblen Diagnostik.

So ist sie ein am Prozess der persönlichen Entwicklung des Jugendlichen orientiertes Verfahren, welches bestrebt ist, aus der Analyse verschiedener Sichtweisen diejenigen zu fokussieren, die den Jugendlichen am meisten *lösungs- und ressourcenorientierte Wirklichkeitskonstruktionen* ermöglichen. Das Ziel ist hierbei die kontinuierliche Beeinflussung des Selbstbildes einer Person im Hinblick auf die Wahrnehmung seiner Stärken, Fähigkeiten und Ressourcen. Dieses so genannte *Sponsoring* stellt die einzige gewaltfreie und tiefgreifende Möglichkeit dar, Veränderungsprozesse auf der Ebene der Identität zu erzeugen, die dann automatisch verändernd auf die darunter liegenden Ebenen der Werte, der Motivation und dem Verhalten einer Person einwirken (vgl. Krettek/Kersting 2009, 6 ff.).

Deeskalationsmanagement

Die geschlossene Unterbringung findet in einer von Macht und Machtgefälle gekennzeichneten Situation statt. Ein gut funktionierendes Deeskalationsmanagement sichert nicht nur die Einhaltung der obersten Maxime:

Niemand verletzt einen anderen, sondern trägt im Wesentlichen zur Stabilisierung der Jugendlichen und Erreichung des jeweiligen Hilfeplanzieles bei.

Konflikte sind Bestandteile menschlichen Lebens. Im Zusammenleben von Menschen widersprechen sich zwangsläufig unterschiedliche Wünsche, Bedürfnisse, Interessen und Vorstellungen. Ein Konflikt liegt auch im KRIZ immer dann vor, wenn Bedürfnisse, Interessen, Erwartungen, Normen oder Zielvorstellungen von Mitarbeitern und Jugendlichen, oder untereinander, aufeinander treffen. Konflikte können von verbalen Aggressionen bis hin zu körperlichen Auseinandersetzungen reichen – letzteres kennzeichnet eine Eskalation.

Von Eskalationen sprechen wir immer dann, wenn Konflikte in ihrem Verlauf nicht rechtzeitig unterbrochen werden können. Deeskalation bedeutet demnach die Entschleunigung von Konflikten und die Verhinderung von Eskalation. Die Mitarbeiter des KRIZ sind innerhalb der geschlossenen Unterbringung besonderen Herausforderungen und Belastungen ausgesetzt, da die Möglichkeiten sich einer Auseinandersetzung durch Flucht, Rückzug etc. zu entziehen, sehr begrenzt sind. Unsere Erfahrungen zeigen, dass das Verstehen der Ursachen für die Entstehung von Konflikten grundlegende Voraussetzung für ein gelungenes Deeskalationsmanagement ist.

Dem für den Aufenthalt der Jugendlichen im KRIZ generell geltenden Handlungsprinzip der Entschleunigung kommt, in Bezug auf das Deeskalationsmanagement, besondere Bedeutung zu. Wirksame Intervention beginnt daher nicht mit dem Niederkämpfen des Aggressors, sondern damit, aufmerksam zu sein und Gefahrensituationen frühzeitig zu erkennen, um ihnen rechtzeitig deeskalierend zu begegnen. Die Mitarbeiter sollten sich stets die Einschätzung ihrer individuellen Wirkung in der jeweiligen konkreten Situation bewusst sein, um gezielt handeln zu können. Erst das Abschätzen der Folgen des eigenen Handelns ermöglicht bewusste Interventionen (vgl. Rosenblatt/Kersting 2010).

RAP – Respekt als Antwort und Prinzip

In einer intensiven inhaltlichen Diskussion beschäftigten wir uns mit dem Spannungsfeld des Schutzauftrages an die geschlossene Unterbringung und dem Ziel einer emanzipatorischen Pädagogik, die Jugendlichen auf ihrem Weg zur Verselbständigung zu begleiten. Für uns galt es das Lernfeld „Peergroup" auch für unsere Arbeit nutzbar zu machen. Das aus den Vereinigten Staaten stammende Konzept: *R*espekt als *A*ntwort und *P*rinzip – traf vor allem deshalb auf unser besonderes Interesse, da wir in ihm einen ressourcenorientierten Ansatz sahen, der es uns ermöglichte, unmittelbar an den Stärken der Jugendlichen, unter Respektierung ihrer Verletzungen, die durch gestörte Bindungen verursacht wurden, anzusetzen. Der Ansatz geht von sogenannten Resilienzen aus, die die Jugendlichen trotz aller schädigenden Einflüsse, die sie erfahren haben, entwickeln konnten. Ziel muss es daher vor allem sein, dass der Jugendliche in die größtmögliche Eigenverantwortung genommen wird. Niederschlag findet das Training vor allem in unserer sozialen Gruppenarbeit, den täglichen Absprachen bei den Diensten der Jugendlichen und der situativen Konfliktklärung im „life space" (vgl. dazu auch Brendtro/du Toit 2005).

Geschlossene Unterbringung als ultima ratio für die Schwierigsten? Konsequenzen für die Auftragsannahme

Wir machten unsere Erfahrungen und nahmen Jugendliche auf, beflügelt von der Idee, auch für die „Schwierigsten" im Rahmen des KRIZ eine Lösung zu finden. Die Folge war das zu häufige Scheitern trotz maximaler Helferanstrengungen. Heute können wir Konsequenzen für die Auftragsannahme und die Aufnahme von Jugendlichen im KRIZ ziehen, deren Einhaltung die Erfolgsaussichten erheblich verbessern helfen:

- Nicht der Grad der Auffälligkeit bestimmt die Notwendigkeit und Folgerichtigkeit der Unterbringung im KRIZ, sondern die Bereitschaft aller Beteiligten, sich im Zwangskontext der geschlossenen Unterbringung helfen zu lassen.
- Uns sozialen Helfern muss eine soziale Passung gelingen, dass der Jugendliche die Unterbringung im KRIZ nicht als Strafe, sondern als Chance zum Neuanfang erlebt. Die Entscheidung trifft der Jugendliche als autonome Persönlichkeit.
- Das Jugendamt, als Auftraggeber, muss bereit sein, die Hilfsgeschichte des Jugendlichen, mit dem vorläufigen Endpunkt KRIZ, mit uns aufzuarbeiten. Nur so können nachhaltige Lösungen entwickelt werden.
- Der Schutzauftrag zur emotionalen und sozialen Stabilisierung muss von Seiten des Jugendamtes und den Eltern eindeutig formuliert und gewollt sein. Wird der pädagogisch geschlossene Rahmen als Ersatz für das Nichteinschreiten der Justiz missbraucht, ist die Maßnahme von vorneherein zum Scheitern verurteilt.
- Die gelungene Unterbringung und möglichst erfolgreiche Krisenintervention hängt maßgeblich vom Engagement der zuständigen ASD Fachkraft ab, die wiederum der klaren institutionellen Unterstützung der Amtsleitung und der wirtschaftlichen Abteilung bedarf. Die teuere Maßnahme darf nicht im Verlauf aus Kostengründen abgebrochen werden. Spielen solche Überlegungen eine Rolle, sollte man es besser gleich bleiben lassen.
- Ohne Eltern geht gar nichts! Die Intensivierung und Einbeziehung der Eltern haben Verlauf und Erfolg der Maßnahme KRIZ erheblich verbessern geholfen. Eine Einbeziehung der Eltern verschafft Lösungsmöglichkeiten, die vor der GU vielleicht undenkbar waren. Wir wiederum lehnen dem zu Folge Anfragen ohne die Möglichkeit, die Eltern einbeziehen zu können, inzwischen ab.

- Auch wissen wir, dass unsere Maßnahme nur so erfolgreich und sinnvoll für alle Beteiligten ist, inwieweit es gelingt, eine vielversprechende Anschlussmaßnahme zu realisieren. Wir haben daher in den vergangenen Jahren das Netz verlässlicher Kooperationspartner ständig ausgebaut.

- Insgesamt gehen wir bei 300–400 Aufnahmeanfragen pro Jahr, bei insgesamt acht Plätzen und einer durchschnittlichen Verweildauer von 9 bis 12 Monaten davon aus, dass die Jugendhilfe der Adressat geschlossener Unterbringung ist, da hier das „Scheitern" in seiner vorläufigen Endgültigkeit offen thematisiert werden kann und darf.

Das KRIZ verstehen wir als unsere Antwort und Lösungsansatz für die Jugendlichen, die scheinbar oder real nicht durch andere Formen der Jugendhilfe erreichbar waren. Das KRIZ ist jedoch nicht *die Antwort*. Die Frage der *ultima ratio* ist daher aus unserer Sicht paradox. Mag diese Sichtweise bei Aufnahme eines Jugendlichen im KRIZ noch eine hohe Relevanz beinhalten, so bieten gerade das Aushalten und die Annahme der Jugendlichen in der Ankommensphase, das Lösen in der Klärungsphase und das gemeinsame Entwickeln von Lösungen in der Perspektivephase Möglichkeiten, sich von Zuschreibungen und eindimensionalen Erzählperspektiven über die Jugendlichen und deren Biographien zu befreien. Die sechsjährige Kooperation mit der Universität Koblenz hat vor allem dieses Bewusstseins bei uns Praktikern zu vertiefen geholfen.

Literatur

Ader, Sabine (2002): Wie werden aus Kindern in Schwierigkeiten die „besonders Schwierigen?" Erkenntnisse aus den Fallkonsultationen und Fallanalysen. In: Henkel, Joachim/Schnappka, Markus/Schrapper, Christian (Hrsg.): Was tun mit schwierigen Kindern? Sozialpädagogisches Verstehen und Handeln in der Jugendhilfe. Münster: Votum; S. 108–147

Ader, Sabine (2006): Was leitet den Blick? Wahrnehmung, Deutung und Intervention in der Jugendhilfe. Weinheim; München: Juventa

Ansen, Harald (2004): Soziale Ungleichheit junger Menschen und ihrer Familien – Auswirkungen auf Bildungsverkäufe. In: Hartnuß, Birger/Maykus, Stephan (Hrsg.): Handbuch Kooperation von Jugendhilfe und Schule. Berlin: Eigenverlag des Deutschen Vereins; S. 511–528

Baacke, Dieter (1983): Die 13-18-Jährigen. Einführung in die Probleme des Jugendalters. Weinheim; Basel: Beltz

Baacke, Dieter (1993): Biographie: Soziale Handlung, Textstruktur und Geschichten über Identität. In: Baacke, Dieter/Schulze, Theodor (Hrsg.): Aus Geschichten lernen. Zur Einübung pädagogischen Verstehens. Weinheim; München: Juventa; S. 41–86

Baacke, Dieter/Sander, Uwe (1999): Biographieforschung und pädagogische Jugendforschung. In: Krüger, Heinz-Hermann/Marotzki, Winfried (Hrsg.): Handbuch erziehungswissenschaftliche Biographieforschung. Opladen Leske + Budrich; S. 243–257

Baacke, Dieter/Schulze, Theodor (1993): Aus Geschichten lernen. Zur Einübung pädagogischen Verstehens. Weinheim; München: Juventa

Benner, Dietrich (2001): Allgemeine Pädagogik. Eine systematisch-problemgeschichtliche Einführung in die Grundstruktur pädagogischen Denkens und Handelns. Weinheim; München: Juventa

Bitzan, Maria/Bolay, Eberhard/Thiersch, Hans (Hrsg.) (2006): Die Stimme der Adressaten. Empirische Forschung über Erfahrungen von Mädchen und Jungen mit der Jugendhilfe. Weinheim; München: Juventa

Blandow, Jürgen (1997): Erziehungshilfekarrieren. Stricke und Fallen der postmodernen Jugendhilfe. In: Gintzel, Ulrich/Schone, Reinhold (Hrsg.) Jahrbuch der Sozialen Arbeit. Münster: Votum

Blankertz, Herwig (1982): Die Geschichte der Pädagogik. Von der Aufklärung bis zur Gegenwart. Wetzlar: Büchse der Pandora

Bogner, Alexander/Menz, Wolfgang (2002): Expertenwissen und Forschungspraxis: die modernisierungstheoretische und die methodische Debatte um die Experten. Zur Einführung in ein unübersichtliches Problemfeld. In: Bogner, Alexander/Littig, Beate/Menz, Wolfgang (Hrsg.): Das Experteninterview. Theorie, Methode, Anwendung. Opladen: Leske + Budrich; S. 7–29

Böhm, Andreas: Theoretisches Codieren (2004): Textanalyse in der Grounded Theory. In: Flick, Uwe/von Kardorff, Ernst/Steinke, Ines (Hrsg.): Qualitative Forschung. Ein Handbuch. Hamburg: Rowohlt; S. 475–485

Böhnisch, Lothar (1992): Sozialpädagogik des Kindes- und Jugendalters. Weinheim; München: Juventa.

Böhnisch, Lothar (2001): Sozialpädagogik der Lebensalter. Eine Einführung. Weinheim; München: Juventa

Böhnisch, Lothar (2005): Sozialpädagogik der Lebensalter. Eine Einführung. Weinheim; München: Juventa

Bohnsack, Ralf (1999): Rekonstruktive Sozialforschung. Einführung in Methodologie und Praxis qualitativer Forschung. Opladen: Leske + Budrich

Bowlby, John (Übersetzung: Axel Hillig und Helene Hanf) (2008): Bindung als sichere Basis. Grundlagen und Anwendung der Bindungstheorie. München: Ernst Reinhardt

Brendtro, Larry/du Toit, Lesley (2005): Respekt als Antwort und Prinzip. Wege zu intakten Bindungen. Ort: Circle of Courage original edition

Bude, Heinz (2004): Die Kunst der Interpretation. In: Flick, Uwe/von Kardoff, Ernst/ Steinke, Ines (Hrsg.): Qualitative Forschung. Ein Handbuch. Hamburg: Rowohlt; S. 569–578

Bundesjugendkuratorium (Hrsg.) (2001): Zukunftsfähigkeit sichern! Für ein neues Verhältnis von Bildung und Jugendhilfe. Eine Streitschrift des Bundesjugendkuratoriums. Bonn/Berlin

Bundesministerium für Frauen, Senioren, Frauen und Jugend (BMFSFJ) (Hrsg.) (1998): Leistungen und Grenzen von Heimerziehung. Ergebnisse einer Evaluationsstudie stationärer und teilstationärer Erziehungshilfen – JULE. Stuttgart, Berlin, Köln

Bundesministerium für Familie, Senioren, Frauen und Jugend (BMFSFJ) (Hrsg.) (2002): Elfter Kinder- und Jugendbericht. Bericht über die Lebenssituation junger Menschen und die Leistungen der Jugendhilfe in Deutschland. Berlin

Bundesministerium für Familie, Senioren, Frauen und Jugend (BMFSFJ) (Hrsg.) (2005): Zwölfter Kinder- und Jugendbericht. Bildung, Betreuung und Erziehung vor und neben der Schule. Berlin

Colla, Herbert E. (1973): Der Fall Frank. Exemplarische Analyse der Praxis öffentlicher Erziehung. Kritische Texte zur Sozialarbeit und Sozialpädagogik. Neuwied; Berlin: Luchterhand

Deutsches Jugendinstitut (1981): Dokumentation zur geschlossenen Unterbringung von Kindern und Jugendlichen in Heimen der Öffentlichen Erziehung, von Kersten, Joachim/Rathgeber, Richard/Sprau-Kuhlen, Vera/von Wolffersdorff-Ehlert, Christian. München: DJI-Verlag

Deutscher Verein für öffentliche und private Fürsorge (Hrsg.) (1997): Fachlexikon der sozialen Arbeit. Stuttgart: Kohlhammer

Diekmann, Andreas (1995): Empirische Sozialforschung. Grundlagen, Methoden, Anwendungen. Reinbek bei Hamburg: Rowohlt

Dillig, Peter (1983): Selbstbild junger Krimineller. Eine empirische Untersuchung. Weinheim; Basel: Beltz

Dörpinghaus, Andreas/Poenitsch, Andreas/Wigger, Lothar (2006): Einführung in die Theorie der Bildung. Darmstadt: Wissenschaftliche Buchgesellschaft

Elschenbroich, Donata (2002): Das Weltwissen der Siebenjährigen. München: Goldmann

Faltermeier, Josef (2001): Verwirkte Elternschaft? Fremdunterbringung – Herkunfts-eltern – Neue Handlungsansätze. Münster: Votum

Faltermeier, Josef/Glinka, Hans-Jürgen/Schefold, Werner (2003): Herkunftsfamilien. Empirische Befunde und praktische Anregungen rund um die Fremdunterbringung von Kindern. Freiburg im Breisgau: Lambertus Verlag

Filipp, Sigrun-Heide (Hrsg.) (1995): Kritische Lebensereignisse. Weinheim; Basel: Beltz

Filipp, Sigrun-Heide/Ferring, Dieter (2002): Die Transformation des Selbst in der Auseinandersetzung mit kritischen Lebensereignissen. In: Jüttemann, Gerd/Thomae, Hans (Hrsg.): Persönlichkeit und Entwicklung. Weinheim; Basel: Beltz; S. 191–228

Finkel, Margarete (2004): Selbständigkeit und etwas Glück. Einflüsse öffentlicher Erziehung auf die biographischen Perspektiven junger Frauen. Weinheim; München: Juventa

Flick, Uwe (2000): Qualitative Forschung. Theorie, Methoden, Anwendung in Psychologie und Sozialwissenschaft. Reinbek bei Hamburg: Rowohlt

Flick, Uwe (2007): Qualitative Sozialforschung. Eine Einführung. Reinbek bei Hamburg: Rowohlt

Flick, Uwe/von Kardorff, Ernst/Steinke, Ines (Hrsg.) (2000): Qualitative Forschung. Ein Handbuch. Reinbek bei Hamburg: Rowohlt

Flösser, Gaby/Oechler, Melanie (2002): Kooperation – Partizipation: Partnerschafts-modelle im aktivierenden Sozialstaat. In: Arbeitsgemeinschaft für Erziehungshilfe (AFET e. V.) (Hrsg.): Der elfte Kinder- und Jugendhilfebericht. Gesellschaft im Umbruch – Jugendhilfe bezieht Position. Hannover; S. 55–66

Gabriel, Thomas (2001): Forschung zur Heimerziehung. Eine vergleichende Bilanzierung in Großbritannien und Deutschland. Weinheim; München: Juventa

Gairing, Fritz (1999): Organisationsentwicklung als Lernprozess von Menschen und Systemen. Zur Rekonstruktion eines Forschungs- und Beratungsansatzes und seiner metadidaktischen Relevanz. Weinheim: Deutscher Studien Verlag

Gehres, Walter (1997): Wirkungen von Heimunterbringung. Klientenorientierte Evaluationsforschung als ein wesentlicher Beitrag zur Qualitätssicherung der Sozialen Dienste. In: Neue Praxis. Heft 2 (Jg. 27), S. 176–181

Giesecke, Hermann (1997): Die pädagogische Beziehung. Pädagogische Professionalität und die Emanzipation des Kindes. Weinheim; München: Juventa

Giesecke, Hermann (1999): Einführung in die Pädagogik. 5. Auflage, Weinheim; München: Juventa

Gipser, Dietlinde/Zillmer, Heiner (2011): Der Fürsorge entkommen, der Forschung nicht. Das Lieselotte-Pogratz-Projekt „Lebensbewährung nach öffentlicher Erziehung". Hamburg: Edition Zebra

Gläser, Jochen/Laudel, Grit (2004): Experteninterviews und qualitative Inhaltsanalyse. Wiesbaden: VS Verlag für Sozialwissenschaften

Glaser, Barney G./Strauss, Anselm L. (1998): Grounded Theory. Strategien qualitativer Forschung. Bern: Huber

Glinka, Hans-Jürgen/Faltermeier, Josef/Schefold, Werner (2003): Herkunftsfamilien – Empirische Befunde und praktische Anregungen rund um die Fremdunterbringung von Kindern. Frankfurt am Main: DV

Goffman, Erving (1973): Asyle. Über die soziale Situation psychiatrischer Patienten und anderer Insassen. Frankfurt am Main: Suhrkamp

Graßoff, Gunter (2008): Theoretische Überlegungen zu einem empirischen Programm sozialpädagogischer Adressatenforschung. In: Neue Praxis; 4/2008; S. 399–408

Griese, Birgit/Griesehop, Hedwig Rosa (2007): Biographische Fallarbeit. Theorie, Methode und Praxisrelevanz. Wiesbaden: VS Verlag für Sozialwissenschaften

Große, Stefanie (2008): Lebensbrüche als Chance? Lern- und Bildungsprozesse im Umgang mit kritischen Lebensereignissen – eine biographieanalytische Studie. Münster: Waxmann

Grunwald, Klaus/Thiersch, Hans (2001): Lebensweltorientierung. In: Otto, Hans-Uwe/Thiersch, Hans (Hrsg.): Handbuch Sozialarbeit Sozialpädagogik. Neuwied; Kriftel: Luchterhand; S. 1136–1148

Hanses, Andreas (2003): Angewandte Biographieforschung in der Sozialen Arbeit. Erörterungen zu „Abkürzungsverfahren" biographischer Analysen in praxisorientierter Forschung. In: Otto, Hans-Uwe/Oelerich, Gertrud/Micheel, Heinz-Günter (Hrsg.): Empirische Forschung und Soziale Arbeit. Ein Lehr- und Arbeitsbuch. München; Unterschleißheim: Luchterhand; S. 259–277

Hannich, Regina (2008): Lebens(ver-)läufe von Jugendlichen nach der Geschlossenen Unterbringung. Eine empirische Untersuchung zu subjektiven Mustern und gesellschaftlichen Anforderungen in der Jugendhilfe. Unveröffentlichte Diplomarbeit an der Universität Koblenz-Landau

Heiner, Maja (Hrsg.) (2004): Diagnostik und Diagnosen in der sozialen Arbeit. Ein Handbuch. Frankfurt am Main: Eigenverlag des Deutschen Vereins für öffentliche und private Fürsorge

Henkel, Joachim/Schnapka, Markus/Schrapper, Christian (Hrsg.) (2002): Was tun mit schwierigen Kindern? Sozialpädagogisches Verstehen und Handeln in der Jugendhilfe. Münster: Votum

Henningsen, Jürgen (1981): Autobiographie und Erziehungswissenschaft. Essen: NDS

Hentig, Hartmut von (1996): Bildung. München; Wien: Hanser Verlag

Hirschauer, Stefan (2003): Konstruktivismus. In: Bohnsack, Ralf/Marotzki, Winfried/Meuser, Michael (Hrsg.): Hauptbegriffe Qualitativer Sozialforschung. Opladen: Leske + Budrich; S. 102–104

Hofgesang, Birgit (2006): Stimm(los)igkeit und Sinn(los)igkeit von Lebenserzählungen. Erfahrungen und Ergebnisse aus biographisch orientierten Interviews mit „jungen Menschen in extremen individuellen und sozialen Problemlagen". In: Bitzan, Maria/Bolay, Eberhard/Thiersch, Hans (Hrsg.): Die Stimme der Adressaten. Empirische Forschung über Erfahrungen von Mädchen und Jungen mit der Jugendhilfe. Weinheim; München: Juventa; S. 73–89

Hoops, Sabrina/Permien, Hanna (2005): Kinder und Jugendliche und Freiheitsentziehende Maßnahmen in der Jugendhilfe: wie viele, woher, wohin, warum und wie? Erste Ergebnisse eines DJI-Forschungsprojekts. In: ZJJ, 1/2005; S. 41–49

Hoops, Sabrina/Permien, Hanna (2006): „Mildere Maßnahmen sind nicht möglich!" Freiheitsentziehende Maßnahmen nach § 1631b BGB in Jugendhilfe und Jugendpsychiatrie. München: DJI

Hopf, Christel (2004): Qualitative Interviews – ein Überblick. In: Flick, Uwe/von Kardorff, Ernst/Steinke, Ines (Hrsg.): Qualitative Forschung. Ein Handbuch. 3. Auflage, Hamburg: Rowohlt; S. 349–360

Hurrelmann, Klaus (2007): Lebensphase Jugend. Eine Einführung in die sozialwissenschaftliche Jugendforschung. Weinheim; München: Juventa

Institut für Kinder- und Jugendhilfe (IKJ) (1999): Projekt-Design EVAS (Evaluation erzieherischer Hilfen). Mainz. (www.ikj-mainz.de [12.10.2009])

Jakob, Gisela (1997): Das narrative Interview in der Biographieforschung. In: Friebertshäuser, Barbara/Prengel, Annedore (Hrsg.): Handbuch Qualitative Forschungsmethoden in der Erziehungswissenschaft. Weinheim; München: Juventa; S. 445–458

Jakob, Gisela/von Wensierski, Hans-Jürgen (1997): Rekonstruktive Sozialpädagogik. Sozialwissenschaftliche Hermeneutik, Fallverstehen und sozialpädagogisches Handeln – eine Einführung. In: Jakob, Giesela/von Wensierski, Hans-Jürgen (Hrsg.): Rekonstruktive Sozialpädagogik. Konzepte und Methoden sozialpädagogischen Verstehens in Forschung und Praxis. Weinheim; München: Juventa; S. 7–22

Kant, Immanuel (1803/2000): Über Pädagogik. In: Schriften zur Anthropologie, Geschichtsphilosophie, Politik und Pädagogik 2. Herausgegeben von Wilhelm Weischedel, Bd. 1. Frankfurt am Main: Suhrkamp Taschenbuch Wissenschaft; S. 697–761 (Werkausgabe Band XII)

Kant, Immanuel (2000): Über Pädagogik. In: Schriften zur Anthropologie Geschichtsphilosophie, Politik und Pädagogik 2. Herausgegeben von Wilhelm Weischedel, Bd. 1 Frankfurt am Main: Suhrkamp Taschenbuch Wissenschaft, S. 697–761 (Werkausgabe Band XII)

Kersting, Hans-Jürgen/Fremmer, Marita (2011): Kooperation zwischen dem Kriseninterventionszentrum (KRIZ) und der Peter-Ustinov-Schule (FÖS E/S) Mönchengladbach. Mönchengladbach: Internes Konzeptpapier

Keupp, Heiner (2002): Identitätskonstruktionen – Das Patchwork der Identitäten in der Spätmoderne. Reinbek bei Hamburg: Rowohlt

Köckeritz, Christine (2004): Entwicklungspsychologie für die Jugendhilfe. Eine Einführung in Entwicklungsprozesse, Risikofaktoren und Umsetzung in Praxisfeldern. Weinheim; München: Juventa

Köttgen, Charlotte (2003): Kriminalpolitik auf Irrwegen. Zur Wiedereinführung der geschlossenen Unterbringung in Hamburg. In: Zeitschrift für Jugendkriminalrecht und Jugendhilfe, 14. Jg., H. 3; S. 296–299

Kohli, Martin (1980): Zur Theorie der biographischen Selbst- und Fremdthematisierung. In: Matthes, Joachim (Hrsg.): Lebenswelt und soziale Probleme. Verhandlungen des 20. deutschen Soziologentages zu Bremen 1980. Frankfurt am Main; New York: Campus; S. 502–520

Kohli, Martin/Robert, Günther (Hrsg.) (1984): Biographie und soziale Wirklichkeit. Neue Beiträge und Forschungsperspektiven. Stuttgart: Metzler

Kraimer, Klaus (Hrsg.) (2000): Die Fallrekonstruktion. Sinnverstehen in der sozialwissenschaftlichen Forschung. Frankfurt am Main: Suhrkamp

Krettek, Dagmar/Kersting, Hans-Jürgen (2009): Diagnostik Kriz. Mönchengladbach: Internes Konzeptpapier

Kriseninterventionsteam (KIT) (2003): Bericht über die Untersuchung schwerwiegender Fälle von Intensivtätern im Kinderbereich. Hannover. (http://www.soziales.niedersachsen.de/portal/live.php?navigation_id=126&article_id=20&_psmand=2 [Zugriff: 01.05.2012])

Kriseninterventionszentrum (KRIZ), Schloss Dilborn – Die Jugendhilfe: (http://www.dilborn.de/fileadmin/user_upload/dilborn/Angebote/KRIZ.pdf) [Zugriff: 3.5.2012]

Kron, Friedrich W. (2009): Grundwissen Pädagogik. München: Ernst Reinhardt

Krüger, Heinz-Hermann (2002): Einführung in Theorien und Methoden der Erziehungswissenschaft. Opladen: Leske + Budrich

Krüger, Heinz-Hermann/Marotzki, Winfried (Hrsg.) (1996): Erziehungswissenschaftliche Biographieforschung. Opladen: Leske + Budrich

Kuhlmann, Carola/Schrapper, Christian (2001): Wie und warum Kinder öffentlich versorgt und erzogen wurden – Zur Geschichte der Erziehungshilfen von der Armenpflege bis zu den Hilfen zur Erziehung. In: Birtsch, Vera et al. (Hrsg.): Handbuch Erziehungshilfen. Münster: Votum; S. 282–328

Lambers, Helmut (1996): Heimerziehung als kritisches Lebensereignis. Eine empirische Längsschnittuntersuchung über Hilfeverläufe im Heim aus systemischer Sicht. Münster: Votum

Lamnek, Siegfried (1995): Qualitative Sozialforschung. Band 1. Methodologie. Weinheim; Basel: Beltz

Lamnek, Siegfried (2005): Qualitative Sozialforschung. Lehrbuch. Weinheim; Basel: Beltz

Leistungsbeschreibung Kriseninterventionszentrum – „KRIZ": http://www.dilborn.de/fileadmin/user_upload/dilborn/Leistungsbeschreibungen/Leistungsbeschreibung_Kriz.pdf (Zugriff: 3.5.2012)

Lüders, Christian (2004): Herausforderungen qualitativer Forschung. In: Flick, Uwe/von Kardorff, Ernst/Steinke, Ines (Hrsg.): Qualitative Forschung. Ein Handbuch. Hamburg: Rowohlt; S. 632–642

Luhmann, Niklas/Schorr, Karl Eberhard (Hrsg.) (1982): Zwischen Technologie und Selbstreferenz. Fragen an die Pädagogik. Frankfurt am Main: Suhrkamp

Lutz, Tilman (2010): Soziale Arbeit im Kontrolldiskurs. Jugendhilfe und ihre Akteure in postwohlfahrtsstaatlichen Gesellschaften. Wiesbaden: VS Verlag für Sozialwissenschaften

Marotzki, Winfried (2000): Qualitative Biographieforschung. In: Flick, Uwe/von Kardoff, Ernst/Steinke, Ines (Hrsg.): Qualitative Forschung. Ein Handbuch. Reinbeck bei Hamburg: Rowohlt; S. 175–186

Marotzki, Winfried (2004): Qualitative Biographieforschung. In: Flick, Uwe/von Kardoff, Ernst/Steinke, Ines (Hrsg.): Qualitative Forschung. Ein Handbuch. 3. Auflage. Hamburg: Rowohlt; S. 175–186

Marotzki, Winfried (2006a): Forschungsmethoden und -methodologie der Erziehungswissenschaftlichen Biographieforschung. In: Krüger, Heinz-Hermann/Marotzki, Winfried (Hrsg.): Handbuch erziehungswissenschaftlicher Biographieforschung. Wiesbaden: VS Verlag für Sozialwissenschaften; S. 111–135

Marotzki, Winfried (2006b): Bildungstheorie und allgemeine Bildungsforschung. In: Krüger, Heinz-Hermann/Marotzki, Winfried (Hrsg.): Handbuch erziehungswissenschaftliche Biographieforschung. Wiesbaden: VS Verlag für Sozialwissenschaften; S. 59–70

Marotzki, Winfried (2009): Medienbildung – Eine Einführung. Stuttgart: Klinkhardt

Marotzki, Winfried/Tiefel, Sandra (2007): Bildung. In: Deutscher Verein für öffentliche und private Fürsorge e. V. (Hrsg.): Fachlexikon der sozialen Arbeit. Baden-Baden: Nomos; S. 134–136

Maykus, Stephan (2004a): Kooperation von Jugendhilfe und Schule aus sozialpädagogischer Sicht: sozialintegrative Optionen von Sozialpädagogik im Kontext der Schule. In: Hartnuß, Birger/Maykus, Stephan (Hrsg.): Handbuch Kooperation von Jugendhilfe und Schule. Berlin: Eigenverlag des Deutschen Vereins; S. 164–190

Maykus, Stephan (2004b): Merkmale sozialpädagogischer Bildungsarbeit in der (Mit-) Gestaltung von individuellen und institutionellen Bildungsprozessen: Schlussfolgerungen für die Konzeptualisierung von Schulsozialarbeit. In: Hartnuß, Birger/Maykus, Stephan (Hrsg.): Handbuch Kooperation von Jugendhilfe und Schule. Berlin: Eigenverlag des Deutschen Vereins; S. 299–325

Mayring, Philipp (2002): Einführung in die qualitative Sozialforschung. Eine Anleitung zu qualitativem Denken. Weinheim; Basel: Beltz

Mayring, Philipp (2004): Qualitative Inhaltsanalyse. In: Flick, Uwe/von Kardorff, Ernst/ Steinke, Ines (Hrsg.): Qualitative Forschung. Ein Handbuch. Hamburg: Rowohlts Enzyklopädie; S. 468–475

Menk, Sandra (2004): Wie wirkt geschlossene Unterbringung? Eine Langzeitstudie zur Evaluation eines sozialpädagogischen Kriseninterventionszentrums (LAKRIZ). In: Schrapper, Christian (Hrsg.): Sozialpädagogische Forschungspraxis. Positionen, Projekte, Perspektiven. Weinheim; München: Juventa; S. 132–140

Menk, Sandra (2005): „Dir werden wir schon helfen …" – Zur Gestaltung professioneller Beziehungen in einer geschlossenen Einrichtung der Jugendhilfe. Unveröffentlichte Diplomarbeit an der Universität Koblenz-Landau

Menk, Sandra (2011): „Vergangenheitsträume" Veränderungsprozesse von Selbst- und Weltbildern junger Menschen. Eine Langzeituntersuchung von Kindern und Jugendlichen während und nach einer sozialpädagogischen Krisenintervention. (http://kola. opus.hbz-nrw.de/volltexte/2011/683/) [Zugriff: 31.03.2012]

Menk, Sandra/Schneider, Vanessa/Schrapper, Christian (2005): Materialien und Zwischenergebnisse zum Forschungsprojekt: Lakriz. Eine Langzeitstudie Zur Evaluation eines sozialpädagogischen Kriseninterventionszentrums Koblenz: Eigenveröffentlichung der Universität Koblenz-Landau

Mertens, Wolfgang (2000): Einführung in die psychoanalytische Therapie. Band 3. Stuttgart: Kohlhammer

Meuser, Michael/Nagel, Ulrike (2002): ExpertInneninterviews – vielfach erprobt, wenig bedacht. Ein Beitrag zur qualitativen Methodendiskussion. In: Bogner, Alexander/Littig, Beate/Menz, Wolfgang (Hrsg.): Das Experteninterview. Theorie, Methode, Anwendung. Opladen: Leske + Budrich; S. 71–93

Meuser, Michael (2003): Rekonstruktive Sozialforschung. In: Bohnsack, Ralf/Marotzki, Winfried/Meuser, Michael (Hrsg.): Hauptbegriffe Qualitativer Sozialforschung. Ein Wörterbuch. Opladen: Leske + Budrich; S. 140–142

Muck, Mario/Tescher, Hans-Georg (Hrsg.) (2001): Grundlagen der Psychoanalytischen Pädagogik. Gießen: Psychosozial-Verlag

Müller, C. Wolfgang (2001): „Diagnose": Das ungeliebte Handwerk – Herausforderung für die Fachleute des Jugendamtes. In: Theorie und Praxis der Sozialen Arbeit; 52, Nr. 1, S. 44–48

Müller, Heinz (2005): Anmerkungen zur aktuellen Bildungsdebatte aus der Perspektive der Hilfe zur Erziehung. In: AFET Bundesverband für Erziehungshilfe (Hrsg.): Bildung. Benachteiligung. Erziehungshilfe fördert Chancen. Bildung statt Benachteiligung. AFET-Veröffentlichung Nr. 64/2005, Hannover; S. 155–185

Niemeyer, Christian (1998): Klassiker der Sozialpädagogik: Einführung in die Theoriegeschichte einer Wissenschaft. Weinheim; München: Juventa

Normann, Edina (2003): Erziehungshilfen in biografischen Reflexionen. Heimkinder erinnern sich. Weinheim; Basel: Beltz

Oevermann, Ulrich (1999): Ein aktuelles Konzept. In: Kron, Friedrich W. (Hrsg.): Wissenschaftstheorie für Pädagogen. München; Basel: Ernst Reinhardt

Ortmann, Hedwig (2001): Selbstbildung. In: Otto, Hans-Uwe/Thiersch, Hans (Hrsg.): Handbuch Sozialarbeit Sozialpädagogik. Neuwied; Kriftel: Luchterhand; S. 1548–1556

Paetzold, Ulrich (2000): Gutachten zur geschlossenen Unterbringung „schwierigster" Kinder und Jugendlicher aus dem Land Brandenburg. Fallanalysen aus den Jahren 1997–1999. (http://www.lja.brandenburg.de/sixcms/media.php/2411/geschlossene_unterbringung.pdf [17.10.2009])

Pankofer, Sabine (1997): Freiheit hinter Mauern. Mädchen in geschlossenen Heimen. Weinheim; München: Juventa

Pavel, Nadine (2008): „Irgendwann ist für jeden Schluss!" – Eine empirische Untersuchung zur geschlossenen Unterbringung aus Sicht der Eltern. Unveröffentlichte Diplomarbeit. Koblenz.

Permien, Hanna (2010): Erziehung zur Freiheit durch Freiheitsentzug? Zentrale Ergebnisse der DJI-Studie „Effekte freiheitsentziehender Maßnahmen in der Jugendhilfe". München: DJI

Pestalozzi, Johann Heinrich (1947): Pestalozzi und seine Anstalt in Stanz. Kleine Pädagogische Texte, Heft 6, hrsg. von Nohl, Herman/Weniger, Erich/Geissler, Georg. Weinheim: Julius Beltz

Peters, Friedhelm (2005): Geschlossene Unterbringung. Die Position der IGfH. In: Deutsches Jugendinstitut (Hrsg.): Forum Erziehungshilfen, 11, Heft 4, S. 215–219.

Peters, Friedhelm/Trede, Wolfgang (Hrsg.) (1992): Strategien gegen Ausgrenzung. Politik, Pädagogik und Praxis der Erziehungshilfen in den 90er Jahren. Frankfurt am Main: IGFH

Peukert, Detlev (1986): Grenzen der Sozialdisziplinierung. Aufstieg und Krise der deutschen Jugendfürsorge 1878–1932. Köln: Bund-Verlag

Peukert, Detlev (2004): Wohlfahrtsstaat und Lebenswelt. Sozialstaat als Verfassungsrecht. In: Hering, S./Urban, U. (Hrsg.): „Liebe alleine genügt nicht". Historische und systematische Dimensionen der Sozialpädagogik. Opladen: Verlag Leske + Budrich; S. 171–185

Pongratz, Lieselotte/Hübner, Hans-Odo (1959): Lebensbewährung nach öffentlicher Erziehung. Neuwied: Luchterhand

Rätz-Heinisch, Regina (2005): Gelingende Jugendhilfe bei „aussichtslosen Fällen"! Biographische Rekonstruktionen von Lebensgeschichten junger Menschen. Würzburg: Ergon

Reifrath, Wilfried (1997): Kommunikation. In: Deutscher Verein für öffentliche und private Fürsorge (Hrsg.): Fachlexikon der sozialen Arbeit. Stuttgart: Kohlhammer; S. 563–566

Rosenblatt, Klaus/Kersting Hans-Jürgen (2010): Deeskalationsmanagement. Mönchengladbach: Internes Konzeptpapier

Rosenthal, Gabriele (2005): Interpretative Sozialforschung. Eine Einführung. Weinheim; München: Juventa

Rosenthal, Gabriele/Fischer-Rosenthal, Wolfram (2000): Analyse narrativ-biographischer Interviews. In: Flick, Uwe/von Kardorff, Ernst/Steinke, Ines (Hrsg.): Qualitative Forschung. Ein Handbuch. Reinbek bei Hamburg: Rowohlt; 456–468

Schefold, Werner (2004): Erziehungshilfen im gesellschaftlichen Kontext. Zur Entgrenzung der Kinder- und Jugendhilfe. In: Lenz, Karl/Schefold, Werner/Schröer, Wolfgang

(Hrsg.): Entgrenzte Lebensbewältigung. Jugend, Geschlecht und Jugendhilfe. Weinheim; München: Juventa; S. 159–237

Scherr, Albert (2004): Subjektbildung. In: Otto, Hans-Uwe/Coelen, Thomas (Hrsg.): Grundbegriffe der Ganztagsbildung. Beiträge zu einem neuen Bildungsverständnis in der Wissensgesellschaft. Wiesbaden: VS Verlag für Sozialwissenschaften; S. 85–98

Schmidt, Christiane (1997): „Am Material": Auswertungstechniken für Leitfadeninterviews. In: Friebertshäuser, Barbara/Prengel, Annedore (Hrsg.): Handbuch Qualitative Forschungsmethoden in der Erziehungswissenschaft. Weinheim; München: Juventa; S. 544–567

Schmidt, Christiane (2000): Analyse von Leitfadeninterviews. In: Flick, Uwe/von Kardorff, Ernst/Steinke, Ines (Hrsg.): Qualitative Forschung. Ein Handbuch. Reinbek bei Hamburg: Rowohlt; S. 447–456

Schmitt, Josef (1997): Ergebnisse einer Umfrage bei den Landesjugendämtern zur geschlossenen Unterbringung. In: Evangelische Jugendhilfe, 14, Heft 5; S. 263–274

Schnorr, Vanessa (2011): „Wer kann ich werden – Wer soll ich sein?" Selbstbildungsprozesse junger Menschen in der Jugendhilfe. (http://kola.opus.hbz-nrw.de/volltexte/2011/622/) [Zugriff: 31.03.2012])

Schrapper, Christian (2002): Über „schwierige Kinder" – Erfahrungen, Fragestellungen und Ansatzpunkte sozialpädagogischer Arbeit in der Kinder- und Jugendhilfe. In: Henkel, Joachim/Schnappka, Markus/Schrapper, Christian (Hrsg.): Was tun mit schwierigen Kindern? Sozialpädagogisches Verstehen und Handeln in der Jugendhilfe. Münster: Votum

Schrapper, Christian (2003a): Schwierige Kinder, schwierige Fälle und die pädagogische Verantwortung der Jugendhilfe – Fragestellungen, Befunde und Hinweise aus dem „Kölner-Modellprojekt" für die Diskussion um „freiheitsentziehende Maßnahmen" in der Jugendhilfe. In: Das Jugendamt, Heidelberg, Eigenverlag des Deutschen Instituts für Jugendhilfe und Familienrecht, 76. Jahrgang, Nr. 3; S. 116–120

Schrapper, Christian (2003b): „… dem eigenen Urteil trauen?" Erfahrungen und Positionen zur sozialpädagogischen Diagnostik. In: Widersprüche. Bielefeld, Kleine-Verlag, 23. Jahrgang, Nr. 88; S. 41–47

Schrapper, Christian (2004): Pädagogik im Zwangskontext oder: Was ist Erziehung? Zehn Thesen aus erziehungswissenschaftlicher Perspektive. In: Kühne und Ronald (Hrsg.) Verein für Kommunalwissenschaften (Hrsg.): Freiheitsentziehende Maßnahmen als Voraussetzung für pädagogische Einflussnahme – Indikationen, Settings, Verfahren. Berlin: Verein für Kommunalwissenschaften

Schrapper, Christian (2005): Hilfeprozesse als Bildungsprozesse? Zur Bedeutung von Bildung in der Hilfe zur Erziehung. In: AFET Bundesverband für Erziehungshilfe (Hrsg.): Bildung. Benachteiligung. Erziehungshilfe fördert Chancen. Bildung statt Benachteiligung. AFET-Veröffentlichung; Nr. 64/2005; Hannover; S. 57–68

Schrapper, Christian (im Erscheinen): Zur Diagnostik der Bedeutungen von Geschwisterbeziehungen bei der Fremdunterbringung von Kindern und Jugendlichen – ein Überblick. Expertise für SOS-Kinderdorf Deutschland

Schrapper, Christian/Henkel, Joachim/Schnapka Markus (2002): Was tun mit schwierigen Kindern? Weinheim; Basel: Beltz

Schrapper-Thiesmeier, Christian H. (1986): Das Bedingungsgefüge der kommunalen Jugendhilfe: Eine empirische Untersuchung der strukturellen und organisatorischen Rahmenbedingungen des Jugendamtes. Münster: LIT-Verlag

Schulze, Theodor (1993): Biographisch orientierte Pädagogik. In: Baacke, Dieter/Schulze, Theodor (Hrsg.): Aus Geschichten lernen. Zur Einübung pädagogischen Verstehens. Weinheim; München: Juventa; S. 13–40

Schütze, Fritz (1983): Biographieforschung und narratives Interview. In: Neue Praxis. 13. Jahrgang; Heft 3; S. 283–293

Schütze, Fritz (1984): Kognitive Figuren des autobiographischen Stegreiferzählens. In: Kohli, Martin/Robert, Günther (Hrsg.): Biographie und soziale Wirklichkeit. Neue Beiträge und Forschungsperspektiven. Stuttgart: Carl Ernst Poeschel; S. 78–117

Schwabe, Mathias (2008): Zwang in der Heimerziehung? Chancen und Risiken. München: Ernst Reinhardt

Schwenk, Bernhard (1998): Bildung. In: Lenzen, Dieter (Hrsg.): Pädagogische Grundbegriffe. Band 1. Aggression bis Interdisziplinarität. Reinbek bei Hamburg: Rowohlt; S. 208–221

Stadler, Bernhard (2005): Therapie unter geschlossenen Bedingungen – ein Widerspruch? Eine Forschungsstudie einer intensivtherapeutischen individuell-geschlossenen Heimunterbringung dissozialer Mädchen am Beispiel des Mädchenheims Gauting. Dissertation an der Humboldt-Universität zu Berlin

Stickelmann, Bernd (2000): Wie die Wirklichkeit sozialpädagogisch wird. Über sozialpädagogisches Forschen als Erzeugen von Wirklichkeit. In: Rauschenbach, Thomas/Ortmann, Friedrich/Karsten, Maria-Eleonora (Hrsg.): Der sozialpädagogische Blick. Lebensweltorientierte Methoden in der Sozialen Arbeit. Weinheim; München: Juventa; S. 175–190

Stoppel, Martin: www.paedagogikundzwang.de (Zugriff: 31.03.2012)

Strauss, Anselm/Corbin, Juliet (1996): Grounded Theory. Grundlagen Qualitativer Forschung. Weinheim;Basel: Beltz

Strauss, Anselm (1998): Grundlagen qualitativer Sozialforschung. Datenanalyse und Theoriebildung in der empirischen soziologischen Forschung. München: Wilhelm Fink Verlag

Strübing, Jörg (2004): Grounded Theory. Zur sozialtheoretischen und epistemologischen Fundierung des Verfahrens der empirisch begründeten Theoriebildung. Wiesbaden: VS Verlag für Sozialwissenschaften

Tenorth, Heinz-Elmar (2007): Bildung. In: Tenorth, Heinz-Elmar/Tippelt, Rudolf: Lexikon Pädagogik. Weinheim; Basel: Beltz; S. 92–95

Thiersch, Hans (1977): Kritik und Handeln: Interaktionistische Aspekte der Sozialpädagogik. Neuwied; Darmstadt: Luchterhand

Thiersch, Hans (2002): Positionsbestimmungen der Sozialen Arbeit. Gesellschaftspolitik, Theorie und Ausbildung. Weinheim; München: Juventa

Thiersch, Hans (2008): Bildung und Sozialpädagogik. In: Henschel, Angelika/Krüger, Rolf/Schmitt, Christof/Stange, Waldemar (Hrsg.): Jugendhilfe und Schule. Handbuch für eine gelungene Kooperation. Wiesbaden: VS Verlag für Sozialwissenschaften; S. 25–38

Treptow, Rainer (2006): Betroffene verstehen. Fallbeschreibung zwischen Selbst- und Fremddeutung. In: Bitzan, Maria/Bolay, Eberhard/Thiersch, Hans (Hrsg.): Die Stimme der Adressaten. Empirische Forschung über Erfahrungen von Mädchen und Jungen mit der Jugendhilfe. Weinheim; München: Juventa; S. 175–183

Trescher, Hans-Georg (2001): Handlungstheoretische Aspekte der Psychoanalytischen Pädagogik. In: Muck, Mario/Trescher, Hans-Georg (Hrsg.): Grundlagen der Psychoanalytischen Pädagogik. Gießen: Psychosozial-Verlag; S. 167–201

Vetter, Christiane (2003): Der kleine Gauner. Pädagogischer Lebensweltbezug und psychoanalytisch fundiertes Verstehen eines dissozialen Jungen. Weinheim; München: Juventa

Wallerstein, Judith/Lewis, Julia M./Blakeslee, Sandra (Hrsg.) (2002): Scheidungsfolgen – Die Kinder tragen die Last. Eine Langzeitstudie über 25 Jahre. Münster: Votum

Wilhelm, Stephanie (2008): Die pädagogische Beziehung in einem Kriseninterventionszentrum – Eine vergleichende Studie zu Merkmalen und Gestaltungsmöglichkeiten aus Sicht der Professionellen. Unveröffentlichte Diplomarbeit. Koblenz.

Winkler, Michael (1999): „Ortshandeln" – die Pädagogik der Heimerziehung In: Colla, Herbert/Gabriel, Thomas/Millham, Spencer (Hrsg.): Handbuch Heimerziehung und Pflegekinderwesen in Europa. Neuwied; Kriftel: Luchterhand; S. 307–323

Winkler, Michael (2001): Bildung und Erziehung. In: Otto, Hans-Uwe/Thiersch, Hans (Hrsg.): Handbuch Sozialarbeit Sozialpädagogik. Neuwied; Kriftel: Luchterhand; S. 169–182

Winkler, Michael (2003): Geschlossene Unterbringung. Gedankliche Experimente zur Annäherung an Bestimmtheit im Ungewissen. In: Helsper, Werner et al. (Hrsg.): Ungewissheit. Pädagogische Felder im Modernisierungsprozess. Weilerswist: Velbrück; S. 227–250

Witte, Matthias/Sander, Uwe (Hg) (2006): Intensivpädagogische Auslandsprojekte in der Diskussion. Baltmannsweiler: Schneider Verlag Hohengehren

Witzel, Andreas (1982): Verfahren der qualitativen Sozialforschung. Überblick und Alternativen. Frankfurt am Main; New York: Campus Verlag

Witzel, Andreas (1985): Das problemzentrierte Interview. In: Jüttemann, Gerd (Hrsg.): Qualitative Forschung in der Psychologie. Grundfragen, Verfahrensweisen, Anwendungsfehler. Weinheim; Basel: Beltz; S. 227–256

Wolf, Klaus (1999): Machtprozesse in der Heimerziehung. Eine qualitative Studie über ein Setting klassischer Heimerziehung. Münster: Votum

Wolf, Klaus (2002): Erziehung zur Selbständigkeit in Familie und Heim. Weinheim; Basel: Beltz

Wolf, Klaus (2003): Und sie verändert sich immer noch: Entwicklungsprozesse in der Heimerziehung. In: Struck, Norbert/Galuske, Michael/Thole, Werner (Hrsg.): Reform der Heimerziehung. Eine Bilanz. Opladen: Leske + Budrich; S. 19–36

Wolf, Klaus (2007): Metaanalyse von Fallstudien hinsichtlich von „wirkmächtigen" Faktoren aus Nutzersicht. ISA-Schriftenreihe zur Wirkungsorientierten Jugendhilfe Band 4. Münster: ISA-Planung- und -Entwicklung GmbH

Wolffersdorff von, Christian/Sprau-Kuhlen, Vera (1990): Geschlossenen Unterbringung in Heimen. Kapitulation der Jugendhilfe? München: DJI Eigenverlag

Wolffersdorff von, Christian/Sprau-Kuhlen, Vera (1996): Geschlossenen Unterbringung in Heimen. Kapitulation der Jugendhilfe? Neue, überarbeitete Auflage München: DJI Eigenverlag

Zeitschrift Widersprüche (2003): Heft 88, Heftthema: Neo-Diagnostik – Modernisierung klinischer Professionalität? 23. Jahrgang, Bielefeld: Kleine-Verlag

Anhang

Transkriptionsregeln für die Interviews

Groß- und Kleinschreibung der Worte	
Keine Mundart schreiben	
Sinnkomma und Sinnpunkte setzen	
Gleichzeitiges Sprechen	
von mehreren Personen:	#gleichzeitig#
kurze Pause:	(.)
mittlere Pause:	(…)
längere Pause (ab 4. Sek.) mit Zeitangabe:	(6 Sek.)
Abbruch im Wort/Satz:	Feriensp/
schneller Anschluss:	&
Besondere Betonung:	<u>ausdrücklich</u>
Kurzes Auflachen:	@(.)@
Charakterisierung von nicht sprachlichen Vorgängen bzw. Sprechweise; gilt bis zum Äußerungsende oder bis „+ ":	((lachend)); ((weinend)); ((energisch)); ((abfällig)) ((leise)); ((zynisch)); ((zustimmend)); ((erstaunt)); ((zögerlich))…
unverständlich, Anzahl der unverständlichen Wörter:	(?) (vier)
vermuteter Wortlaut:	[tatsächlich]

„Track" bzw. Minutenangaben (alle 5 Minuten) an der jeweiligen Stelle kenntlich machen
wörtliche Rede als solche kennzeichnen
Du, Sie, Ihr, Ihnen, Euch … in der Ansprache der Personen groß schreiben

Abbildungsverzeichnis